Nora Weinelt
Figuren des Versagens

Undisziplinierte Bücher

Gegenwartsdiagnosen und ihre historischen
Genealogien

Herausgegeben von
Iris Därmann, Andreas Gehrlach and Thomas Macho

Wissenschaftlicher Beirat
Andreas Bähr · Kathrin Busch · Philipp Felsch
Dorothee Kimmich · Morten Paul · Jan Söffner

Band 10

Nora Weinelt

Figuren des Versagens

Poetik eines sozialen Urteils

DE GRUYTER

Merkur-Preis 2021

ISBN 978-3-11-221493-0
e-ISBN (PDF) 978-3-11-103353-2
e-ISBN (EPUB) 978-3-11-103382-2
ISSN 2626-9244

Library of Congress Control Number: 2023937731

Bibliografische Information der Deutschen Nationalbibliothek
Die Deutsche Nationalbibliothek verzeichnet diese Publikation in der Deutschen Nationalbibliografie; detaillierte bibliografische Daten sind im Internet über http://dnb.dnb.de abrufbar.

© 2025 Walter de Gruyter GmbH, Berlin/Boston
Dieser Band ist text- und seitenidentisch mit der 2023 erschienenen gebundenen Ausgabe.
Einbandabbildung: Aufnahme eines unvollendeten Wohnkomplexes © Nora Weinelt Satz: Integra Software Services Pvt. Ltd.
Druck und Bindung: CPI books GmbH, Leck

www.degruyter.com

Inhaltsverzeichnis

1 Scheitern und Versagen. Über zwei moderne Prinzipien der Nichterfüllung —— 1

2 Kausalität. Vom körperlichen Versagen zum Versagen des Subjekts —— 25
    2.1   Freude, schöner Götterfunken: Thermodynamik, Auslösung und Versagen —— 27
    2.2   Versagen und Psychoanalyse: Freuds Theorie der Nichterfüllung —— 40
    2.3   Überbürdete Subjekte: Schulversager um 1900 —— 60

3 Finalität. Versagen als biographische Beschreibungskategorie —— 79
    3.1   Verlorener Seegang, verschleppte Handlung, verpasste Entwicklung: Flauberts *L'Éducation sentimentale* —— 84
    3.2   Versagen als geschichtsphilosophische Notwendigkeit: Lukács' *Theorie des Romans* —— 122
    3.3   Scham und Internalisierung des Blicks: Kafkas *Der kleine Ruinenbewohner* —— 137

4 Intentionalität. Leistungsgesellschaft und nicht-gewollter Wille —— 149
    4.1   Strategien der Zuschreibung: Svevos *Una vita* —— 154
    4.2   Von der Sehnsucht, kein Subjekt zu sein: Melvilles *Bartleby, the Scrivener* —— 187
    4.3   Verfehlungsstrukturen: Kafkas *Das Schloß* —— 208

5 Schlussbetrachtungen. Die Dimensionen des Versagens —— 237

Siglenverzeichnis —— 247

Literaturverzeichnis —— 249

Abbildungsverzeichnis —— 265

Dank —— 267

Personenregister —— 269

Sachregister —— 273

1 Scheitern und Versagen
Über zwei moderne Prinzipien der Nichterfüllung

> Probleme sind nur dornige Chancen.[1]

„Es lief, es lief halt nur scheiße",[2] resümiert Julia Schramm, ehemaliges Vorstandsmitglied der Piratenpartei, auf der Bühne der ersten sogenannten *Fuck Up Night* in Berlin. Neben einem bankrotten Schokoladenfabrikanten und einem an Größenwahn gescheiterten Werber berichtet sie an diesem Abend davon, wie es sich anfühlte, plötzlich von der gefeierten Hoffnungsträgerin zum Gespött der eigenen Partei zu werden, die junge Politkarriere beenden zu müssen, kaum dass sie richtig begonnen hatte.[3] Die Veranstaltungsreihe, 2012 von zwei mexikanischen Startup-Gründern ins Leben gerufen, existiert mittlerweile in über 90 Ländern, auch in Deutschland wird in zahlreichen Städten vom Scheitern erzählt, oft sogar monatlich – Geschichten gibt es genug. Überwiegend junge Unternehmer·innen aus der Gründerszene berichten davon, wie sie ein Projekt, ein Lebensprojekt in den Sand gesetzt haben – und sich dennoch nicht unterkriegen ließen, performativ bezeugt durch die eigene Präsenz auf einer Veranstaltungsbühne, der in den vergangenen Jahren bundesweit große mediale Aufmerksamkeit zuteilgeworden ist: ‚Scheitern als Chance' lautet die Maxime, und bei den *Fuck Up Nights* soll sie subversiv klingen. Dabei ist die Rede vom „Schöner Scheitern"[4] gerade in der Gründerszene derart omnipräsent, dass der rebellische Gestus, den die Veranstalter·innen zu Werbezwecken gerne für sich geltend machen,[5] beinahe anachronis-

---

1 So der damals achtzehnjährige FDP-Politiker Christian Lindner in einem Video, das im Bundestagswahlkampf 2017 für Furore sorgte. Zit. nach Anna-Lena Roth: „Christian Lindner im Jahr 1997: ‚Probleme sind nur dornige Chancen'", in: *Spiegel Online*, 14.09.2017. URL: http://www.spiegel.de/politik/deutschland/christian-lindner-im-video-von-1997-probleme-sind-nur-dornige-chancen-a-1167552.html, zuletzt aufgerufen am 05.10.2022. Bei dem Video handelt es sich ursprünglich um einen Beitrag des Jugendmagazins *100 Grad* bei Deutsche Welle TV.
2 Julia Schramm zit. nach Franziska Felber: „Schöner Scheitern bei der Berliner ‚Fuck Up Night'", in: *Der Tagesspiegel*, 15.01.2015. URL: https://www.tagesspiegel.de/berlin/bezirke/schoner-scheitern-bei-der-berliner-fuck-up-night-6904930.html, zuletzt aufgerufen am 05.10.2022.
3 Schramm legte 2012 ihr Amt als Vorstandsmitglied der Piraten nieder, nachdem ihre Weigerung, ihr Buch *Klick mich* kostenlos im Internet verfügbar zu machen, auf heftige Kritik aus den eigenen Reihen gestoßen war. Seit 2016 ist Schramm Mitglied der Partei Die Linke.
4 So der Name einer Veranstaltungsreihe am Hamburger Thalia Theater 2013, einer Titelgeschichte des Unimagazins *ZEIT Campus* im März 2018 und eines Kurses an der VHS Stuttgart im Winter 2018, um nur drei der zahlreichen Beispiele zu nennen.
5 Vgl. z. B. das auf Youtube abrufbare Werbevideo „¡Esto Es Fuckup Nights!" (URL: https://www.youtube.com/watch?v=mDIl6PV1kRQ&ab_channel=FuckupNightsBuenosAires, zuletzt aufgerufen

tisch anmutet. Denn die Veranstaltung ist nur die wohl bekannteste in einer langen Reihe ähnlicher Events, die fast alle im und um das Silicon Valley ihren Ausgang nahmen. In San Francisco zum Beispiel wurde 2009 die *FailCon* ins Leben gerufen, eine Konferenz über das Scheitern, die schon im darauffolgenden Jahr mehr Anmeldungen erhielt, als man berücksichtigen konnte. Unzählige erfolglose *New Economists* wollten mit ihren Niederlagen zum modernen Narrativ des erfolgreichen Scheiterns beitragen und der Welt, inzwischen geläutert, ihr Mea Culpa präsentieren.

Dass jener zeitgenössische „Failure Fetish"[6] in der kalifornischen Gründerszene entstanden ist und dort bis heute sorgfältiger gepflegt wird als überall sonst, ist sicher kein Zufall: Einer Untersuchung des an der Harvard Business School lehrenden Ökonomen Shikhar Ghosh zufolge erwirtschaften nicht einmal fünf Prozent aller Startups genug Geld, um das anfängliche Investment zu egalisieren.[7] Weil das für ein Startup zu akquirierende Startkapital vergleichsweise gering ist, weil keine Produktionshallen und oft nicht einmal ein Büro benötigt werden, kann beinahe jede·r eine eigene Firma gründen und nach dem *trial-and-error*-Prinzip mit ihr Schiffbruch erleiden. Die bekanntesten und kreativsten Köpfe des Silicon Valley sind famos gescheitert: Lars Hinrichs etwa, mittlerweile millionenschwerer Gründer der Onlineplattform *Xing*, trieb seine PR-Agentur *Böttcher-Hinrichs AG* in die Insolvenz, bevor er kurz darauf das Geschäft seines Lebens ersann.[8] Dieses neoliberale Erfolgsmärchen erzählt er unermüdlich in Workshops und Vorträgen, fast jede große deutsche Zeitung hat schon über ihn berichtet, vielen Gründer·innen gilt er als Vorbild – weil er einfach immer weitermachte, allen Misserfolgen zum Trotz. Zahlreiche seiner Silicon-Valley-Kollegen brüsten sich mit einer ähnlichen Biographie: Das erste Startup von *Skype*-Erfinder Morten Lund ging bankrott, ebenso wie Bill Gates' erstes Unternehmen; *Apple*-Ikone Steve Jobs wurde in den 1980er Jahren gar aus seiner eigenen Firma geworfen.

---

am 05.10.2022), in dem die eigene Veranstaltungsreihe unter anderem als „liberador" (,befreiend') angepriesen wird.

6 Kevin Roose: „The Failure Fetish in Silicon Valley", in: *New York Magazine*, 25.03.2014. URL: http://nymag.com/intelligencer/2014/03/silicon-valley-failure-fetish.html, zuletzt aufgerufen am 05.10.2022.

7 So Ghosh gegenüber dem *Wall Street Journal*, vgl. Deborah Gage: „The Venture Capital Secret: 3 Out of 4 Start-Ups Fail", in: *The Wall Street Journal*, 20.09.2012. URL: http://www.wsj.com/articles/SB10000872396390443720204578004980476429190, zuletzt aufgerufen am 05.10.2022.

8 Vgl. z. B. Kirsten Kumrey: „Erst kommt das Scheitern, dann der Erfolg", in: *Handelsblatt*, 11.02.2015. URL: http://www.handelsblatt.com/unternehmen/it-medien/xing-gruender-und-fdp-chef-diskutieren-erst-kommt-das-scheitern-dann-der-erfolg/11361708.html, zuletzt aufgerufen am 05.10.2022.

Aus Fehlern lernt man, so das Credo des frühen 21. Jahrhunderts, und zwar so viel und so bedingungslos, dass unter Manager·innen und Unternehmensgründer·innen, glaubt man einem 2015 erschienen *SPIEGEL*-Artikel, längst nicht mehr „fail better" angesagt ist, sondern „fail faster" und „fail forward".[9] Auf jedes Scheitern folgt, so verspricht es wenigstens die Erfolgsrhetorik der Unternehmenswelt, notwendig und bedingungslos der heilsversprechende nächste Versuch. Schwerwiegende Nachteile oder gar existenzielle Gefahren scheinen vom Scheitern dieser Logik zufolge nicht (mehr) auszugehen, vielmehr wird es, wie die Kulturwissenschaftler Hannes Lochinger und Christian Weiss feststellen, mittlerweile beinahe als Form des Übens betrachtet,[10] getreu dem in der Ratgeberliteratur *ad nauseam* zitierten Motto: „Ever tried. Ever failed. No matter. Try again. Fail Again. Fail better."[11] Kaum ein Zitat aus einem literarischen Werk ist in den letzten zwanzig Jahren so häufig bemüht und dabei so grotesk missverstanden worden wie dieses, das aus Samuel Becketts spätem Prosagedicht *Worstward Ho* stammt und mittlerweile wohl zu seiner bekanntesten Sentenz avanciert ist. In Büchern mit Titeln wie *The 4-Hour Workweek: Escape 9–5, Live Anywhere, and Join the New Rich* oder *Fail Better!: The World's Worst Marketers and What We Can Learn from Them* dient sie als Motivationsmantra, sie ist, so der Schriftsteller Ned Beauman, zu „experimental literature's equivalent of that Che Guevara photo"[12] geworden. Dass ausgerechnet dem großen Nihilisten Samuel Beckett ein Nachleben als Säulenheiliger der *New Economy* zuteilwird, ist ein Treppenwitz der Literaturgeschichte, wie er selbst ihn sich wohl nicht besser hätte ausdenken können.[13] Andererseits – könnte es eine schönere Versinnbild-

---

9 Klaus Werle: „Mein Freund, der Misserfolg. Scheitern für Fortgeschrittene", in: *Karriere-SPIEGEL*, 11.05.2015. URL: https://www.spiegel.de/karriere/schoener-scheitern-wie-man-rueckschlaege-in-siege-verwandelt-a-1032439.html, zuletzt aufgerufen am 05.10.2022.
10 Hannes Lochinger und Christian Weiss: „Scheitern/Üben", in: *vokus. volkskundlich-kulturwissenschaftliche schriften* 17 (2007). URL: https://www.kulturwissenschaften.uni-hamburg.de/ekw/forschung/publikationen/vokus/vokus200701/media/83-95-vokus2007-1-5.pdf, zuletzt aufgerufen am 05.10.2022.
11 Samuel Beckett: *Worstward Ho*, in: Ders.: *Nohow On*, London: John Galder 1989, S. 100–128, hier S. 101.
12 Ned Beauman: „Fail Worse", in: *The New Inquiry*, 09.02.2012. URL: http://thenewinquiry.com/essays/fail-worse, zuletzt aufgerufen am 05.10.2022.
13 Dem Beckett'schen *fail better* wäre sein zeitgenössisches Schicksal allerdings vermutlich erspart geblieben, wenn man sich im Genre der Selbstoptimierungsliteratur die Mühe gemacht hätte, ein oder zwei Sätze mehr aus *Worstward Ho* zu lesen, zum Beispiel die beiden ersten, aus denen auch der Titel der Prosasammlung entnommen ist: „Somehow on. Till nohow on." Oder wenigstens die beiden dem allgegenwärtigen Zitat unmittelbar vorangehenden – vollständig zitiert wird aus dem Niemals-Aufgeben! nämlich vielmehr ein Eh-Schon-Egal: „All of old. Nothing

lichung geben für das „said is missaid",¹⁴ das im Herzen von Becketts Werk liegt, für die Absurdität menschlicher Kommunikation und ihr notwendiges Scheitern? Der Theaterwissenschaftler Martin Esslin betrachtet das Theater des Absurden in seinem gleichnamigen Standardwerk als Klage „über die Nivellierung des Individuellen, über die Empfänglichkeit der Massen für Schlagwörter und gebrauchsfertige Ideen."¹⁵ Vielleicht also ist Becketts *fail better* schlicht die perfekte Zeile, um die ideologisch verbrämte Plattitüde in Worte zu fassen, zu der das Scheitern geworden ist.

Die zeitgenössische Obsession mit dem (Nicht-)Scheitern, die jedes noch so unpassende Zitat umzudeuten weiß und sich sämtliche Misserfolge einverleibt, hat auch über das Silicon Valley hinaus dafür gesorgt, dass ‚echtes', fundamentales, schlichtweg negatives Scheitern aus dem öffentlichen Diskurs beinahe verschwunden ist: In einer beeindruckenden dialektischen Volte wird die Niederlage selbst zur Möglichkeitsbedingung von Erfolg verklärt, das Scheitern gar zur paradoxen Prämisse künstlerischen oder intellektuellen Schaffens stilisiert. Ohne Scheitern blieben „Brechungen mit dem Gewohnten aus", behauptet etwa die Kunstwissenschaftlerin Monika Branz in einem Essay im *Kunstforum*, der Scheitern zum einzig denkbaren Akt der Überschreitung erhebt; der Künstler oder die Künstlerin bewege sich sonst „im rein Normativen", gar „in Klischees" und schaffe „nur Naheliegendes".¹⁶ Branz' kurzer Text stellt bloß eine von zahlreichen (para-)wissenschaftlichen Veröffentlichungen der letzten zwanzig Jahre dar,¹⁷ die sich dem Thema ausgiebig,

---

else ever. Ever tried. Ever failed. No matter. Try again. Fail again. Fail better." Beckett: *Worstward Ho*, S. 101.
14 Ebd., S. 121.
15 Martin Esslin: *Das Theater des Absurden. Von Beckett bis Pinter*, Reinbek bei Hamburg: Rowohlt 1987, S. 110.
16 Manuela Branz: „Gelungenes Scheitern. Scheitern in der Postmoderne", in: *Kunstforum* 174 (2005), S. 262–267, hier S. 267. Ähnlich argumentiert z. B. Susanna S. Martins: „Failure as Art and Art History as Failure", in: *Third Text. Critical Perspectives on Contemporary Art and Culture*, August 2015. URL: http://www.thirdtext.org/Failure-As-Art, zuletzt aufgerufen am 05.10.2022.
17 Bereits 2004 betrachtet ein von den Soziologen Matthias Junge und Götz Lechner herausgegebener Sammelband – durchaus in kritischer Auseinandersetzung mit der damals noch verhältnismäßig jungen Konjunktur des Phänomens – das „Scheitern als Grunderfahrung sozialen Seins" und fragt, welche Rolle die Soziologie für deren Verständnis spielen kann, vgl. Matthias Junge und Götz Lechner: „Scheitern als Erfahrung und Konzept", in: Dies. (Hg.): *Scheitern. Aspekte eines sozialen Phänomens*, Wiesbaden: VS Verlag für Sozialwissenschaften 2004, S. 7–13, hier S. 8. Speziell für die Literaturwissenschaft ist neben biographischen Einlassungen (vgl. z. B. Gavin Jones: *Failure and the American Writer. A Literary History*, New York: Cambridge UP 2014) und Studien zu einzelnen Autor·innen (vgl. z. B. Michael Kämper-van den Boogaarts Dissertationsschrift *Ästhetik des Scheiterns. Studien zu Erzähltexten von Botho Strauß, Jürgen Theobaldy, Uwe Timm u. a.*, Stuttgart: Metzler 1992) vor allem ein 2018 erschienener Sammelband zu nennen, der nach poetologischen Mechanismen unökonomischen Erzählens fragt, vgl. Agnieszka Komorowska

aber oft überraschend unbedarft nähern und das Narrativ des ‚Schöner Scheiterns' mehr oder weniger unhinterfragt übernehmen. Auch in den Geistes- und Sozialwissenschaften betrachtet man Scheitern scheinbar maßgeblich als Chance – und reproduziert damit Argumente, Mechanismen und Rhetorik der *New Economy*. Damit einher geht zumeist ein sehr breit gefasstes Verständnis des Scheiterns, das mit verwandten Konzepten wie ‚Fehler', ‚Misserfolg', ‚Niederlage' oder gar ‚Missgeschick' gleichgesetzt wird. Der 2014 erschienene Sammelband *Scheitern – Ein Desiderat der Moderne?* etwa, um nur ein Beispiel zu nennen, will das Phänomen aus sozialwissenschaftlicher Perspektive beleuchten, betrachtet dann aber mit dem Ausscheiden bei Castingshows, dem Fehlschlagen von Diäten oder dem Scheitern von Integration teilweise sehr disparate Facetten des Nichtgelingens, die eine systematische(re) Analyse unmöglich machen. Der Band endet schließlich mit einem Resümee der beiden Herausgeber·innen – das den Titel „Einsichten ins Scheitern als Motor des Erfolgs" trägt.[18] Der Feuilletonist und Filmkritiker Georg Seeßlen, der sich als einer von wenigen dezidiert kritisch mit dem allgegenwärtigen Lob des Scheiterns auseinandergesetzt hat, konstatiert angesichts der inflationären Benutzung des Begriffs lakonisch: „Man kann an allem scheitern. An der Welt oder an einer Tasse Tee."[19]

Wenn aber jedem Scheitern bereits das Versprechen eines zukünftigen Erfolgs innewohnt, wenn immer besser, schneller, schöner gescheitert wird, wenn radikales und irreduzibles Nichtgelingen innerhalb dieser Logik also kaum noch denkbar ist, was ist dann der zeitgenössische diskursive Ort des *tatsächlich* existentiellen Scheiterns, der gescheiterten Existenzen? Diese Frage ist zugleich Ausgangs- und Fluchtpunkt des vorliegenden Textes. Eine vorläufige Antwort und damit die grundlegende These dieser Studie zum modernen Anderen des Scheiterns – oder dem Anderen des modernen Scheiterns – lautet: Der diskursive Ort dieses fundamentalen und irreversiblen Nichterreichens, Nichterfüllens, Nichtgelingens ist nicht mehr derjenige, den der Signifikant Scheitern absteckt und auslotet. An seine Stelle ist ein neuer Signifikant, ein neuer Begriff getreten: das Versagen, das im Zentrum dieses Buches steht.

---

und Annika Nickenig (Hg.): *Poetiken des Scheiterns. Formen und Funktionen unökonomischen Erzählens*, Paderborn: Wilhelm Fink 2018.
18 Vgl. René John und Antonia Langhof: „Einsichten ins Scheitern als Motor des Erfolgs", in: Dies. (Hg.): *Scheitern – Ein Desiderat der Moderne?*, Wiesbaden: Springer VS 2014, S. 323–338.
19 Georg Seeßlen: „Schönes Scheitern, hässliches Verlieren", in: *arranca* 40 (2009). URL: https://arranca.org/ausgaben/scheitern-ever-tried-ever-failed/schönes-scheitern-hässliches-verlieren, zuletzt aufgerufen am 05.10.2022.

Scheitern als Chance, Scheitern als Schiffbruch
Das im Gegensatz zum Versagen positive oder zumindest positiv semantisierte Scheitern, wie es in zeitgenössischen Diskursen gedacht wird, ist ein durch und durch modernes, in seiner momentanen Zuspitzung sogar dezidiert spätmodernes[20] Phänomen und eng mit einem Subjektentwurf verzahnt, dem der Soziologe Ulrich Bröckling mit *Das unternehmerische Selbst* eine mittlerweile kanonische Studie gewidmet hat. Ausgehend von Gilles Deleuzes Konzept der Kontrollgesellschaften[21] beschreibt Bröckling ein etwa seit den 1980er Jahren geltendes sozioökonomisches Leitbild, welches dazu anhält, sich zu jedem Zeitpunkt und in allen Lebenslagen als CEO seiner eigenen Ich-AG zu begreifen, sein Selbst vor der Folie unternehmerischen Handelns zu modellieren.[22] Ermöglicht und konturiert wird diese Vorstellung durch eine gesellschaftspolitische Konfiguration, die man gemeinhin mit dem Begriff des Neoliberalismus belegt – durch die marktwirtschaftliche Durchdringung sämtlicher Lebensbereiche bei einer gleichzeitigen Dominanz der gesellschaftspolitischen Dogmen von Individualisierung und Eigenverantwortlichkeit:

> Unternehmer gibt es nur, wo es Märkte gibt; unternehmerisches Handeln ist Handeln im Hinblick auf Markterfolg. Die Diagnose, dass Individuen heute in einer Vielzahl von Lebensbezügen als Unternehmer ihrer selbst adressiert werden und sich verhalten, impliziert deshalb zugleich, dass ebendiese Lebensbezüge durch Marktmechanismen reguliert werden sollen. [...] Nur wenn und insoweit der Markt als privilegierter Ort gesellschaftlicher Integration fungiert [...], kann das unternehmerische Selbst zur hegemonialen Subjektfigur aufsteigen.[23]

---

20 Der hier angelegte Modernebegriff ist kein literatur-, sondern ein sozialgeschichtlich informierter, der den Zeitraum von der sogenannten Sattelzeit um 1800 bis zur Gegenwart umfasst. Zur Binnendifferenzierung, insbesondere zur Abgrenzung zwischen der heutigen Vorstellung von Scheitern und Versagen und der des 19. Jahrhunderts, spreche ich (angelehnt an Andreas Reckwitz' *Die Gesellschaft der Singularitäten. Zum Strukturwandel der Moderne*, Berlin: Suhrkamp 2017) von Spätmoderne, wenn ich mich auf Entwicklungen nach den 1970er Jahren beziehe. Impliziert sei mit ‚Spätmoderne' dabei weniger das Zuendegehen einer Epoche als vielmehr eine Kontinuität zu soziohistorischen Entwicklungen und Prämissen der Moderne.
21 Vgl. Gilles Deleuze: „Postskriptum über die Kontrollgesellschaften", in: Ders.: *Unterhandlungen. 1972–1990*, übers. v. Gustav Roßler, Frankfurt am Main: Suhrkamp 1993, S. 254–262.
22 Dies gilt, wie Bröckling ausführt, nicht nur für Selbstständige, die in der Tat zumindest Kleinunternehmer·innen sind, sondern – zunächst kontraintuitiv – auch für angestellt Beschäftigte: „Simulationen haben einen besonderen Realitätsstatus. Sie täuschen etwas vor, das so nicht existiert, aber indem sie es vortäuschen, verleihen sie ihm Wirklichkeit. Mitarbeiter sind keine Unternehmer, aber in dem Maße, in dem man sie dazu anhält, wie Unternehmer zu agieren, wird dieses Verhaltensmodell zur sozialen Norm und beeinflusst das Handeln." Ulrich Bröckling: *Das unternehmerische Selbst. Soziologie einer Subjektivierungsform*, Frankfurt am Main: Suhrkamp 2007, S. 63.
23 Ebd., S. 76.

Der Zwang zum individualisierten ‚Unternehmertum' bedeutet, wie Bröckling weiter ausführt, im Umkehrschluss auch, „die Verantwortung für das eigene Scheitern sich selbst zurechnen zu müssen" und „Niederlagen als individuelle Planungsdefizite zu verbuchen".[24]

In Richard Sennetts 1998 erschienener Studie *The Corrosion of Character* findet sich ein geradezu mustergültiges Beispiel für Bröcklings Beobachtung. In einem Kapitel, das dem Umgang mit dem Scheitern („Coping with Failure") gewidmet ist, begleitet Sennett ehemalige Programmierer des amerikanischen IT-Unternehmens IBM, die im Laufe der 1990er Jahre entlassen wurden, und untersucht die Strategien, mithilfe derer sie die Kündigung zu verarbeiten versuchen. Als besonders wichtig erweisen sich dabei zwei Narrateme, die in den Erzählungen fast aller befragten Personen wiederkehren: einerseits die Strukturierung der Ereignisse um einen nachträglich bestimmten „crucial turning point",[25] etwa den Moment, in dem ein Konkurrenzunternehmen zum Marktführer aufsteigt, und andererseits das sukzessive Verweben dieses Wendepunktes mit einem ebenfalls nachträglich identifizierten eigenen Versäumnis. An die Stelle einer zunächst angeführten Veränderung der beruflichen Lage durch äußere, vom Einzelnen nicht zu beeinflussende Faktoren tritt im Laufe der Zeit die Überzeugung der ehemaligen Mitarbeiter, für ihre Situation selbst verantwortlich oder wenigstens mitverantwortlich zu sein, das drohende Unheil etwa zu spät erkannt, den Betrieb nicht rechtzeitig aus eigenen Stücken verlassen zu haben. Diese Variation

> frees the people talking to take control of the narrative. Now the story can flow, it has a solid center, "me," and a well-made plot "What I should have done was take my life in my own hands." The defining moment occurs when the programmers switch from passive victimhood to a more active condition.[26]

Das autobiographische Sprechen oder Schreiben über Scheitern wird so zu einer Ermächtigungsstrategie, die paradoxerweise just deshalb zur Bewältigung des Scheiterns beiträgt, weil sie den Einzelnen die Schuld dafür zuspricht: Denn nur durch die nachträgliche diskursive Umwandlung des Scheiterns in einen Fehler, der potentiell zu vermeiden gewesen wäre, lässt sich die Vorstellung aufrechterhalten, Scheitern sei erstens grundsätzlich beherrschbar (ein Fehler impliziert eine bloß temporäre Unachtsamkeit, eine punktuelle Fehlentscheidung sowie das Wissen um sie) und zweitens sogar lehrreich – und auf diese Weise nicht gänzlich ohne Mehrwert.

---

24 Alle Zitate ebd., S. 24.
25 Richard Sennett: *The Corrosion of Character. The Personal Consequences of Work in the New Capitalism*, New York, London: W. W. Norton & Company 1998, S. 132.
26 Ebd., S. 132.

In den zeitgenössischen Konzeptualisierungen des ‚Schöner Scheiterns' spiegeln sich so sehr deutlich die beiden ideologischen Prämissen eines neoliberalen Welt- und Menschenbildes. Erstens wird selbst das Scheitern, von dem man eigentlich annehmen dürfte, es stelle den irreduziblen Endpunkt innerhalb jedweder Produktivmachungslogik dar, ökonomisiert und in die Wertschöpfungskette neoliberaler Subjektkonstitution eingespeist. Scheitern besiegelt in den ersten beiden Jahrzehnten des 21. Jahrhunderts, so suggeriert es auch die umfangreiche Ratgeberliteratur immer wieder, keineswegs automatisch einen Wertverlust, es lässt sich unter dem Schlagwort der Erfahrung vielmehr als positiver Ausgangspunkt für weitere Unternehmungen verbuchen. Entscheidend ist dafür – zweitens – die Fähigkeit, aus dem eigenen Scheitern zu lernen, eine Fähigkeit, die ihrerseits auf einer elementaren Voraussetzung beruht, die anhand von Sennetts Gesprächen mit den entlassenen Programmierern deutlich wird: auf der Annahme, dass Scheitern immer (auch) auf ein individuelles Verschulden zurückzuführen sei, dass das Subjekt die Verantwortung sowohl für seinen Erfolg als auch für seinen Misserfolg trage.

Das zeitgenössische Scheitern wird damit unter dem Signum einer Folgerichtigkeit verhandelt, die im konkreten Einzelfall erst rückblickend konstruiert wird. Wer seinen Misserfolg öffentlich thematisiert, tut dies in der Regel mit einem beträchtlichen zeitlichen Abstand, aus der Warte desjenigen, der sein Scheitern bereits überwunden, aus ihm bereits gelernt hat – also unter der impliziten Voraussetzung, dass das Scheitern in der Zwischenzeit durch eine erfolgreiche Unternehmung egalisiert worden ist. Nur wenn das Nichtgelingen sich nicht als dauerhafter Zustand, nicht als dem Subjekt eingeschriebener konstitutioneller Defekt, sondern als temporäre Krise mit letztlich positivem Ausgang erwiesen hat, können die Gescheiterten eine Autor·innenposition einnehmen und aus ihr heraus ihre Geschichte als erfolgreiche erzählen und prägen. Retrospektiv lässt sich das Scheitern auf diese Weise als notwendiger Bestandteil einer Abfolge von Ereignissen betrachten, die zueinander in einer Ursache-Wirkung-Relation stehen (oder dies zumindest nicht mit Sicherheit *nicht* tun): Ein früheres Vorhaben ist aufgrund bestimmter Versäumnisse oder Fehler gescheitert – und bildet damit die Basis für eine weitere, dann erfolgreichere Unternehmung unter veränderten Voraussetzungen. Das Scheitern erhält neben einer kausalen mithin auch eine finale Qualität: Es wird für das Erreichen eines Ziels nicht nur als nicht hinderlich, sondern sogar als notwendig betrachtet. Durch eine solche „teleological linearization of contingency",[27] wie sie für (auto-)biographische

---

27 Jens Brockmeier: „From the End to the Beginning. Retrospective Teleology in Autobiography", in: Jens Brockmeier und Donald Carbaugh (Hg.): *Narrative and Identity. Studies in Anthropology, Self and Culture*, Amsterdam, Philadelphia: John Benjamins 2001, S. 247–280, hier S. 253.

Erzählungen typisch ist, wird das Scheitern narrativ überformt und retrospektiv als Ereignis rekonstruiert, dem nichts Unwägbares anhaftet, das nicht einfach unvorhersehbar über die Betroffenen hereingebrochen ist. Wer (spät-)modern scheitert, scheitert nicht aufgrund von Schicksal oder Pech, oder anders formuliert: Das ‚Schöner Scheitern' stellt, so wäre zu vermuten, nicht zuletzt deshalb ein derart tröstliches Modell dar, weil es den kontingenten Anteil des Scheiterns weitestgehend tilgt.

Bemerkenswert erscheint dies nicht zuletzt insofern, als die Semantikgeschichte des Scheiterns in vielen europäischen Sprachräumen ausgerechnet mit dem Schiffbruch auf das Engste verschlungen ist, und damit mit dem Meer als „Sphäre der Unberechenbarkeit, Gesetzlosigkeit, Orientierungswidrigkeit".[28] Das deutsche ‚Scheitern' meint ursprünglich das ‚In-Scheite-Gehen' eines zerberstenden Schiffs; noch in *Meyers Konversations-Lexikon* von 1897 wird das Wort ausschließlich in der Bedeutung von ‚Schiffbruch erleiden' geführt: „**Scheitern**, von einem Schiff, das, vom Sturm auf Klippen oder auf eine felsige Küste geworfen, unter den Wellenstößen zerschellt [...]."[29] Für das französische *échouer* lässt sich eine ähnliche Semantikgeschichte nachweisen,[30] und auch im Spanischen und im Portugiesischen meinen *fracasar* und *fracassar* ursprünglich das Zertrümmern oder Zerschellen von Schiffen.[31]

Von der Antike bis ins 20. Jahrhundert hinein *ist* Scheitern also Schiffbruch: mögliches Resultat eines schlechterdings unkontrollierbaren Vorhabens, Ausdruck der Ohnmacht des Menschen gegenüber Kosmos und Natur und zugleich Symptom der „Möglichkeitsstruktur einer Welt, deren unbekannte und ersehnte Bezirke sich schon in der Antike vornehmlich übers Meer erschlossen hatten".[32] Im Denken der homerischen Zeit rührt die Bedrohlichkeit der Seefahrt vor allem von der ihr konstitutiven Überschreitung der kosmologischen Grenze zwischen Land und Wasser her, einer *hybris*, die den Zorn der Götter nach sich ziehen kann und als deren „legitime' Konsequenz"[33] der Schiffbruch erscheint. Dennoch

---

28 Hans Blumenberg: *Schiffbruch mit Zuschauer. Paradigma einer Daseinsmetapher*, Frankfurt am Main: Suhrkamp 1997, S. 10.
29 *Meyers Konversations-Lexikon*, Bd. 15, Leipzig, Berlin: Bibliographisches Institut 1897, S. 402. Hervorhebung im Original.
30 Der früheste, von 1573 überlieferte Eintrag in einem Wörterbuch führt *échouer* als „terme de marine, qui signifie aller à la coste & y briser & faire naufrage". Jean Nicot und Jean Dupuys: *Dictionaire françois-latin*, Paris: Dupuys 1573, S. 274.
31 Vgl. das Lemma „fracasar" in Joan Corominas und José A. Pascual: *Diccionario crítico etimológico castellano e hispánico*, Bd. 2, Madrid: Gredos 1980, S. 938: „‚destrozar, hacer trizas', ‚hacerse pedazos, naufragar (embarcaciones)'". Etymologisch abgeleitet ist *fracasar* vom italienischen *fracassare* = ‚zertrümmern'.
32 Burkhardt Wolf: *Fortuna di Mare. Literatur und Seefahrt*, Berlin, Zürich: diaphanes 2013, S. 12.
33 Blumenberg: *Schiffbruch mit Zuschauer*, S. 13.

ist Schiffbruch schon im Weltbild des alten Griechenlands vor allem eines: unberechenbar. Stets möglich zwar und deshalb nicht an und für sich überraschend, aber doch keineswegs selbstverständlich oder notwendig, und bei aller Blasphemie der Transgression letztlich ein Ausnahmefall, von dem exemplarisch der Mythos berichtet. In ihm wird ansichtig, was trotz zahlreicher Opfergaben, die vor der Fahrt zur Besänftigung der Götter erbracht werden, und trotz eines schon damals beträchtlichen nautischen Wissens um Konstruktion und Navigation der Schiffe jederzeit passieren *könnte*. Die Römer tragen diesen Kontingenzen auf andere Weise Rechnung und legen ihr Schicksal auf dem Meer ohne Umschweife in die Hände einer *Glücks*göttin (*fortuna redux* oder *fortuna gubernatio*), die, wie Burkhardt Wolf in seiner Arbeit zur *Fortuna di Mare* dargestellt hat, in der Renaissance als „Gallionsfigur neuzeitlicher Handels- und Entdeckungskunst"[34] nach- und fortlebt, nun aber unter veränderten Vorzeichen und gekoppelt an eine ökonomische Kalkulation: „Erst der im 13. Jahrhundert erwachte Seehandelsgeist", schreibt Wolf weiter, „entdeckte in diesen Winden ein Unwägbares, dem mit Achtsamkeit und Wagemut zu begegnen höchsten Gewinn, dem sich mut- und sorglos zu überlassen herbsten Verlust zeitigen konnte."[35] Der Seefahrer muss sich der Herausforderung stellen, dieses Risiko[36] zu kalkulieren und durch entsprechende Kulturtechniken, in erster Linie durch die Kulturtechnik der Steuerung, einer „Domäne des ‚Erfahrungswissens'",[37] möglichst zu minimieren.

Hans Blumenberg hat dem Schiffbruch, insbesondere in der Konfiguration ‚Schiffbruch mit Zuschauer' (also im Spannungsverhältnis zu denjenigen, die das Unglück von sicherer Warte aus betrachten), die Qualität einer „Daseinsmetapher" zugeschrieben und deren Rezeption und Aktualisierung bis ins 20. Jahrhundert verfolgt. Zu diesem Zeitpunkt verleiht die Metapher längst „nicht mehr d[em] extreme[n] Bild der Situation des Menschen in der Natur"[38] Ausdruck, ja impliziert nicht einmal mehr notwendigerweise einen „genuinen Bezug"[39] zu ihr. Das Meer, das einmal der Inbegriff des Unkontrollierbaren gewesen war, wütet nun zumindest nicht mehr völlig unvorhersehbar: Winde und Strömungen lassen sich wissenschaftlich berechnen, die Konstruktion der Schiffe immer weiter verfeinern,

---

34 Wolf: *Fortuna di Mare*, S. 11. Im nachfolgenden groben Überblick über Topoi der Seefahrt stütze ich mich weitgehend auf Wolfs Darstellung.
35 Ebd.
36 Auch das Wort ‚Risiko' entstammt vermutlich dem nautischen Bereich. Die genaue Etymologie ist umstritten, man nimmt jedoch das altgriechische *rhiza* (‚Klippe', ‚Felsen'), das in diesem Fall auf das Zerschellen eines Schiffes referiert, als Ursprung an. Vgl. Wolfgang Bonß: *Vom Risiko. Unsicherheit und Ungewißheit in der Moderne*, Hamburg: Hamburger Edition 1995, S. 49 f.
37 Wolf: *Fortuna di Mare*, S. 15.
38 Blumenberg: *Schiffbruch mit Zuschauer*, S. 45.
39 Ebd., S. 72.

und wenn auch noch heute die Möglichkeit eines Schiffbruchs besteht, so ist doch dessen Wahrscheinlichkeit verschwindend gering. Der Schiffbruch als Daseinsmetapher hat damit seine Bedeutung, zumindest in der Art und Weise, wie Blumenberg sie beschrieben hat, weitgehend eingebüßt.

Losgelöst vom (realen) Schiffbruch als Bedeutungskorrelat lässt sich dafür, wie oben gezeigt, eine semantische Ausdehnung des ‚Scheiterns' beobachten, das als vorerst letzte Ableitung und Aktualisierung das Erbe jener Daseinsmetapher antritt: angepasst an das unternehmerische Selbst als bestimmende Daseinsform der Spätmoderne, dessen riskantes Handeln sich nicht mehr auf dem Meer abspielt, sondern maßgeblich im Arbeitsleben – und dessen Scheitern sich nicht mehr auf die Unwägbarkeiten des stürmischen Meeres zurückführen lässt, sondern (vermeintlich) stets auf eine Fehlleistung des Subjekts selbst. Erst das moderne Scheitern, aus dem jede Form des Kontingenten oder Unwägbaren getilgt ist, kennt deshalb übrigens den ‚Erfolg' als Gegenbegriff: Nur wenn das eigene Handeln von höheren Mächten weitestgehend unabhängig gelingen oder nicht gelingen kann, lässt sich das Erreichen eines Ziels tatsächlich als Erfolg (und nicht etwa als Schicksal oder Glück) betrachten.[40]

So sehr sich die Semantik des Scheiterns mittlerweile verschoben hat, so sehr führt der Begriff doch auch heute noch wenigstens einige Bedeutungsdimensionen mit, die auf der Vorstellung eines Scheiterns als Schiffbruch basieren. Dem Scheitern wird (wie dem Schiffbruch) ein Ereignischarakter zugeschrieben: der Charakter eines punktuellen, zeitlich begrenzten Geschehens, das – ein Aspekt, auf den das ‚Schöner Scheitern' in besonderem Maße abzuheben scheint – nicht selten als Resultat einer Grenzüberschreitung betrachtet wird.[41] Diese Idee von Transgressivität statuiert ihrerseits zwei Prämissen. Erstens setzt sie in gewissem Maße ein aktives Handeln voraus, ohne das es zu dem Ereignis des Scheiterns gar nicht käme: Man scheitert in der Regel an einem konkreten Vorhaben, um dessen erfolgreiche Umsetzung man sich bemüht hat, und auch wenn das Ziel letztlich nicht erreicht wird, bleibt das Scheitern doch an eine zielgerichtete und idealiter

---

40 Wenngleich diese Entwicklung, wie alle hier skizzierten, keine plötzliche ist: Schon in der Risikorechnung der Seefahrer in der Frühen Neuzeit schwingt eine Vorstellung von Erfolg mit – als Gegenbegriff zum Scheitern dominant wird sie jedoch erst im 20. Jahrhundert.

41 Die paradigmatische Grenze des Schiffbruchs stellt diejenige zwischen Land und Wasser dar; weniger konkret fassen lässt sich die zu überschreitende oder überschrittene Grenze beim spätmodernen Scheitern – ein Indiz für die nachträgliche Überzeichnung und Überhöhung dieser vermeintlich charakteristischen Transgressivität. Beispielhaft lässt sich das Argument einer grenzüberschreitenden Qualität des (spät-)modernen Scheiterns in Monika Branz' oben bereits zitiertem Essay *Gelungenes Scheitern. Scheitern in der Postmoderne* nachvollziehen; die Transgression besteht hier schlicht aus einer Überschreitung des bis dato Gekannten oder Gewohnten, in einem Brechen mit bewährten Regeln.

zielführende Handlung gekoppelt. Als Resultat einer Grenzüberschreitung impliziert dieses Ereignis des Scheiterns zweitens den Mut der Scheiternden bzw. Gescheiterten, oft hypostasiert zu einer beinahe heroischen Kühnheit und damit automatisch zu einem Sich-Abheben vom Rest der Gesellschaft. Nur wer Risiken eingeht (die „der Mentalität der unabhängigen Arbeit eingeschrieben"[42] sind), sich ins Offene, oder, wie es heute gerne heißt, aus seiner *comfort zone* bewegt, kann überhaupt scheitern. Zugleich eröffnet die liminale, transgressive Natur der dem Scheitern vorgängigen Handlung einen Möglichkeitsraum für Transformation, den auch deren Fehlschlagen nicht vollständig kassiert: Scheitern als Ereignis zeigt Veränderung an, wenn auch nicht unbedingt eine Veränderung zum Guten. Aufgegriffen wird mit dem Gedanken der Transgressivität vor allem auch eine Vorstellung, wie sie maßgeblich in den Untergangsphantasien der Romantik wurzelt, die letztlich allem voran die Sehnsucht nach einer Selbstübersteigung zum Ausdruck bringen: Scheitern respektive Schiffbruch steht hier für eine Erfahrung des Erhabenen mit epistemischem Potential ein. Für Giacomo Leopardi kommt der Schiffbruch einer Immersion ins Absolute gleich, Charles Baudelaire sieht in ihm die einzige Hoffnung auf Transzendenz,[43] und auch der Existenzialismus des 20. Jahrhunderts begreift Scheitern – nun weitgehend abgelöst vom Schiffbruch als Bedeutungskorrelat – als „Selbstwerden": Für Karl Jaspers etwa bringt der „Ursprung in den Grenzsituationen den Grundantrieb, im Scheitern den Weg zum Sein zu gewinnen".[44]

Versagen: Semantik und Semantikgeschichte
Parallel zur semantischen Ausweitung des Scheiterns zu einer von der Schifffahrt abgelösten Form des Nichtgelingens entsteht seit etwa der Mitte des 19. Jahrhunderts in westlichen, industrialisierten Gesellschaften eine zweite, auf den ersten Blick ähnliche Denkfigur: die Denkfigur des Versagens, der trotz der allgemeinen Konjunktur mehr oder weniger verwandter Themen (neben dem Scheitern selbst

---

42 Bröckling: *Das unternehmerische Selbst*, S. 58.
43 Der letzte Vers von Giacomo Leopardis berühmtestem Gedicht *L'Infinito* lautet „E il naufragar m'è dolce in questo mare" („Und der Schiffbruch ist mir süß in diesem Meer"), vgl. Giacomo Leopardi: „L'Infinito", in: Ders.: *Tutte le Opere*, Bd. 1, hg. v. Walter Binni und Enrico Ghidetti, Florenz: Sansoni 1969, S. 17. Auch Charles Baudelaire, der entromantisierte Romantiker (so ein in der Baudelaire-Forschung geflügeltes Wort von Hugo Friedrich), greift auf den Schiffbruch als Chiffre für das Absolute zurück und beschließt die *Fleurs du Mal* mit *Le Voyage*, in dem sich das lyrische Ich den Schiffbruch als einzig valides Ziel der (Lebens-)Reise imaginiert, weil nur er Erlösung vom bleiernen *ennui* des Daseins verspricht. Der schiffbrüchige Seefahrer wird Leopardi und Baudelaire zur Allegorie des Dichters, der sein Leben freudig gegen die Hoffnung auf die transzendente Ewigkeit der Kunst eintauscht.
44 Beide Zitate Karl Jaspers: *Einführung in die Philosophie. Zwölf Radiovorträge*, München: Piper 1989, S. 20.

etwa auch Antiheldentum oder Unvermögen)[45] bis heute kaum wissenschaftliche Aufmerksamkeit zuteilgeworden ist.[46] ‚Versagen', so die Ausgangsbeobachtung der vorliegenden Studie, beschreibt trotz seiner im Sprachgebrauch zum Scheitern mitunter beinahe synonymen Nutzung eine zugleich wesentlich fundamentalere und wesentlich banalere Form der Nichterfüllung und stellt eine globaler gefasste biographische Beschreibungskategorie dar, die nicht in Hinblick auf ein singuläres krisenhaftes Ereignis zur Anwendung kommt, sondern vielmehr einen länger währenden Zustand ausdrückt. Dabei deutet die im *Duden* angegebene Bedeutung von „nicht das Erwartete leisten können; nicht mehr funktionieren"[47] bereits an, welche konkreten Ausprägungen des Nichtgelingens mit dem Ausdruck ‚Versagen' angesprochen sind: Beim Versagen geht es nicht um das Überschreiten einer Grenze, um das Nicht-Erreichen eines ins Auge gefassten außergewöhnlichen Ziels, sondern um das Unterschreiten einer Norm, um das Nicht-Ausführen (oder: das nicht ordnungsmäße Ausführen) einer Aufgabe, deren Gelingen im Vorfeld als regelhaft und erwartbar eingeschätzt worden ist.

---

45 Für eine Theorie des Unvermögens vgl. vor allem Dirk Settons von Aristoteles' Vermögensbegriff ausgehende philosophische Studie mit dem Titel *Unvermögen. Die Potentialität der praktischen Vernunft* (Zürich: diaphanes 2012), deren Fragestellung aber kaum Überschneidungen zu der meinigen aufweist. Die Problematik des Begriffs ‚Antiheld' habe ich andernorts ausführlicher beschrieben, vgl. Nora Weinelt: „Zu einer Dialektik der Begriffe Held und Antiheld. Eine Annäherung aus literaturwissenschaftlicher Perspektive", in: *helden. heroes. héros. E-Journal zu Kulturen des Heroischen* 3 (2015), S. 15–23. Der Begriff bezeichnet – so legt es zumindest seine Verwendung in häufig populärwissenschaftlichen Kontexten nahe, denn eine eindeutige Definition existiert nicht – in größtmöglicher Unschärfe alle (in der Mehrzahl männlichen) Protagonisten, die nicht als ‚echte' Held·innen wahrgenommen werden können. Das Spektrum dieser literarischen Figuren ist enorm – so enorm, dass die Verwendung des Begriffs, insbesondere im Kontext moderner Texte, beinahe einer Nullaussage gleichkommt. Die Bandbreite erstreckt sich vom Zaudernden (Hamlet) über den Taugenichts (Oblomow) bis hin zum Kriminellen (Mr. Ripley). In diesem Sinne sind tatsächlich auch alle Versager Antihelden, aber nicht alle Antihelden Versager.
46 Soweit ich sehe, liegen weder Einzelfallstudien noch der Versuch einer Konzeptualisierung vor. Eine Ausnahme bildet das Buch *Born Losers. A History of Failures in America* des Historikers Scott A. Sandage (Cambridge, London: Harvard UP 2006), das mit dem erfolglosen ‚kleinen' Mann einen Figurentypus ins Zentrum des Interesses stellt, den man im Deutschen als Versager bezeichnen würde. Während Sandages Auswertung von „private letters, diaries, business records, bankruptcy cases, suicide notes, political mail, credit agency reports, charity requests, and memoirs" (S. 9) als Zeugnisse und Eingeständnisse des Versagens im 19. Jahrhundert für mein Vorgehen eher von nachrangiger Bedeutung sind, spielen seine Überlegungen zur Entstehung der Metapher *to be a failure* für meine Argumentation eine wichtige Rolle, vgl. Kapitel 4.2.
47 Dudenredaktion (Hg.): *Duden, Bd. 10: Das Bedeutungswörterbuch*, Mannheim: Bibliographisches Institut 2002, S. 990. Bis heute werden die ursprünglichen Bedeutungen von „etwas Erwartetes, Gewünschtes nicht gewähren, nicht zubilligen", „auf etwas verzichten", „sich für jmdn., etwas nicht zur Verfügung stellen" an erster Stelle geführt.

Obwohl ich Scheitern und Versagen auf dieser und den folgenden Seiten der besseren Nachvollziehbarkeit halber oft kontrastierend voneinander abgrenze, stehen sich beide also nicht scharf dichotomisch gegenüber, sondern stellen vielmehr zwei strukturell sehr verschiedene Modi des Nichterfüllens oder Nichterreichens dar. Ununterscheidbarkeitszonen sind dabei denkbar, zumal der vorliegende Text dezidiert nicht den Versuch einer Klassifizierung verschiedener Versager-, Antihelden- oder Loser-Figuren unternehmen will. Ziel dieses Buches ist es vielmehr, die Entstehung, die Implikationen und nicht zuletzt die poetologischen Dimensionen des Versagens als einer modernen Denkfigur nachzuvollziehen, in der Vorstellungen von Subjekt- und Subjektivierungsformen, Normalem und Pathologischem, Wollen und Können, Anpassung und Widerständigkeit, Fortschritt und gutem Leben kondensieren.

Ein Blick auf die Semantikgeschichte des Wortes zeigt, dass sich ‚Versagen' als Modus der Nichterfüllung erst seit den 1950er Jahren in deutschen Wörterbüchern findet. Der zwölfte Band des *Deutschen Wörterbuchs* der Gebrüder Grimm führt unter dem Lemma „versagen" zehn Einträge, keiner davon bezeichnet, wie heute geläufig, etwas dem Scheitern in irgendeiner Form Ähnliches, sondern vielmehr ein Absagen, Entsagen, Verweigern; das Nomen Versager sucht man im *Deutschen Wörterbuch* vergeblich.[48] Der *Duden* definiert „versagen" in der Auflage von 1934 als „[Wunsch] nicht erfüllen, zurückweisen; nicht wirken", unter dem Lemma „Versager" heißt es: „nicht einschlagende Leistung, nicht explodierende Patrone usw."[49] 1956 erwähnt *Trübners Deutsches Wörterbuch* erstmals, man könne seit kurzem sogar einen Menschen als „Versager" bezeichnen.[50]

---

48 Vgl. Jacob und Wilhelm Grimm: *Deutsches Wörterbuch*, Bd. 25, hg. v. der Deutschen Akademie der Wissenschaften Berlin, München: dtv 1984, Sp. 1031. Im Folgenden in Literaturangaben abgekürzt als *DWB*. Die Edition des *Deutschen Wörterbuchs* nimmt bekanntlich einen langen Zeitraum in Anspruch. Der erste Band wurde 1854 veröffentlicht, bis zu Jacobs Tod im Jahre 1863 war die Arbeit bis zum Lemma „Furcht" fortgeschritten. Nach einer längeren Pause und mehreren Versuchen, die Arbeit nach dem Tod der Brüder wiederaufzunehmen, wurde die Fertigstellung erst ab 1930 unter der Federführung der Preußischen Akademie der Wissenschaften wieder intensiver vorangetrieben. 1961 erschien der letzte Band des Wörterbuchs; die Arbeiten am Buchstaben V fanden um 1950 statt. Zur Editionsgeschichte des Grimm'schen *Wörterbuchs* vgl. Karl Stackmann: „Das Deutsche Wörterbuch als Akademieunternehmen", in: Rudolf Smend und Hans-Heinrich Vogt (Hg.): *Die Wissenschaften in der Akademie*, Göttingen: Vandenhoeck & Ruprecht 2002, S. 247–319.
49 Otto Basler (Hg.): *Der große Duden. Rechtschreibung der deutschen Sprache und der Fremdwörter*, Leipzig: Bibliographisches Institut 1934, S. 619. Die früheren Auflagen von 1915 und 1929 beinhalten noch keine Erläuterungen, sie führen schlicht das Lemma „Versagung".
50 Alfred Götze (Hg.): *Trübners Deutsches Wörterbuch*, Bd. 7, Berlin: De Gruyter 1956, S. 538.

‚Versagen' hat sich, wie insbesondere Kapitel 2 dieser Untersuchung genauer analysieren wird, erst ab etwa der Mitte des 19. Jahrhunderts aus einem mechanisch-thermodynamischen Feld heraus zu der Denkfigur entwickelt, die uns heute geläufig ist. Semantikgeschichtlich entsteht aus dem transitiven ‚jemandem etwas versagen', das schon im Mittelhochdeutschen auch die Bedeutung ‚den Dienst aufsagen' annimmt, um 1900 ‚versagen' als intransitives Verb, das hauptsächlich im Kontext technizistischer und mechanistischer Diskurse gebraucht wird, und zwar immer dort, wo eine Gerätschaft ihren Dienst versagt. Eines der frühesten Beispiele stellt dabei das Versagen einer Waffe dar: Ein versagender Schuss wird zwar korrekt ausgelöst, die Kugel verlässt den Gewehrlauf aber dennoch – und aus nicht nachvollziehbaren Gründen – nicht oder nicht mit der zu erwartenden Kraft. Das Nomen ‚Versager' bezeichnet um 1900 vor allem eine statistisch signifikante Abweichung von der Norm; bei Medikamentenstudien spricht man etwa von ‚Versagern', wenn einzelne Pillen keine nachweisbare Wirkung auf die Patient·innen ausüben. Allen diesen Verwendungsweisen – so eine der grundlegenden Thesen dieser Studie, auf die ich immer wieder zu sprechen kommen werde – liegt eine Idee der Energiesuspension zugrunde, eine aus dem Gleichgewicht geratene Ökonomie der Kräfte. Denn das Gewehr, um das vermutlich anschaulichste Beispiel noch einmal aufzugreifen, wird ja *ausgelöst*, es wird ein bestimmter Energiebetrag aufgewandt, um eine im Voraus genau berechenbare Wirkung zu erzeugen: und dennoch tritt sie nicht ein. Wenn das spätmoderne Verständnis des Scheiterns zunehmend eine gewisse Folgerichtigkeit nahelegt – Scheitern basiert, zumindest wird dies retrospektiv als Bewältigungsstrategie suggeriert, auf einem Fehler, kennt also eine Ursache, die eine entsprechende Wirkung nach sich zieht –, so zeichnet sich im Versagen die gegenteilige Bewegung ab: Versagen beschreibt das unerwartete Nichteintreten einer zu erwartenden Leistung, einen Ausfall innerhalb einer angenommenen Kausalkette.

Seit etwa 1880 beginnt sich ‚Versagen' allmählich auch auf den Menschen zu übertragen: im Sinne eines ebensolchen mechanistisch gefassten ‚Totalausfalls'. Etwas am oder im Subjekt funktioniert ganz grundlegend nicht oder nicht mehr, und zwar nicht in Form eines korrigierbaren Fehlers, sondern in Form eines dem einzelnen Subjekt ganz und gar inhärenten, ihm unverbrüchlich eingeschriebenen Defekts – um im technizistischen Bild zu bleiben: als ein systemimmanenter ‚Produktionsfehler'. Der Idee des Versagens wohnt um 1900 neben einem Element der – vermeintlichen, empfundenen – Kontingenz damit auch schon die Vorstellung einer gewissen Determiniertheit inne, die sich noch im heutigen Sprachgebrauch erhalten hat: Als Sozialtypus, wie er sich im Laufe des 20. Jahrhunderts entwickelt, kennzeichnet den Versager (weniger drastisch auch das Versagen) ein existentielles, irreversibles und kontinuierliches Unterschreiten gesellschaftlicher Erwartungen. ‚Du bist ein Versager' ist eine Beleidigung, die tief sitzt, ein vernichtendes Urteil. Es steckt in diesem Satz die Annahme, dass sich im Versagen der angesprochenen Person phänotypisch Bahn bricht, was ohnehin nicht zu vermeiden war: Ein Versager ist ein Versager ist ein Versager, selbst dann, wenn gerade nicht unmittelbar eine Erwartung nicht erfüllt worden ist.[51] Während sich Scheitern, wie oben beschrieben, auf ein punktuelles Ereignis bezieht, das sich nicht zuletzt dadurch definiert, dass es endet, meint ‚Versagen' einen lange währenden Zustand eines nach außen geschlossenen Systems, das aus unbekannten Gründen schlichtweg nicht funktioniert.

Als genuin moderner Modus der Nichterfüllung belegt das Versagen die Leerstelle, die das Scheitern in dem Moment hinterlässt, in dem die technizistische Moderne versucht, ihm jegliche ihr unheimlich gewordene Unberechenbarkeit auszutreiben. Dem Versagen ist somit ein Moment von – durch und durch immanenter – kontingenter Schicksalhaftigkeit von Anbeginn eingetragen. In ihm kommt zum Vorschein, was die Fortschrittsgläubigkeit des späten 19. Jahrhunderts unter dem Deckmantel der technischen Beherrschbarkeit von Welt und Handeln stets vergessen zu machen sucht: die rationale Unerklärbarkeit von Unglück – und seine oft unerträgliche Banalität.

Die Übertragung eines zunächst technisch gefassten Nichtfunktionierens auf den Menschen stellt dabei kein bloß deutsches Phänomen dar: Das französische Äquivalent zu ‚versagen', *rater*, ist semantikgeschichtlich ebenfalls eng mit dem Bild eines versagenden Schusses verwoben, und auch das englische *to be a failure* hat ursprünglich eine ganz ähnliche Bedeutung; es meint den unvorhergesehenen Ausfall einer Leistung.[52] Ich gehe im Folgenden deshalb davon aus, dass die ‚Erfindung' des Versagens als einer vom Scheitern verschiedenen Denkfigur charakteristisch für industrialisierte, kapitalistische (mithin oft, aber nicht ausschließlich westliche) Gesellschaften als solche ist. Meine Textauswahl versucht dies abzubilden: Die diskursanalytisch grundierten Kapitel dieser Studie fußen auf Beispielen aus dem deutschen, französischen, englischen und italienischen Sprachraum. Selbiges gilt auch für die Analyse literarischer Darstellungen und Verarbeitungen des Ver-

---

51 Diese Endgültigkeit schlägt sich auch im Sprachgebrauch nieder. Samuel Becketts notorisches *fail better* zum Beispiel lässt sich wohl tatsächlich nur mit ‚Scheitern' ins Deutsche übersetzen, zumindest, wenn man den Beckett'schen Kontext, wie so oft, außer Acht lässt, um schlicht ein mittlerweile geflügeltes Wort zu zitieren: ‚Jemals [etwas] versucht. Jemals gescheitert. Egal. Versuch [es] noch einmal. Scheitere noch einmal. Scheitere besser' wäre eine adäquate (wiewohl sprachlich nicht sonderlich schöne) deutsche Übersetzung. ‚Jemals versucht. Jemals versagt. Egal. Versuch es noch einmal. Versage noch einmal. Versage besser' hingegen entspricht dem englischen Original im ursprünglichen Kontext von Becketts *Worstward Ho* zwar sogar besser, wäre aber in dieser Form wohl kaum in einem Karriereratgeber zu finden: Es impliziert eine Endgültigkeit, die die Möglichkeit eines neuerlichen Versuchs nachgerade absurd erscheinen lässt.
52 Vgl. ausführlicher Kap. 2.1 bzw. Kap. 4.2 dieser Studie.

sagens, der in den Kapiteln 3 und 4 mein Hauptaugenmerk gelten wird: Mit Texten von Franz Kafka, Gustave Flaubert, Italo Svevo und Herman Melville nimmt die Untersuchung Literaturen aus verschiedenen westlich-industrialisierten Gesellschaften in den Blick.[53] Dass dabei alle ausgewählten Autoren und Protagonisten männlich sind, ist kein Zufall, sondern zeugt von einem – bis heute – enorm genderspezifischen Phänomen. Versagen kann überhaupt nur derjenige, an den gesellschaftliche Erwartungen herangetragen werden, die er eigenverantwortlich zu erfüllen hat; im späten 19. und frühen 20. Jahrhundert betrifft dies ganz überwiegend Männer.[54]

Versagen als literarische Zu-Schreibung
Eines der Anliegen dieses Buches ist es, die tief im Weltbild des späten 19. und frühen 20. Jahrhunderts wurzelnden ideologischen Überzeugungen und anthropologischen Prämissen nachzuzeichnen, die dazu führen, dass sich die Vorstellung eines technischen Nichtfunktionierens überhaupt auf das ‚System Mensch' übertragen kann und das Subjekt damit einer bis dato ungekannten Logik des Funktionierens unterwirft, deren blinden Fleck das Versagen darstellt. Die Denkfigur des Versagens gründet in den disziplinierenden Diskursen des 19. Jahrhunderts, wie Michel Foucault sie beschrieben hat,[55] und ist vor dem Hintergrund neoliberaler Subjektivierungsformen in der Spätmoderne zusätzlich brisant geworden – das versagende Subjekt stellt deren Ausschussprodukt dar, welches das Credo der Eigenverantwortlichkeit zunächst auf die Probe stellt und schließlich zementiert.

Dem Versagen als biographischer Beschreibungskategorie eignet damit immer auch eine machtstabilisierende (das heißt eine soziale, politische) Komponente: Während Scheitern als mögliches Resultat einer mehr oder weniger kühnen Unternehmung eine gewisse Handlungs- und Entscheidungsfreiheit voraussetzt, wird dem versagenden Subjekt genau diese abgesprochen; ob es die zu erwartende Leistung (wie sie etwa Angestellten abverlangt wird, von denen insbesondere Kapitel 4

---

53 Nicht berücksichtigt werden konnten im Rahmen dieser Studie russischsprachige Schriftsteller wie Dostojewski oder Tschechow, deren Werke unter dem Aspekt des Versagens mit großer Wahrscheinlichkeit fruchtbar zu machen gewesen wären.
54 Dies schon insofern, als Frauen bis ins 20. Jahrhundert hinein nicht als mündige (etwa: wahlberechtigte) Bürgerinnen wahrgenommen werden, die sich eigenverantwortlich in öffentlichen Bereichen wie dem Arbeitsleben bewegen. Weil Versagen in dem historischen Zeitraum, der im Mittelpunkt dieser Studie steht, dezidiert männlich konnotiert ist, werde ich von Versagern, von wenigen begründeten Ausnahmen abgesehen, im Maskulinum sprechen. Dessen ungeachtet könnte sich die Untersuchung eines möglichen weiblich konnotierten Analogons zum männlichen Versagen, das sich etwa auf Reproduktions- statt auf Produktionsleistungen richtet, als vielversprechend erweisen.
55 Vgl. Michel Foucault: *Überwachen und Strafen. Die Geburt des Gefängnisses*, übers. v. Walter Seitter, Frankfurt am Main: Suhrkamp 2008.

handelt) überhaupt erbringen *will*, steht nicht zur Disposition. Die Geschichte des Versagens ist damit in kaum zu überschätzendem Maße auch eine verdeckte Geschichte des Willens. Eine der Kernthesen dieser Studie lautet, dass sich in der semantischen Bewegung von einem Versagen als Absagen, Entsagen, Verweigern hin zum Versagen als Nichtfunktionieren oder Nichtkönnen eine Pathologisierung des Widerständigen vollzieht: Das Nicht-Leisten-Wollen von gesellschaftlich Erwartetem wird diskursiv in ein Nicht-Leisten-Können überführt. Versagen bemisst sich also, wie oben bereits skizziert, an einer kaum hintergehbaren Vorstellung von Normalität, die in der Moderne intrinsisch verknüpft ist mit der diffusen Vorstellung von einem guten Leben, einem guten Auskommen, einem Beruf, kurz: einem Leben in den vorgeformten Bahnen, die die bürgerliche Leistungsgesellschaft vorsieht. Es ist daher kein Zufall, dass Versagen (übrigens bis heute) als durch und durch (klein-)bürgerliches Phänomen erscheint: kein Versagen ohne entsprechende Leistungserwartung – die im Bürgertum historisch besonders stark ausgeprägt ist.

Wird einem Subjekt ein Versagen bescheinigt oder unterstellt, handelt es sich dabei demnach stets um die relationale Kategorie einer gesellschaftlichen Zuschreibung, um ein soziales Urteil, das auf Basis von Vergleichen vorgenommen wird und keinen klaren Maßstäben folgt. Man versagt, wenn man das Erwartete nicht leistet, ohne dass dabei notwendig hinreichend definiert wäre, was das Erwartete eigentlich ist und wer genau die Erwartung überhaupt formuliert. Verhältnismäßig leicht beantworten lassen sich diese Fragen für das technische Versagen, also für den Bereich, in dem die Vorstellung des modernen Versagens wurzelt: Geräte versagen die Funktion, zu deren Erfüllung sie konstruiert worden sind. Bei der Übertragung auf den Menschen gestaltet sich die funktionalistische Konzeption des Versagens deutlich problematischer: Während es dem Gescheiterten jederzeit unbenommen geblieben wäre, eine Risikohandlung schlichtweg nicht in Angriff zu nehmen, bestimmt grundsätzlich nicht der Versagende selbst, was von ihm erwartet wird.[56] ‚Versagen' benötigt deshalb konstitutiv eine zuschreibende Instanz: Wenn ‚Versagen' eine biographische Diagnose darstellt, bedarf es einer dritten Person, die sie stellt; wenn ‚Versagen' ein soziales Urteil darstellt, bedarf es einer dritten Person, die es fällt. Diese dritte Person ist allerdings weniger im Sinne eines konkreten Akteurs oder einer konkreten Akteurin zu verstehen denn im Sinne eines disziplinierenden Panoptikums, und damit im Sinne einer Beobachtungsinstanz, die nicht zwangsläufig von außen auf das Subjekt blicken muss, sondern ihm als internalisierter Bewertungsmechanismus selbst eingeschrieben sein kann. Diese Zuschreibung vollzieht sich in gewisser

---

[56] Wiewohl ‚Versagen' oft eine Selbstzuschreibung darstellt, die aber ihrerseits von gesellschaftlichen Erwartungen nie vollständig zu trennen ist.

Weise performativ: Wichtig ist nicht, ob die Zuschreibung wahr oder falsch ist (denn dies lässt sich ohnehin nie mit Sicherheit feststellen), sondern ob sie erfolgt oder nicht erfolgt. Es sind genau solche Mechanismen des Zu- oder Absprechens, des Be- oder Verurteilens, die in literarischen Texten über das Versagen erprobt und inszeniert, freigelegt und kritisiert werden.

Die in den Blick genommenen Texte – Herman Melvilles *Bartleby, the Scrivener* (1853) und *The Happy Failure* (1853/1854), Gustave Flauberts *L'Éducation sentimentale* (1869), Italo Svevos *Una vita* (1892) sowie Franz Kafkas *Ruinenbewohner*- und *Schloß*-Fragmente (1910 bzw. 1922) – spielen im Rahmen meiner Argumentation deshalb eine entscheidende Rolle. Sie vollziehen, so lautet die Annahme, diesen Prozess der Zuschreibung ihrerseits performativ nach. Dabei konstruieren sie eine Situation, in der die Zuschreibung eines Versagens in seltener Klarheit intersubjektiv ein- und ansichtig wird: Wo Versagen – ganz im Gegensatz zum Scheitern – im spätmodernen öffentlichen Diskurs schon deshalb nur marginal[57] verhandelt wird, weil es als relationale Beschreibungskategorie keinen allgemeingültigen Kriterien folgt (also nur schwer eindeutig festzumachen ist, wann diffuse gesellschaftliche Erwartungen in dem Maße unterschritten worden sind, dass von einem Versagen die Rede sein kann), ist die Literatur in der Lage, innerhalb der Diegese eine intersubjektive Nachprüfbarkeit solcher Urteilsbildungen zu suggerieren. Dennoch affirmieren die im Folgenden behandelten literarischen Texte das Versagen als biographische Beschreibungskategorie nicht einfach: Sie stellen die Mechanismen der Zuschreibung einerseits, die Mechanismen der Internalisierung gesellschaftlicher Erwartungen andererseits offensiv und performativ aus – und konstruieren und dekonstruieren das Versagen als ein durchaus zweifelhaftes Konzept.

Bei der ‚dritten Person', die im Falle der Literatur eine Diagnose stellt oder ein Urteil fällt, handelt es sich (nicht nur, aber hauptsächlich) um die Erzählinstanz, die allerdings in keinem der untersuchten Texte als auktoriale Erzähler*figur* agiert: Ihre Ansichten und Bewertungen sind (in unterschiedlich starken Ausprägungen) im Modus des *style indirect libre* beziehungsweise der erlebten Rede häufig nicht einmal mit Sicherheit von denjenigen der versagenden Protagonisten zu unterscheiden, verschwimmen mit ihnen und oszillieren so zwischen einer Beurteilung von außen und einer Internalisierung dieser Urteile seitens der Protagonisten. Es spricht und wertet in diesen Texten mithin nicht eine dritte Person, sondern eine „vierte Person", wie Joseph Vogl sie beschrieben hat: als „unmöglicher Zeuge einer

---

[57] Versagen geht zudem mit einer gesellschaftlichen Stigmatisierung einher, welche diejenigen, denen ein Versagen zugeschrieben wird, im selben Atemzug als gleichberechtigte Diskursteilnehmer·innen ausschließt, vgl. dazu ausführlicher Kapitel 4.

Erfahrung, der das Ich zum Opfer gefallen ist".[58] Darstellungen des Versagens ersetzen die Kategorie der Schuld, die für die Vorstellung des modernen Scheiterns eine große Rolle spielt, auf diese Weise durch die Kategorie der Scham, konkreter: Ihre Verfahrensweise ist diejenige einer Beschämung.

Wenn das Versagen, wie ich behaupte, in der Erzählliteratur des späten 19. und frühen 20. Jahrhunderts besonders prominent verhandelt wird, so lässt sich auch die Frage nach spezifischen Darstellungsweisen dieser Nichterfüllung stellen, die als *Ausfall* des Erwarteten in den analysierten Texten als inhaltliche Leerstelle figuriert. Der Schiffbruch als ungeheuerliches, seltenes Ereignis ist seit jeher eng mit der Literatur verknüpft gewesen: Ein Schiffbruch ohne Zuschauer zeitigt, wie Burkhardt Wolf beschrieben hat, von vornherein einen „Beweisnotstand", der unter dem Schlagwort der „*credibility* immer schon zu spezifischen Verfahren des Erzählens, des Beglaubigens und gleichzeitigen Fingierens" genötigt hat.[59] Auch das moderne Scheitern gibt in seiner Ereignishaftigkeit einerseits – im Sinne einer Bewältigungsstrategie – zu narrativen Überformungen, andererseits zu genuin literarischen Darstellungen Anlass; als (negativer) Höhepunkt einer Unternehmung oder als Peripetie mit anschließender Wendung zum Besseren fügt es sich nahtlos in eine Handlungsstruktur, die sich als strukturell dramatische beschreiben ließe. Das Versagen hingegen lässt sich deutlich schwerer erzählen – weil es handlungstheoretisch immer eine Auslassung darstellt. Spezifische Schreibweisen des Versagens liegen deshalb in erster Linie Romanen zugrunde, deren *histoire* diffus mäandernd, oft auch in endloser Wiederholung des Immergleichen scheinbar niemals zum Ziel kommt.[60] Das erratische Kreisen um eine narrative Leerstelle geht dabei inhaltlich oft auch mit einer Form der teleologischen Verunsicherung einher und ist, wie insbesondere Kapitel 3 zeigen wird, mit einer Problematisierung von Konzepten des narrativen, biographischen und letztlich gar geschichtsphilosophischen Fortschritts verknüpft.

---

58 Joseph Vogl: „Vierte Person. Kafkas Erzählstimme", in: *Deutsche Vierteljahresschrift für Literaturwissenschaft und Geistesgeschichte* 68.4 (1994), S. 745–756, hier S. 755.
59 Wolf: *Fortuna di Mare*, S. 18.
60 Die Darstellung des Versagens ist dabei jedoch nicht auf die Gattung des Romans beschränkt: Auch epische bzw. episierende Dramen oder das in den letzten beiden Jahrzehnten mit neuer Aufmerksamkeit bedachte Medium der Fernsehserie eignen sich, um ein Versagen sowohl zu verhandeln als auch abzubilden.

Versagen als moderne Denkfigur: Methode, Ausblick und Gliederung
Zu klären bliebe, inwiefern das Versagen nicht schlicht einen Begriff, sondern vielmehr eine Denkfigur darstellen soll. In Anlehnung an Jutta Müller-Tamm[61] verstehe ich unter einer ‚Denkfigur' einen Vorstellungszusammenhang, der sich von verwandten Kategorien wie der Metapher, dem Modell, der Idee oder eben dem Begriff vor allem durch seine Offenheit und Fluidität unterscheidet. Anders als der Begriff, der „mit seiner Herkunft von logos, idea […] eher auf invariante geistige Bedeutungen zielt und eine Teleologie präzisierter Terminologisierung aufruft",[62] lässt sich die Denkfigur also nicht einfach feststellen und fixieren, sondern oszilliert und vermittelt zwischen verschiedenen Polen, ohne sich dabei einer Seite fest zuordnen zu lassen:

> Die Metapher der *Denk-Figur* führt die Spannung zwischen Prozessualität und Gestalt, Werden und Struktur, Geist und Phänomenalität/Materialität, Wissen und Nicht-Wissen, Begrifflichem und Nicht-Begrifflichem mit sich, eine Spannung, die sich nur vor dem Hintergrund theoretischer Setzungen vereindeutigt oder im Prozess der Analyse konkretisiert.[63]

Im Gegensatz zu Caroline Torra-Mattenklott, die sich unlängst ebenfalls intensiver mit der Denkfigur auseinandergesetzt und dabei ein engeres Verständnis des Terminus angelegt hat,[64] plädiert Müller-Tamm dafür, gerade den „schwebenden Charakter" der Denkfigur als deren Stärke zu verstehen und „die Denkfigur und ihre Theorie von der Betrachtung konkreter Fälle nicht zu trennen".[65]

Müller-Tamms Forderung, auf eine allzu kleinteilige Definition der Denkfigur zu verzichten, hängt vor allem mit dem Status zusammen, den sie ihr als einer wissensgeschichtlichen Kategorie zuschreibt:

---

61 Vgl. Jutta Müller-Tamm: „Die Denkfigur als wissensgeschichtliche Kategorie", in: Nicola Gess und Sandra Janßen (Hg.): *Wissens-Ordnungen. Zu einer historischen Epistemologie der Literatur*, Berlin: De Gruyter 2014, S. 100–122.
62 Ernst Müller: „Einleitung. Bemerkungen zu einer Begriffsgeschichte aus kulturwissenschaftlicher Perspektive", in: Ders.: (Hg.): *Begriffsgeschichte im Umbruch*, Hamburg: Felix Meiner 2005, S. 9–20, hier S. 17.
63 Müller-Tamm: „Die Denkfigur als wissensgeschichtliche Kategorie", S. 104. Eine solche Wandelbarkeit, Prozesshaftigkeit und spielerische Qualität der Figur betont schon Erich Auerbach in seiner berühmten Studie zum rhetorischen *figura*-Begriff. Theoretisch-methodologische Überlegungen zur Denkfigur nehmen deshalb häufig bei Auerbach ihren Ausgang. Vgl. ebd., S. 101f. sowie ausführlich Erich Auerbach: „Figura", in: *Archivum Romanicum* 22 (1938), S. 436–489.
64 Vgl. Caroline Torra-Mattenklott: *Poetik der Figur. Zwischen Geometrie und Rhetorik: Modelle der Textkomposition von Lessing bis Valéry*, Paderborn: Wilhelm Fink 2016, S. 48–62.
65 Müller-Tamm: „Die Denkfigur als wissensgeschichtliche Kategorie", S. 100.

> Denkfiguren, so kann man festhalten, sind erkenntnisleitend, wissensorganisierend, integrativ; sie markieren epistemische Bedingungen des Wissens und sprachlicher Bedeutungskonstitution, sie verbinden wissenschaftliche und nicht-wissenschaftliche Diskurse.[66]

Denkfiguren gehören für sie zum „Unbewussten des Wissens",[67] sind also der Begriffsbildung vorgängig und lassen sich deshalb auch nur nachträglich schärfen: „[A]ls Motor der Begriffsbildung, der Metaphernschöpfung und überhaupt des Zeichenhandelns", so noch einmal Müller-Tamm, „*ist* die Denkfigur nie, sondern *wird* immer nur, und zwar im Nachhinein konstruiert als eine solche Kraft."[68] Ein solches *Werden* der Denkfigur des Versagens, die sich als materielles Problem oder imaginierter Ausfall, als Terminus technicus, Diagnose, als soziales Urteil oder biographische Beschreibungskategorie in verschiedenen Diskursfeldern je spezifisch manifestiert, will die vorliegende Studie nachzeichnen. Ein besonderes Augenmerk liegt dabei auf Transfermomenten zwischen verschiedenen Diskursen und Disziplinen, auf Verschiebungen und Vermengungen, Übersetzungen und Übertragungen, aber auch auf Diskontinuitäten und Brüchen. Überlegungen zu einer Begriffs- und Semantikgeschichte des Versagens spielen im Zuge dessen eine wichtige Rolle, decken aber jeweils nur Teilaspekte der Denkfigur ab, der in den drei großen Kapiteln der vorliegenden Untersuchung gerade auch dort nachgespürt werden soll, wo das Versagen als Vorstellungszusammenhang (noch) nicht begrifflich zum Ausdruck gebracht wird.

Das erste Kapitel des Hauptteils (Kapitel 2) widmet sich, ausgehend von einem wissens- und diskursgeschichtlichen Ansatz, dem (Objekt-)Versagen als Vorstellung einer unerwarteten Energiesuspension, die eine scheinbare Disruption einer Kausalkette darstellt und im späten 19. Jahrhundert in zahlreichen thermodynamisch informierten Wissensfeldern eine Rolle spielt (Kapitel 2.1). Ziel des Kapitels ist es, die metonymische Verschiebung des Versagens als zunächst noch zuvorderst physiologisch gedachtes Phänomen hin zu einer Denkfigur zu beschreiben, die das Subjekt als Ganzes betrifft. In der Psychoanalyse zeichnet sich diese Verschiebung besonders deutlich ab: Aus einem von zeitgenössischen Energiediskursen geformten Körperbild entwickelt sich im frühen 20. Jahrhundert ein psychoanalytisches Menschenbild, das die Möglichkeit eines Versagens (im Sinne eines fundamentalen Nichtfunktionierens) fest im Subjekt selbst verankert. Kapitel 2.2 stellt diesen Schlüsselmoment mit Blick auf Freuds (implizite) Theorie des sexuellen Versagens dar und beschreibt Versagen im frühen 20. Jahrhundert dabei zugleich als ein Phänomen, das (seiner älteren Bedeutung gemäß) zwischen

---

66 Ebd., S. 104.
67 Ebd., S. 102.
68 Ebd. Kursivierungen im Original.

bewusstem Nicht-Wollen und unwillkürlichem Nicht-Können oszilliert. Kapitel 2.3 schließlich zeichnet anhand der Ende des 19. Jahrhunderts in Europa virulenten Debatte um die Figur des Schulversagers nach, wie sehr Versagen in Abhängigkeit von den Kategorien Norm und Abweichung gedacht wird – und in welchem Maße im Versagen zu diesem Zeitpunkt bereits die Vorstellung des Versagers als eines Sozialtypus mitschwingt.

Das zweite Kapitel des Hauptteils (Kapitel 3) beschäftigt sich – zunächst am Beispiel von Gustave Flauberts *Éducation sentimentale* – mit dem Versagen als einer modernen biographischen Beschreibungskategorie. Flauberts Roman ist, wie Kapitel 3.1 zeigt, durch- und zersetzt von einer Wassermetaphorik, die Motive des Schiffbruchs und des erhabenen Untergangs anzitiert und mitführt, sich in den Text aber letztlich als eine Semantik des strömungslosen Plätscherns einschreibt, das Frédéric Moreaus schmerzlich ereignislose *vie manquée* und die Suspendierung aller dramatisch-handlungstreibenden Elemente versinnbildlicht. Das Kapitel zielt darauf, auf Basis dieser Beobachtung eine poetologische Figur zu entwerfen, die für meine Argumentation eine wichtige Rolle spielt: Die zentrale Logik des Versagens, so lautet die These hier, ist nicht die einer *Abwesenheit* von Kraft, Energie, Willen oder Aktion (wie es der heutige Sprachgebrauch nahelegt), sondern – analog zu den in Kapitel 2 betrachteten Diskursen – die einer *Suspension;* im Besonderen einer Suspension von Entwicklung und Fortschritt, und damit einer Suspension einer wesentlichen Prämisse des Bildungsromans. Anhand von Georg Lukács' *Theorie des Romans* zeigt Kapitel 3.2, inwiefern das unmöglich gewordene Genre des Bildungsromans ein spezifisches Verhältnis zwischen Erwartung und Erfüllung ausbuchstabiert, das im Versagen prekär wird – oder umgekehrt: dass sich Versagen ab dem historischen Moment, zu dem die ideologischen Grundvoraussetzungen des Bildungsromans ungültig werden, mit Lukács als geschichtsphilosophische Notwendigkeit betrachten lässt. Kapitel 3.3 schließlich nimmt mit Kafkas frühen *Ruinenbewohner*-Versuchen nach Flaubert einen weiteren Text in den Blick, der auf das Genre des Bildungsromans rekurriert, aber mit dessen ideologischen Vorbedingungen bricht: Kafka beschreibt den Bildungs- bzw. Erziehungsprozess in seinem *Ruinenbewohner* vor allem als Prozess der Beschämung – und damit als ein Fundament des modernen Versagens.

Kapitel 4 analysiert abschließend den Zusammenhang zwischen dem Versagen im modernen Sinne und seiner semantikgeschichtlich älteren Bedeutungsdimension eines Entsagens oder Verweigerns. Als zentrales Element der modernen Denkfigur des Versagens erweist sich dabei eine diskursive Überführung des Nicht-Wollens in ein Nicht-Können, wie sie sich bereits bei Freud angedeutet hat, und damit eine Pathologisierung des (teleologisch) Widerständigen. Anhand von Svevos *Una vita*, Melvilles *The Happy Failure* und *Bartleby, the Scrivener* (als Vorläuferfiguren) und Kafkas *Schloß*-Roman zeigt das Kapitel, wie die genannten Texte anstelle von biographischem Fortschritt (als Basis eines als gelungen erachteten Lebens) die Internalisierung einer „biographischen Illusion" (Bourdieu) inszenieren. Ein besonderes Augenmerk liegt dabei auf der Frage, wie sich spezifische Zuschreibungs-, Beschämungs- und Beurteilungsstrategien im Verhältnis zwischen Erzähler(stimme) und Protagonisten niederschlagen – und wie die untersuchten Texte das Versagen ihrer Figuren damit zugleich affirmieren und konterkarieren.

2 Kausalität
Vom körperlichen Versagen zum Versagen des Subjekts

> L'homme moderne est amoindri
> et devenu une machine.¹

1937 hält Robert Musil auf Einladung des Österreichischen Werkbundes einen Vortrag mit dem Titel *Über die Dummheit*, also über ein Phänomen von zu diesem Zeitpunkt augenscheinlich stetig wachsender gesellschaftspolitischer Bedeutung. Wer über Dummheit spreche, beginnt Musil seinen Vortrag, der

> läuft heute Gefahr, auf mancherlei Weise zu Schaden zu kommen; es kann ihm als Anmaßung ausgelegt werden, es kann ihm sogar als Störung der zeitgenössischen Entwicklung ausgelegt werden. Ich selbst habe schon vor etlichen Jahren geschrieben: „Wenn die Dummheit nicht dem Fortschritt, dem Talent, der Hoffnung oder der Verbesserung zum Verwechseln ähnlich sähe, würde niemand dumm sein wollen." Das ist 1931 gewesen; und niemand wird zu bezweifeln wagen, daß die Welt auch seither noch Fortschritte und Verbesserungen gesehen hat! So entsteht allmählich eine gewisse Unaufschiebbarkeit der Frage: Was ist Dummheit?²

Um der Antwort auf diese Frage näherzukommen – die, wie er zugesteht, schon deshalb eine komplizierte oder gar paradoxe sei, weil alle über Dummheit Sprechenden von sich selbst annähmen, klug zu sein –, behilft sich Musil in Ermangelung einer wissenschaftlichen Theorie, auf die er zurückgreifen könnte, mit dem Versuch, der Dummheit in ihren alltäglichen und alltagssprachlichen Erscheinungsweisen näherzukommen. Im Rahmen dessen zeichnet er zu Beginn seines Vortrags den „Gebrauch des Wortes dumm und seiner Familie"³ nach – und verwendet dabei bemerkenswert häufig das Wort Versagen.

Zwei Arten der Dummheit gilt es laut Musil zu unterscheiden: die „ehrliche Dummheit" einerseits, die er mit dem umgangssprachlichen Ausdruck der „langen Leitung" beschreibt, und die „gefährliche Dummheit" andererseits – „eine Bildungskrankheit".⁴ Eine Frage der Bildung sei Dummheit jedoch freilich nur, sofern sie aus einem „Mißver-

---

1 Gustave Flaubert: *Bouvard & Pécuchet*, in: Ders.: *Œuvres*, Bd. 2, hg. v. Alfred Thibaudet und René Dumesnil, Paris: Gallimard 1952, S. 695–1051, hier S. 985.
2 Musil zitiert aus dem *Mann ohne Eigenschaften*. Robert Musil: „Über die Dummheit. Vortrag auf Einladung des Österreichischen Werkbundes", in: *Gesammelte Werke*, Bd. 2, hg. v. Adolf Frisé, Reinbek bei Hamburg: Rowohlt 1978, S. 1270–1291, hier S. 1270. Zu Musils Vortrag vgl. auch Achim Geisenhanslücke: „Schöndummheit. Über Ignoranz", in: Achim Geisenhanslücke und Hans Rott (Hg.): *Ignoranz, Nichtwissen, Vergessen und Missverstehen in Prozessen kultureller Transformationen*, Bielefeld: transcript 2008, S. 15–34.
3 Musil: „Über die Dummheit", S. 1270.
4 Ebd., S. 1287.

hältnis zwischen Stoff und Kraft der Bildung" resultiere; im Gegensatz zur „ehrlichen Dummheit" charakterisiert Musil sie nicht als „Mangel an Intelligenz", sondern als „deren Versagen aus dem Grunde, daß sie sich Leistungen anmaßt, die ihr nicht zustehen".[5] Beide Formen der Dummheit verbinde dabei eine gesellschaftliche Minimaldefinition, „die allgemeinste Vorstellung", die Musil als „die des Versagens bei den verschiedensten Tätigkeiten, die des körperlichen und geistigen Mangels schlechthin"[6] beschreibt. Für die Argumentation der vorliegenden Studie ist hier vor allem die Tatsache bemerkenswert, dass Musil der Dummheit, dieser semantischen Leerstelle, die er mit Sinn zu füllen hofft, eine zweite semantische Leerstelle erklärend zur Seite stellt: die des Versagens. Denn was Musil unter Versagen versteht, kippt im Laufe seiner Ausführungen ins Gegenteil: Setzt er am Anfang das Versagen mit dem „körperlichen und geistigen Mangel schlechthin" gleich, so fordert er am Ende: „Es ist darum zu [...] unterscheiden zwischen Versagen und Unfähigkeit, gelegentlicher oder funktioneller und beständiger oder konstitutioneller Dummheit, zwischen Irrtum und Unverstand."[7]

Dass das Konzept des Versagens zwischen den Polen „Irrtum" und „Unverstand", zwischen „funktioneller" und „konstitutioneller" Nichterfüllung – nicht nur bei Musil – beständig kippt, mitunter oszilliert und sich einer eindeutigen Definition entzieht, ist ein Residuum seiner Semantikgeschichte, die ich auf den folgenden Seiten detaillierter skizzieren möchte als einleitend bereits geschehen, und Resultat einer semantischen Ausdehnung des Wortes von der Bezeichnung eines bloßen Nichtfunktionierens hin zu seiner Übertragung auf ein mechanistisch gefasstes System Mensch, die dieses Kapitel nachzeichnen soll. Ohne die Aussagekraft solcher semasiologischer Zusammenhänge absolut setzen zu wollen, gibt deren Untersuchung doch zahlreiche Hinweise auf das, was man zugespitzt als ‚Erfindung' des Versagens bezeichnen könnte. Kapitel 2.1 wird deshalb zunächst versuchen, die Implikationen, die der Begriff des Versagens transportiert, semantikgeschichtlich zu umkreisen; dabei sind vor allem Diskurse rund um Energieerhaltung und Thermodynamik von entscheidender Bedeutung. Kapitel 2.2 zeichnet nach, welche Rolle dieses energetisch fundierte und zunächst körperlich gedachte Versagen für Freuds Psychoanalyse und insbesondere für seine Beschäftigung mit dem Phänomen Impotenz spielt, im Zuge derer er das Versagen endgültig dem Subjekt selbst einschreibt. Kapitel 2.3 schließlich widmet sich der Vorstellung von suspendierter Energie und einem daraus resultierenden Versagen im pädagogischen Diskurs des späten 19. und frühen 20. Jahrhunderts und beschreibt die zeitgenössische Debatte um Schüler, die das von ihnen Erwartete nicht leisten – und die man in dieser Zeit als Schulversager zu bezeichnen beginnt.

---

5 Ebd.
6 Ebd., S. 1277.
7 Ebd., S. 1290.

2.1 Freude, schöner Götterfunken: Thermodynamik, Auslösung und Versagen

Die schon im Mittelhochdeutschen gebräuchliche Grundbedeutung des Verbs ‚versagen' lautet *„nicht zu dienste sein, dienst verweigern"*,[8] bezeichnet aber auch ein allgemeineres Verwehren im Sinne von ‚abschlagen' sowie das religiös konnotierte ‚Entsagen', also den bewussten Verzicht auf etwas eigentlich Begehrtes. Seit ungefähr der Mitte des 18. Jahrhunderts findet das Verb ‚versagen' verstärkt Verwendung, wenn es um Körperteile oder (seltener) -funktionen geht, die den ihnen angedachten Dienst verweigern. Von versagenden Beinen etwa ist zu lesen, auch und besonders häufig vom Versagen der Stimme. Ungefähr zur selben Zeit entsteht außerdem die reflexive Verwendung ‚sich etwas versagen'. Vom Versagen als ‚nicht das Erwartete leisten' hingegen liest man bis in die 1930er Jahre hinein zumindest in Wörterbüchern nichts – dafür häufen sich aber seit etwa 1900 Beispiele in literarischen und wissenschaftlichen Texten.

Die Herausbildung des Versagens im Sinne einer Nichterfüllung – und damit eng verbunden die Entwicklung des Versagers als einer soziobiographischen Beschreibungskategorie – scheint sich also in den letzten Jahrzehnten des 19. und in den ersten Jahrzehnten des 20. Jahrhunderts zu vollziehen, genauer gesagt etwa im Zeitraum zwischen 1880 und 1925. Eine Grafik des *Digitalen Wörterbuchs der deutschen Sprache* zeigt, wie häufig das Nomen ‚Versager' im berücksichtigten Korpus (das einen repräsentativen Querschnitt an Medienerzeugnissen, Gebrauchsliteratur, wissenschaftlichen Texten sowie Belletristik umfasst) erwähnt wird (vgl. Abb. 1).[9]

Während die Suche im *DWDS* bis 1880 ausschließlich einige wenige Treffer aus der Gebrauchsliteratur ergibt, steigt die Zahl der Ergebnisse für die darauffolgenden Jahrzehnte allmählich an, und zwar nunmehr in vergleichsweise geringem Maße in der Gebrauchsliteratur, dafür aber deutlicher in der Wissenschaft, in der Belletristik und in Zeitungen. Seit etwa dem Ende des Zweiten Weltkriegs lässt sich feststellen, dass die Verwendungshäufigkeit von ‚Versager' in der Belletristik und

---

8 *DWB*, Bd. 25, Sp. 1031. Kursivierung im Original.
9 Der Rückgriff auf das *Digitale Wörterbuch der deutschen Sprache* versteht sich an dieser Stelle ausdrücklich als Veranschaulichung, keineswegs als Beleg der hier entwickelten These. Auch wenn sich das *DWDS* auf ein relativ großes und vielfältiges Textkorpus stützt, bleibt die Aussagekraft einer solchen Grafik notwendig begrenzt – zumal im hier konkret untersuchten Fall nur die Suchanfrage nach dem Nomen ‚Versager', das erst seit etwa 1800 überhaupt gebräuchlich ist, belastbare Daten liefert, während eine Verlaufskurve des älteren Wortes ‚Versagen' nicht visualisieren könnte, ob es sich bei den Ergebnissen jeweils um ‚Versagen' im Sinne von ‚Absagen' oder im modernen Sinne von ‚Nichterfüllen' handelt.

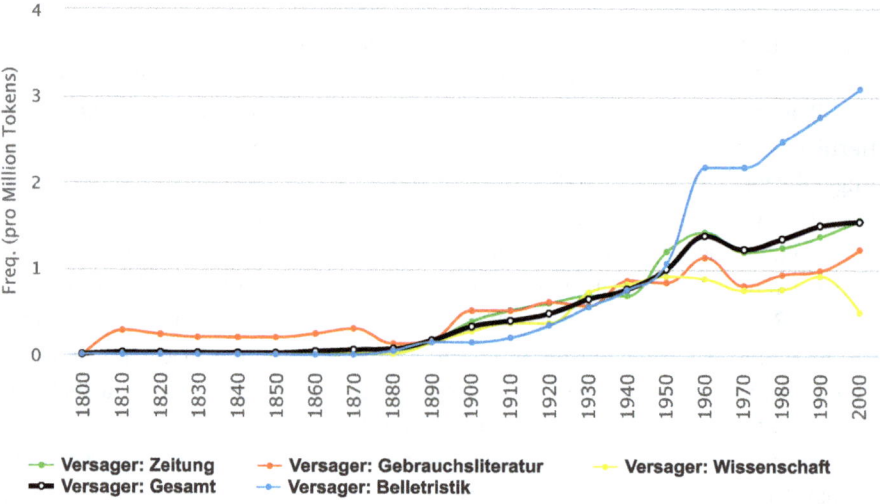

Abb. 1: Versager: Verlaufskurve im *DWDS*-Kernkorpus zwischen 1800 und 2000.

die Verwendungshäufigkeit von ‚Versager' in der Wissenschaft und in Gebrauchstexten immer stärker auseinanderklaffen: Die Darstellung und Verhandlung von Versagen und Versagern, so ließe sich diese Diskrepanz interpretieren, ist in der zweiten Hälfte des 20. Jahrhunderts endgültig zu einer Domäne der Literatur geworden, während das Interesse an der Thematik in Zeitungs- und Gebrauchstexten zu stagnieren,[10] in wissenschaftlichen Texten gar rückläufig zu sein scheint. Diese Entwicklung trägt insbesondere dem Umstand Rechnung, dass die Denkfigur des Versagens in einem sehr spezifischen wissens- und wissenschaftsgeschichtlichen

---

10 Ein Blick in die Zeitungsarchive der jüngsten Vergangenheit würde diesen Befund allerdings vermutlich relativieren. Von einem ‚Versagen', zumeist einem Versagen der Politik, war dort allenthalben die Rede, etwa im Hinblick auf die sogenannte Flüchtlingskrise 2015 oder den Umgang mit der Corona-Pandemie 2020. Es wäre lohnenswert, die aktuelle mediale Konjunktur dieser doch recht drastischen Diagnose genauer zu untersuchen; grundsätzlich lässt sich aber festhalten, dass auch das ‚Politikversagen' – angelehnt an das Bild eines System- oder Organversagens – die semantischen Implikationen mitführt, die ich für das Versagen im Allgemeinen bis dato aufgezeigt habe. Beschrieben wird damit eine gravierende Nichterfüllung des Erwarteten, eine signifikante Unterschreitung der Norm, ein plötzlicher und unerklärlicher Ausfall – und damit eine nicht-erfolgte Leistung, die, weil sie nicht einfach durch einen singulären Fehler einzelner Akteur·innen erklärt werden kann, Rückschlüsse auf die (Dys-)Funktionalität eines ganzen Systems zulässt.

Diskurs ihren Ausgang nimmt, der heute an Aktualität eingebüßt hat: Versagt wird in der zweiten Hälfte des 19. Jahrhunderts vornehmlich überall dort, wo der Energieinput innerhalb eines (mechanischen, mechanistischen) Systems signifikant höher als der Energieoutput zu sein scheint, wo Energie (vermeintlich) suspendiert wird, wo der thermodynamische Energieerhaltungssatz (vermeintlich) nicht greift.

Bei der Gebrauchsliteratur, die in der *DWDS*-Grafik für die Zeit zwischen etwa 1800 und 1880 erfasst ist, handelt es sich vor allem um Werke zu Waffenkunde und Ballistik. Die Rede ist hier zunächst von Gewehren, die ihren Dienst versagen, also nicht funktionieren; konkret als Versager bezeichnet man in diesem Zusammenhang Schüsse, die zwar ausgelöst werden, aber keinen Effekt zeitigen, weil das Geschoss den Gewehrlauf nicht oder nicht mit der erwarteten Kraft verlassen hat. Solche Rohrkrepierer, wie man Versager vor allem im Kontext der Artillerie auch nennt, lassen sich bis in die zweite Hälfte des 19. Jahrhunderts hinein relativ problemlos auf Fehler bei der Handhabung zurückführen, die zumeist mit dem komplexen Zündsystem der Waffen zu tun haben: Das zu Beginn des 19. Jahrhunderts noch gebräuchliche Steinschloss zündet mithilfe eines störungsanfälligen Feuersteins, das später eingesetzte Perkussionsgewehr arbeitet mit Zündkapseln, oft in Form sogenannter Anzündhütchen, die von den Soldaten auf das Gewehr aufgesetzt werden müssen. Caesar Rüstow, preußischer Offizier und Autor zahlreicher Waffenkunden, urteilt deshalb über das Auftreten von Versagern:

> Kommen Versager bei Percussionsgewehren vor, so sind sie meistens die Schuld des Soldaten, welcher das Hütchen nicht fest genug auf den Zündstift aufsetzte, so dass die Knallmasse beim Schlage des Hahns noch nicht auf der Schlagfläche des Zündstifts lag, ein Teil der Schlagkraft des Hammers also auf das Antreiben des Hütchens verloren ging. Sonst kann ein Versager nur durch fehlerhafte Stellung des Hahns zum Zündstift [...], durch eine lahme Schlagfeder oder durch ein taubes Zündhütchen erzeugt werden, Umstände, denen man fast bis zur Vollständigkeit begegnen kann.[11]

Ähnliches liest man im *Archiv für die Artillerie- und Ingenieur-Offiziere des deutschen Reichsheeres*: „Sämmtliche Versager ließen sich immer auf Undichtigkeit der Zündschnur oder feucht gewordene Zündhütchen zurückführen",[12] also auf Ursachen, die man theoretisch leicht hätte beheben können. Analog dazu tritt auch die französische Entsprechung des deutschen Verbs ‚versagen', *rater*, zuerst im Kontext der Waffentechnik auf – und basiert wohl etymologisch auf einer Re-

---

11 Caesar Rüstow: *Die Kriegshandfeuerwaffen. Eine genaue Darstellung ihrer Einrichtung in den europäischen Armeen, ihrer Anfertigung, ihres Gebrauchs und ihrer allmäligen Entwickelung*, Bd. 2, Berlin: Bath 1864, S. 171.
12 Lieutenant Theinert: „Bericht über Sprengungen im Stromgebiet der unteren Ems in den Jahren 1871 und 72", in: *Archiv für die Artillerie- und Ingenieur-Offiziere des deutschen Reichsheeres* 73 (1873), S. 196–204, hier S. 199.

densart, die im 18. Jahrhundert das Versagen von Schüssen durch die Anwesenheit von Ratten (*rat*) im Lagerraum erklären soll: „On dit, qu'une arme a pris un Rat, lorsque le Chien s'est abattu, & que l'arme n'a pas pris feu. On le dit aussi de celui qui a manqué son coup."[13]

Erst mit dem nach seinem Entwickler Johann Nikolaus von Dreyse benannten Dreyse-Zündnadelgewehr, der ersten (ab 1840) in Massenproduktion hergestellten Waffe, die auch im Deutsch-Französischen Krieg 1870/71 zum Einsatz kommt, werden Innenzünder gängig, um die sich der Soldat nicht mehr eigens kümmern muss. Das Vorkommen von Versagern, die aus einer fehlerhaften Handhabung resultieren, tendiert damit gegen Null.[14] Die versagenden Schüsse allerdings, die dennoch zu konstatieren sind, werfen nun ein ganz neues Problem auf: Wenn Fehler in der Handhabung so gut wie ausgeschlossen sind, wenn die Schuld also nicht mehr bei den Nutzern zu suchen, sondern in der im Gewehr verbauten Zündung zu vermuten ist, lässt sich kein unmittelbar nachvollziehbarer Grund für das Versagen von Schüssen mehr feststellen: Etwas *innerhalb* der Waffe funktioniert ganz ohne Vorwarnung nicht wie erwartet, und selbst wenn sich im Nachhinein – etwa, indem man die Waffe in ihre Einzelteile zerlegt – vielleicht eruieren ließe, wie es zum Versagen eines Schusses gekommen sein kann, lässt sich dies doch unmittelbar nicht mehr erkennen.

Aus dieser sehr spezifischen Verwendungsweise des Wortes ‚Versager' und in diesem neuen ballistischen Kontext entwickelt sich seit der Mitte des 19. Jahrhunderts ein Ausdruck, der einer weiter gefassten technologischen Entwicklung Rechnung trägt. Versager gibt es nun überall dort, wo es auch einen Zünder gibt (etwa in der Spreng- oder Beleuchtungstechnik), und wenig später auch überall dort, wo man im übertragenen Sinne von einem Zünder spricht, um den Zusammenhang zwischen Energieaufwand und Wirkung – beziehungsweise, um im physikalischen wie soziohistorischen Bild zu bleiben: Leistung – begreifbar zu machen. In Medikamentenstudien beispielsweise geht man davon aus, dass der Wirkstoff im Körper aktiv wird, sozusagen zündet – tut er dies nicht, spricht man auch hier von einem Versager, einer versagenden Pille. Und auch im Kontext der Werbung gibt es Versager: So fordern 1915 etwa die *Mitteilungen des Vereins Deutscher Reklamefachleute*, das zentrale Organ der noch jungen Branche, die erwartete Wirkungsweise von „Werbsachen" im Vorfeld theoretisch zu untersuchen, weil die Reklame allzu oft

---

13 George de Backer: *Dictionnaire de Proverbes François, avec l'Explication de leur Significations, et une partie de leur Origine*, Brüssel: George de Backer 1710, o. S. [Lemma „rater"]. Vgl. auch die noch heute gängigen Ausdrücke *rater un fusil* oder *rater un coup.*

14 Für eine weniger kursorische Darstellung dieser Entwicklung vgl. beispielsweise Werner Eckhardt und Otto Morawietz: *Die Handwaffen des brandenburgisch-preußisch-deutschen Heeres 1640–1945*, Hamburg: Schultz 1957.

die an sie gerichteten Erwartungen nicht erfülle. „Wenn eine solche Werbsachen-Prüfung bei den außerordentlich verwickelten Bedingungen der Werbearbeit natürlich auch nicht jeden Mißerfolg unbedingt ausschließen könnte", heißt es da, „so würde sie doch sicher viele Mißgriffe und Versager verhindern können."[15]

In diesen Beispielen spiegeln sich drei Momente, die ich als charakteristisch für das moderne Verständnis des Versagens erachte. Es handelt sich beim Versagen erstens offenbar um ein Nichtfunktionieren, das nicht auf sichtbare äußere Ursachen zurückzuführen ist (obwohl etwa Umweltfaktoren oder Anwendungsfehler durchaus *auch* eine Rolle spielen können), sondern vielmehr aus einem dem Gerät oder der Konstruktion inhärenten Mangel resultiert, einen Fehler im Inneren anzeigt. In dieser Differenz manifestiert sich eine Leerstelle, die sich im technologischen Sprung vom Perkussionsgewehr zum Zündnadelgewehr abzeichnet, darüber hinaus aber als Sinnbild für eine grundlegende Verschiebung in der technisierten Moderne insgesamt erscheint: die Ersetzung eines händischen Vorgangs durch einen automatischen Vorgang, die mit dem Fehlen eines konkret für ein Nichtfunktionieren zur Verantwortung zu ziehenden Agenten einhergeht und so zu einer Verlagerung des vermuteten Problems nach ‚innen' führt – im Sinne eines Fehlers im System. Deshalb erscheint Versagen zweitens zumindest in erster Instanz unerklärbar: Die Vorgänge in einem Gewehrlauf, die Wirkung einer Pille im Körper, die chemischen Reaktionen, die Dynamit hervorruft, wären zwar in der Theorie nachträglich nachvollziehbar – deshalb eignet dem Versagen auch nichts Metaphysisches –, entziehen sich aber jeglicher unmittelbaren Intelligibilität. Und drittens wird dem Versagen damit zugleich ein Moment von (scheinbarer, empfundener) Kontingenz eingeschrieben,[16] das paradoxerweise genau in dem historischen Moment zum Tragen kommt, in dem die Moderne und insbesondere das moderne Scheitern jede Form von Kontingenz nachdrücklich zu tilgen versuchen (vgl. Kap. 1). Während das Scheitern immer weniger als Unvorhersehbares oder Zufälliges, sondern als Konsequenz eines individuellen Fehlers interpretiert wird, den das Subjekt verantwortet und den es damit zumindest potentiell hätte

---

15 o. V.: „Die Sicherung des Werbe-Erfolgs", in: *Mitteilungen des Vereins Deutscher Reklamefachleute* 1 (1915), S. 10–12, hier S. 11.

16 Luhmanns gängiger Definition nach ist kontingent, „was weder notwendig noch unmöglich ist; was also so, wie es ist (war, sein wird), sein kann, aber auch anders möglich ist." (Niklas Luhmann: *Soziale Systeme. Grundriß einer allgemeinen Theorie*, Frankfurt am Main: Suhrkamp 1984, S. 152.) Norbert Ricken präzisiert den von Luhmann im Anschluss an Aristoteles verwendeten Notwendigkeitsbegriff für die Neuzeit wie folgt: „Dabei wird Notwendigkeit zunächst als strenge Kausalität ausgelegt: das, was ist, ist immer bedingt durch verursachende Bedingungen, die insofern notwendig sind […]. Konsequent ist Zufall daher Ausdruck mangelnder Ursachenkenntnis – ‚asylum ignorantiae' (Kant)." Norbert Ricken: *Subjektivität und Kontingenz. Markierungen im pädagogischen Diskurs*, Würzburg: Königshausen & Neumann 1997, S. 198.

vermeiden können, ist ein solcher individueller Fehler beim Versagen in der technisierten Moderne nicht mehr (oder zumindest nicht mehr ohne Weiteres) nachweisbar – und lässt sich damit weder erwarten oder begründen noch verhindern.

‚Versagen', wie es dem Kontext der Zündtechnik entspringt und sich Ende des 19. Jahrhunderts auch auf Bereiche überträgt, die nur im übertragenen Sinne mit einer Zündung operieren, meint also zunächst ein – in Musils Terminologie – funktionelles Nichtfunktionieren; unter einem Versager versteht man bis ins zweite Drittel des 19. Jahrhunderts keine Person und auch nur im übertragenen Sinne einen Gegenstand. Es handelt sich vielmehr, deutlich abstrakter, um den *Ausfall einer Wirkung*, zu deren Eintreten bereits ein beträchtliches Maß an Energie aufgewandt worden ist, um eine Energiesuspension also, deren Gründe sich – jeglichem vorausgegangenen Impetus zum Trotz – als so komplex wie unergründbar erweisen. Das fundamental Unbegreifliche des Versagens (auch wenn es in zweiter Instanz oft Möglichkeiten gäbe, es zumindest begreifbar*er* zu machen) hat sich im heutigen Sprachgebrauch erhalten: Flugzeugabstürze oder Zugunglücke etwa werden oft mit ‚technischem Versagen' begründet. Diese Aussage lässt die eigentliche Ursache bewusst im Dunklen, behauptet aber gleichzeitig eine genauer besehen durch nichts zu rechtfertigende Selbstverständlichkeit – und bezeichnet so vor allem den Versuch, der bedrückenden Kontingenz des Unglücks einen Rest an Erklärbarkeit zuzusprechen.

Erst gegen Ende des 19. Jahrhunderts emanzipiert sich das Wort Versagen allmählich von seiner ursprünglichen Verwendungsweise und dehnt sich auch auf die Human- und Lebenswissenschaften aus; es bezieht sich nun nicht mehr notwendigerweise auf ein spezifisch technisches Phänomen, sondern entwickelt sich zu einer Beschreibungskategorie für Vorgänge im Menschen und schließlich zu einer Beschreibungskategorie für eine bestimmte Gruppe von Menschen überhaupt. Wenn um die Jahrhundertwende in Disziplinen wie der Medizin, der (Ernährungs-)Physiologie oder der Pädagogik von einem Versagen die Rede ist, so bricht sich dort allerdings dennoch eine eminent mechanistische Vorstellung Bahn, die in rationalistischen Theorien der Aufklärung ihren Ausgang nimmt und sich seit Mitte des 19. Jahrhunderts physikalisch unterfüttern lässt: die Vorstellung, der Mensch sei eine Art System, in dem man einen Energiebetrag x aktivieren könne, um eine mathematisch schon im Voraus bestimmbare Leistung y zu erhalten.

Die theoretische Grundlage für diese energetische Denkfigur, deren Bedeutung für das Menschenbild in der zweiten Hälfte des 19. Jahrhunderts kaum zu überschätzen ist, liefern in Deutschland der Arzt und Physiker Robert Mayer mit seinem 1842 erstmals formulierten Ersten Hauptsatz der Thermodynamik und Hermann von Helmholtz, dem fünf Jahre später sein Allgemeiner Energieerhaltungssatz zu ungleich größerem Ruhm verhilft.[17] Ausgehend von der von beiden formulierten Erkenntnis, dass Energie in einem abgeschlossenen System nicht wächst oder schwindet, sondern bei konstantem Gesamtbetrag lediglich wechselnde Formen annimmt, erarbeitet Rudolf Clausius 1850 den Zweiten Hauptsatz der Thermodynamik, der Entropie als thermodynamische Zustandsgröße einführt.[18] Clausius liefert mit diesem Konzept eine Erklärung für den allen Annahmen des Energieerhaltungssatzes zum Trotz geringen Wirkungsgrad von Wärmekraft- und Dampfmaschinen: Unter Entropie versteht er, grob vereinfacht, eine kontinuierlich zunehmende Menge an Energie innerhalb eines Systems, die nicht mehr nutzbar ist; Physiker·innen sprechen von Energieentwertung.[19] Mit dieser Erkenntnis entwirft Clausius zugleich und ganz nebenbei auch eine negative Teleologie aller natürlichen Dinge,[20] die auf ihre eigene Lähmung zusteuern: Der Zweite Hauptsatz der Thermodynamik wird schon deshalb zu einer der meistdiskutierten naturwissenschaftlichen Theorien (und zu einer der größten Angstphantasien) der Zeit, weil das Konzept der Entropie die Fortschrittsideologien der Moderne durchkreuzt – und der Welt selbst ihren irgendwann unvermeidlichen Untergang voraussagt.

Joachim Radkau hat in seiner einschlägigen Arbeit *Das Zeitalter der Nervosität. Deutschland zwischen Bismarck und Hitler* Konjunkturphasen, Ausprägungen und Er-

---

17 Außerdem arbeiten der Brite James Prescott Joule und der Däne Ludwig August Colding ungefähr zeitgleich Energieerhaltungssätze aus. Erste Elemente des Energieerhaltungssatzes – etwa die These, dass die Wirkung nicht größer sein könne als die Ursache – beschreiben die Aufklärer, allen voran Leibniz, schon lange zuvor. Für eine genauere Betrachtung dieser Entwicklungen sowie ihrer Wechselwirkungen mit poetischen Verfahren vgl. Michael Gampers Studie *Elektropoetologie. Fiktionen der Elektrizität 1740–1780*, Göttingen: Wallstein 2009, insbesondere die Einleitung, in der Gamper der elektrischen Energie als einem in der Natur nicht Erfahrbaren ein besonderes Potential zur fiktionalen Überformung attestiert.
18 Einen Überblick über die physikalischen und wissenschaftsgeschichtlichen Hintergründe liefert beispielsweise Ingo Müller: *Grundzüge der Thermodynamik. Mit historischen Anmerkungen*, Berlin: Springer 2001, S. 136–158.
19 Versagen meint demgegenüber, dies sei zur Abgrenzung noch einmal wiederholt, zunächst dezidiert nicht die allmähliche Erschöpfung von Energie, nicht den stetig steigenden Reibungsverlust, auf den sich der Entropiebegriff bezieht, sondern eine Energiesuspension, die sich weder antizipieren noch begründen lässt, also einen nicht mehr lokalisierbaren und dadurch auch nicht zweifelsfrei benennbaren systeminternen Mangel.
20 Zur teleologischen Verfasstheit der Entropielehre vgl. Friedrich Cramer: *Chaos und Ordnung. Die komplexe Struktur des Lebendigen*, Frankfurt am Main: Insel 1993, S. 49: „Sozusagen durch die Hintertür hat sich die Entelechie wieder eingeschlichen. Bei Aristoteles entwickelte sich die Welt auf das vollkommene Eine hin, die göttliche Kraft zielte auf Vollkommenheit. Eine solche Philosophie, ein solches Weltbild ist nach Newton nicht mehr möglich. Aber zum Mindesten ein Gesetz der Ausrichtung auf die Unvollkommenheit, die Unordnung ist mit dem Entropiegesetz aufgestellt, die negative Seite des aristotelischen Werdens hat mit dem Entropiegesetz Eingang in die Physik gefunden."

scheinungsweisen dieses für das 19. Jahrhundert so wichtigen Energiegedankens nachgezeichnet.[21] Er zeigt, wie das energetische Denkmodell – ausgehend von thermodynamischen Erkenntnissen und angereichert mit allem Möglichen – in der zweiten Hälfte des 19. Jahrhunderts und insbesondere um die Jahrhundertwende Eingang in zahlreiche zeitgenössische Diskurse findet. Es wird zum Bestandteil der politischen Rhetorik und zur Rechtfertigung für hygienische Disziplinierungsmaßnahmen ebenso wie zur Basis einer vitalistisch geprägten Naturheilkunde, die, ähnlich wie verschiedene pädagogische Diskurse, die physikalisch unsinnige Idee einer durch entsprechende Lebensführung möglichen ‚Energiesteigerung' des systemischen Körpers propagiert.[22] 1900 erscheint erstmals der Ratgeber *Wie werde ich energisch?*, der nicht zuletzt deshalb zum Verkaufsschlager avanciert, weil er beinahe jedes erdenkliche Problem zu lösen verspricht: Der Untertitel stellt *eine vollständige Anleitung zur Heilung von Energielosigkeit, Zerstreutheit, Niedergeschlagenheit, Schwermut, Hoffnungslosigkeit, Angstzuständen, Gedächtnisschwäche, Schlaflosigkeit, Verdauungs- und Darmstörungen, allgemeiner Nervenschwäche u.s.w.* in Aussicht.[23] 1911 philosophiert Wilhelm Ostwald gar über den „energetischen Imperativ", der auf einem kausalen und direkt proportionalen Zusammenhang zwischen Energie- und Glücksbetrag basiert und den Weg zu allumfänglicher Zufriedenheit zu ebnen garantiert:

> Wir wiederholen: der energetische Imperativ erweist sich als das allgemeinste Mittel, um die Vorgänge auf der Welt für den Menschen im einzelnen und für die Menschheit insgesamt soviel wie möglich willensgemäß zu gestalten. Und da die willensgemäßen Vorgänge ausschließlich die glückbringenden sind, so bedeutet der energetische Imperativ schließlich durchaus die wissenschaftliche Anweisung, um sowohl für den einzelnen wie für die Gesamtheit möglichst große Summen Glück aus allem Geschehen herauszuarbeiten.[24]

Energie stellt in solchen Diskursen nicht mehr zuvorderst – um nicht zu sagen: nur noch zuletzt – eine physikalische Größe dar; die Vorstellung von einem Zusammen-

---

21 Vgl. Joachim Radkau: *Das Zeitalter der Nervosität. Deutschland zwischen Bismarck und Hitler*, München: Hanser 1998, S. 232–246.
22 Ingo Stöckmann spricht von einem „spiritualistischen Rest", der in „kaum verborgene[m] Widerspruch zum Satz von der Erhaltung der Energie" zur Verheißung einer derartigen Energiesteigerung führe. Ingo Stöckmann: *Der Wille zum Willen. Der Naturalismus und die Gründung der literarischen Moderne 1880–1900*, Berlin, New York: De Gruyter 2009, S. 16.
23 Wilhelm Gebhardt: *Wie werde ich energisch? Eine vollständige Anleitung zur Heilung von Energielosigkeit, Zerstreutheit, Niedergeschlagenheit, Schwermut, Hoffnungslosigkeit, Angstzuständen, Gedächtnisschwäche, Schlaflosigkeit, Verdauungs- und Darmstörungen, allgemeiner Nervenschwäche u.s.w.*, Leipzig: Glöckner 1900.
24 Wilhelm Ostwald: *Der energetische Imperativ*, Paderborn: Salzwasser 2013 [1911], S. 95. Der Dimension des Willens, die hier ebenfalls mitschwingt, widmet sich ausführlich Kapitel 4 der vorliegenden Studie.

hang zwischen Energie und Körper ist so sehr anthropologisch durchdrungen, dass sie Mensch und Maschine gleichermaßen betrifft. Das Energiemodell wird durch diese Entwicklung immer weiter ideologisiert und mit einer metaphysischen Dimension belegt. Dass dies durchaus in Abhängigkeit und unter expliziter Berücksichtigung der so wirkmächtigen thermodynamischen Theorien geschieht, zeigt beispielhaft eine der berühmtesten Interpretationen des Energieerhaltungssatzes: Friedrich Nietzsche, der sich insbesondere mit Mayers Schaffen eingehend beschäftigt hat, entwickelt aus den Lehren der Thermodynamik, der vorherrschenden Überzeugung von einer schlussendlichen Entwertung aller Energie zum Trotz (mehr noch, in explizitem Widerspruch zu ihr), seine These von der ewigen Wiederkehr des Gleichen.[25]

Wenn in der zweiten Hälfte des 19. Jahrhunderts eine systemische Äquivalenz von Mensch und Maschine gedacht wird, übertrifft diese Vorstellung die Tragweite und Qualität des aufklärerischen Mensch-Maschine-Diskurses und seiner emblematischen Automatenfiguren, etwa in Julien Offray de la Mettries berühmter Schrift *L'homme machine* von 1748, um ein Vielfaches. „The human body and the industrial machine were both motors that converted energy into mechanical work", schreibt Anson Rabinbach in seiner grundlegenden Studie *The Human Motor. Energy, Fatigue and the Origins of Modernity*, „[t]he automata no longer had to be denied a soul – all of nature exhibited the same protean quality as the machine."[26] Die neuen Erkenntnisse der Thermodynamik versprechen eine exakt berechenbare Korrelation zwischen Ursache und Wirkung, zwischen aufgewandter Energie und zu erwartender Leistung. Die junge Disziplin der Physiologie überträgt diese Gesetzmäßigkeiten auf den Körper, die Hardware des energetisch gefassten Systems Mensch.[27] Dabei sind es, wie Philipp Sarasin feststellt, insbesondere deutsche Physiologen, die die Metapher der Menschmaschine zur „Realmetapher" und den Körper zum „Teil einer elektrophysiologischen Versuchsanordnung" machen.[28]

---

25 „Der Satz vom Bestehen der Energie fordert die e w i g e W i e d e r k e h r." Friedrich Nietzsche: *Nachgelassene Fragmente 1887–1889. Kritische Studienausgabe*, Bd. 13, hg. v. Giorgio Colli und Mazzino Montinari, München: dtv 1988, S. 205. Sperrung im Original.
26 Anson Rabinbach: *The Human Motor. Energy, Fatigue and the Origins of Modernity*, New York: Basic Books 1990, S. 2.
27 Vgl. dazu allgemein Maria Osietzkis Aufsatz „Körpermaschinen und Dampfmaschinen. Vom Wandel der Physiologie und des Körpers unter dem Einfluß von Industrialisierung und Thermodynamik", in: Philipp Sarasin und Jakob Tanner (Hg.): *Physiologie und industrielle Gesellschaft. Studien zur Verwissenschaftlichung des Körpers im 19. und 20. Jahrhundert*, Frankfurt am Main: Suhrkamp 1998, S. 313–346.
28 Philipp Sarasin: *Reizbare Maschinen. Eine Geschichte des Körpers 1765–1914*, Frankfurt am Main: Suhrkamp 2001, S. 262. Der folgende Abriss folgt Sarasins Untersuchung in weiten Teilen.

Mit einem Mal erscheint es möglich, die von durchschnittlichen Arbeiter·innen zu erwartenden Leistungen nicht nur zu kalkulieren, sondern zu maximieren. Die Ernährungsphysiologie, an deren Vokabular sich der Einfluss des zeitgenössischen energetischen Denkens bis heute ablesen lässt, kann präzise berechnen, wie viel Energie der Körper verbrennt und wie viel Energie er infolgedessen benötigt, um optimal zu funktionieren. Darüber hinaus beschäftigen sich umfangreiche Studien mit der Maßgabe einer gesunden, also möglichst leistungssteigernden Ernährung, etwa mit der richtigen Verteilung von Makronährstoffen oder den Konsequenzen von Vitaminmangel, nicht zuletzt auch mit Faktoren wie Schlaf und körperlicher Bewegung, die den Stoff- oder, wie es damals oft auch heißt: Kraftwechsel beeinflussen. Beide Bezeichnungen machen recht unverhohlen klar, dass man den menschlichen Organismus tatsächlich als Körpermaschine versteht; noch deutlicher wird dies an den Formulierungen zahlreicher Hygiene-, Diät-, und Gesundheitsratgeber, die in den letzten Jahrzehnten des 19. Jahrhunderts erstmals ein breiteres Publikum erreichen und die Leser·innen anleiten, ihre Körper möglichst lange in einem möglichst funktionstüchtigen Zustand zu erhalten. „L'homme a-t-il besoin de se nourrir selon l'hygiène?" fragt der französische Arzt Lucien Picqué in seinen *Notions pratiques d'hygiène populaire* von 1877 seine Leser·innen rhetorisch, um dann zu antworten:

> Oui, pour permettre aux rouages de la machine humaine de se maintenir dans toutes leurs puissances, ce qui nécessite du combustible dans les machines à vapeur. Ce combustible est l'aliment.[29]

Durch den Paradigmenwechsel, den die Erkenntnisse der Thermodynamik im Hinblick auf das Wissen von und den Umgang mit dem menschlichen Körper einleiten, lässt sich tatsächlich eine Verbesserung des allgemeinen Gesundheitszustandes vieler Menschen feststellen; der menschliche Körper funktioniert im Großen und Ganzen zuverlässig gemäß den errechneten Gesetzmäßigkeiten. Selbst die Möglichkeit einer Beseitigung des einen – im Vergleich zur Maschine fundamentalen – menschlichen Makels, seiner allzu raschen Ermüdung, erscheint, wenn doch kühn, so zumindest nicht mehr vollends utopisch: Wissenschaftler, allen voran der italienische Physiologe Angelo Mosso, entwickeln Gerätschaften zur Messung von Müdigkeit und gelangen bald zu dem Ergebnis, dass auch ihr Eintreten thermodynamischen Gesetzmäßigkeiten folge – man versteht Ermüdung als Erscheinungsweise von Entropie – und mithin vorausgesagt, verzögert und eines Tages gar ganz aufgehoben werden könne.[30]

---

29 Lucien Picqué: *Notions pratiques d'hygiène populaire. Leçons professées à l'Association Polytechnique*, Paris: J. Dejey 1877, S. 21.
30 Vgl. Angelo Mosso: *La Fatica*, Mailand: Treves 1891. Aufschlussreich ist in diesem Zusammenhang auch Rabinbachs Kapitel zur *fatigue*, in dem er unter anderem zeigt, dass die wissenschaftli-

Diese prägende Vorstellung von Natur und Mensch als Systemen, in denen Energie aktiviert oder entwertet werden kann, die spätestens Ende des 19. Jahrhunderts den politischen wie den pädagogischen, den medizinischen wie den soziologischen Diskurs infiziert hat, leistet der Entwicklung der Denkfigur des Versagens Vorschub. Denn wenn, wie der Energiediskurs der Zeit nahelegt, das mechanistisch gefasste System Mensch analog zu einer (Dampf-)Maschine funktioniert, muss es auch als System gedacht werden, das analog zu einer (Dampf-)Maschine unter Umständen nicht funktioniert. Zwar ist es hier wie dort in der Regel nur ein Teil des Systems, das nicht das Erwartete leistet (und der ‚Totalausfall' mithin nur ein phänotypischer), aber in Ermangelung einer von außen eindeutig erkennbaren Schwäche erscheinen sowohl die stotternde Dampf- als auch die stotternde Menschmaschine als *totum pro parte* für den defekten Teil des Systems.

Die Hoffnung auf eine Restitution der Regelmäßigkeit der Welt, auf eine ordnende, nach voraussagbaren Kriterien waltende Kraft, die seit der Aufklärung zunehmend abhandengekommen war, währt dementsprechend nicht lange. Denn augenscheinlich gibt es Prozesse, die den Gesetzmäßigkeiten der Thermodynamik nicht gehorchen. 1876 widmet sich Robert Mayer in einem kleinen Text einem solchen Phänomen, das zugleich in vielerlei Hinsicht als Gegenteil dessen gelten kann, was man zu dieser Zeit in technizistischen und mechanistischen Diskursen unter Versagen versteht: der Auslösung.[31] Auslösung und Versagen bezeichnen gleichermaßen eine Disproportionalität zwischen aufgewandter Energie und erzeugter Wirkung; doch während beim Versagen allen Anstrengungen zum Trotz keine Leistung erzielt werden kann, beschreibt Mayer mit dem Begriff der Auslösung umgekehrt einen Zusammenhang zwischen minimalem Aufwand und maximalem Effekt, der etwa beim Entzünden eines Feuers durch einen bloßen Funken zu beobachten ist. Mayers weitere Beispiele umfassen die noch junge Erfindung des Streichholzes und den Gebrauch von Schusswaffen (ein „leichter Druck mit dem Finger bringt [...] einen gewaltigen Effect hervor")[32] ebenso wie Sprengvorgänge, aber auch Ereignisse, die in erster Linie die menschliche Körpermaschine betreffen, allen voran physiologische „Bewegungserscheinungen" und „sexuelle[ ] Verrichtungen".[33] Dass alle genannten Felder auch in der Semantikgeschichte des Versagens eine Rolle spielen, ist keine Koinzidenz, sondern zeigt, so

---

che Beschäftigung mit Müdigkeit und Ermüdung erst zu dem historischen Moment an Konjunktur gewinnt, in dem das Denken über den Menschen und seinen Körper von thermodynamischem Wissen bestimmt ist. Vgl. Rabinbach: *The Human Motor*, insb. S. 133–146.
31 Julius Robert Mayer: „Ueber Auslösung", in: Ders.: *Die Torricellische Lehre und Ueber Auslösung*, Stuttgart: Verlag der Cotta'schen Buchhandlung 1876, S. 9–16.
32 Ebd., S. 9.
33 Ebd., S. 12 bzw. S. 15.

meine These, wie intrinsisch die Denkfigur des Versagens bzw. des Versagers mit der energetisch-thermodynamischen Weltauffassung des späten 19. Jahrhunderts verbunden ist: als ihre skandalöse Infragestellung.

Denn ebenso wie das Versagen scheint die Auslösung für Mayer dem gängigen Ursache-Wirkung-Prinzip zu widersprechen, das er selbst fünfundzwanzig Jahre zuvor mit dem Satz *causa aequat effectum* beschrieben hatte:

> Der Satz: die Ursache ist gleich der Wirkung ist dann unzweifelhaft richtig, wenn die Ausdrücke „Ursache und Wirkung" in dem Sinne und der Bedeutung gebraucht werden, wie sie in dem Artikel [von 1842] gebraucht sind. In ganz anderem Sinne pflegt man aber bei der Auslösung von Ursache und Wirkung zu sprechen, wo dann die Ursache der Wirkung nicht nur nicht gleich oder proportional ist, sondern wo überhaupt zwischen Ursache und Wirkung gar keine quantitative Beziehung besteht, vielmehr in der Regel die Ursache eine der Wirkung gegenüber verschwindend kleine Grösse zu nennen ist.[34]

Weil zwischen Ursache und Wirkung keine quantitative Korrelation bestehe, so Mayer weiter, seien Auslösungsprozesse nicht numerisch bestimmbar und deshalb „überhaupt kein Gegenstand mehr für die Mathematik".[35] Diese Aussage, zumal aus der Feder eines Physikers, erscheint ungeheuerlich: Indem Mayer Auslösungsprozesse einem anderen „Reich"[36] zuordnet, einem Reich jenseits der Grenzen der Mathematik, rettet er zwar mit einiger argumentativer Anstrengung die Allgemeingültigkeit seines Kausalprinzips zwischen Ursache und Wirkung (denn das Verhältnis zwischen Ursache und Wirkung erscheint ihm bei Auslösungsprozessen so grundlegend anders, dass diese schlichtweg nicht zählen), rückt aber zugleich eine Vielzahl mehr oder weniger alltäglicher Ereignisse an den Rand der Erklärbarkeit.

Wenn Mayer der Auslösung eine uneinholbare Unberechenbarkeit zuschreibt, in ihr eine die Möglichkeiten zeitgenössischer Wissenschaft übersteigende Macht am Werke sieht, trägt er ihr eine Form der Unbeherrschbarkeit ein, die die Gesetzmäßigkeit eines thermodynamischen Kausalprinzips, das von einem Betrag aufgewandter Energie denselben Betrag erzeugter Wirkung erwartet, buchstäblich sprengt. Im Gegensatz zu ihrem Gegenbild aber, dem Versagen, bedeutet Auslösung keine Nicht-, sondern eine Übererfüllung und lässt sich, so unheimlich die sich auftuende „gefährliche Kluft im Universum der Physik"[37] auch sein mag, fruchtbar machen und positiv deuten. Schillers Vers „Freude, schöner Götterfunken", den Mayer gegen Ende seines kurzen Aufsatzes euphorisch zitiert, fasst in drei Worten zusammen, was sich hinter

---

34 Ebd., S. 10.
35 Ebd., S. 11.
36 Ebd.
37 Achim Schäfer und Joseph Vogl: „Feuer und Flamme. Über ein Ereignis des 19. Jahrhunderts", in: Henning Schmidgen, Peter Geimer und Sven Dierig (Hg.): *Kultur im Experiment*, Berlin: Kadmos 2004, S. 191–215, hier S. 192.

dem Phänomen verbirgt: ein kleiner Funken von unwahrscheinlicher Kraft, der zu einer unwahrscheinlichen Wirkung führt – und vor allem zu unbändiger Freude. „Nicht nur die inneren physiologischen Auslösungen sind eine Quelle von Wohlbehagen und Freude", präzisiert Mayer, „auch äussere Auslösungen zu bewirken gewährt dem Menschen Vergnügen."[38] Wenn Mayer mit seiner Theorie eine „neue Ökonomie der Kräfte"[39] beschreibt, so folgt aus ihr – ganz ähnlich wie später bei Ostwald – nicht zuletzt auch eine neue Glücksökonomie, die sich am menschlichen Organismus ablesen lässt, insofern als

> *der jeweilige Zustand des Auslösungsapparates* [d. h. des Nervenzentrums] *für das Allgemeingefühl oder das allgemeine Befinden massgebend ist.* Ein behagliches Gesundheitsgefühl beurkundet einen ungestörten Auslösungsapparat, während andererseits jede in letzterem eingetretene Störung sich in sehr unangenehmen Empfindungen kundgibt.[40]

Dementsprechend freudlos darf man sich die umgekehrte Bewegung vorstellen: als eine Anstrengung, die zu nichts führt. Anders als die Auslösung gehorcht das Versagen als ihr Gegenstück – und hier gerät die Analogie an ihre Grenzen – keiner noch so konstruierten Gesetzmäßigkeit. Zwar verhalten sich auch im Falle der Auslösung Prozesse anders als es das zeitgenössische chemisch-physikalische Wissen vermuten ließe, dennoch sind sie wenn schon nicht zu erklären, dann doch durch Erfahrungswerte vorauszusagen und zu erwarten; außerdem lässt es sich mit dem „Riß, der die Welt der Ereignisse von der Welt der Gründe trennt"[41] und der sich in der Auslösung Bahn bricht, trotz allem gut leben, zumal die eigentlich nicht den energetischen Erwartungen entsprechenden Ereignisse (Orgasmen, um das augenfälligste, von Mayer aber nur vorsichtig umschriebene Beispiel noch einmal anzuführen) einen alltagspraktischen Mehrwert mit sich bringen. Mayer weist deshalb nicht von ungefähr auf einen von Zeitgenoss·innen benutzten alternativen Ausdruck für das Phänomen der Auslösung hin, der erst vor dem Spiegel des Versagens seine volle Bedeutung entfaltet: Auslösung, so Mayer, nenne man andernorts auch „Erfolg"[42] – ein maximaler Effekt, erzeugt mit minimalen Mitteln. Was sich in der zweiten Hälfte des 19. Jahrhunderts in der allmählich sich entwickelnden Denkfigur des Versagens kondensiert, liegt von Erfolg dagegen denkbar weit entfernt: In der neuen Ökonomie der Kräfte verkörpert das Versagen das Schreckgespenst der

---

38 Mayer: „Ueber Auslösung", S. 15.
39 Schäfer, Vogl: „Feuer und Flamme", S. 192.
40 Mayer: „Ueber Auslösung", S. 13. Kursivierung im Original.
41 Schäfer, Vogl: „Feuer und Flamme", S. 191.
42 Vgl. Mayer: „Ueber Auslösung", S. 10.

absoluten Ineffizienz – einen funktionellen Totalausfall, die vollständige Suspension aller aufgewandten Energie.

2.2 Versagen und Psychoanalyse: Freuds Theorie der Nichterfüllung

Wenn sich die Vorstellung eines Versagens, eines disproportionalen und ineffizienten Verhältnisses zwischen aufgewandter Energie und gezeitigter Wirkung, seit Mitte des 19. Jahrhunderts allmählich auf den Menschen zu übertragen beginnt, dann geschieht dies zunächst im Sinne einer metaphorischen Analogie zu einem maschinellen Nichtfunktionieren: als Nichtfunktionieren eines mechanistisch gefassten Systems Mensch. In den Jahren vor 1900 ist fast immer diese vorrangig körperliche Dimension gemeint, wenn im Hinblick auf einen Menschen von Versagen die Rede ist. Bis heute haben sich Residuen dieses mechanistisch informierten Sprachgebrauchs im Deutschen erhalten: Von Versagen spricht man noch immer oft dann, wenn Körperteile oder Vitalfunktionen ausfallen, angefangen vom Versagen des Kreislaufs bis hin zum meist letalen Organversagen, etwa von Niere, Leber oder Herz.[43]

Die folgenden Seiten sollen am Beispiel von Freuds frühen Überlegungen zu Impotenz und sexuellem Versagen das Verhältnis zwischen einem körperlich-mechanistisch gedachten Versagen und einem Versagen des Subjekts nachzeichnen. Obwohl die Beschäftigung mit dem Phänomen Impotenz in Freuds Werk zunächst von eher marginalem Interesse zu sein scheint, kommt ihr, so die These, entscheidende Bedeutung für die Entwicklung seines psychoanalytischen Theoriegebäudes zu; wesentliche Aspekte seiner späteren metapsychologischen, kulturtheoretischen Schriften finden sich in ihr bereits angelegt. Freud geht dabei zunächst ebenfalls vom somatischen Substrat des Versagens aus, das als Symptom einer tieferliegenden Nichterfüllung auftritt – und als *pars pro toto* auf das Subjekt als solches übergreift. In seiner Theorie vollzieht sich damit, so wäre zu zeigen, eine Ausdehnung des Versagens von einer thermodynamisch-mechanistischen zu einer das Subjekt in seinen Grundfesten betreffenden und erschütternden Denkfigur.

Die Vorstellung einer Menschmaschine, deren versagende Einzelteile ein ganzes (körperliches) System ins Taumeln bringen können, nimmt im 19. Jahrhundert vor allem auch Einfluss auf die Nervenheilkunde. Dies hat hauptsächlich historische Gründe: Die Untersuchung von Nerven und die Untersuchung von Energieströmen sind schon seit der Aufklärung so sehr ineinander verzahnt, dass man

---

[43] Ebenso übrigens im Englischen, wo man beispielsweise von *heart failure* spricht; vgl. auch Kap. 4.2 dieses Buches.

die beiden Gebiete lange Zeit als intrinsisch verbundene betrachtet. Einer der unumstrittenen Pioniere auf beiden Feldern, der mit seinem Schaffen für deren Zusammenhang zu bürgen scheint, ist der italienische Arzt und Physiker Luigi Galvani, der unter anderem in seinen berühmten Versuchen mit Froschschenkeln bereits im ausgehenden 18. Jahrhundert die These von einer ‚animalischen Elektrizität' aufstellt, also eine Form der elektrischen Energie entdeckt zu haben glaubt, die sich in Nerven und Muskeln selbst verorten lässt und auch im menschlichen Körper existiert.[44]

Galvanis Experimente ebnen den Weg für die Entwicklung der Elektrotherapie, die besonders Mitte des 19. Jahrhunderts zum Mittel der Wahl bei der Behandlung unzähliger Krankheiten avanciert. Galvanisation, die von Alexander von Humboldt nach ihrem Wegbereiter benannte Therapie mit Gleichstrom, und Faradisation (nach dem englischen Physiker Faraday: Therapie mit Wechselstrom) sind medizinische Modeerscheinungen der Zeit, die – dem wissenschaftlichen Status quo entsprechend – vor allem zur Therapie von Nervenleiden eingesetzt werden. Deren Symptomkatalog beinhaltet die disparatesten körperlichen Erscheinungen, wie sich noch 1920 in der Erstausgabe von Josef Kowarschiks Standardwerk zu Geschichte und Verfahrensweisen der Elektrotherapie nachlesen lässt:

> [Die Galvanisation] findet also ihre wichtigste Anzeige in der Behandlung von Schmerzen, teils solchen peripherer Natur, wie sie der Neuritis, Neuralgie und Myalgie zukommen, teils solchen zentralen Ursprungs, wie sie die Tabes und andere Erkrankungen des Zentralnervensystems begleiten. Diese beruhigende Wirkung machen wir uns ferner zunutze bei den funktionellen Störungen, die als Kopfschmerzen, Magen-, Darm-, Blasenbeschwerden dem Bilde der Neurasthenie angehören.[45]

Der diagnostische Schlüsselbegriff dieser Aufzählung ist derjenige der Neurasthenie, jener Lieblingskrankheit des späten 19. Jahrhunderts, deren Symptome heute als Anzeichen für Burnout oder Depression gelten.[46] Seit dem späten 19. Jahrhundert[47]

---

44 Vgl. dazu Benjamin Specht: *Physik als Kunst. Die Poetisierung der Elektrizität um 1800*, Berlin, New York: De Gruyter 2010, insb. S. 77–90.
45 Josef Kowarschik: *Elektrotherapie. Ein Lehrbuch*, Berlin: Springer 1920, S. 200.
46 Zur Neurasthenie als Vorläuferin von Depression und Burnout vgl. Alain Ehrenbergs wichtige Studie über *Das erschöpfte Selbst. Depression und Gesellschaft in der Gegenwart* (übers. v. Manuela Lenzen, Frankfurt am Main: Suhrkamp 2013), vor allem S. 31–136; außerdem aus begriffsgeschichtlicher Perspektive Sarah Bernhardt: „Neurasthenie und Burnout – Zwei Erscheinungsformen moderner Erschöpfung", in: *Forum Interdisziplinäre Begriffsgeschichte* 3 (2013), S. 31–37.
47 In Deutschland seit 1881, dem Jahr, in dem *A Practical Treatise of Nervous Exhaustion (Neurasthenia)*, die von dem amerikanischen Elektrotherapeuten George Miller Beard verfasste ‚Gründungsschrift' der wissenschaftlichen Beschäftigung mit Neurasthenie, erstmals als Übersetzung erscheint. Vgl. George Miller Beard: *Die Nervenschwäche (Neurasthenia). Ihre Symptome, Natur, Folgezustände und Behandlung*, übers. v. Moritz Neisser, Leipzig: Vogel 1881.

und bis ins 20. Jahrhundert hinein glaubt man, den Grund für die Neurasthenie in einer durch zu große Beanspruchung hervorgerufenen Entladung von Nervenenergie erkannt zu haben. Ähnlich wie eine Batterie – deren ersten Vorläufer Alessandro Volta 1800 in Auseinandersetzung mit Galvanis Theorien entwickelt hatte – könne man das Nervensystem durch Zuführen von Strom wieder ‚aufladen'.

Der Erfolg dieser Therapiemethode indes lässt zu wünschen übrig; und obwohl sich eine Heerschar von Wissenschaftlern mit der Ätiologie der Neurasthenie befasst, kann man sich nur darauf einigen, dass das Nervenleiden eine Dysfunktion darstelle, für die der Kranke, wenn bestimmte äußere Faktoren sie auch begünstigten, nicht unmittelbar verantwortlich zu machen sei und die grundsätzlich jeden treffen könne. Die Energiereserven eines Neurasthenikers[48] erschöpfen sich allem Anschein nach schneller, als es dem physiologisch zu Erwartenden entspricht; doch die meisten Betroffenen sind diesem Befund zum Trotz keine körperlich stark geforderten Arbeiter, sondern häufig ganz im Gegenteil Angestellte, Studenten oder gar Schüler. Geistig-intellektuell in größerem Umfang geforderte Menschen, so der Erklärungsversuch, seien reizempfindlicher und deshalb für Erschöpfungszustände prädestiniert; die ‚Reizüberflutung' wird zu einer Art medizinischer Letztbegründung für die Leiden des modernen Großstädters, die Neurasthenie selbst zur „nervliche[n] Dimension der industriellen Strapazen".[49] Neurasthenie, das diagnostische Passepartout des ausgehenden 19. Jahrhunderts, macht die Vorstellung eines nicht oder zumindest nicht adäquat funktionierenden Menschen also salonfähig: Er ist defizitär, insofern es ihm an der nötigen Energie fehlt, aber weil die daraus resultierenden Störungen als Störungen funktioneller Natur gelten, mal stärker und mal schwächer auftreten und im Gegensatz zu den Konsequenzen eines konstitutionellen Defekts durch entsprechende energiehygienische Maßnahmen letztlich beeinflussbar scheinen, weil der Patient sich nicht in erster Linie mit sich selbst, sondern lediglich mit einigen ‚mechanischen Ausfällen' beschäftigen muss, bedeutet diese Normalisierung des kranken Subjekts zumindest zunächst nicht die tiefe Kränkung des Menschen, die Freud wenig später für sich reklamiert.[50] Im Gegen-

---

[48] Wie die nachfolgenden Ausführungen zeigen werden, handelt es sich bei der Neurasthenie um eine männlich konnotierte Krankheit. Weil das vorliegende Kapitel explizit von männlichen Neurasthenikern handelt, wird auf feminine Substantivformen zunächst verzichtet. Erst in Freuds weiter gefassten kulturtheoretischen Schriften spielt schließlich auch weibliches Versagen eine (untergeordnete) Rolle.
[49] Ehrenberg: *Das erschöpfte Selbst*, S. 51. Gemeint sind hier die Strapazen nach der industriellen Revolution, die über den Industriearbeiter hinaus die ganze Gesellschaft betreffen.
[50] Vgl. Freuds berühmten Satz von den drei Kränkungen: „Die dritte und empfindlichste Kränkung aber soll die menschliche Größensucht durch die heutige psychologische Forschung erfahren, welche dem Ich nachweisen will, daß es nicht einmal Herr ist im eigenen Hause, sondern auf kärgliche Nachrichten angewiesen bleibt von dem, was unbewußt in seinem Seelenleben vor-

teil: „[J]edermann war neurasthenisch", schreibt Pierre Janet 1932 rückblickend, „und man war entzückt, wenn man die Ehre hatte, es zu sein".[51]

Und tatsächlich ist es, so meine These, erst die Psychoanalyse, die, basierend auf der ‚Vorarbeit' der Nervenheilkunde, die Möglichkeit eines im Subjekt selbst unlösbar verankerten Versagens normalisiert und schließlich institutionalisiert. Eine Schlüsselrolle kommt dabei der Beschäftigung mit Impotenz zu, im Rahmen derer die Psychoanalyse – allen voran Sigmund Freud – das Versagen im technizistischen Sinne an die Versagung als mehr oder weniger willentliche Entscheidung rückbindet und damit dem Subjekt einschreibt.

Nervenheilkunde und Impotenz

Sowohl Sigmund Freud als auch Josef Breuer, mit dem zusammen er seine frühen *Studien über Hysterie* verfasst hat, sind der Nervenheilkunde und dem mit ihr verknüpften Modell des Menschen als einer energetischen Maschine stark verbunden. Beide beginnen ihre Karrieren als Mitarbeiter von Ernst Wilhelm von Brücke, der seinerseits zusammen mit Hermann von Helmholtz, Carl Ludwig und Emil du Bois-Reymond die sogenannte Helmholtz-Schule bildet. Von 1878 bis 1882 arbeitet der junge Freud in Brückes Labor; entsprechend stark sind seine frühen Theorien von dessen physikalischem Denken beeinflusst. Er ist, zumindest am Anfang seiner Karriere, davon überzeugt, dass sich alle Psychopathologien neurologisch, also letzten Endes durch physikalische und chemische Prozesse begründen lassen müssten.[52]

Im Zentrum dieser Annahme steht auch bei Freud der Energiebegriff. Die Vorstellung von Energieströmen, die sich im Körper bewegen und für psychische Regun-

---

geht." Sigmund Freud: *Vorlesungen zur Einführung in die Psychoanalyse. Studienausgabe*, Bd. 1, hg. v. Alexander Mitscherlich, Angela Richards und James Strachey, Frankfurt am Main: Fischer 1989, S. 284.

51 Pierre Janet: *La force et la faiblesse psychologiques*, zit. nach Ehrenberg: *Das erschöpfte Selbst*, S. 54.

52 Eine explizite Abkehr von diesem Gedanken findet sich in Sigmund Freud: „Der Witz und seine Beziehung zum Unbewussten", in: Ders.: *Studienausgabe*, Bd. 4, hg. v. Alexander Mitscherlich, Angela Richards und James Strachey, Frankfurt am Main: Fischer 1970, S. 9–200, hier S. 139. Über den tatsächlichen Einfluss der Helmholtz-Schule auf Freud gehen die Meinungen in der Forschung auseinander. Während Siegfried Bernfeld die Bedeutung der Naturwissenschaftler insbesondere für Freuds Metapsychologie betont (Siegfried Bernfeld: „Freuds früheste Theorien und die Helmholtz-Schule", in: Siegfried Bernfeld und Suzanne Cassirer Bernfeld (Hg.): *Bausteine der Freud-Biographik*, Frankfurt am Main: Suhrkamp 1981, S. 54–77), argumentiert etwa Frank J. Sulloway, die Gruppe habe sich zu der Zeit, zu der Freud mit ihren Theorien in Berührung kommt, bereits merklich von ihrem eigenen mechanistischen Weltbild entfernt (Frank J. Sulloway: *Freud, Biologist of the Mind. Beyond the Psychoanalytic Legend*, Cambridge, London: Harvard UP 1992, vor allem S. 66 f.).

gen verantwortlich sind, bestimmt zahlreiche zentrale Konzepte der psychoanalytischen Lehre und spiegelt sich in Kernbegriffen ihres Vokabulars. Schon Freuds methodischer Grundgedanke, die Psychoanalyse sei eine kathartische Kur, ist dieser Vorstellung verpflichtet. Dabei folgt seine Herleitung des kathartischen Elements einer 1857 von Jacob Bernays besorgten Neuübersetzung der aristotelischen *Poetik*, die von der Katharsis nicht mehr wie Lessing als „Reinigung der Leidenschaften" spricht, sondern als „erleichternde Entladung".[53] Auch die Formulierung seines „Konstanzprinzips", das Freud im Rahmen seiner frühen Hysterie-Arbeiten, insbesondere im lange unveröffentlichten *Entwurf einer Psychologie*[54] entwickelt und noch in den 1920er Jahren, zum Beispiel in *Jenseits des Lustprinzips*, immer wieder aktualisiert, basiert auf Helmholtz' direktem Einfluss und überträgt dessen Energieerhaltungssatz auf psychische Systeme. Die wohl prägnanteste Formulierung des Konstanzprinzips findet sich in *Triebe und Triebschicksale* von 1915:

> Wir finden also das Wesen des Triebes zunächst in seinen Hauptcharakteren, der Herkunft von Reizquellen im Inneren des Organismus, dem Auftreten als konstante Kraft [...]. Das Nervensystem ist ein Apparat, dem die Funktion erteilt ist, die anlangenden Reize wieder zu beseitigen, auf möglichst niedriges Niveau herabzusetzen, oder der, wenn es nur möglich wäre, sich überhaupt reizlos erhalten wollte.[55]

Den unmittelbaren kathartischen Prozess, auf den die therapeutische Arbeit zielt, bezeichnet Freud mit einem weiteren thermodynamisch-energetisch informierten Terminus als Abreaktion; sie stellt zugleich die natürliche Antwort des gesunden Menschen auf einen Reizzuwachs dar, hält also den Energiehaushalt im Gleichgewicht.[56] Auf die Bedeutung von Entropie für das Denken Freuds schließlich – er selbst erwähnt sie zweimal explizit, in der ‚Wolfsmann'-Analyse und in *Die endli-*

---

[53] Jacob Bernays: *Grundzüge der verlorenen Abhandlung des Aristoteles über Wirkung der Tragödie*, zit. nach Oliver Pfohlmann: „Von der Abreaktion zur Energieverwandlung. Musils Auseinandersetzung mit den *Studien über Hysterie* in den *Vereinigungen*", in: Peter-André Alt und Thomas Anz (Hg.): *Sigmund Freud und das Wissen der Literatur*, Berlin: De Gruyter 2008, S. 169–191, hier S. 177.
[54] Vgl. dazu Paul Ricœurs Lektüre dieses Textes, die vor allem um den Zusammenhang zwischen Hermeneutik und Energetik in Freuds Werk kreist. Paul Ricœur: *De l'interpretation. Essai sur Freud*, Paris: Seuil 1965, insb. S. 75–137.
[55] Sigmund Freud: „Triebe und Triebschicksale", in: Ders.: *Studienausgabe*, Bd. 3, hg. v. Alexander Mitscherlich, Angela Richards und James Strachey, Frankfurt am Main: Fischer 1982, S. 75–103, hier S. 83f.
[56] Sigmund Freud: „[Vortrag:] Über den psychischen Mechanismus hysterischer Phänomene", in: Ders.: *Studienausgabe*, Bd. 6, hg. v. Alexander Mitscherlich, Angela Richards und James Strachey, Frankfurt am Main: Fischer 1982, S. 9–24, hier S. 23: „Wenn also die Reaktion auf das psychische Trauma aus irgendeinem Grund unterbleiben mußte, behält dasselbe einen ursprünglichen Affekt, und wo sich der Mensch des Reizzuwachses nicht durch ‚Abreagieren' entledigen kann, ist die Möglichkeit gegeben, daß das betreffende Ereignis für ihn zum psychischen Trauma wird." Später ver-

che und die unendliche Analyse – hat, dies sei hier der Vollständigkeit halber kurz erwähnt, vor allem Jacques Lacan aufmerksam gemacht, der den Begriff adaptiert und zu einem wichtigen Baustein seiner eigenen Arbeit weiterentwickelt.[57]

Angesichts der Koppelung von Freuds frühen Arbeiten an ein Energiemodell physikalisch-physiologischer Prägung ist es nur folgerichtig, dass er – der medizinischen Lehrmeinung der Zeit entsprechend und auf ältere neurologische Studien rekurrierend – auch ein weiteres psychoanalytisches Kernkonzept, die Libido, als Energie definiert und sie, zumindest in seinen frühen Schriften, ätiologisch mit der Neurasthenie verknüpft. Dieses Verständnis von Libido als sexueller Energie spielt nicht nur in der frühen Psychoanalyse eine wichtige Rolle, sondern auch im globaleren medizinischen Diskurs der Zeit, und dies insbesondere im Hinblick auf männliche Impotenz, eine vermeintlich immer häufiger auftretende Störung im Kreislauf sexueller Energie (so zumindest die damalige neurologische Überzeugung), die häufig ein Symptom der Neurasthenie darzustellen scheint.[58] Die zeitgenössisch geläufige Annahme, dass die Zahl der Impotenz-Fälle seit etwa den 1880er Jahren gestiegen sei, lässt sich nicht belegen und darf als fragwürdig gelten – das *Sprechen über* Impotenz indes nimmt Ende des 19. Jahrhunderts in dem Maße zu, in dem Impotenz als neurasthenisches Symptom nicht mehr als irreversible körperliche oder organische Fehlbildung, sondern als behandelbare Störung ausgewiesen wird. Joachim Radkau hat in diesem Zusammenhang darauf hingewiesen, wie sehr es sich bei der Neurasthenie um eine männlich kodierte Krankheit handelt.

---

abschiedet sich Freud jedoch von dem Gedanken eines Abreagierens, vgl. z. B. „Hemmung, Symptom und Angst" von 1926 (*Studienausgabe*, Bd. 6, S. 227–305).

57 Vgl. Sigmund Freud: „Aus der Geschichte einer infantilen Neurose", in: Ders.: *Studienausgabe*, Bd. 8, Frankfurt am Main: Fischer 2000, S. 125–232, hier S. 226 und „Die endliche und die unendliche Analyse", in: Ders.: *Schriften zur Behandlungstechnik. Studienausgabe. Ergänzungsband*, Frankfurt am Main: Fischer 2000, S. 351–392, hier S. 382. Lacan entfaltet die Adaption des Begriffs vor allem in Seminar 17, Sitzung vom 14. Januar 1970, vgl. Jacques Lacan: *Le Séminaire Livre XVII. L'envers de la psychanalyse*, hg. v. Jacques-Alain Miller, Paris: Seuil 2007, S. 54 ff.

58 Unter dem Begriff Impotenz subsumiert die Nervenheilkunde verschiedene sexuelle Dysfunktionen, Erektionsstörungen ebenso wie etwa frühzeitigen Samenerguss oder Pollutionen – später sogar Unlustgefühle und andere leichtere Beeinträchtigungen. Ab etwa 1860 setzt sich die Medizin verstärkt mit ‚Impotenz' von Frauen auseinander; die Entdeckung des Vaginismus und seiner auch psychischen Ursachen fasziniert die Wissenschaftler und rüttelt an den Grundfesten des zeitgenössischen Sexualverständnisses. Im Rahmen dieser Studie wird weibliche Impotenz nur partiell eine Rolle spielen, weil sie nicht analog zur männlichen strukturiert ist und in Psychoanalyse und Nervenheilkunde unter anderen Vorzeichen verhandelt wird. Für eine ausführliche Darstellung des Diskurses über weibliche Sexualstörungen vgl. dennoch Christa Putz' grundlegende Arbeit *Verordnete Lust. Sexualmedizin, Psychoanalyse und die „Krise der Ehe", 1870–1930*, Bielefeld: transcript 2011, insb. S. 40–55, an der sich auch der medizinhistorische Überblick auf den folgenden Seiten maßgeblich orientiert.

Denn am männlichen Körper lässt sich die aktuelle Bilanz der systemischen Energieökonomie besonders leicht ablesen: Die „erleichternde Entladung", um noch einmal den Terminus aus Bernays' Aristoteles-Übersetzung zu zitieren, bezeugt ein angemessen hohes Energieniveau des männlichen Organismus und sorgt für die nötige Balance der energetischen Kräfte im Körper. Ebenso leicht ist aber auch ein Energiemangel erkennbar, der sich bei beiden Geschlechtern als Entscheidungsschwäche oder geringe Durchsetzungsfähigkeit manifestieren kann, sich in Migräne oder Kreislaufbeschwerden äußert, aber nur beim Mann die sichtbarste und peinlichste Konsequenz eines derartigen Mangels nach sich zieht, die so sehr zum Inbegriff der Krankheit wird, dass der Volksmund bald von ‚Schlaffheit' spricht, wenn er Erschöpfungszustände meint.[59] „Neurasthenie als Ausgeburt des Männlichkeitswahns!",[60] konstatiert Radkau.

Impotenz wird so zu einem Thema, mit dem sich die Neurologen des späten 19. Jahrhunderts zunehmend beschäftigen; die Behandlung erfolgt, dem medizinischen *state of the art* entsprechend, durch Stromtherapien – ein Verfahren, das auch Freud noch anwendet. Zwar gibt es schon in der Antike Ratschläge zur medikamentösen Behandlung von Erektionsstörungen, durchsetzen können sie sich aber lange Zeit nicht: Sämtliche Theorien bis weit ins 19. Jahrhundert hinein betrachten zunächst ausschließlich körperliche Fehlbildungen als Auslöser von Impotenz, gegen die Medikamente wenig ausrichten könnten. 1875 erarbeitet der Arzt Heinrich Curschmann erstmals eine differenziertere Ätiologie der Impotenz und unterscheidet zwischen verschiedenen „Störungen der männlichen Genitalien"; neben den altbekannten organischen Ursachen nennt er nun unter anderem auch Impotenz aufgrund von „reizbarer Schwäche" – das Erklärungsmodell, das am stärksten neurologisch geprägt ist – und „psychische Impotenz".[61] Wissenschaftler wie Viktor von Gyurkovechky, einer der Pioniere auf seinem Gebiet, bemühen sich fortan verstärkt, diese psychischen Ursachen zu erforschen. Neben analog zur Ätiologie der allgemeinen Neurasthenie angeführten äußeren Einflüssen, etwa der ständigen Herausforderung, sich nicht jeder Verlockung hinzugeben, nennt er beispielsweise Hypochondrie als möglichen Grund für Impotenz.[62] Zwar bleiben auch die von Gyurkovechky vorgebrachten Erklärungsmodelle letztlich im Nervensystem verankert – immerhin aber, dies ist das Verdienst der zeitgenössischen neuro-

---

59 Radkau, S. 241 und *passim*, zählt einige weitere umgangssprachliche Beispiele auf.
60 Ebd., S. 239.
61 Heinrich Curschmann: „Die functionellen Störungen der männlichen Genitalien", in: Hugo von Ziemssen und Carl Schröder (Hg.): *Ziemssens Handbuch der speciellen Pathologie und Therapie*, Bd. 9, Leipzig: Vogel 1875, S. 357–451.
62 Victor von Gyurkovechky: *Pathologie und Therapie der männlichen Impotenz*, Leipzig: Vogel 1889, S. 108.

logischen Forschung, wird die Ursache für Impotenz nun nicht mehr im Genitalbereich vermutet, sondern im Gehirn.

Erst die Psychoanalyse interessiert sich, obwohl sie das Thema lange ignoriert und die ersten Arbeiten sich dann nicht wesentlich von solchen mit rein neurologischen Ansätzen unterscheiden, schließlich tatsächlich für die tieferen seelischen Ursachen von Impotenz. Sándor Ferenczi, Maxim Steiner und Wilhelm Stekel beschäftigen sich schon Jahre vor Freud mit der Problematik,[63] diskutieren ihre Erkenntnisse mehrmals im Rahmen von Freuds Psychologischer Mittwochsgesellschaft sowie später bei Treffen der Wiener Psychoanalytischen Vereinigung und nehmen Ergebnisse vorweg, auf denen Freuds eigene Arbeit schließlich gründen wird.[64] Freuds Beitrag zur Problematik männlicher Impotenz beschränkt sich auf einige wenige Schriften, von denen der kurze Text *Über die allgemeinste Erniedrigung des Liebeslebens* aus den *Beiträgen zur Psychologie des Liebeslebens* von 1912 der aufschlussreichste ist. „Wenn der psychoanalytische Praktiker sich fragt, wegen welches Leidens er am häufigsten um Hilfe angegangen wird", beginnt Freud seinen Aufsatz, „so muß er – absehend von der vielgestaltigen Angst – antworten: wegen psychischer Impotenz."[65] Trotz der offenbar sehr großen Zahl an Klienten, die seine Praxis aufgrund von „psychischer Impotenz" aufsuchen, hat Freud sich mit der Problematik nur rudimentär befasst. Der Grund dafür, dies wäre zumindest zu vermuten, liegt in der Tatsache, dass Freud in ihr nur eine Variante eines viel allgemeineren Krankheitsbildes sieht, nämlich eine spezifische Manifestation der Neurose.

Dennoch spielt die kleine Schrift *Über die allgemeinste Erniedrigung des Liebeslebens* für die vorliegende Untersuchung eine zentrale Rolle. So selbstverständlich es nämlich aus heutiger Sicht erscheint, Impotenz als sexuelles Versagen zu beschreiben, so jung ist diese Verwendungsweise des Signifikanten doch semantikgeschichtlich betrachtet. Heinrich Curschmann und Victor von Gyurkovechky, die beiden oben zitierten Ärzte, die sich weit intensiver als Freud mit Impotenz auseinandergesetzt haben, verwenden den Ausdruck als Bezeichnung für sexu-

---

63 Vgl. Sándor Ferenczi: „Analytische Deutung und Behandlung der psychosexuellen Impotenz beim Manne", in: Ders.: *Bausteine zur Psychoanalyse*, Bd. 2, Leipzig, Wien, Zürich: Internationaler Psychoanalytischer Verlag 1927, S. 203–221; Wilhelm Stekel: *Nervöse Angstzustände und ihre Behandlung*, Wien, Berlin: Urban & Schwarzenberg 1908; Maxim Steiner: *Die Psychischen Störungen der Männlichen Potenz und ihre Behandlung*, Leipzig, Wien: Franz Deuticke 1913.
64 Vgl. dazu die Protokolle der Sitzungen vom 16. Oktober 1907 [„Über funktionelle Impotenz", S. 199–204] und vom 6. Mai 1908 [„Einige Bemerkungen zur Genese der psychischen Impotenz", S. 368–372] in Hermann Nunberg (Hg.): *Protokolle der Wiener Psychoanalytischen Vereinigung*, Frankfurt am Main: Psychosozial-Verlag 1976.
65 Sigmund Freud: „Über die allgemeinste Erniedrigung des Liebeslebens", in: Ders.: *Studienausgabe*, Bd. 5, hg. v. Alexander Mitscherlich, Angela Richards und James Strachey, Frankfurt am Main: Fischer 1982, S. 197–210, hier S. 199.

elle Funktionsstörungen nicht.[66] Ferenczi, Steiner und Stekel sprechen zwar häufiger von einem Versagen, meinen damit aber das bloß mechanisch-energetische Nichtfunktionieren des ‚Geschlechtsapparates' im Sinne der in Kapitel 2.1 angesprochenen Semantik von versagender Zündung und suspendierter Energie. Es ist schließlich – zumindest ist mir kein früheres Beispiel bekannt – tatsächlich Freud, der in *Über die allgemeinste Erniedrigung des Liebeslebens* erstmals Versagen als Bezeichnung für Impotenz gebraucht,[67] und zwar nicht als Bestandteil der mechanistischen Formulierung ‚den Dienst versagen', sondern als alleinstehendes Substantiv, das kein (grammatikalisches) Objekt mehr benötigt. Anders ausgedrückt: Die Freud'sche Psychoanalyse vollzieht einen Übergang vom transitiven Versagen hin zum modernen Versagen in seiner intransitiven Dimension.

Freud beschreibt mit ‚Versagen' nicht nur die in der Psychoanalyse offensichtlich auch mitgedachte mechanisch-maschinelle Komponente von Impotenz, sondern entwickelt den Begriff als Terminus für eine tatsächlich im Subjekt selbst verankerte und psychopathologisch gefasste Nichterfüllung. Die Bedeutung, die Freud dem Versagen beimisst, so möchte ich zeigen, geht über seine bloß technizistische Komponente weit hinaus: Er entwirft Versagen als Symptom, als *„effet-signe"*[68] der Versa*gung*, jenes impliziten Kernkonzepts seiner Theorie, mit dem die neurologisch-mechanistische Verfasstheit der frühen Psychoanalyse an ihre Grenzen gelangt. Auf den folgenden Seiten soll zunächst die Entwicklung des Konzepts der Versagung in Freuds frühen Schriften nachgezeichnet werden, um dann auf *Über die allgemeinste Erniedrigung des Liebeslebens* zurückzukommen, auf denjenigen Text, der schließlich einen Zusammenhang zwischen Versagung und Versagen etabliert – und damit dem Versagen als Nicht-Können einen Moment des Nicht-Wollens einträgt, der für die Entwicklung der Denkfigur des Versagens auch über die Psychoanalyse hinaus eine elementare Rolle spielt.

---

66 Es gibt jedoch eine Stelle in Gyurkovechky: *Pathologie und Therapie der männlichen Impotenz*, S. 133, in der das im 19. Jahrhundert verhältnismäßig häufige semantikgeschichtliche Bindeglied ‚den Dienst versagen' gebraucht wird.
67 Die erste Erwähnung lautet: „Die erste Anleitung zum Verständnis seines Zustandes erhält der Kranke selbst, wenn er die Erfahrung macht, daß ein solches Versagen nur beim Versuch mit gewissen Personen auftritt, während es bei anderen niemals in Frage kommt." Und kurz darauf: „Hat er solches Versagen wiederholt erlebt, so urteilt er wohl in bekannter fehlerhafter Verknüpfung, die Erinnerung an das erste Mal habe als störende Angstvorstellung die Wiederholungen erzwungen; das erste Mal selbst führt er aber auf einen ‚zufälligen' Eindruck zurück." Beide Zitate Freud: „Über die allgemeinste Erniedrigung des Liebeslebens", S. 199.
68 Ricœur: *De l'interpretation*, S. 93. Kursivierung im Original.

Versagung und freier Wille

Freud erwähnt die Versagung[69] erstmals in einer frühen Arbeit zur differentialdiagnostischen Unterscheidung von Neurasthenie und Angstneurose, dem Aufsatz *Über die Berechtigung, von der Neurasthenie einen bestimmten Symptomenkomplex als ‚Angstneurose' abzutrennen* von 1895. Er hält darin als „erstes ätiologisches Moment" der männlichen Angstneurose die absichtliche Abstinenz fest:

> Abstinenz besteht in der Versagung der spezifischen Aktion, die sonst auf die Libido erfolgt. Eine solche Versagung wird zwei Konsequenzen haben können, nämlich daß die somatische Erregung sich anhäuft, und dann zunächst, daß sie auf andere Wege abgelenkt wird, auf denen ihr eher Entladung winkt als auf dem Weg über die Psyche. Es wird also die Libido endlich sinken und subkortikal als Angst sich äußern.[70]

Der Begriff der ‚Versagung' sticht in dieser Passage sofort heraus, weil er die Semantik von Energieströmen und Entladung bricht. Während alle anderen Substantive etwas im Rahmen eines energetischen Denkmodells Folgerichtiges bezeichnen und in einem kausalen Zusammenhang zueinander stehen (gestaute Libido erzeugt angehäufte Erregung, die wiederum Entladung sucht usw.), erscheint die Versagung nachgerade axiomatisch gesetzt. Weder über ihren Urheber noch über ihre Gründe lassen sich gesicherte Aussagen treffen – dennoch liefert sie den Impuls, von dem alle anderen Energiebeträge abhängen. Tatsächlich stellt die Versagung im gesamten Aufsatz einen Fremdkörper dar; zu Freuds biologistischen und stark neurologisch geprägten Ausführungen will sie nicht recht passen. Stattdessen deutet der Begriff schon in Freuds frühen Theorien eine Dimension an, die einige Interpret·innen seinem Denken in Gänze abgesprochen haben: den Willen des Subjekts, das selbstdisziplinierend und vorsätzlich auf Erfüllung verzichtet.[71]

---

[69] Speziell zu Freuds Begriff der Versagung existieren nur wenige Studien, darunter z. B. Johanna Stute-Cadiot: „Frustration", in: *Figures de la Psychanalyse* 18 (2009), S. 171–179. Geschuldet scheint mir dies der Tatsache zu sein, dass die Versagung in Lacans Theorie eine weitaus größere und gänzlich andere Rolle spielt – als lacanianischer Modebegriff hat sie viel Interesse hervorgerufen, aber auch dafür gesorgt, dass Freuds ursprüngliche Konzeptualisierung (die, wie sich im Laufe des Folgenden zeigen wird, immer implizit bleibt) nur rudimentär beachtet worden ist. Zu Lacans Begriff der Versagung vgl. Jacques Lacan: *Le Séminaire Livre VIII, Le transfert*, hg. v. Jacques-Alain Miller, Paris: Seuil 2001, S. 377 und *passim* sowie Slavoj Žižek: *Enjoy Your Symptom! Jacques Lacan in Hollywood and Out*, New York, London: Routledge 1992, S. 188–220. Zusammenfassend und überblicksartig außerdem Claire Christien-Prouët: „La Versagung. Dire et dédit, perdition, Vanitas ...", in: *Champ Lacanien* 1 (2004), S. 181–191.
[70] Sigmund Freud: „Über die Berechtigung, von der Neurasthenie einen bestimmten Symptomenkomplex als ‚Angstneurose' abzutrennen", in: Ders.: *Studienausgabe*, Bd. 6, S. 29–47, hier S. 44.
[71] Die These, Freud sei ein Vertreter des sogenannten Harten Determinismus, für den die moralische Eigenverantwortlichkeit des Subjekts keine Rolle spielt, ist unter anderem von Daniel Yankelovich und William Barrett in *Ego and Instinct. The Psychoanalytic View of Human Nature*

In *Die ‚kulturelle' Sexualmoral und die moderne Nervosität*, einem Text von 1908, kommt Freud erneut auf die Versagung zu sprechen. Der Aufsatz bleibt Freuds früher Libidokonzeption verpflichtet, die von einer zunächst nicht auf ein spezifisches Objekt gerichteten *„psychischen Lust"*[72] ausgeht, deren nicht „adäquate Entlastung"[73] zur Angstneurose und deren Erschöpfung zur Neurasthenie führe. Der Körper produziere sexuelle Erregung, so Freuds frühe Annahme, von der er nie vollständig abrückt, und generiere in regelmäßigen Abständen einen Reiz im Gehirn. Wie sehr sich in dieser Vorstellung neben dem oben erläuterten Energiemodell auch die zeitgenössische Reflextheorie niederschlägt, hat Marcel Gauchet betont; Freud übernimmt mit dem Reiz-Reflex-Modell zugleich die Idee eines „zerebralen Unbewussten",[74] das einer Größe wie dem Willen des Subjekts eigentlich wenig Platz einräumt. Dennoch aber spielt die Versagung in *Die ‚kulturelle' Sexualmoral und die moderne Nervosität* zum ersten Mal eine Schlüsselrolle; sie ist hier nicht mehr nur in Zusammenhang mit männlicher Abstinenz zu denken, sondern wird vielmehr zu einem psychischen Mechanismus erhoben, der die Wurzel jeglicher Neurosenbildung darstellt.

Das Anliegen des Aufsatzes ist es, wie der Titel bereits suggeriert, einen Zusammenhang zwischen dem Anstieg nervöser Erkrankungen und der „schädliche[n] Unterdrückung des Sexuallebens der Kulturvölker"[75] herzustellen. Was Freud drei Jahre zuvor in den *Drei Abhandlungen zur Sexualtheorie* angedeutet hatte, erfährt hier erstmals eine ausführlichere Erklärung: die These nämlich, dass die Unterdrückung von Trieben das Fundament der Kultur darstelle. Verzicht wird im Rahmen dieser Theorie zu einer sozialen Notwendigkeit erhoben – wer nicht verzichten

---

(New York: Random House 1970, insb. S. 217 u. 282) vertreten worden; außerdem im oben bereits zitierten *Freud. Biologist of the Mind* von Frank J. Sulloway, der Freuds Psychoanalyse in Abhängigkeit von Darwins Evolutionstheorie zu lesen versucht. Für eine ausgewogenere Analyse des Verhältnisses von Determiniertheit und freiem Willen bei Freud vgl. Ernest Wallwork: *Psychoanalysis and Ethics*, London, New Haven: Yale UP 1991, S. 19–102.

72 Freud: „Symptomenkomplex als ‚Angstneurose'", S. 42. Kursivierung im Original.

73 Ebd., S. 44. Als nicht adäquat betrachtet Freud in diesem Aufsatz allem voran die Onanie, im späten 19. Jahrhundert (und darüber hinaus) ein wohlbekanntes Schreckgespenst in allen Debatten, die sich in irgendeiner Form mit sexuellen Problemen beschäftigen. Zu häufiges Masturbieren ist dann auch der Grund für die vollständige Erschöpfung der psychischen Lust – zwischen Angstneurose und Neurasthenie besteht in diesem Modell also ein bloß gradueller Unterschied.

74 So die deutsche Übersetzung des Titels seiner wichtigen Studie zur Abhängigkeit der Freud'schen Psychoanalyse von der zeitgenössischen Reflextheorie und ihrer Modifikation des neurologischen Modells. Vgl. Marcel Gauchet: *L'Inconscient cérébral*, Paris: Seuil 1992.

75 Sigmund Freud: „Die ‚kulturelle' Sexualmoral und die moderne Nervosität", in: Ders.: *Studienausgabe*, Bd. 9, hg. v. Alexander Mitscherlich, Angela Richards und James Strachey, Frankfurt am Main: Fischer 2001, S. 9–32, hier S. 16.

kann, wird nach Freud zum „Verbrecher" und „*outlaw*",[76] in seltenen Fällen auch zum Helden; Versagung wäre folgerichtig als eine Kulturtechnik zu verstehen. Interessanterweise aber ist sie genau dies für Freud nicht. Versagung wird in *Die ‚kulturelle' Sexualmoral und die moderne Nervosität* zum ersten Mal erwähnt, als es um das höhere Ziel der Triebunterdrückung – des Verzichts – geht: um die Triebsublimierung, also um die „Fähigkeit, das ursprünglich sexuelle Ziel gegen ein anderes, nicht mehr sexuelles, aber psychisch mit ihm verwandtes, zu vertauschen".[77] Für Freud ist ein großer Teil des Sexualtriebes sublimierbar, zudem lässt sich dieser Betrag durch äußere Einflüsse und intellektuelle Betätigung steigern. Vollständig umwandelbar, warnt Freud, sei der Sexualtrieb freilich nicht,

> so wenig wie die Umsetzung von Wärme in mechanische Arbeit bei unseren Maschinen. Ein gewisses Maß direkter sexueller Befriedigung scheint für die allermeisten Organismen unerlässlich, und die Versagung dieses individuell variablen Maßes straft sich durch Erscheinungen, die wir infolge ihrer Funktionsschädlichkeit und ihres subjektiven Unlustcharakters zum Kranksein rechnen müssen.[78]

Die Versagung erscheint hier als die pathogene Seite des Verzichts. Sie führt, wie Freud weiter unten und in zahlreichen späteren Aufsätzen darlegt, zu „gestaute[r] Libido" und damit zur „neurotischen Ersatzbefriedigung in Form krankhafter Symptome".[79] Der Begriff bezeichnet, dies versteht sich innerhalb von Freuds frühem quantitativen Modell beinahe von selbst, etwas vom philosophisch gefassten freien Willen wesentlich Verschiedenes. Trotzdem sind die Beispiele, die Freud an mehreren Stellen als Gegenstand einer Versagung und damit als Auslöser von Neurosen anführt, häufig sehr deutlich mit einer willentlichen Entscheidung verknüpft: Neben dem kategorisch abstinenten Mann wird beispielsweise auch der aus Angst vor einer ungewollten Schwangerschaft abstinente (oder zumindest nicht hinreichend präsente) Mann genannt.[80] Der Begriff transportiert also, so meine Lesart, dezidiert die semantische Ebene von zumindest in erster Instanz *freiwilligem* Verzicht, die, wie auch Laplanche und Pontalis bemerkt haben, in der englischen und französischen

---

76 Ebd., S. 18. Kursivierung im Original.
77 Ebd., S. 19.
78 Ebd.
79 Beide Zitate ebd., S. 23. Versagung wird als ätiologischer Schlüsselbegriff der Psychoneurosen zu einer „der meistgebrauchten Waffen im klinischen Arsenal Freuds", wie es in der editorischen Vorbemerkung zu Freuds Aufsatz *Über neurotische Erkrankungstypen* heißt, vgl. Sigmund Freud: „Über neurotische Erkrankungstypen", in: Ders.: *Studienausgabe*, Bd. 6, hg. v. Alexander Mitscherlich, Angela Richards und James Strachey, Frankfurt am Main: Fischer 1982, S. 215–226, hier S. 217.
80 Beide Beispiele stammen aus „Symptomkomplex als ‚Angstneurose'", S. 37.

Übersetzung mit „frustration" entfällt.[81] Das deutsche Wort Versagung konnotiert nämlich eine doppelte Stoßrichtung: eine Versagung von außen, der das Subjekt machtlos und passiv gegenübersteht (dies wäre die Hauptimplikation von „frustration"), und eine innere Versagung (,Sich-Versagung', ,Entsagung'), die einen bewussten und freiwilligen asketischen Akt darstellt. Auch wenn Versagung für Freud das unbewusste Resultat verschiedener in der Kindheit erworbener psychischer Dispositionen oder, noch allgemeiner, das Resultat sexueller Triebunterdrückung bedeutet, also nicht durch eine freie Entscheidung herbeigeführt ist, möchte ich argumentieren, dass dieser Begriff und damit auch sein Verhältnis zum Versagen nur zu verstehen sind, wenn man die in ihm mitgeführte Ebene des Willens, die, wie sich zeigen wird, in erster Linie einen Widerwillen meint, ernst nimmt.

Dass Freud sich beider möglicher Konfigurationen von Versagung wohl bewusst ist, wird in *Über neurotische Erkrankungstypen* von 1912 deutlich, einem Text, in dem Freud erstmals zwischen einer realen, äußeren Versagung und der Versagung als innerem Hemmnis differenziert. Die äußere Versagung, also die schlichte Abwesenheit eines Objektes, auf das sich die – nunmehr an ein Objekt sich notwendig bindende – Libido richten ließe, erscheint in diesem Aufsatz als Testfall für die Widerstandsfähigkeit des Subjekts oder der Maschine, als die es gedacht ist: Es gebe zwei Möglichkeiten des ,richtigen' Umgangs mit äußerer Versagung, so Freud, zum einen die Umsetzung der aufgestauten „Spannung in tatkräftige Energie", die „endlich eine reale Befriedigung der Libido von [der Außenwelt] erzwingt", und zum anderen die Sublimierung, die die „Erreichung von Zielen" ermöglicht.[82] Zwei Schlussfolgerungen lassen sich aus dieser Beobachtung ziehen: Äußere Versagung ist nicht Ursache, sondern lediglich Auslöser der Neurose, sie deckt bis dato verborgene Dispositionen auf. Und, daran anschließend: Neurosen sind determiniert und entstehen, wie alles in Freuds Theoriegebäude, aus einem tieferliegenden Grund; mit bloßem „Unglück"[83] haben sie nichts zu tun. Die innere Versagung dagegen, die weitaus diffizilere und aus psychoanalytischer Sicht interessantere, entsteht für Freud dann, wenn das Individuum vergeblich versucht, sich an die Erfordernisse der Außenwelt anzupassen, „die *Realforderung* zu erfüllen",[84] – das Erwartete zu leisten. Die Person, die infolge einer inneren Versagung erkrankt, so Freud, „scheitert an ihrer Starrheit", an einem inneren Hemmnis, also an ihrer „Unfähigkeit",[85] den Konflikt zwischen dem trägen

---

81 Vgl. Jean Laplanche und Jean-Bertrand Pontalis: *Vocabulaire de la psychanalyse*, Paris: PUF 1967, S. 173.
82 Freud: „Über neurotische Erkrankungstypen", S. 220.
83 Ebd.
84 Ebd., S. 221. Kursivierung im Original.
85 Ebd., S. 222.

Wunsch nach Stetigkeit und der „Realforderung" nach Veränderung in angemessener Weise zu lösen.

Beinahe zeitgleich zu seinem Aufsatz *Über neurotische Erkrankungstypen*, ebenfalls 1912, veröffentlicht Freud *Über die allgemeinste Erniedrigung des Liebeslebens*, seine einzige Schrift, die sich dezidiert mit männlicher Impotenz beschäftigt und Versagung und Versagen – zwei Begriffe, die ihren intrinsischen Zusammenhang schon etymologisch nahelegen – in Abhängigkeit voneinander liest. Die Betroffenen, die bei Freud Rat suchen, sind, wie er ganz zu Beginn des Aufsatzes konstatiert, „Männer von stark libidinösem Wesen", ihre Störung

> äußert sich darin, daß die Exekutivorgane der Sexualität die Ausführung des geschlechtlichen Aktes *verweigern*, obwohl sie sich vorher und nachher als intakt und leistungsfähig erweisen können, und obwohl eine starke psychische *Geneigtheit* zur Ausführung des Aktes besteht.[86]

Schon dieser zweite Satz des Textes etabliert die semantische Dimension von Willen und Widerwillen, die der Versagung inhärent ist, als eine für die weitere Argumentation wesentliche. Denn genau auf dieser Willensdimension beruht das Krankheitsbild der Impotenz für Freud letzten Endes; die Geschlechtsorgane selbst hingegen sind intakt, an der rein somatischen Manneskraft des Patienten bestehen keine Zweifel.

Als Grund für dieses „sonderbare Versagen"[87] benennt Freud den lähmenden Einfluss bestimmter seelischer Komplexe, die die Liebesfähigkeit des Mannes beeinträchtigen. Eine besonders große Rolle spielt dabei eine nie überwunde Fixierung der Libido auf die Mutter oder die Schwester als Objekte sexuellen Begehrens. Der oben zitierte Begriff der „Starrheit" deutet diese Problematik bereits an, vollends expliziert wird sie erst hier. Wenn Freud sich einer Semantik der Flexibilität bedient, betrifft diese also – zumindest in erster Instanz – die Lösung und Neuordnung sexueller Fixierungen, die eine ‚gesunde', heteronormative Entwicklung erst gewährleisten. Damit es zu einer Neurosenbildung und damit zumindest potentiell zu Impotenz kommen kann, müssen laut Freud zwei konkrete psychische Faktoren vorliegen: die Erfahrung einer „*reale[n] Versagung*",[88] namentlich der Frustration, die unter Umständen in Pubertät und Erwachsenenalter mit der Wahl eines Liebesobjekts einhergeht, und die ungebrochen hohe Anziehungskraft des kindlichen Liebesobjekts. Die Libido kehrt sich in diesen Fällen von der Realität ab und richtet sich auf Phantasieschöpfungen, die die Bilder der ersten Liebesobjekte aktualisieren und festschreiben; die Inzestschranke jedoch versagt die Aktualisierung dieses unbewussten Wunsches –

---

86 Freud: „Erniedrigung des Liebeslebens", S. 78. Kursivierungen NW.
87 Ebd., S. 202.
88 Ebd., S. 201. Kursivierung im Original.

der dergestalt auf die Mutter fixierte Mann muss sich die Erfüllung seines Wunsches versagen und also versagen. Ähnlich hatte übrigens einige Jahre zuvor schon Ferenczi argumentiert, der den Grund für sexuelle Impotenz ebenfalls in der Fixierung auf ein kindliches Liebesobjekt vermutet – allerdings ohne diese Fixierung mit dem Begriff der Versagung in Verbindung zu bringen.[89]

Für Freud beruht die Neurosenbildung durch eine ödipale Fixierung vor allem darauf, dass „*zärtliche* und *sinnliche*"[90] Zuneigung, die das geliebte und begehrte Sexualobjekt im Normalfall gleichermaßen erfährt, bei Impotenzpatienten unvereinbar bleiben. Oder, in einem von Freuds wohl berühmtesten Sätzen prägnant zusammengefasst: „Wo sie lieben, begehren sie nicht, und wo sie begehren, können sie nicht lieben."[91] Charakterliche oder äußerliche Züge des Sexualobjekts, die an die zärtlich geliebte Person erinnern, ‚triggern' das inzestuöse Begehren, die Psyche reagiert mit Verweigerung: mit Versagung.

Eine solche Versagung erleben, wie Freud einräumt, allerdings „ziemlich alle[ ] Kulturmenschen",[92] und nur die wenigsten leiden an Impotenz. Statt jedoch, wie an dieser Stelle zu erwarten gewesen wäre, der Ätiologie von Neurosenbildung und daraus unter Umständen resultierender Impotenz ein zusätzliches Element hinzuzufügen oder aus einer vertiefenden Anamnese begünstigende Faktoren zu extrapolieren, erweitert Freud kurzerhand seinen Impotenzbegriff. Als impotent betrachtet er nunmehr auch frigide Frauen und Männer, die zwar nicht versagen, aber den sexuellen Akt besonders lustlos vollziehen. Impotenz wird so, beinahe *en passant*, zum konstitutionellen Makel des modernen Menschen, insbesondere des modernen Mannes erklärt:

> Ich will im Gegenteil die Behauptung aufstellen, daß die psychische Impotenz weit verbreiteter ist, als man glaubt, und daß ein gewisses Maß dieses Verhaltens tatsächlich das Liebesleben der Kulturmenschen charakterisiert. [...] Wenn wir aber nicht nach einer Erweiterung des Begriffs der psychischen Impotenz, sondern nach den Abschattungen ihrer Symptomatologie ausschauen, dann können wir uns der Einsicht nicht verschließen, daß das Liebesverhalten des Mannes in unserer heutigen Kulturwelt überhaupt den Typus der psychischen Impotenz an sich trägt. Die zärtliche und die sinnliche Strömung sind bei den wenigsten unter den Gebildeten gehörig miteinander verschmolzen [...].[93]

---

89 Vgl. Ferenczi: „Analytische Deutung", S. 211 ff.
90 Freud: „Erniedrigung des Liebeslebens", S. 200. Kursivierungen im Original.
91 Ebd., S. 202.
92 Ebd., S. 203.
93 Ebd., S. 204. Das Zitat macht eine Eigenart der Freud'schen Theorie lesbar, die in der vorliegenden Studie bislang noch nicht angesprochen, aber andernorts hinlänglich analysiert worden ist: Freuds Thesen entwickeln und vollziehen sich an „den Gebildeten", seine Psychoanalyse ist durch und durch bürgerlich. Selbiges trifft – nicht zufällig – auf die Denkfigur des Versagens zu, wie meine Ausführungen in Kapitel 2.3 verdeutlichen werden.

Versagen wird damit zum funktionellen Effektzeichen eines als konstitutionell verstandenen Mangels. Auch wenn Freuds Versagen nach wie vor auf einem energetischen Welterklärungs- und Ordnungsmodell und vor allem auf einem mechanistisch gefassten System Mensch basiert, also mit dem heutigen Verständnis des Begriffs nicht identisch ist, fügt sein Theorem ihm einen entscheidenden Faktor hinzu. Versagen bleibt, wie schon im technisch-mechanischen Kontext, auch in seiner Übertragung auf das Subjekt auf den ersten Blick nicht intelligibel, aber Freud glaubt zu wissen, wo seine Ursache zu suchen ist: im Subjekt selbst, in der (persönlichen wie kulturgeschichtlichen) Vita des defizitären Wesens Mensch. Der Gefahr eines (sexuellen) Versagens ist prinzipiell *jeder* „Kulturmensch" ausgeliefert. Zugleich macht das von Freud hergestellte Verhältnis von Versagen und Versagung deutlich, wie sehr die etymologisch ältere semantische Ebene des Verweigerns auch im somatischen Korrelat der Versagung, dem Versagen, mitgeführt wird: Aus einer willentlichen Versagung, also aus der bewussten Unterdrückung oder Verdrängung einer eigentlich gewollten Handlung, resultiert ein latenter Widerwille gegen die stattdessen vollzogene Ersatzhandlung – und dann in letzter Konsequenz ein Versagen. Oder, noch knapper ausgedrückt: Die willentliche Versagung führt zu einem unwillkürlichen Versagen, aus einem latenten Nicht-Wollen wird ein manifestes Nicht-Können.[94]

Wenn Freud Momente des Verweigerns pathologisiert und seine Diskussion männlicher Impotenz um sie herum anordnet, so bedeutet dies auch, dass er das Versagen durch die Lesbarmachung des älteren semantischen Gehalts seiner anfänglich rein technizistischen Konzeption wieder entzieht. Indem er ihm die Dimension des Verweigerns einschreibt, verankert er das Versagen unverbrüchlich im Subjekt selbst. Der Neurotiker versagt nicht aufgrund einer mechanischen ‚Funktionsstörung' – was wie eine körperliche Funktionsstörung erscheinen mag, macht als Symptom vielmehr das Verbot unkenntlich, das eigentlich den Kern einer solchen Nichterfüllung darstellt. Dem Neurotiker werden, ganz im Gegenteil und ganz und gar nicht mechanistisch, die ‚Realforderungen' zum Verhängnis, das unausgesprochene Gesetz, sich gesellschaftlichen Ansprüchen und Normen möglichst klaglos zu fügen. Ausgerechnet diese Realforderungen, von Freuds zunächst durch und durch mechanistisch-energetischem Jargon denkbar weit entfernt und dadurch ein Fremdkörper in seinen frühen Texten, werden für seine sich stetig weiterentwickelnde Theorie der Versagung (und des Versagens) bald eine zentrale Rolle spielen.

---

94 Vgl. zum Zusammenhang zwischen Versagen und Verweigern ausführlicher Kapitel 4 dieses Buches.

Triebe und Bewertungsinstanzen: Freuds metapsychologische Schriften

Was in der Neurologie ebenso wie in Freuds eigenen frühen Schriften zunächst als funktionelles Versagen betrachtet worden war, wird, wie ich zu zeigen versucht habe, seit *Über die allgemeinste Erniedrigung des Liebeslebens*, endgültig aber mit Freuds zweitem topischen Modell immer deutlicher als konstitutionelles Problem lesbar. Jeder Kulturmensch ist der Gefahr eines (sexuellen) Versagens ausgesetzt, weil jeden Kulturmenschen die Triebversagung plagt. Eine absolute Befriedigung des animalischen Sexualtriebes und eine gleichzeitig uneingeschränkte Anpassung an soziokulturelle Anforderungen schließen einander aus: „Ich glaube, man müßte sich, so befremdend es auch klingt, mit der Möglichkeit beschäftigen, daß etwas in der Natur des Sexualtriebes selbst dem Zustandekommen der vollen Befriedigung nicht günstig ist", formuliert Freud im Wissen um die schlechte Nachricht, die zu überbringen er im Begriffe ist, ungewöhnlich vorsichtig, und weiter:

> So müßte man sich dann vielleicht mit dem Gedanken befreunden, daß eine Ausgleichung der Ansprüche des Sexualtriebes mit den Anforderungen der Kultur überhaupt nicht möglich ist, daß Verzicht und Leiden sowie in weitester Ferne die Gefahr des Erlöschens des Menschengeschlechts infolge seiner Kulturentwicklung nicht abgewendet werden können.[95]

Als Kern jeglicher Form von Nichterfüllung betrachtet Freud also den Trieb, jene psychische Energie, deren vorrangiges Charakteristikum in ihrer „manifeste[n] Unerklärbarkeit"[96] zu liegen scheint. Der Trieb, der blinde Fleck im Narrativ des selbstbestimmten modernen Menschen und damit um 1900 zugleich allgegenwärtige Letztbegründung, geriert sich als Antagonist des freien Willens, als unwiderstehliches Begehren, das beständig auf Erfüllung drängt.[97] Die Macht des Triebes entfaltet sich „nur in Relation zu einem leibhaftigen Subjekt [...], das grundsätzlich Widerstand leisten könnte, das sich aber in der Erfahrung, sich unwiderstehlich zu etwas gedrängt zu fühlen, als *in sich selbst entmächtigt* realisieren muss."[98] Wenn der Begriff der Versagung also eine Dimension des freien Willens immer mitführt, so tut

---

95 Freud: „Erniedrigung des Liebeslebens", S. 208 f.
96 Joseph Vogl: „Menschliche Bestien. Zur Entstehung der Triebe", in: Jan Niklas Howe und Kai Wiegandt (Hg.): *Trieb. Poetiken und Politiken einer modernen Letztbegründung*, Berlin: Kadmos 2014, S. 92–106, hier S. 96.
97 Freuds frühes Triebkonzept, das erstmals 1905 in den *Drei Abhandlungen zur Sexualtheorie* Erwähnung findet, ist dem oben diskutierten neurologisch-energetischen Denken eindeutig verpflichtet: Der Trieb ist ein Energiebetrag (beim Sexualtrieb Libido genannt), der einen Reiz generiert und den Körper nach Entladung streben lässt. Auch in seinen späteren Schriften weicht Freud von dieser neurologisch-energetischen Basis seines Triebbegriffes nicht vollständig ab.
98 Burkhard Liebsch: „Was uns unwiderstehlich antreibt. Eine Standortbestimmung im Rückblick auf Unruhe und Begehren im Diskurs der Neuzeit", in: Jan Niklas Howe und Kai Wiegandt (Hg.): *Trieb. Poetiken und Politiken einer modernen Letztbegründung*, Berlin: Kadmos 2014, S. 19–42, hier S. 20. Kursivierung im Original.

er dies auch, um das Aufbäumen des Subjekts gegen seine eigene Entmächtigung anzuzeigen. Freud sieht jedoch, auch im Zuge seiner erweiterten Triebkonzeption in *Jenseits des Lustprinzips*, dennoch keine Möglichkeit, der Triebe abschließend Herr zu werden. Die Sublimierung, also die Wendung der Triebenergie auf ein nichtsexuelles Ziel, mag das kulturell wertvollste der Triebschicksale sein (zu denen Freud außerdem die Verkehrung ins Gegenteil, die Wendung gegen die eigene Person und die Verdrängung zählt),[99] ihre Umsetzung indes gestaltet sich nicht minder betrüblich:

> Der verdrängte Trieb gibt es nie auf, nach seiner vollen Befriedigung zu streben, die in der Wiederholung eines primären Befriedigungserlebnisses bestünde; alle Ersatz-, Reaktionsbildungen und Sublimierungen sind ungenügend, um seine andauernde Spannung aufzuheben [...]. Der Weg nach rückwärts, zur vollen Befriedigung, ist in der Regel durch die Widerstände, welche die Verdrängungen aufrechterhalten, verlegt, und somit bleibt nichts anderes übrig, als in der anderen, noch freien Entwicklungsrichtung fortzuschreiten, allerdings ohne Aussicht, den Prozess abzuschließen und das Ziel erreichen zu können.[100]

Die Psychoanalyse, dies wird hier unmissverständlich deutlich, ist im Kern eine Theorie der Nichterfüllung, die um den Trieb kreist, um jenen steten Quell der Unzufriedenheit: Der Inkompatibilität von Trieb und Kultur ist durch nichts beizukommen. Wenn ich in Kapitel 2.1 die These vertreten habe, ein im modernen Scheitern getilgtes Kontingenzmoment werde im Versagen erneut virulent, so ist Freuds Triebtheorie der paradigmatische Ort, um diese Behauptung zu verdeutlichen. Es ist kein Zufall, dass Freud von Trieb*schicksalen* spricht: Der zunächst polymorphe Trieb richtet sich erst in Abhängigkeit von der (vor allem frühkindlichen) Biographie des Menschen auf ein Objekt, und erst in Abhängigkeit von dieser Biographie wird dem sich dergestalt manifestierenden Trieb sein spezifisches Los zuteil. Welches Triebschicksal das Subjekt ereilt, ist Ergebnis diverser sowohl psychischer als auch äußerer Faktoren, die es kaum beeinflussen kann. Der Trieb als Inbegriff des Nichtkontingenten wird so Ausdruck eines für die Psychoanalyse wesentlichen Kontingenzmoments – seiner Aktualisierung im und am Subjekt.[101]

Die fundamentale Verunsicherung, die Freud dem modernen Subjekt dadurch beibringt, zeichnet sich in seiner Theorie früh ab, und das implizite Konzept Versagung, 1895 erstmals erwähnt, beschreibt letztlich genau dies: den Kampf des Men-

---

99 Vgl. Sigmund Freud: „Triebe und Triebschicksale", S. 90.
100 Sigmund Freud: „Jenseits des Lustprinzips", in: Ders.: *Studienausgabe*, Bd. 3, hg. v. Alexander Mitscherlich, Angela Richards und James Strachey, Frankfurt am Main: Fischer 1982, S. 213–272, hier S. 251–252.
101 Zum Verhältnis von Freuds Triebkonzept und Kontingenz vgl. Tony Thwaites: *Reading Freud. Psychoanalysis as Cultural Theory*, London: Sage 2007, S. 103–106.

schen gegen seine Triebe, der nie vollständig zu gewinnen ist.[102] Fast vierzig Jahre und zwei Triebmodelle später fordert Freud in der *Neuen Folge der Einführung in die Psychoanalyse*: „Wo Es ist, soll Ich werden",[103] und ermutigt das von ihm zuvor langwierig demontierte Subjekt zur Rückeroberung seiner selbst. Von seinem impliziten Konzept der Versagung – dem willentlichen, aber letzten Endes nie abschließend erfolgreichen Aufbäumen gegen die Triebe – rückt Freud jedoch auch in seinen späteren Schriften nicht ab, sondern erweitert dessen ‚Einflussbereich' sogar. Zu Beginn seiner Karriere hatte er in der Versagung den Grund für Neurosenbildung gesehen, nun ergänzt er seine Theorie um die Psychose: „Die gemeinsame Ätiologie für den Ausbruch einer Psychoneurose oder Psychose", heißt es etwa in dem kleinen Text *Neurose und Psychose* von 1924, „bleibt immer die Versagung, die Nichterfüllung eines jener ewig unbezwungenen Kindheitswünsche, die so tief in unserer phylogenetisch bestimmten Organisation wurzeln."[104] Dass die Versagung sich so konstant durch Freuds Werk zieht, ist auch ein Zeichen dafür, wie viele Elemente seines späteren metapsychologischen Denkens in ihr angelegt sind; als zweifache Herausforderung an den modernen Kulturmenschen – als Kampf sowohl gegen die Erwartungen von außen und das Begehren von innen – präfiguriert sie die drei Instanzen, die im Zentrum von Freuds zweiter Topik stehen. An seinem Konzept der Versagung lässt sich deshalb nicht zuletzt auch zeigen, wie Freuds Sexualtheorie sich stetig zu einer Kulturtheorie weiterentwickelt.

Insbesondere das Strukturmodell der Psyche, das mit den drei Instanzen von Ich, Es und Über-Ich operiert, hat Freuds frühes Theoriegebäude stark verändert. Viele ursprünglich neurologisch-energetisch gefasste Begriffe bleiben dem psychoanalytischen Vokabular zwar erhalten, werden ihrer ursprünglichen Bedeutungsdimension aber enthoben und zunehmend metaphorisiert – so auch die Versagung: Die Inzestschranke, ursprünglich ihr wichtigster Anlass, weicht einem allgemeiner gefassten Verbot, das sich nicht mehr ausschließlich auf Sexualität, sondern vor allem auf das Ichideal bezieht. Das Versagen an und durch Realforderungen, als Fremdkörper in Freuds Sexualtheorie schon früh von großer Bedeutung, wird zu einem zentralen Moment in Freuds Kulturtheorie – auch wenn

---

102 Am explizitesten formuliert Freud den Zusammenhang zwischen Trieb und Versagung in *Die Zukunft einer Illusion* von 1927: „Einer gleichförmigen Ausdrucksweise zuliebe wollen wir die Tatsache, daß ein Trieb nicht befriedigt werden kann, Versagung [...] nennen." Sigmund Freud: „Die Zukunft einer Illusion", in: Ders.: *Studienausgabe*, Bd. 9, hg. v. Alexander Mitscherlich, Angela Richards und James Strachey, Frankfurt am Main: Fischer 2000, S. 135–189, hier S. 144.
103 Sigmund Freud: *Neue Folge der Vorlesungen zur Einführung in die Psychoanalyse. Gesammelte Werke*, Bd. 15, hg. v. Anna Freud u. a., London: Imago 1944, S. 86.
104 Sigmund Freud: „Neurose und Psychose", in: Ders.: *Gesammelte Werke*, Bd. 13, hg. v. Anna Freud u. a., London: Imago 1940, S. 385–391, hier S. 389.

er von ‚Realforderungen' nun nicht mehr spricht, sondern sie großflächig durch die internalisierte Bewertungsinstanz des Über-Ichs ersetzt. Was zuvor als Realforderungen von außen an das Subjekt herangetragen worden war, wird jetzt im Subjekt selbst verortet. Das Sich-Versagen erscheint als die maßgebliche zensurierende Tätigkeit des Über-Ichs – und das Versagen, das *effet-signe* dieser Versagung, mehr denn je als Ausdruck einer psychischen Dysfunktionalität.

1916 stellt Freud in dem Abschnitt „Die am Erfolge scheitern" aus *Einige Charaktertypen aus der psychoanalytischen Arbeit* erstmals eine Verbindung zwischen Versagung und Ichideal her: Ein pathogener Konflikt zwischen einem Wunsch und seiner Versagung entstehe nur dann, präzisiert Freud nun, wenn der Wunsch vom Ich längst geächtet und damit „auch für alle Zukunft verboten" sei.[105] Die Versagung erscheint hier nicht mehr nur, wie zuvor, als Verweigerung, sondern als Reaktion auf ein Verbot, das das Subjekt selbst ausgesprochen hat. Das Resultat einer pathogenen inneren Versagung, das Versagen, trete jedoch nur zutage, so Freuds im Gegensatz zu früheren Texten leicht modifizierte These, wenn „die Möglichkeit einer ichgerechten idealen Befriedigung [dem Menschen] benommen" sei,[106] zur inneren also eine äußere Versagung trete, die die Suche nach einer (eigentlich verdrängten) Ersatzbefriedigung nötig mache. Dass viele Patient·innen ausgerechnet dann neurotisch werden, wenn sie eigentlich ihr Ziel erreicht zu haben scheinen, ist deshalb für Freud nicht verwunderlich, wie er am Beispiel einer Klientin verdeutlicht, deren Geliebter sie nach langen Jahren endlich heiratet. Durch diese Hochzeit geht für sie ein lange gehegter Wunsch, der vormalige Gegenstand äußerer Versagung, in Erfüllung; gerade dadurch aber tritt eine innere Versagung zutage, von der die äußere Versagung bis dato abgelenkt hatte: Als Folge der Eheschließung treten Gewissensmächte an die Oberfläche, also zensurierende Instanzen, die über den Zeitraum der unehelichen Verbindung latent geblieben waren und nun „der Person verbieten, aus der glücklichen realen Veränderung den lange erhofften Gewinn zu ziehen".[107]

---

105 Sigmund Freud: „Einige Charaktertypen aus der psychoanalytischen Arbeit", in: Ders.: *Studienausgabe*, Bd. 10, hg. v. Alexander Mitscherlich, Angela Richards und James Strachey, Frankfurt am Main: Fischer 2001, S. 229–254, hier S. 236.
106 Ebd.
107 Ebd., S. 238. Die nicht ganz einfache Passage im Wortlaut: „Der Widerspruch zwischen solchen Erfahrungen und dem Satze, der Mensch erkranke an Versagung, ist nicht unlösbar. Die Unterscheidung einer *äußerlichen* und einer *innerlichen* Versagung hebt ihn auf. Wenn in der Realität ein Objekt weggefallen ist, an dem die Libido ihre Befriedigung finden kann, so ist dies eine äußerliche Versagung. Sie ist an sich wirkungslos, nicht pathogen, solange sich nicht eine innere Versagung zu ihr gesellt. [...] In den Ausnahmefällen, wenn die Menschen am Erfolge erkranken, hat die innere Versagung für sich allein gewirkt, ja sie ist erst hervorgetreten, nachdem die äußerliche Versagung der Wunscherfüllung Platz gemacht hat." Kursivierung im Original. Anhand von Lady Macbeth und Ibsens Stück *Rosmersholm* zeigt Freud, wie bereits in *Über die*

Über seine Klientin konstatiert Freud deshalb lapidar: „In diesem Moment begann sie zu versagen".[108] Es ist das erste Mal, dass er Versagen von seinem ursprünglich rein sexuellen Gehalt ablöst.

Im Gegensatz zu seinen früheren Überlegungen geht Freud nun von einem expliziten Urheber von Verbot und Versagung aus; was hier noch wahlweise als „Ich" oder als „Gewissen" erscheint und keine hinreichende Explikation erfährt, wird später unter dem Begriff des Über-Ichs konzeptualisiert. Versagung ist ein Begriff, der ursprünglich am häufigsten im semantischen Feld der Religion Verwendung findet; dass Freud ihn in sein Vokabular einführt, dabei aber dessen transzendente Dimension subtrahiert, sagt viel über die historische Verfasstheit der Psychoanalyse aus und illustriert Freuds wesentliches Anliegen: Sowohl Versagung als auch Versagen stellen für ihn durch und durch immanente Momente innerhalb des psychischen Apparats dar. Es ist daher nur folgerichtig, dass in seiner Theorie aus Schicksalen Triebschicksale werden und der *pater caelestis*, der Ausmaß und Notwendigkeit der Versagungen diktiert, im *pater familias* als Träger des Gesetzes seine paradigmatische Entsprechung findet – und dass diese Instanz sowohl der Akzeptanz als auch der Bewertung im Rahmen des zweiten topischen Modells als Über-Ich schließlich dem Subjekt selbst eingeschrieben wird. Freuds Konfliktmodell, das sich im Begriff der Versagung früh abzeichnet, beschreibt eine Theorie der Interiorisierung von Wertungen und ist damit, so meine abschließende These, für eine Geschichte des Versagens von nicht zu überschätzender Bedeutung: Die Verankerung des Interpersonalen in der Konstitution des Psychischen normalisiert den beständigen Abgleich des eigenen Handelns mit (internalisierten) gesellschaftlichen Erwartungen und schreibt die existentiellen Mühen, die der Versuch, diese Erwartungen zu erfüllen, mit sich bringt, als Definiens des modernen Menschen fest.

2.3 Überbürdete Subjekte: Schulversager um 1900

Neben der Neurologie und der Psychoanalyse ist auch die Pädagogik des ausgehenden 19. Jahrhunderts mit dem Phänomen des Versagens vertraut. Als Versager werden dort Menschen bezeichnet, auf die *eingewirkt* wird, ohne dass die intendierte Wirkung erzielt würde – nämlich Kinder, die die Erwartungen ihrer Eltern und Lehrer nicht erfüllen. In der historisch neuen Vorstellung des versagenden Schülers, einem Leistungsversager im emphatischen Sinne, verdichten sich zwei physiologische oder zumindest physiologisch informierte Diskursstränge, die auch für die mo-

---

allgemeinste Erniedrigung des Liebeslebens, dass eine solche innere Versagung auf einen ungelösten ödipalen Konflikt zurückzuführen sei – auf das Beispiel seiner Klientin kommt er jedoch nicht wieder zurück.
108 Ebd.

derne Denkfigur des Versagens im Allgemeinen von entscheidender Bedeutung sind: ein dem lebenswissenschaftlichen *state of the art* entsprechendes Interesse an Mechanismen der Ermüdung (oder vielmehr deren Vermeidung) und ein durch die Beobachtung von physiologischen Gesetzmäßigkeiten und ihre statistische Auswertung gewonnenes Wissen um die Kategorien von Norm und Abweichung. Wenn beide in der Figur des Schulversagers kulminieren, bedeutet dies, wie die folgenden Überlegungen illustrieren sollen, nicht nur eine metonymische Interpretation des körperlichen Zustands eines Menschen als Symptom seiner grundsätzlichen, auch geistigen und sogar moralischen Leistungsfähigkeit, sondern auch – und ganz ähnlich wie bei Freud – eine Verschiebung vom Versagen als funktionellem Nichtfunktionieren hin zu einer konstitutionellen Konzeption des Versagens, in der ein viel weniger unmittelbarer Zusammenhang zwischen aufgewandter Energie und (nicht-)eingetretener Leistung angelegt ist als beispielsweise in der Mechanik oder in der Medizin. „So viele Versager des späteren Lebens", schreibt etwa Sebastian Kneipp, Priester und Erfinder der gleichnamigen Wasserkur, „hängen mit Erziehungsfehlern [...] zusammen."[109] Kneipp meint hier tatsächlich Versager des Lebens – des *ganzen* Lebens. Die Erziehung zeigt dabei also, streng genommen, durchaus Wirkung, nur keine sofortige und freilich auch nicht die gewünschte: Eine falsche Erziehungs-, also Einwirkungsmethode implementiert das spätere Versagen von klein auf. Im Kontext von Schule und Bildung wird Versagen, wie Kneipps These veranschaulicht, zum ersten Mal als soziobiographische Beschreibungskategorie betrachtet – und lässt sich damit auch als Merkmal eines bestimmten Sozialtypus verstehen.

Die Grenzen des Könnens des eigentlich hochbegabten Schülers Heiner Lindner werden markiert von den undurchdringlichen Geheimnissen der höheren Mathematik. Dabei übt Heiner, von dessen Schicksal der damals noch und heute wieder unbekannte Emil Strauß 1902 in *Freund Hein. Eine Lebensgeschichte* erzählt, unermüdlich.[110] Er verbringt ganze Nachmittage mit der Erledigung seiner Hausaufgaben, so lange und so oft, dass für seine eigentliche und einzige Leidenschaft, die Musik, kaum Zeit bleibt. Doch es hilft alles nichts: Heiner muss eine Klasse wiederholen, und als zum Halbjahr die Versetzung erneut gefährdet ist und sein Vater

---

109 Sebastian Kneipp und Bonifaz Reile (Hg.): *Das große Kneippbuch*, München: Joseph Kögel 1939 [1903], S. 523.
110 Emil Strauß: *Freund Hein. Eine Lebensgeschichte*, Stuttgart: Reclam 1995. Strauß wird mit *Freund Hein* einem breiteren Publikum bekannt. Obwohl der Roman 1915 bereits in der 22. Auflage erscheint, kann sich Strauß nicht nachhaltig in der Literaturszene etablieren. Dies ändert sich erst im Dritten Reich – Veröffentlichungen wie *Vaterland* (bereits 1923) und zahlreiche einschlägige Beiträge im *Völkischen Beobachter* tragen ihr Übriges zu seinem zeitweiligen Erfolg bei. Vgl. Theodor Karst: „Nachwort", in: Emil Strauß: *Freund Hein*, Stuttgart: Reclam 1995, S. 201–215.

ihm das Geigenspielen zur Strafe ganz verbietet, nimmt er sich – wie der Titel es mehr oder minder subtil andeutet – verzweifelt das Leben.

Heiner Lindner kann den Anforderungen des wilhelminischen Schulsystems nicht standhalten, weil er, und darauf insistiert Strauß' Roman immer wieder, etwas ganz Besonderes ist: schöngeistiger, genialer als all die anderen Schüler. Für Ausnahmeerscheinungen haben die Lehrer, ihrerseits per Definition überaus durchschnittlich, einfach kein Verständnis. Folgerichtig durchzieht eine Semantik der Konfrontation den Text, eine starre Dichotomie, die Heiner gegen den Rest der Welt in Stellung bringt: „[Der Lehrer] liebte es nämlich, den abstrakten Unterricht fortwährend durch Beispiele aus der Praxis zu beleben", heißt es einmal über Heiners ansonsten tristen Schulalltag,

> kam er nun mit einer derartigen, die anschauliche Vorstellungskraft angehende Frage zufällig einmal an Heiner, dessen Phantasie stark und durch die künstlerischen Neigungen und das innige Verhältnis zur Natur allezeit frisch und lebendig erhalten worden war, so bekam er wohl auch, wo andere Kinder versagten, eine rasche und klar anschauliche Antwort.[111]

An diesem Satz ist nichts ironisch: Strauß bedient tatsächlich jedes Klischee eines bereits merklich in die Jahre gekommenen Geniediskurses, der hier nicht zuletzt vor dem Hintergrund der „steril gewordenen Bildungswelt des 19. Jahrhunderts"[112] erneut aufgerufen wird und einen Gegenpol zur klaglosen Erfüllung dröger Schulaufgaben markiert. So sehr *Freund Hein* jedoch auf die Einzigartigkeit seines Protagonisten pocht, Heiner Lindner befindet sich in illustrer Gesellschaft: Auch Hanno Buddenbrook oder Moritz Stiefel in Frank Wedekinds *Frühlings Erwachen*, um nur zwei Beispiele zu nennen, können die von ihnen erwarteten Leistungen nicht erbringen, und auch sie flüchten sich in den Tod oder ergeben sich ihm zumindest wehrlos. Sie alle heben sich von der Masse der anderen Kinder ab: Der zarte Hanno ist ein Künstler wie Heiner, und ebenso unfähig, sich in den kleingeistigen Schulalltag einzufügen. Moritz Stiefel, ebenfalls hochintelligent, aber rebellischer als Hanno, kritisiert das Schulsystem unverhohlen („Um mit Erfolg büffeln zu können, muss ich stumpfsinnig sein wie ein Ochse!"[113]) und verweigert sich ihm schließlich ganz. Letztendlich aber reüssieren die anderen Kinder, wo Heiner, Hanno und Moritz versagen: Sie verlassen die Schule nicht mit Suizid, sondern mit Abitur.

Heiner Lindner, Hanno Buddenbrook und Moritz Stiefel sind Schulversager – ein Ausdruck, der um 1900 bereits geläufig ist und, soweit ich sehe, das Versagen

---

[111] Strauß: *Freund Hein*, S. 97.
[112] Jochen Schmidt: *Die Geschichte des Geniegedankens in der deutschen Literatur, Philosophie und Politik 1750–1945*, Bd. 2, Heidelberg: Winter 2004, S. 129.
[113] Frank Wedekind: *Frühlings Erwachen. Eine Kindertragödie*, Frankfurt am Main: Suhrkamp 2002, S. 16.

im deutschen Sprachraum zum ersten Mal dezidiert und ausschließlich auf das Subjekt selbst bezieht. Die zahlreichen literarischen Figuren,[114] von deren Schulleben die Literatur der Zeit erzählt, sehen sich mit einem gesellschaftlichen Klima konfrontiert, das als Nährboden eines Schulversagens erscheint; oft tragen auch die Präsenz einer übermächtigen Vaterfigur, die Schwierigkeiten pubertärer Selbstfindung und eine musische – und ergo dekadente, nervöse – Veranlagung zum schulischen Misserfolg der Jugendlichen bei. Selten steht dabei ihr Versagen so sehr im Vordergrund wie im Falle von *Freund Hein*, aber fast immer existiert in diesen Texten zumindest am Rande ein Beispiel für einen Schüler, der den Anforderungen, aus welchen Gründen auch immer, nicht gewachsen ist. Wenn sich nicht, wie in *Freund Hein* oder, um das wohl bekannteste Beispiel zu nennen, Hermann Hesses *Unterm Rad*, die Protagonisten selbst als Schulversager erweisen, so treten doch in großer Regelmäßigkeit im Umfeld der Schule angesiedelte Nebencharaktere auf – Moritz Stiefel etwa –, deren Versagen die Herausforderungen des Schullebens bezeugt. Dass solche topischen Elemente des Schulversagens sich in vielen Texten des Genres verlässlich wiederholen, ist gewiss kein Zufall: Strauß, Mann, Wedekind und viele mehr porträtieren mit dem Schulversager eine Figur, die um 1900 im deutschen Kaiserreich und in Österreich-Ungarn, aber auch in Frankreich, Italien und weiten Teilen des restlichen Europa zum Emblem einer gescheiterten Schul- und Bildungspolitik geworden ist.

Seit etwa 1800 existiert fast überall in Europa eine Schul- oder zumindest Unterrichtspflicht, die jedoch eher einer Absichtserklärung gleichkommt und logistisch kaum umzusetzen ist. Gerade auf dem Land fehlt es häufig an Schulen oder der Möglichkeit, sie zu erreichen, und viele Eltern benötigen die Arbeitskraft ihrer Kinder dringend auf Bauernhöfen und in Betrieben. Erst seit den 1870er Jahren streben die europäischen Nationalstaaten eine flächendeckende Einrichtung von Schulen an; die Schulpflicht wird ausgeweitet und ihre Einhaltung forciert.[115] Im wilhelmini-

---

114 Sogenannte Schülerromane erfreuen sich um 1900 im deutschsprachigen Raum größter Beliebtheit beim Publikum und werden so zahlreich verlegt, dass beinahe zeitgleich auch erste literaturwissenschaftliche Einlassungen erscheinen. Vgl. August Rosikat: „Der Oberlehrer im Spiegel der Dichtung", in: *Zeitschrift für den deutschen Unterricht* 18 (1904), S. 687–703; außerdem Leo Ehlen: „Die Schule in der modernen Literatur", in: *Mitteilungen der literarhistorischen Gesellschaft Bonn* 5 (1910), S. 229–253. Zum Vergleich: Hesses *Unterm Rad* erscheint 1906, ebenso wie Musils *Die Verwirrungen des Zöglings Törleß*. Heinrich Manns *Professor Unrat* wird 1904 veröffentlicht, Walsers drei Schultexte *Fritz Kochers Aufsätze, Tagebuch eines Schülers* und *Jakob von Gunten* zwischen 1904 und 1909. In Frankreich, Italien oder England spielt das Genre eine wesentlich geringere Rolle.
115 Zur Schule als Institution, die nicht nur Kinder, sondern vor allem Landeskinder unterrichtet, also zum *nation building* des 19. Jahrhunderts beiträgt und mit ihm aufs Engste verknüpft ist, gibt es zahlreiche Studien. Vgl. nur stellvertretend Ian Grosvenor: „,There is no place like home'. Education and the Making of National Identity", in: *History of Education* 28 (1999), S. 235–250. Als einer

schen Deutschland entsteht mit der Staatsgründung 1871 erstmals ein einheitliches Schulsystem, das (männlichen) Kindern aus allen Schichten gleichermaßen zur Verfügung stehen soll.[116] 1872 werden alle Schulen der staatlichen Aufsicht unterstellt, 1888 wird die Abschaffung des Schulgeldes für die Volksschule beschlossen. Auch in Österreich-Ungarn wird 1869 mit dem sogenannten Reichsschulgesetz die Bildungspolitik dem Staat (und nicht mehr den Kirchen) überantwortet, außerdem werden die seit Ende des 18. Jahrhunderts offiziell bestehende Schulpflicht verlängert und die Klassengrößen verringert. In Frankreich wird 1882 der Unterricht für sechs- bis dreizehnjährige Jungen und Mädchen verpflichtend, in Italien führt die *Legge Coppino* 1877 eine fünf Jahre umfassende Schulpflicht ein.[117]

Mit den sozial- und bildungspolitischen Reformen der 1870er und 1880er Jahre jedoch wird eine Problematik manifest, die schon in den Jahrzehnten zuvor immer mehr Pädagogen beschäftigt hatte: Es lässt sich kaum noch ignorieren, dass eine Vielzahl von Schülern den an sie gerichteten Anforderungen nicht gerecht werden kann; ein hoher Prozentsatz muss eine Klasse wiederholen. Vor allem in den Städten absolvieren Ende des 19. Jahrhunderts oft mehr als zwei Drittel der Schulabgänger die höchste Klassenstufe der Volksschule nicht oder nicht erfolgreich, viele scheiden sogar schon in der zweiten oder dritten Klasse aus.[118] Auch an den höhe-

---

der prominentesten zeitgenössischen Kritiker stellt Friedrich Nietzsche das nationalökonomische Dogma des wilhelminischen Bildungssystems in Frage, vgl. seine Reden „Ueber die Zukunft unserer Bildungsanstalten. Sechs öffentliche Vorträge", in: Ders.: *Sämtliche Werke. Kritische Studienausgabe*, Bd. 1, hg. v. Giorgio Colli und Mazzino Montinari, München: dtv 2012, S. 641–752.

116 Bis 1908 ist Mädchen in Deutschland der institutionelle Weg zum Abitur verwehrt, in Frankreich gibt es seit 1880 die *Lycées de jeunes filles*. Selbst wenn sich um 1900 also allmählich eine Schulpflicht auch für Mädchen durchzusetzen beginnt und ihnen die Tür zu höheren Schulen offensteht, stellen sie eine verschwindend geringe Minderheit dar. Die nachfolgenden Ausführungen beschränken sich daher, wie auch weite Teile des zeitgenössischen Diskurses, auf männliche Schüler. Vgl. zur Schulbildung von Mädchen tiefergehend Claudia Huerkamp: *Bildungsbürgerinnen. Frauen im Studium und in akademischen Berufen 1900–1945*, Göttingen: Vandenhoeck & Ruprecht 1996, insb. 45–74.

117 Zu Geschichte und Ausdifferenzierung des Schulsystems in Deutschland, Frankreich und Italien vgl. allgemein Christa Berg (Hg.): *Handbuch der deutschen Bildungsgeschichte. Band IV: 1870–1918. Von der Reichsgründung bis zum Ende des Ersten Weltkriegs*, München: C.H. Beck 1991; Pierre Albertini: *L'École en France, XIXe–XXe siècle. De la maternelle à l'université*, Paris: Hachette 1992 sowie Giuseppe Decollanz: *Storia della scuola e delle istituzioni educative. Dalla Legge Casati alla riforma Moratti*, Rom, Bari: Laterza 2005. Die folgenden Ausführungen werden sich der Übersichtlichkeit halber auf Deutschland und Frankreich beschränken.

118 Für eine ausführlichere Darstellung der Problematik und genaue statistische Quellen vgl. Sabine Reh: „Der ‚Kinderfehler' Unaufmerksamkeit", in: Sabine Reh, Kathrin Berdelmann und Jörg Dinkelaker (Hg.): *Aufmerksamkeit. Geschichte – Theorie – Empirie*, Heidelberg: Springer VS 2015, S. 71–93, insb. S. 83–87.

ren Schulen, in die man eigentlich nur durch entsprechende Vorleistungen gelangt, kennt man das Problem: „Es hatte sich ferner gezeigt", heißt es in einem Bericht des Psychologen William Stern über die Auswahlverfahren für Schüler höherer Schulen, „daß unter den Aufgenommenen ein verhältnismäßig großer Teil von Versagern war; 20% entsprachen nicht den Anforderungen, mußten sitzen bleiben oder an die Volksschule zurückgewiesen werden."[119] In den zahlreichen neugegründeten pädagogischen Fachblättern, in Tageszeitungen und im Rahmen von Expertenkommissionen diskutieren Lehrer, Professoren und Verantwortliche der Ministerien über den richtigen Umgang mit diesen Schülern, die man insbesondere seit den 1920er Jahren unter den Begriff des Schulversagers subsumiert. Über die Gründe für die rasante Zunahme von Schülern, die die erforderte schulische Leistung nicht erbringen können, scheint kaum ein Zweifel zu bestehen: Von der endgültigen Einführung der Schulpflicht sind vor allem Kinder aus den Schichten betroffen, die man heute euphemistisch als bildungsfern bezeichnen würde – und je mehr sozial schwache Schüler unterrichtet werden, desto höher scheint der Prozentsatz derer, die die Schule überfordert.[120]

Dieses Argument jedoch findet sich bei genauerer Betrachtung weder im zeitgenössischen pädagogischen Diskurs noch in den Schülerromanen wieder. Beide sprechen auf eine für die Sozialgeschichte des Versagens erhellende Weise von einem sicher nicht: von tatsächlich sozial benachteiligten Kindern. Stattdessen lassen sich zwei Tendenzen nachzeichnen, an denen sich die Denkfigur des Versagens gleichermaßen schärft: die zunehmende Pathologisierung nicht der Norm entsprechender Schüler (also solcher, die zu ‚normalen' Leistungen ganz grundsätzlich nicht in der Lage sind) im Rahmen einer Förderpädagogik einerseits und die These einer systembedingten Überforderung andererseits, die sich vor allem auf die schulischen Schwierigkeiten höherer Söhne stützt und für die Schulromane der Jahrhundertwende zentral ist – jedoch, jahrzehntelangen Bemühungen zum Trotz, jeglicher zeitgenössischen wissenschaftlichen Grundlage entbehrt.

---

119 William Stern: „Das psychologische Laboratorium der Hamburger Universität. Gesamtbericht über seine Entwicklung und seine gegenwärtigen Arbeitsgebiete", in: *Zeitschrift für pädagogische Psychologie und experimentelle Pädagogik* 13 (1922), S. 161–197, hier S. 188.
120 Patrice Pinelli und Markos Zafiropoulos analysieren in ihrer Studie *Un siècle d'échecs scolaires, 1882–1982* (Paris: Éditions Ouvrières 1983, S. 14), welche partikularen Interessen sich hinter diesem scheinbar simplen Argument verbergen: „intérêts politiques pour les groupes dominants, intérêts proprement scolaires (mise à l'écart et prise en charge d'élèves perturbant le fonctionnement harmonieux de l'école), intérêts professionnels liés aux profits matériels et symboliques qu'apportent la production et la reproduction du système d'institutions spécialisées."

Norm und Abweichung
Einer der weitreichendsten Gründe für die Zunahme von Schulversagern seit den 1870er Jahren liegt in der zunächst banalen Tatsache, dass sich im Laufe des 19. Jahrhunderts die Klassenstrukturen stark verändert haben. Während im 18. Jahrhundert verschiedene Lehrer verschiedene Fächer auf verschiedenen Niveaus unterrichten, die jeder Schüler nach seinen Begabungen und Interessen wählen kann, unterteilt man die Schüler seit dem frühen 19. Jahrhundert erstmals in die noch heute gängigen Jahrgangsklassen, die auf der Annahme basieren, man könne von gleichaltrigen Schülern gleichartige Leistungen erwarten. Für jede Altersstufe werden nun ein alternativlos zu durchlaufendes Curriculum und ein bestimmtes Klassenziel ermittelt, dessen Erreichen oder Nichterreichen über die Versetzung in die nächsthöhere Stufe entscheidet. Im Laufe der 1850er Jahre wird zur objektiveren Beurteilung außerdem eine Notenskala entwickelt; an die Stelle einer bloßen Beschreibung der Fähigkeiten und Talente der Schüler tritt eine starre Zensur, nicht verhandelbar, kaum interpretierbar und immer schon wertend.[121] Die Ermittlung des Anforderungsprofils, auf Basis dessen die Noten vergeben werden, geschieht in Rückgriff auf physiologische Erkenntnisse und unter Zuhilfenahme der noch relativ jungen Methodik der Statistik.

Denn die Mechanismen geistiger Arbeit unterscheiden sich von den Mechanismen körperlicher Arbeit kaum, beide sind, so zumindest die wissenschaftliche Überzeugung des ausgehenden 19. Jahrhunderts, insofern Gegenstand der Physiologie, als sie von der Funktionstüchtigkeit und Effizienz der Körpermaschine abhängen und Rückschlüsse auf ihren Zustand erlauben. Deshalb werden Körperformen, Aufmerksamkeitsspannen, Gedächtnisleistungen, ja ganze Lebensphasen physiologisch vermessen, wahrscheinliche und unwahrscheinliche Verhaltensweisen berechnet und unter dem Schlagwort der ‚Entwicklung' normiert und normalisiert.[122] „Die Physiolo-

---

121 Zuvor begnügt man sich damit, die Kenntnisse und Fähigkeiten der Schüler einfach zu beschreiben; in den Zeugnissen wird dann beispielsweise erwähnt, ob der Schüler mit oder ohne Wörterbuch übersetzen könne. Vgl. Rudolf Lassahn: *Pädagogische Anthropologie. Eine historische Einführung*, Heidelberg: Quelle & Meyer 1983, S. 146.
122 Diese Feststellung fußt, wie implizit auch viele weitere Teile des vorliegenden Kapitels, auf Michel Foucaults Überlegungen zu Normalisierungsgesellschaften, hier vor allem auf der Vorlesung am Collège de France vom 17. März 1976, vgl. Michel Foucault: *In Verteidigung der Gesellschaft. Vorlesungen am Collège de France 1975/1976*, übers. v. Michaela Ott, Frankfurt am Main: Suhrkamp 1999, S. 282–311. Einige neuere Studien haben den Einfluss statistischen Wissens auf die Normalisierung der Kindheit noch einmal detaillierter untersucht, vgl. besonders André Turmel: *Une sociologie historique de l'enfance. Pensée du développement, catégorisation et visualisation graphique*, Laval: Presses Universitaires de Laval 2013 sowie, mit spezifischem Blick auf sozialpolitische Implikationen, Bernd Dollinger: *Die Pädagogik der Sozialen Frage. (Sozial-)Pädagogische Theorie vom Beginn des 19. Jahrhunderts bis zum Ende der Weimarer Republik*, Wiesbaden: Springer VS 2006, insb.

gie definiert ‚normales' Funktionieren im statistischen Streubereich einer Gaußschen Normalverteilung", konstatiert Philipp Sarasin, und an dieser Normalverteilung, die auf der impliziten Annahme „einer Korrelation von statistischem Mittelmaß und Normalität"[123] beruht, lässt sich schließlich ablesen, zu welchen Leistungen ein Schüler welchen Alters imstande sein sollte. Erst dieses Wissen um Durchschnittswerte kindlichen Wachsens und Aufwachsens, um einen klar zu benennenden physiologischen Zusammenhang zwischen Lebensalter und erwartbarer Leistung erlaubt es, in den Schulen eine „institutionalisierte Komparatistik"[124] zu installieren, die dem Schüler jederzeit und unaufgefordert Auskunft über seine Position in der Gruppe erteilt. Und erst das Wissen um Ausmaß und Gestalt signifikanter Abweichungen von einem Mittelwert erlaubt es, zwischen normalen und anormalen Kindern, zwischen regelkonformer und pathologischer Entwicklung zu unterscheiden, wie es die frühe Förderpädagogik tut.

Spätestens seit den 1880er Jahren entbrennt im deutschen Kaiserreich die Diskussion um die Notwendigkeit sogenannter Hilfsschulen,[125] die erst mit dem 1901 von dem Schulrat Anton Sickinger vorgestellten „Mannheimer System" langsam zum Erliegen kommt.[126] Für die lernschwächsten Kinder werden eigene Förderschulen eingerichtet, und auch innerhalb der Volksschule kategorisiert man verstärkt nach Leistungsniveau, um schließlich sowohl die besonders guten als vor allem auch die besonders schlechten Schüler in eigenen Förderklassen zu unterrichten. Im Zentrum dieser Debatte allerdings steht, allen anderslautenden Absichtsbekundungen zum

---

S. 257–274. Foucault selbst widmet sich der Institution Schule nur am Rande; umgekehrt hat die Pädagogik als Disziplin Foucaults Thesen bis heute kaum berücksichtigt. Vgl. als eine der wenigen Ausnahmen Ludwig Pongratz: „Schule als Dispositiv der Macht. Pädagogische Reflexionen im Anschluss an Foucault", in: *Vierteljahresschrift für wissenschaftliche Pädagogik* 3 (1990), S. 289–308.
123 Beide Zitate Sarasin: *Reizbare Maschinen*, S. 178.
124 So beschreibt es Niklas Luhmann: *Das Erziehungssystem der Gesellschaft*, hg. v. Dieter Lenzen, Frankfurt am Main: Suhrkamp 2002, S. 50. Luhmann kritisiert an dieser Stelle auch die bis heute hochproblematische „Fiktion der Startgleichheit", die die Ermittlung von Klassenzielen und Durchschnittswerten erst ermöglicht. Ebd., S. 127: „Das Erziehungssystem behandelt also Ungleiches als gleich, um die daraus entstehenden Ungleichheiten sich selbst zuzurechnen und mit den Mitteln seiner Selektionsverfahren markieren zu können."
125 Bereits 1803 entsteht in Sachsen-Anhalt die erste sogenannte Nachhilfeklasse, ein Konzept, das sich im 19. Jahrhundert zunehmend weiterentwickelt und unter anderem auch zur Einrichtung eigener Förderkurse für Mädchen führt. Für eine detailliertere Geschichte der Förderpädagogik in Deutschland vgl. Hans-Ulrich Grunder: *Schulreform und Reformschule*, Bad Heilbrunn: Verlag Julius Klinkhardt 2015.
126 In zahlreichen bildungspolitischen bzw. -theoretischen Zeitschriften der Zeit wird über dieses Mannheimer System diskutiert. Um nur ein Beispiel zu nennen: „Eidinger über Sitzenbleiber und Förderklassen", die Antwort des Schulrats Eidinger aus Mannheim an einen Kollegen aus Leipzig, abgedruckt in *Der Klassenlehrer* 48 (1909), S. 756–757.

Trotz, weniger ein humanitärer Gedanke als vielmehr die Frage, wie zu verhindern sei, dass die förderbedürftigen Schüler größeren gesamtgesellschaftlichen Schaden anrichteten.[127] Und die Umsetzung von Sickingers Konzept bringt neue Herausforderungen mit sich: Die Schüler müssen nach möglichst objektiven Kriterien den einzelnen Schularten und Förderkursen zugeordnet werden. Besonders die Schüler der Hilfsschulen, die von den ‚normalen' Schülern vollständig getrennt unterrichtet werden, sind schnell stigmatisiert, denn Förderpädagogik bedeutet, damals wie übrigens auch heute, nicht zuletzt negative Selektion. Wer sich in den Hilfsklassen wiederfindet, muss sich um den Weg zum Erfolg keine Gedanken mehr machen: Es wird keinen geben.

Nun handelt es sich bei den Schülern, über die in den ersten Jahrzehnten des 20. Jahrhunderts unter dem Stichwort des Schulversagens gesprochen wird, nicht um die ‚Schwachsinnigen', ‚Blödsinnigen' oder ‚Krüppel', für die die Hilfsschulen in erster Linie konzipiert sind und deren Probleme von körperlichen oder geistigen Einschränkungen herrühren. Dennoch ist die Diskussion über die Einführung von Hilfsschulen und über die Kriterien, nach denen Schüler ihnen zugeordnet werden, auch für das Schulversagen aufschlussreich. Denn das angeborene und irreversible Unvermögen, das bei einer Mehrheit der Hilfsschüler medizinisch belegt und zweifelsfrei diagnostiziert werden kann, spannt den Denkraum auf, in dem sich das Schulversagen konstituiert: Es gibt Schüler, die aufgrund einer Behinderung oder aufgrund einer Krankheit die Leistung nicht erbringen können, die man von ihren Altersgenossen erwartet – und es gibt Schüler, und nur von ihnen handeln die Romane und Erzählungen um 1900, die dies zumindest aus medizinischer Sicht durchaus *könnten*, es aber dennoch nicht tun.

Anders als die Kinder, die je nach Art und Schwere ihrer Einschränkung Krankenhäusern, Psychiatrien oder eben Hilfsklassen zugewiesen werden, bilden Schulversager keinen Teil der „Unkorrigierbaren", die Michel Foucault in seiner Vorlesungsreihe *Die Anormalen* beschrieben hat, sie fallen nicht von vornherein durch das Raster der „Zurichtungstechniken mit ihren eigenen Anforde-

---

[127] Einerseits gilt es, die Lernfortschritte der anderen Schüler nicht zu gefährden; Erziehungswissenschaftler·innen sprechen daher von einer „Entlastungsfunktion" von Förder- und Hilfsklassen. Vgl. Sieglind Ellger-Rüttgardt: *Geschichte der Sonderpädagogik. Eine Einführung*, München, Basel: Ernst Reinhardt Verlag 2008, insb. S. 72–198. Andererseits – und viel wichtiger – soll sichergestellt werden, dass die Kinder sich nicht zu Straftätern entwickeln: „À défaut d'un éducation appropriée, ces enfants devenus hommes, seront des incapables, [...] seront complices de criminels ou même criminels eux-mêmes", schreibt etwa Désiré-Magloire Bourneville in seinem Aufsatz „Quelques réflexions à propos de l'assistance des enfants anormaux à Paris", zit. nach Pinelli, Zafiropoulos: *Un siècle d'échec scolaire*, S. 41 f.

rungen",[128] sie sind nicht verhaltensauffällig, nicht ‚degeneriert', müssen nicht entmündigt oder eingesperrt werden. Die einzige Gemeinsamkeit zwischen beiden Gruppen besteht in der Unfähigkeit, einem bestimmten schulischen Leistungsstandard zu entsprechen – allerdings wird diese Unfähigkeit im Falle der Hilfsschüler im Modus des Pathologischen verhandelt, während der Schulversager allen schlechten Zensuren zum Trotz als nicht über die Maßen förderbedürftig und damit als ‚normal' gilt.[129] Die Arbitrarität dieser Abgrenzung von Normalem und Pathologischem, der um 1900 unzählige Seiten in pädagogischen Fachpublikationen gewidmet sind, zeigt sich vielleicht nirgendwo so konzise wie in einem kleinen Absatz aus *Les enfants anormaux. Guide pour l'admission des Enfants anormaux dans les classes de Perfectionnement*, einer von dem französischen Kinderpsychologen Alfred Binet erarbeiteten Studie zur Kategorisierung von auf Hilfspädagogik angewiesenen Schülern, die als Bestiarium der Anormalität daherkommt. Die „arriérés" stellen für ihn neben den „instables" (Kindern, die ein aggressives, aufmüpfiges oder anderweitig deviantes Verhalten an den Tag legen, die vermeintlich könnten, aber nicht wollen) die hauptsächliche Zielgruppe der *classes de perfectionnement* dar, doch sie lassen sich nur anhand ihrer leicht verminderten Intelligenz, also nicht unbedingt unmittelbar erkennen. Binet warnt deshalb vor Verwechslungen zwischen den „arriérés pédagogiques", die er später als „anormaux faux" bezeichnet, und den „anormaux pédagogiques", ihrerseits eine Ausprägung der „débiles légers":

> Il y a des enfants normaux qui sont très en retard dans leurs études ; ils ne peuvent suivre avec profit la classe de leur âge. Ces enfants sont nombreux et très intéressants, socialement parlant ; comme ils sont intelligents, en effet, on est sûr qu'avec un peu d'aide on leur ferait rattraper le temps perdu. On les a appelés les *arriérés pédagogiques* ; ces termes prêtent à confusion, depuis que les débiles légers ont reçu une dénomination analogue, celle d'anormaux pédagogiques. Il vaudrait mieux appeler les premiers des retardés, ou simplement des *ignorants*. En Belgique, dans la première école qui a été fondée pour les anormaux, on a admis beaucoup de ces ignorants. Ils étaient même en majorité [...].[130]

---

128 Michel Foucault: „Die Anormalen", in: Ders.: *Schriften in vier Bänden. Dits et Ecrits*, Bd. 2, hg. u. übers. v. Daniel Defert und François Ewald, Frankfurt am Main: Suhrkamp 2014, S. 1024–1031, hier S. 1027.
129 Zur Unterscheidung von Normalem und Pathologischem und ihrer Geschichte im 19. Jahrhundert vgl. vor allem Georges Canguilhems einschlägigen Essay über *Le Normal et le Pathologique*, Paris: PUF 2015.
130 Alfred Binet und Théophile Simon: *Les enfants anormaux. Guide pour l'admission des Enfants anormaux dans les classes de Perfectionnement*, Paris: Librairie Armand Colin 1907, S. 113f. Kursivierungen im Original. Eine ähnliche Klassifizierung, wenn auch nicht speziell für die Zuordnung in Förder- und Hilfsklassen entwickelt, nimmt in Deutschland Ludwig Strümpell vor: *Die pädagogische Pathologie oder Die Lehre von den Fehlern der Kinder*, Leipzig: E. Ungleich 1890.

Der Unterschied zwischen vielen ‚normalen' und ‚anormalen' Kindern ist offenbar so marginal, dass es keine Möglichkeit gibt, ihn zweifelsfrei zu definieren. Binet räumt ein, dass selbst „après un examen prolongé"[131] mitunter unklar bleibe, ob ein Kind den „anormaux" oder den „ignorants" zuzuordnen sei. Die Abgrenzung kann mithin nur *par défaut* erfolgen: Wenn keine Anzeichen für eine konstitutionelle Defizienz vorliegen, die schlechte Schulleistungen rechtfertigen könnten, wird der Schüler als ‚normal' eingestuft.

(Schul-)Versagen, dies ist der Rückschluss, der sich aus der beschriebenen Unschärfe einmal mehr ziehen lässt, geschieht scheinbar grundlos und kontingent. Ein Blick auf zeitgenössische pädagogische Abhandlungen stützt diese These. Der Berner Psychoanalytiker Hans Zulliger etwa konstatiert in einem Aufsatz über *Versager in der Erziehung*: „[Es] zeigt sich regelmäßig, daß niemand genau weiß, welche Ursachen der Erziehungsschwierigkeit zugrunde liegen. [...] Schließlich ist man am ‚versagenden' Kinde [...] verzweifelt."[132] Schulversager können ihre mangelhaften Leistungen nicht durch körperliche oder geistige Dispositionen erklären, im Gegenteil: Ihnen stünden zumindest theoretisch alle Möglichkeiten offen. Dies scheint mir, über den aufgezeigten pädagogischen Kontext hinaus, ein grundlegendes Merkmal der Denkfigur des Versagens zu sein: Versagen kann man nur im Hinblick auf etwas, das für möglich gehalten wird, das man können könnte – dass es dann tatsächlich nicht möglich *ist*, entbehrt jeder rationalen Erklärbarkeit. Die Vorstellung eines Versagens bezieht sich auf einen a priori völlig normalen Durchschnittsmenschen, dessen Leben spannungslos verläuft wie das von Frédéric Moreau (vgl. Kapitel 3.1), ohne schicksalhafte Verstrickungen, nunmehr auch ohne göttliche Vorsehung, ohne irgendeine Rechtfertigung für das eigene Nichtfunktionieren. Deshalb würde man einen Menschen mit einer Behinderung – bis heute – niemals als Versager bezeichnen, und deshalb kommen die Schüler, von denen die literarischen Texte um 1900 handeln, allesamt aus einem durch und durch bürgerlichen, leistungsorientierten Milieu: Das Kind eines armen Fabrikarbeiters versagt nicht, wenn es die Schule ohne Abschluss verlässt oder sie erst gar nicht besucht, es erfüllt vielmehr, so zynisch es klingt, alle an es gerichteten gesellschaftlichen

---

131 Binet, Simon: *Les enfants anormaux*, S. 114.
132 Hans Zulliger: „Versager in der Erziehung", in: *Zeitschrift für psychoanalytische Pädagogik* 9.2 (1935), S. 81–98, hier S. 81. Ähnliches findet sich auch in seinem fünf Jahre zuvor veröffentlichten Aufsatz *Versager in der Schule*: „Die alte Pädagogik konnte sich die Versager nicht erklären. [...] Aus dem Gefühle der Ohnmacht solchen Erscheinungen gegenüber ließen viele Lehrer ‚den Dingen ihren Lauf'." Zulliger selbst glaubt, Abhilfe schaffen zu können, und stellt Fallbeispiele vor, bei denen eine psychoanalytische Behandlung den Auslöser des Versagens ermittelt habe. Hans Zulliger: „Versager in der Schule", in: *Zeitschrift für psychoanalytische Pädagogik* 4.11 (1930), S. 431–441, hier S. 431.

Erwartungen. Versagen ist daher eine Kategorie, die sich immer in Relation zu einer gesellschaftlichen Rolle und den mit ihr verbundenen Anforderungen konstituiert, in Relation zu einer gesellschaftlichen Rolle, die es zu erfüllen gilt, zu einem Potential, das sich vergeuden lässt. Die Beispiele von Heiner Lindner, Moritz Stiefel und Hanno Buddenbrook zeigen dies – alle drei sind weder gänzlich unintelligent (eher im Gegenteil), noch müssen sie eine Zukunft in Armut befürchten, zumal sie als Schüler höherer Knabenschulen ohnehin und ungeachtet ihrer dort erbrachten Leistung einen schon in jungen Jahren gesellschaftlich überdurchschnittlichen Werdegang vorweisen können. Wie sehr sich das Versagen in Abhängigkeit von einer statistischen Norm konstituiert, zeigt sich bereits an den frühesten semantikgeschichtlichen Beispielen, die ich in Kapitel 2.1 aufgeführt habe: Der auf den ersten Blick grundlos versagende Schuss ebenso wie, noch viel deutlicher, die in Medikamentenstudien versagende einzelne Pille sind sowohl statistisch völlig anormal als auch stochastisch höchst unwahrscheinlich, und in beiden Fällen ist zunächst nichts offensichtlich kaputt – es funktioniert nur trotzdem nicht wie erwartet.

Versagen als soziobiographische Beschreibungskategorie meint also eine Abweichung von der Norm, mithin etwas strukturell Pathologisches, das als statistische *Ausnahmeerscheinung* dennoch unter dem Signum von Normalität und Regelhaftigkeit steht. Dies bedeutet auch: Es widersetzt sich einer eindeutigen Kategorisierung, ist nach beiden Richtungen durchlässig, oszilliert mitunter zwischen Normalem und Pathologischem und lässt die Grenze zwischen beiden Polen rissig werden; als eine solche Kippfigur bietet es sich für ideologische Vereinnahmungen an, etwa im Rahmen des Diskurses über Willensschwäche, dem sich Kapitel 4.1 dieses Buches ausführlicher widmen wird.

Ermüdung, Überbürdung – oder Versagen?
Der Verdacht, dass potentiell jeder zum Versager werden könnte, scheint für die Ärzte und Pädagogen, die sich um 1900 mit nicht das Erwartete leistenden Schülern beschäftigen, in hohem Maße beunruhigend, und so favorisieren sie eine mögliche Antwort auf die Frage nach den Gründen für das Versagen, die vor allem das physiologische Fundament der zeitgenössischen pädagogischen Anthropologie in Rechnung stellt. In Preußen wird unter dem Schlagwort der Überbürdung das steigende Arbeitspensum an Schulen beklagt, das vor allem den wilhelminischen Schulreformen anzulasten ist und, so berichten zumindest die Zeitungen, Oberschüler buchstäblich auszubrennen droht.[133] Tatsächlich gibt es im Kaiserreich einen langanhaltenden

---

133 Das Phänomen der Überbürdung wird nicht nur in Preußen diskutiert, dort aber am hitzigsten; ein Standardwerk der Debatte stammt aus Schweden und dient immer wieder als Bezugsrah-

Streit um das richtige Curriculum, über das bei den großen Schulkonferenzen von 1873, 1890 und 1900 gleichermaßen ergebnislos diskutiert wird. Wilhelm II., seines Zeichens ein eher mäßiger Schüler mit besonderer Abneigung gegenüber alten Sprachen, plädiert für einen höheren Stellenwert von Naturwissenschaften und Deutsch in den Lehrplänen, um gute Kaufleute, Handeltreibende und nicht zuletzt gute Staatsbürger auszubilden, stößt dabei aber auf Widerstand seitens der Verfechter eines humanistischen Bildungsideals. Als Konsequenz dieser Unstimmigkeiten werden neue Fächer eingeführt, ohne jedoch die Zahl der bereits bestehenden zu reduzieren; die Zeit, die Schüler lernend verbringen müssen, scheint kontinuierlich anzusteigen. „Unter ‚Überbürdung' ist der Zwang oder die Nötigung zu einer übergroßen und in ihren Folgen schädlichen Arbeit oder Leistung zu verstehen",[134] lautet die Definition im entsprechenden Eintrag im *Encyklopädischen Handbuch der Pädagogik* von 1909. Hervorgerufen werde sie zumeist durch übermäßige Quantität des Lernstoffs, aber auch durch mangelhafte Qualität des Unterrichts, anders ausgedrückt: ein übermäßiger oder falsch kanalisierter Input suspendiert jeglichen eigentlich zu erwartenden Output.

Allerdings hält der Autor, ein gewisser Dr. R. Tümpel, es ähnlich wie zahlreiche Zeitgenossen keineswegs für erwiesen, dass eine solche Überbürdung in den preußischen Schulen überhaupt stattfinde. Zur Klärung dieser Frage werden Fachgutachten in Auftrag gegeben, so zum Beispiel 1882 vom preußischen Kultusminister Goßler; die Kommission jedoch kommt, wie viele vor und nach ihr, zu dem Ergebnis, dass die statistischen Werte nicht ausreichen, um mit Bestimmtheit von einer flächendeckenden Überbürdung zu sprechen,[135] ja der Diskurs vielmehr zum „Tummelfeld zahlreicher Phrasenhelden"[136] geworden sei. „Auch in

---

men für deutsche Ärzte, vgl. Alex Key: *Schulhygienische Untersuchungen*, in dt. Bearbeitung hg. v. Leo Burgerstein, Hamburg: Leopold Voss 1889. Für eine detailliertere Darstellung der Überbürdungsthematik sei auf zwei Studien verwiesen, denen mein kurzer Abriss in weiten Teilen folgt: Jürgen Oelkers zeichnet die Bemühungen um eine physiologische Pädagogik nach, die sich gleichwohl nie durchgesetzt hat und spätestens in den 1910er Jahren keine nennenswerten Anhänger mehr findet. Jürgen Oelkers: „Physiologie, Pädagogik und Schulreform im 19. Jahrhundert", in: Philipp Sarasin und Jakob Tanner (Hg.): *Physiologie und industrielle Gesellschaft. Studien zur Verwissenschaftlichung des Körpers im 19. und 20. Jahrhundert*, Frankfurt am Main: Suhrkamp 1998, S. 245–285. Gwendolyn Whittaker legt ihr Augenmerk vor allem auf die literarische Überformung dieses Diskurses: *Überbürdung – Subversion – Ermächtigung. Die Schule und die literarische Moderne 1880–1918*, Göttingen: V&R 2013, insb. S. 43–126.

134 R. Tümpel: „Überbürdung", in: Wilhelm Rein (Hg.): *Encyklopädisches Handbuch der Pädagogik*, Bd. 9, Jena: Hermann Beyer & Söhne 1909², S. 311–324, hier S. 311.
135 Vgl. Whittaker: *Überbürdung – Subversion – Ermächtigung*, S. 50 ff.
136 Albert Moll: *Der Einfluß des großstädtischen Lebens und des Verkehrs auf das Nervensystem*, zit. nach Radkau: *Das Zeitalter der Nervosität*, S. 318.

den Verhandlungen dieser Konferenz", heißt es mit Blick auf ein Zusammentreffen von 1890 weiter,

> wurde von dem Mitglied derselben Dr. Sattler ausdrücklich festgestellt, daß eine wissenschaftliche Feststellung der Überbürdung von seiten der Medizin zur Zeit unmöglich sei, weil dazu noch immer die Grundlagen fehlten. Aber man hielt sich auch gar nicht mit der nötigen Feststellung der Überbürdung auf, sondern nahm sie einfach als bestehend an. Die Sitzungen der Konferenz, welche der Überbürdungsfrage gewidmet war, wurden fast nur mit Vorschlägen zur Beseitigung der angenommenen Überbürdung ausgefüllt.[137]

Obwohl die These einer systematischen Überbürdung unmöglich zu beweisen ist, hält eine breite Öffentlichkeit an ihr fest. Schließlich scheinen die Symptome für jede·n mit bloßem Auge erkennbar: Unter den Schülern grassieren etwa Kurzsichtigkeit durch das viele Lesen und Rückenprobleme durch das lange Sitzen.[138] Noch eindeutiger und von hygienepolitischer und sanitätspolizeilicher Kritik an der Einrichtung der Klassenräume gänzlich unabhängig scheinen sich die Kopfschmerzen, unter denen viele Schüler leiden, als Resultat einer konstanten Überforderung lesen zu lassen. Rudolf Virchow, einer der Wortführer in der Überbürdungsdebatte, diagnostiziert überdies innere Schäden, so zum Beispiel das „schnelle Anwachsen der Mortalität an Lungen- und Halsschwindsucht",[139] für das die Überlastung der preußischen Schüler verantwortlich sei. Das diskursive Konstrukt der Überbürdung operiert also, wie diese kurze Zusammenfassung zeigt, mit einer einleuchtenden, jedoch nicht wissenschaftlich nachweisbaren Ursache-Wirkung-Relation. Diagnostiziert wird, im Einklang mit dem mechanistisch durchdrungenen Menschenbild der Zeit, eine Art Materialversagen aufgrund zu großer Belastung, das nicht als Signum geringer Leistungsfähigkeit oder einer grundsätzlichen Mangelhaftigkeit des Betroffenen, sondern als physiologische Regelmäßigkeit ausgewiesen wird.

---

137 Tümpel: „Überbürdung", S. 313. Tatsächlich werden – den fehlenden Beweisen für deren Notwendigkeit zum Trotz – zahlreiche Maßnahmen getroffen, um die überbürdeten Schüler wieder zu entlasten.
138 Insbesondere das Problem der Kurzsichtigkeit wird in Überbürdungsdebatten immer wieder aufgerufen. Als Kronzeuge dafür dient der Breslauer Augenarzt Hermann Cohn, der 1867 die Sehkraft von über 10 000 Schülern vermisst und einen gegenüber Dorfschulen signifikant höheren Anteil von Kurzsichtigen in Stadtschulen (also zumeist in weiterführenden Schulen) feststellt. Vgl. Hermann Cohn: *Untersuchungen der Augen von 10060 Schulkindern, nebst Vorschlägen zur Verbesserung der den Augen nachtheiligen Schuleinrichtungen. Eine ätiologische Studie*, Leipzig: Friedrich Fleischer 1867.
139 Rudolf Virchow: *Über gewisse die Gesundheit benachtheiligende Einflüsse der Schulen*, Berlin: Georg Reimer 1869, S. 18.

Gwendolyn Whittaker hat in diesem Zusammenhang jedoch darauf aufmerksam gemacht, dass die Grenzen zwischen Ermüdung, Erschöpfung und Überbürdung fließend sind; es lässt sich weder erkennen noch berechnen, wo Erschöpfung zu dem schulpolitisch relevanten Phänomen wird, das man Überbürdung nennt.[140] Der Begriff der Überbürdung bezeichnet im pädagogischen Diskurs um 1900 sowohl eine extreme Ausprägung von Ermüdung als auch deren Resultat. Während Ermüdung aber ein Schicksal darstellt, das nach physiologisch-physikalischen Gesetzen jeden Menschen irgendwann ereilen muss, gelten trotz der zeitgenössischen Hysterie um einen exorbitanten Anstieg der Betroffenen längst nicht alle Schüler als überbürdet. Und tatsächlich sind nur einige Schüler nicht imstande, eine erwartete Leistung zu erbringen, während die Mehrheit der Kinder und Jugendlichen den Anforderungen, wenn vielleicht nicht problemlos, so doch zumindest mit überschaubarem Aufwand und ohne körperliche Schäden, standhalten kann. Die Ermüdung, die man als Überbürdung beschreibt, scheint eben gerade nicht in einer einfachen Ursache-Wirkung-Relation zu gründen, auch wenn man sich um 1900 alle Mühe gibt, eine solche Beziehung zu etablieren: Die These einer systemischen und systematischen Überbürdung dient allem voran als diskursive Strategie, mit deren Hilfe sich das bei genauerer Betrachtung ebenso grundlos wie zufällig erscheinende Versagen einzelner Schüler in einen größeren Sinnzusammenhang einordnen lässt.

Das offensichtliche logische Problem, das sich aus der Überbürdungsthese ergibt – wenn Überbürdung eine systematische Überforderung darstellt, müsste sie viel mehr Kinder betreffen, als es tatsächlich der Fall ist: Versager bleiben Ausnahmeerscheinungen –, führt in den 1890er Jahren zu einer Verschiebung des Diskurses. Neben die sanitätspolizeiliche Argumentation treten nun arbeitsphysiologische Untersuchungen,[141] die die Leistungsfähigkeit der Schüler genau analysieren, um sie nach Möglichkeit zu steigern und Ermüdung so lange wie möglich zu verhüten – ein Ansatz, durch den das fortwährende Funktionieren des Subjekts gewährleistet werden soll und durch den Strategien der Disziplinierung mithin viel stärker in den Vordergrund rücken als zuvor. Einer der profiliertesten Überbürdungstheoretiker ist der Psychiater Emil Kraepelin, der sich intensiv mit der Frage auseinandersetzt, nach welchen objektiven Kriterien Überbürdung zu messen und damit zu berechnen sei, am prominentesten wohl in seinem Vortrag *Ueber geistige Arbeit* von 1893, der wie folgt beginnt:

> Wenn heute ein Schiff eine Probefahrt macht oder der Plan einer elektrischen Beleuchtungsanlage entworfen wird, so pflegen wir mit der Befriedigung des Kulturmenschen in

---

140 Vgl. Whittaker: *Überbürdung – Subversion – Ermächtigung*, S. 48 und *passim*.
141 Für eine genauere Darstellung dieses arbeitsphysiologischen Diskurses vgl. Oelkers: „Physiologie, Pädagogik und Schulreform", S. 270 ff.

den Zeitungen zu lesen, wie viel indicierte Pferdestärke der neue Panzer zu entwickeln vermag, oder wie gross die Zahl der Bogen- und Glühlampen von bestimmter Lichtstärke sein wird, welche voraussichtlich in Betrieb erhalten werden können. Selten und nur innerhalb verhältnismäßig enger Grenzen geht die Rechnung fehl. Bei solider Arbeit hält die Maschine genau, was ihr Erbauer versprochen hat, und er ist sogar an der Hand gewisser Erfahrungen im Stande, zu sagen, in welchem Masse sich allmählich ihre Arbeitsleistung verändern, wann eine Erneuerung einzelner Teile nötig sein wird und wie hoch sich der Verbrauch an Betriebsmaterial beläuft. Nur in dieser letzteren Beziehung sind den Erzeugnissen unserer Technik jene Maschinen ebenbürtig, welche Cartesius im Tiere und La Mettrie im Menschen erblickten. Wir wissen zwar ziemlich genau, welche Menge von Nahrungsstoffen dieser oder jener Organismus verbraucht, aber wir sind nur wenig im Klaren darüber, wie viel derselbe leistet und namentlich, wie viel er zu leisten im Stande ist.[142]

Kraepelin versucht deshalb, die Ermüdungserscheinungen der Schüler zu messen; er lässt sie stundenlang Zahlen addieren, um zu beobachten, wann sich Fehler einschleichen, wann ein „Versagen der Aufmerksamkeit"[143] zu verzeichnen ist – eine methodisch schon damals höchst umstrittene Vorgehensweise, die beispielsweise ignoriert, dass die Schüler mit zunehmender Übung bessere Ergebnisse erzielen, und so verfälschte Vergleichswerte in Kauf nimmt.

Sein Ziel ist es, zum Zwecke der schulischen Effektivitätssteigerung „ein Mass für die sittliche oder Verstandesarbeit zu finden",[144] um sicherzustellen, dass bei „größtmöglicher Kraftersparnis [...] die höchsten Leistungen erzielt werden."[145] Das Paradigma der individuellen Leistungsfähigkeit, das Kraepelin in seiner Vorlesung entwirft, fußt auf der Vorstellung eines körpereigenen Energiebetrags, der durch geistige und ‚sittlich'-moralische Arbeit ebenso verbraucht wird wie durch körperliche. Ernst Meumann, wie Kraepelin ein Schüler Wilhelm Wundts und einer der wichtigsten Vertreter einer verstärkt naturwissenschaftlich-physiologisch ausgerichteten Pädagogik, formuliert diese Prämisse noch expliziter:

> Genauer gesagt, dürfen wir eigentlich nicht von einem g e i s t i g e n K r ä f t e v e r b r a u c h sprechen, sondern nur von einem Verbrauch körperlicher Kräfte, der bei der geistigen Arbeit

---

142 Emil Kraepelin: *Ueber geistige Arbeit*, Jena: Gustav Fischer 1894, S. 5.
143 Th. Ziehen: „Überanstrengung, körperliche und geistige", in: Wilhelm Rein (Hg.): *Encyklopädisches Handbuch der Pädagogik*, Bd. 9, Jena: Hermann Beyer & Söhne 1909², S. 309–311, hier S. 311. Aufmerksamkeit figuriert hier sowohl als Schnittstelle als auch als Produkt von körperlichen und geistigen Anstrengungen. Mit der Aufmerksamkeit und ihrem Versagen beschäftigen sich um 1900 nicht nur Pädagogen, sondern vor allem auch Kognitionswissenschaftler; vgl. dazu die einschlägige Studie von Jonathan Crary: *Suspensions of Perception. Attention, Spectacle and Modern Culture*, Cambridge: MIT Press 2001.
144 Kraepelin: *Ueber geistige Arbeit*, S. 5.
145 Emil Kraepelin: *Zur Überbürdungsfrage*, Jena: Gustav Fischer 1897, S. 107.

stattfindet, indem alle geistige Arbeit zugleich körperliche ist; alle Arbeit ist psychophysische Arbeit.[146]

Im Rahmen dieser arbeitsphysiologischen Vermessungsversuche verschiebt sich der Fokus der Überbürdungsdebatte von der Schule als Institution, die Ermüdung oder gar Erschöpfung automatisch nach sich zieht, hin zur Leistungsfähigkeit des Einzelnen. Was Kraepelin durch seine Messungen ermittelt, ist mithin „keine anthropologische Konstante",[147] sondern eine „Grundeigenschaft der einzelnen Persönlichkeit, die sich zwar innerhalb gewisser Grenzen beeinflussen lässt, im Grossen und Ganzen aber die Leistungsfähigkeit des Menschen massgebend bestimmt."[148] Das bedeutet auch: Ob und wie schnell ein Schüler unter Überbürdung leidet, hängt für Kraepelin wesentlich mit den Kategorien von Anlage und Begabung zusammen – eine Annahme, die einer sozialdarwinistischen Interpretation des (schulischen) Versagens als Letztbegründung Tür und Tor öffnet. Was ermüdungsphysiologisch zunächst als folgerichtige und unvermeidliche Konsequenz von Arbeit erschienen war, wird nunmehr in Abhängigkeit von der angeborenen und unhintergehbaren Konstitution des Individuums verhandelt – und als „eine Art Entwicklungskrankheit" pathologisiert:

> Sie ist entstanden dadurch, dass ein gewisser Bruchteil der heutigen Menschheit nicht die genügende Anpassungsfähigkeit besitzt, um ohne Schaden die Steigerung und Erweiterung unserer Lebensarbeit zu ertragen. Der Untaugliche unterliegt, während die Kräfte des Tüchtigen sich erproben und bereichern, um einem neuen, leistungsfähigeren Geschlechte die Bahnen zu öffnen.[149]

Für Kraepelin bedeutet Überbürdung: das Erwartete nicht leisten, und dies emphatisch als Entwicklungskrankheit im Sinne eines irreduziblen Mangels, die nicht nur einen Mangel an Anpassungs- und Leistungsfähigkeit impliziert, sondern auch ganz grundsätzlich – und den eigentlich antiteleologisch gedachten biologischen Evolutionstheorien entgegenstehend – die individuelle Fähigkeit zu Höherentwicklung und Vervollkommnung in Frage stellt, wie Winfried Böhm beschrieben hat:

> Diese verkehrte Lesart führt zu einem Menschenbild, das anscheinend jedes erzieherische Bemühen und jede pädagogische Anstrengung überflüssig macht. Der Mensch wird als ein Wesen betrachtet, das sich organisch aufgrund keimhafter Entwicklungstriebe von innen heraus entwickelt. Seine ‚Anlagen' tragen die Tendenz zu ihrer vollkommenen Ausfaltung in sich selber; die Entwicklung folgt inneren, dem Kinde eingeborenen Gesetzen [...]. Grund-

---

146 Ernst Meumann: *Vorlesungen zur Einführung in die Experimentelle Pädagogik und ihre psychologischen Grundlagen*, Bd. 1, Leipzig: Wilhelm Engelmann 1907, S. 53. Sperrung im Original.
147 Whittaker: *Überbürdung – Subversion – Ermächtigung*, S. 50.
148 Kraepelin: *Ueber geistige Arbeit*, S. 11. Sperrung im Original.
149 Ebd., S. 28.

lage der wissenschaftlichen Pädagogik wird die theoretische Erforschung und die praktische Befolgung der Gesetze der kindlichen Entwicklung.[150]

Kraepelins sozialdarwinistisch-mechanistisch geprägtes Sprechen über Schüler und Schulversager, das letztlich als Züchtungsphantasie lesbar wird, offenbart endgültig eine für die Herausbildung der Denkfigur des Versagens grundlegende soziohistorische Verschiebung: In den Schulreformen, Versagensdiskursen und Vermessungsversuchen der Kaiserzeit steht ganz elementar der Bildungsbegriff der Aufklärung auf dem Spiel. An seine Stelle tritt in den letzten Jahrzehnten des 19. Jahrhunderts zunehmend eine Anthropologie der Leistungsgesellschaft mit ihrer „Entdeckung einer individuellen Evolution als ‚Entwicklung'",[151] wie sie als organismisches, regelhaftes Modell in disziplinierenden Institutionen wie dem wilhelminischen Gymnasium begünstigt wird. Es verschränken sich in diesem Entwicklungsbegriff die Erkenntnisse der Humanwissenschaften (Ernährungs- und Arbeitsphysiologie), statistisch-normalisierendes Wissen (der Mittelwert als Norm) und der biopolitische Impetus der Institution (Schule als Instrument des *nation building*) und konstituieren das, was Deleuze im Rückgriff auf Foucaults Konzept der Disziplinarmacht als „Gußform"[152] bezeichnet hat: einen vorgefertigten Hohlraum, in dem Formbares fixiert wird, eine Negativform, zu dessen Positiv sich das Subjekt härtet. Die kalkulier- und erwartbare Entwicklung des Menschen lässt sich, kausalen Ursache-Wirkung-Zusammenhängen folgend, nunmehr als Leistung messen und optimieren, mit der der Schüler gleichsam identisch wird – wer sich auf welche Weise zu entwickeln habe, lässt sich scheinbar sehr genau berechnen. In jungen Disziplinen wie der Arbeitsphysiologie, der Ernährungswissenschaft oder der Betriebswirtschaft (als deren Gegenstand sich durchaus auch der menschliche Körper anbietet) wird die Frage nach dem Wozu von Entwicklung, wenn überhaupt, nur sehr nachrangig behandelt. Im Zentrum des Interesses steht stattdessen das *Wie*: die Funktionsmechanismen menschlicher Leistung – Leistung *als Funktion* des Menschen.

Es ist schließlich nicht zuletzt diese Verkoppelung von Bildung und Arbeit bzw. Leistung, die im Laufe des 19. Jahrhunderts zu einer zunehmenden Verschiebung von einem jeglichen Nützlichkeitsdenken enthobenen Bildungs- hin zu einem naturwissenschaftlich gefassten, funktionalen Entwicklungsbegriff führt.[153] Friedrich

---

150 Winfried Böhm: *Geschichte der Pädagogik. Von Platon bis zur Gegenwart*, München: C.H. Beck 2010, S. 111.
151 Pongratz: „Schule als Dispositiv der Macht", S. 303.
152 Deleuze: „Postskriptum", S. 255.
153 Eine ähnliche Beobachtung schlägt sich bereits 1925 in der ersten Ausgabe des *Reallexikon der deutschen Literaturgeschichte* (des Vorgängers des heutigen *Reallexikon für deutsche Literaturwissenschaft*) nieder, wo Christine Touaillon unter dem Lemma „Bildungsroman" schreibt: „Romantisch gesinnte, die Einheit alles Lebens empfindende Epochen begünstigen den eigentlichen

Nietzsche etwa konstatiert 1872 in seinen Vorträgen *Ueber die Zukunft unserer Bildungsanstalten*: „[M]öglichst viel Produktion und Bedürfniß – daher möglichst viel Glück: – so lautet etwa die Formel. Hier haben wir den Nutzen als Ziel und Zweck der Bildung [...]."[154] Diese Verschiebung äußert sich in der Unterwerfung des Schul(all)tags unter eine kapitalistisch getaktete Zeit, im Siegeszug der Schul*arbeit*, Haus*arbeit*, Klassen*arbeit*, im Siegeszug der Arbeit als Grundprinzip der Schule *en gros*, und schließlich – im Aufkommen der Figur des Schulversagers, als ihr Symptom und ihr blinder Fleck, als untrügliches Zeichen einer Inkongruenz zwischen Individuum und der ihm zugedachten Funktion. Erst im Zuge dieser naturwissenschaftlich durchdrungenen Vorstellung von menschlicher Entwicklung wird Ende des 19. Jahrhunderts also ein Kontingenzmoment virulent, das in dieser Form hundert Jahre zuvor nicht denkbar gewesen wäre: die Möglichkeit, dass die prognostizierte Entwicklung allen kalkulierbaren Erwartungen zum Trotz schlichtweg nicht eintritt. Und erst vor dem Hintergrund der Fiktion eines optimierbaren Funktionierens, das als Norm berechnet und als Regel präzisiert werden kann, gerät, dies ist die Dialektik, mit der sich Kapitel 4 dieser Studie beschäftigen wird, das (versagende) Subjekt als mit Vermögen, Talenten und nicht zuletzt mit einem Willen ausgestatteter einzelner – und devianter – Mensch wieder in den Blick.

Bildungsroman. Sein Held soll nicht bloß einseitig für ein begrenztes Ziel erzogen, sondern allseitig gebildet werden, und die großen Lebensmächte sollen bei dieser Bildung mitwirken. Je allgemeiner die naturwissenschaftliche Durchdringung des Lebens wird, desto stärker setzt sich der Begriff der Entwicklung durch. An die Stelle der bewußten Beeinflussung des Helden tritt das naturgemäße Geschehen und aus dem Bildungsroman wird der *Entwicklungsroman*." Christine Touaillon: „Bildungsroman", in: *Reallexikon der deutschen Literaturgeschichte*, zit. nach Rolf Selbmann: *Der deutsche Bildungsroman*, Stuttgart, Weimar: Metzler 1994, S. 20. Kursivierung im Original.
154 Friedrich Nietzsche: „Ueber die Zukunft unserer Bildungsanstalten", S. 667.

3 Finalität
Versagen als biographische Beschreibungskategorie

> Ich entwickle mich nicht.[1]
>
> Formel unsres Glücks:
> ein Ja, ein Nein, eine gerade Linie, ein Z i e l ...[2]

In der Engführung von Bildung und Leistung, wie ich sie im vorangegangenen Kapitel am Beispiel des Schulversagers nachgezeichnet habe, spiegelt sich eine für das Verständnis des modernen Versagens grundlegende Annahme, die über Jahrhunderte hinweg alles andere als selbstverständlich war: die Annahme, dass die Wahl von Beruf und Partner, die Anzahl der Kinder und Krankheiten, dass Lebensläufe und -verläufe keiner göttlichen Bestimmung folgen. Erst in dem Moment, da diese Annahme nicht mehr unhinterfragt und unverbrüchlich gilt, fällt dem Individuum eine bis dato ungeahnte biographische Gestaltungsfreiheit zu, die zugleich eine Bürde des Gelingens mit sich bringt. Lebens-Bildung lässt sich nunmehr als weitestgehend eigenverantwortlicher (subjekt-)schöpferischer Akt[3] verstehen und mit Arbeit, der wichtigsten Kontingenzbewältigungsstrategie der Moderne, verknüpfen – und wird deshalb schließlich Normierungs- und Disziplinierungsbemühungen unterworfen, wie sie um 1900 jegliche Form von Leistung betreffen.

Wenn sich Versagen gegen Ende des 19. Jahrhunderts von einer Bezeichnung für einen unerwarteten und unerklärlichen Ausfall einer Kausalrelation zu einer biographischen Beschreibungskategorie zu wandeln beginnt, mithilfe derer das Leben des Subjekts als Ganzes be- und verurteilt werden kann, so fällt im Zuge dieser Entwicklung in der neu sich bildenden Denkfigur das Nichterfüllen von Erwartungen mit dem Nichterreichen von gesellschaftlich vorgegebenen Zielen in eins. Das bedeutet auch: Versagen, das im Kontext technowissenschaftlicher Diskurse zunächst ein bloß singuläres Nichtfunktionieren bezeichnet, wird vor dem Hintergrund eines als zielorientiert vorgestellten Lebenswegs in einen dezidiert finalen Ordnungszusammenhang eingebettet. Der das Subjekt betreffende Ausfall

---

1 Jakob in Robert Walsers *Jakob von Gunten. Ein Tagebuch*. Robert Walser: *Sämtliche Werke in Einzelausgaben*, Bd. 11, hg. v. Jochen Greven, Frankfurt am Main: Suhrkamp 1986, S. 144.
2 Friedrich Nietzsche: „Der Antichrist", in: Ders.: *Sämtliche Werke. Kritische Studienausgabe*, Bd. 6, hg. v. Giorgio Colli und Mazzino Montinari, München: dtv 1980, S. 165–254, hier S. 169. Sperrung im Original.
3 Zur schöpferischen Komponente des Bildungsbegriffs vgl. allgemein Wilhelm Voßkamp: *„Ein anderes Selbst". Bild und Bildung im deutschen Roman des 18. und 19. Jahrhunderts*, Göttingen: Wallstein 2004.

einer erwarteten Leistung zieht damit viel weitreichendere Folgen nach sich. Denn wenn (individuelle, biographische) Entwicklung, wie seit der Aufklärung und bis heute der Fall, als Stufenmodell gedacht wird, verlangsamt ein nicht eingetretener Auf-Stieg den gesamten weiteren Prozess – oder bringt ihn schlimmstenfalls gar zum Stillstand.

Es ist Jean-Jacques Rousseau, der im 18. Jahrhundert mit seinem geschichtsphilosophischen Prinzip der *perfectibilité* wohl als erster prominent die Vorstellung konzeptualisiert, dass der Mensch, als Gattung wie als Individuum, überhaupt zur Höherentwicklung bestimmt sei – und damit eine Konstante aufklärerischen Denkens in Frankreich ebenso wie bald auch in Deutschland etabliert, auf der zu einem nicht geringen Teil auch der moderne Fortschrittsglaube an sich basiert. Rousseau schreibt der Natur des Menschen in seinem *Discours sur l'origine et les fondements de l'inégalité parmi les hommes* von 1750 eine genuin prozesshafte Qualität zu: Der Mensch unterscheide sich vom Tier durch seine Entwicklungsfähigkeit, also genau dadurch, dass er bei seiner Geburt am weitesten von seiner eigenen Vervollkommnung entfernt sei; sein Leben *ist* Entwicklung, und zwar wesentlich deutlicher als bei jeder anderen Spezies.[4] Um die *perfectibilité* von einer bloßen *facultas/ potentia* ihrer Aktualisierung zuzuführen, bedarf es laut Rousseau bestimmter äußerer Umstände, vor allem aber erzieherischer Maßnahmen: „[L]a *perfectibilité*, les vertus sociales, et les autres facultés que l'Homme Naturel avoit reçues en puissance ne pouvoient jamais se developper d'elles-mêmes".[5]

Eine erreichbare Größe stellt Perfektion für Rousseau gleichwohl nicht dar, im Gegenteil: Wie es das Suffix *-ité* bereits andeutet, versteht er unter der *perfectibilité* als einer menschlichen Fähigkeit eine „prozessuale Bewegungskategorie", welche die „einmalige Vollkommenheit, der man nacheifert, in den Iterativ" setzt.[6] „[D]as perfectionnement des Menschengeschlechtes" ist bei Rousseau deshalb, wie Reinhart Koselleck gezeigt hat, „zugleich Ziel, terme, und unbegrenzt, indéfini. Die

---

4 „Mais, quand les difficultés qui environnent toutes ces questions, laisseroient quelque lieu de disputer sur cette différence de l'homme et de l'animal, il y a une autre qualité très spécifique qui les distingue, et sur laquelle il ne peut y avoir de contestation, c'est la faculté de se perfectionner ; faculté qui, à l'aide des circonstances, développe successivement toutes les autres, et réside parmi nous tant dans l'espèce que dans l'individu, au lieu qu'un animal est, au bout de quelques mois, ce qu'il sera toute sa vie, et son espèce, au bout de mille ans, ce qu'elle étoit la première année de ces mille ans", Jean-Jacques Rousseau: „Discours sur l'origine et les fondements de l'inégalité parmi les hommes", in: Ders.: *Œuvres Complètes*, Bd. 3, hg. v. Bernard Gagnebin und Marcel Raymond, Paris: Gallimard 1964, S. 131–223, hier S. 142.
5 Ebd., S. 162. Kursivierung im Original.
6 Reinhart Koselleck: „‚Fortschritt' und ‚Niedergang' – Nachtrag zur Geschichte zweier Begriffe", in: Ders.: *Begriffsgeschichten. Studien zur Semantik und Pragmatik der politischen und sozialen Sprache*, Frankfurt am Main: Suhrkamp 2006, S. 159–181, hier S. 171.

Zielbestimmung wird in den Vorgang ständiger Verbesserung selber hineingenommen."[7] Die Perfektionierung des Menschen und, daran gekoppelt, die Entwicklung und Bildung des Individuums sind für Rousseau also strukturell unabschließbar; sie weisen auf ein Ziel, das sich nicht erreichen lässt, weil es sich beständig verschiebt.

Seinen literarischen Niederschlag findet das neue Interesse an der biographischen Entwicklung des Subjekts zu dieser Zeit in der noch jungen Gattung des Romans, als deren paradigmatische Ausprägung im späten 18. und frühen 19. Jahrhundert der Bildungsroman[8] gilt: Der Gang der Geschichte und ihr innerer Zusammenhalt sind dort geprägt von Entwicklung und „Bildung als normative[m] und [...] kognitive[m] Verlaufsschema eines Lebens".[9] Es überrascht daher nicht, dass Rousseaus „zentrale[s] anthropologische[s] Theorem" der *perfectibilité* auch in der frühen Romantheorie eine große Rolle spielt – wo es jedoch, wie Georg Stanitzek angemerkt hat, in der Unabschließbarkeit seiner Zielbestimmung nie richtig erfasst und stattdessen „schlicht als Vervollkommnungskonzept reinterpretiert"[10] worden ist.

Friedrich von Blanckenburg zum Beispiel, der mit seinem *Versuch über den Roman* von 1774 einen der frühesten und wirkmächtigsten Beiträge zur deutschsprachigen Romantheorie verfasst hat,[11] geht davon aus, dass der „Urheber der Natur [...] uns gewiß nichts versagt [hat], das, auf irgendeine Art, unsrer Bestim-

---

[7] Ebd., S. 171f. Ähnliche Denkfiguren finden sich bei zahlreichen von Rousseaus Zeitgenossen, etwa bei Turgot und Concordet.
[8] Bei dem Begriff ‚Bildung' handelt es sich, wie oft bemerkt worden ist, um ein spezifisch deutsches Konzept, das in Entsprechungen wie engl. education oder frz. *éducation* nicht bruchlos aufgeht. Beide Übersetzungen fokussieren eher auf den benachbarten Begriff der Erziehung und unterschlagen den aktiven und kontinuierlichen Eigenanteil des Subjekts, den Modus der Selbstreflexion als dessen Basis, die prozesshafte Qualität von Bildung und die Rückbindung an natürliche und naturgegebene Anlagen. Vgl. Reinhart Koselleck: „Zur anthropologischen und semantischen Struktur der Bildung", in: Ders.: *Begriffsgeschichten. Studien zur Semantik und Pragmatik der politischen und sozialen Sprache*, Frankfurt am Main: Suhrkamp 2006, S. 105–154, hier S. 109f. Wenn ich hier und im Folgenden von ‚Bildung' spreche, umfasst dies für mich das humanistische Ideal eines zweckbefreiten Lernens seitens des perfektiblen Individuums *en gros*, das sich so oder so ähnlich durchaus auch in anderen (europäischen) Sprachräumen findet, ohne die spezifischen Implikationen genau des deutschen Begriffs in den Vordergrund stellen zu wollen. Zu einer Differenzierung zwischen Erziehungs- und Bildungsroman vgl. Anm. 118 (Kap. 3.2).
[9] Rüdiger Campe: *Die Institution im Roman. Robert Musil* (= Zurich Distinguished Lectures. The Art of Interpretation Bd. 3), Würzburg: Königshausen & Neumann 2020, S. 25.
[10] Georg Stanitzek: „Bildung und Roman als Momente bürgerlicher Kultur. Zur Frühgeschichte des deutschen ‚Bildungsromans'", in: *Deutsche Vierteljahrsschrift für Literaturwissenschaft und Geistesgeschichte* 62 (1988), S. 416–450, hier S. 424ff.
[11] Friedrich von Blanckenburg: *Versuch über den Roman. Faksimiledruck der Originalausgabe von 1774*, Stuttgart: Metzler 1965. Der *Versuch über den Roman* nimmt, freilich ohne ihn explizit als solchen zu benennen, den Bildungsroman als Inbegriff der Gattung in den Blick; die Bezeichnung ‚Bildungsroman' selbst prägt erst Wilhelm Dilthey in *Leben Schleiermachers* von 1870.

mung uns näher bringen kann."[12] Blanckenburg denkt Vervollkommnung (oder das, was sich im Rahmen menschlicher Möglichkeiten als eine solche bezeichnen ließe) also durchaus als einen abschließbaren Prozess, über dessen Endpunkt mit dem „Urheber der Natur" eine normative Instanz entscheidet. Dergestalt einer göttlichen Leitung unterstellt, ist ein biographisches Versagen für das Individuum schlichtweg nicht möglich: Wo Gott nichts versagt – eine Wechselwirkung, die später auch für Georg Lukács' Romantheorie eine große Rolle spielen wird –, *kann* das Subjekt des (Bildungs-)Romans nicht versagen:

> In der wirklichen Welt werden wir, durch alle Begebenheiten unsers Lebens, auf diese oder jene, aber immer auf die, für uns, für unser Seyn, für unsern ganzen Zustand aufs *Beste* passende Art ausgebildet. Wir, unser Charakter, unser eignes Selbst, ist am Ende, so schlimm wir selbst es auch oft angelegt haben, nach Maaßgabe aller Umstände, immer das *Beste*, das aus uns werden konnte.[13]

Blanckenburg attestiert dem (Bildungs-)Roman damit eine harmonisierende Grundhaltung: Mag der Protagonist auf seinem Lebens- und Bildungsweg auch mit Hindernissen konfrontiert sein, so endet seine Geschichte letztlich doch versöhnlich – mit dem Besten, das aus ihm werden konnte.

Diese sehr positive Vorstellung einer möglichen Vervollkommnung des Bildungssubjekts allerdings findet sich schon zur Zeit Blanckenburgs kaum je ungebrochen in literarischen Texten wieder und wird im 19. Jahrhundert endgültig problematisch.[14] Denn durch die epochalen Umbrüche der Zeit sind auch die Sozialisierungsprozesse, die im Bildungsroman zur Darstellung gebracht werden, einer fundamentalen Veränderung unterworfen: Mit der Etablierung einer bürgerlich-kapitalistischen Gesellschaftsordnung in Europa geht das Versprechen einer – vergleichsweise – grenzenlosen sozialen Mobilität einher, das, wie Franco Moretti und jüngst auch Aleksandar Stević argumentiert haben, für den frühen

---

12 Ebd., S. 31. Der deutsche Begriff ‚Bildung' selbst ist ein ursprünglich zutiefst theologisch durchdrungener und meint zunächst hauptsächlich die pietistische Vorstellung eines Sich-Bildens nach dem Abbild Gottes, vgl. Selbmann: *Der deutsche Bildungsroman*, S. 2. Wilhelm Voßkamp weist in diesem Zusammenhang darauf hin, wie stark die Vorstellung von einer Arbeit am Selbst, die im Bildungsroman zum Tragen kommt, eine theologisch unterfütterte bleibt, die mit anderen anthropologischen Vorstellungen der Aufklärung nicht unbedingt kompatibel ist. Vgl. Voßkamp: *„Ein anderes Selbst"*, S. 20 und *passim*.
13 Blanckenburg: *Versuch über den Roman*, S. 399. Kursivierungen im Original.
14 Blanckenburg entwirft in seinem *Versuch* das Ideal einer Romanform, das so (seinem Verständnis nach: noch) nicht existiert. Das Genre Bildungsroman wird damit bereits hier derart abstrahiert, dass jedes konkrete Werk fast zwangsläufig hinter der theoretischen Maßgabe zurückbleiben muss – und dass Beispiele kaum zu finden sind: Blanckenburg stützt seine Ausführungen bekanntlich zu einem großen Teil auf Wielands *Geschichte des Agathon*, dem zu diesem Zeitpunkt einzigen deutschsprachigen Text, der seinem Ideal nahekommt.

Bildungsroman nur eine untergeordnete Rolle spielt. Gleicht in Goethes *Wilhelm Meister* der Weg des gutsituierten Protagonisten noch einer „Wallfahrt nach dem Adelsdiplom",[15] wie Novalis seinerzeit polemisch spottet, so steht in späteren Texten, etwa bei Stendhal, oft eine ganz andere Frage im Zentrum des Interesses: „How can a nobody become somebody?"[16] Individuelle Entwicklung wird damit zunehmend an eine bürgerlich-kapitalistische Aufstiegs- und Fortschrittslogik gekoppelt, die das Telos des Bildungsprozesses endgültig prekär macht: Normativ festgelegt ist nunmehr weniger ein überindividueller (beispielsweise christlich fundierter) Endpunkt allen Strebens als vielmehr die Notwendigkeit individuellen Strebens an und für sich. In Abwesenheit einer Erfüllungskonkretisierung durch althergebrachte (gesellschaftliche, religiöse) Instanzen, die im Zuge der politischen, kulturellen und sozialen Umbrüche immer mehr an Einfluss verlieren, erscheint der Bildungsprozess nunmehr, ganz wie bereits bei Rousseau angelegt, unabschließbar (angestrebt wird nicht Perfektion, sondern „immer größere Perfektion")[17] und darüber hinaus tautologisch: Das Ziel von Fortschritt ist dann Entwicklung, das Ziel von Entwicklung Fortschritt.

Das folgende dritte Kapitel widmet sich am Beispiel von drei literarischen bzw. literaturtheoretischen Fortschreibungen und Vereinnahmungen des Bildungsromans der Problematik, die sich vor dem Hintergrund einer ‚transzendentalen Obdachlosigkeit' der Moderne aus einer solchen sich beständig verschiebenden Zielvorgabe poetologisch wie ideologisch ergibt: Ohne klar benennbares Telos oder eine (narratologische) Instanz, die es vorgibt, entzieht sich das Erreichen dessen, was man als ein gelungenes Leben bezeichnen könnte, mit jedem neuen Versuch. Im Zentrum von Kapitel 3.1 steht Flauberts *Éducation sentimentale*, an deren Beispiel ich auffalten werde, wie sich ein solcher Kollaps von Erwartungsillusionen literarisch inszenieren lässt und wie Ziellosigkeit, Fortschrittslosigkeit und eine jegliche potentielle Entwicklung unterminierende Logik der Suspension so zu den bestimmenden inhaltlichen wie poetologischen Prinzipen der *Éducation* werden.

---

15 Novalis: „Fragmente und Studien", in: Dieter Kimpel und Conrad Wiedemann (Hg.): *Theorie und Technik des Romans im 17. und 18. Jahrhundert*, Bd. 2, Tübingen: Max Niemeyer 1970, S. 119–122, hier S. 120.
16 Aleksandar Stević: *Falling Short. The Bildungsroman and the Crisis of Self-Fashioning*, Charlottesville: University of Virginia Press 2020, S. 10. Stević profiliert diese zentrale Frage im Folgenden wiederum gegen das Bildungsschema im *Wilhelm Meister*: „Goethe asks no such question. His protagonist is not a penniless parvenu fighting tooth and nail to move up in the world whose social hierarchies are in constant flux, but rather a young man from a well-established bourgeois house who will be gently co-opted into the world of aristocracy through the benevolent schemes of the Society of the Tower." Ebd., S. 10f. Stević stützt seine Argumentation auf Franco Moretti: *The Way of the World. The* Bildungsroman *in European Culture*, London: Verso 1987, insb. S. 15–74.
17 Koselleck: „‚Fortschritt' und ‚Niedergang'", S. 171.

Einsetzen wird das Kapitel mit einer Analyse der Wassermetaphorik in Flauberts Roman, die einerseits als träges Plätschern den Rhythmus von Frédéric Moreaus ereignisarmem Leben vorgibt, andererseits dabei aber auch das Schiffbruchmotiv als Sinnbild eines erhabenen Scheiterns mitführt – dessen Drastik dann im Versagen versiegt.[18] In Anbetracht der Flaubert'schen Strategien zur Darstellung eines Versagens ist es nicht verwunderlich, dass ausgerechnet die *Éducation* der Roman ist, an dem Georg Lukács 1916 seine These eines Versagenmüssens des modernen Subjekts erarbeitet. In seiner *Theorie des Romans* konzeptualisiert er, wie meine Ausführungen in Kapitel 3.2 zeigen sollen, eine für die zweite Hälfte des 19. Jahrhunderts paradigmatische Spielart des Bildungsromans – den Desillusionsroman, der kein Gelingen und auch kein partielles Scheitern, sondern, gleichsam als geschichtsphilosophische Notwendigkeit, ein Versagen seines Protagonisten ausbuchstabiert. Dass das Perfektibilitätsdogma des Bildungsromans auch zu Beginn des 20. Jahrhunderts noch die literarische Reflexion des Biographischen prägt, zeigen Franz Kafkas Fragment gebliebene Versuche zum *Kleinen Ruinenbewohner*, mit denen sich Kapitel 3.3 beschäftigt: Kafka inszeniert dort den Erziehungsprozess als Installierung eines internalisierten fremden Blicks, der das diffuse gesellschaftlich Erwartete kontinuierlich mit dem persönlich Geleisteten abgleicht. Als wertende, beschämende und letztlich destruktive Instanz implementiert dieser Blick im Ich-Erzähler allem voran ein Wissen um die irreduzible eigene Unvollkommenheit – und pervertiert damit eine rousseauistische Vorstellung von Erziehung, die eigentlich gerade die Vervollkommnung des Individuums gewährleisten soll.

3.1 Verlorener Seegang, verschleppte Handlung, verpasste Entwicklung: Flauberts *L'Éducation sentimentale*

Es ist der 15. September 1840 gegen sechs Uhr morgens, als Frédéric Moreau, Protagonist von Gustave Flauberts *L'Éducation sentimentale*, am Pariser Quai Saint-Bernard steht und auf die Abfahrt der *Ville-de-Montereau* wartet, die ihn aus der Hauptstadt zurück in seinen Heimatort Nogent-sur-Seine bringen soll. Wehmütig blickt er vom Quai zurück auf die Türme von Notre-Dame, auf die Silhouette von Paris, dem Ort seiner Träume, doch er weiß, dass er bald wiederkommen wird, und dieses Mal für immer: Er wird ein Jurastudium beginnen, in den Salons der Hauptstadt ein- und ausgehen, eine Liebe finden. Nur einmal noch nach Nogent,

---

[18] Scheitern und Schiffbruch sind, daran sei noch einmal erinnert, auch im Französischen semantikgeschichtlich verknüpft, vgl. meine einleitenden Bemerkungen in Kapitel 1.

um den Ort dann ganz hinter sich zu lassen. Großes wird kommen, und es ist zum Greifen nah.

Ein halbes Leben und mehrere hundert Seiten später sitzt Frédéric mit seinem Freund Deslauriers vor dem Kaminfeuer; die beiden erzählen sich Geschichten aus der Vergangenheit und Neuigkeiten von ihren ehemaligen Weggefährten. Martinon ist Senator geworden, auch Hussonnet hat eine einflussreiche Stellung inne: „[Il] occupait une haute place, où il se trouvait avoir sous la main tous les théâtres et toute la presse."[19] Selbst der mittelmäßig begabte Maler Pellerin hat es zu einer gewissen, wenn auch zweifelhaften Berühmtheit gebracht:

> Pellerin, après avoir donné dans le fourriérisme, l'homéopathie, les tables tournantes, l'art gothique et la peinture humanitaire, était devenu photographe; et sur toutes les murailles de Paris, on le voyait représenté en habit noir avec un corps minuscule et une grosse tête. (ES 425)

Die Bilanz von Frédérics und Deslauriers' Leben dagegen fällt weit weniger positiv aus. „[I]ls résumèrent leur vie", kommentiert der Erzähler ihr Gespräch und fügt trocken hinzu: „Ils l'avaient manquée tous les deux" (ES 426).

Von Frédérics geplatzten Träumen haben die Leser·innen zu diesem Zeitpunkt zur Genüge gehört; nun erfahren sie, dass auch Deslauriers' Leben weniger geradlinig verlaufen ist als erhofft. Sophie Roque, seine Frau, die ohnehin lieber Frédéric geheiratet hätte, hat sich mit einem Sänger aus dem Staub gemacht. „Pour se laver un peu du ridicule, il s'était compromis dans sa préfecture par des excès de zèle gouvernemental", berichtet der Erzähler, „[o]n l'avait destitué" (ES 425). Ausreden gibt es reichlich („ils accusèrent le hasard, les circonstances, l'époque où ils étaient nés", ES 427), am Befund eines – mit nur fünfundvierzig Jahren –[20] fast ausgelebten Lebens jedoch ändern sie nichts: Frédéric und Deslauriers, die ewigen Träumer, müssen sich eingestehen, dass es einen nächsten Versuch nicht geben wird. Was den beiden Jugendfreunden bleibt, ist der Blick zurück auf damals, als auch Nogent-sur-Seine noch Abenteuer bereitzuhalten schien; und so schwelgen sie in Erinnerungen an einen Abend bei der *Turque*, einer Prostituierten, die ihrem Geschäft in einem kleinen Haus am Seineufer nachgeht. Diese Szene, die dem Roman sein wichtigstes Ereignis als externe Analepse nachordnet, ist eine der am häufigsten interpretierten in der *Éducation sentimentale*. Für die vorliegende Studie genügt an dieser Stelle die basale Feststellung, dass die beiden Freunde am Ende ihres Lebens – gedanklich wie räum-

---

19 Gustave Flaubert: *L'Éducation sentimentale. Histoire d'un jeune homme*, hg. v. Peter M. Wetherill, Paris: Éditions Garnier 1984, S. 425. Im Folgenden im Fließtext mit der Sigle ES abgekürzt.
20 Auch wenn das letzte Kapitel der *Éducation sentimentale* kontinuierlich den Eindruck zu erwecken versucht, die Jugendfreunde träfen sich als Greise wieder, lässt sich Frédérics Alter genau beziffern: Auf der ersten Seite des Romans, 1840, ist Frédéric achtzehn Jahre alt, als die Freunde 1867 aufeinandertreffen dementsprechend fünfundvierzig.

lich – wieder dort angekommen sind, wo die Reise begonnen hatte, noch bevor der Roman begann, auf der Türschwelle zum Haus der *Turque*, die beide als Initiation in die Erwachsenenwelt übertreten wollten, aber nie übertreten haben; auf einer Türschwelle am Flussufer von Nogent-sur-Seine, dem öden Örtchen in der Champagne. „C'est là ce que nous avons eu de meilleur!", sagt Frédéric, und Deslauriers pflichtet ihm im berühmten letzten Satz des Romans bei: „Oui, peut-être bien? C'est là ce que nous avons eu de meilleur!" (ES 428)

Deslauriers' Wiederholung von Frédérics Satz (der nicht als Frage, sondern affirmativ formuliert war) spiegelt die ermüdende Struktur des Romans: Kein Klischee, das nicht mindestens zweifach erwähnt, kein Traum, keine Hoffnung, kaum jemals auch nur eine Aussage, die nicht früher oder später als *idée reçue* entlarvt würde.[21] Die beißende Ironie, die Kälte, die berühmte *impassibilité* des Flaubert'schen Erzählers erlauben ihm, mit einem leichten Lächeln auf den Lippen und *en passant* das schlimmste denkbare Urteil über das Leben der Freunde zu fällen, *ils l'avaient manquée tous les deux*: Dieses vernichtende Resümee kommt so leichtfüßig süffisant daher, dass man es beinahe überliest. Die Geschichte des Frédéric Moreau, das macht der Erzähler über den ganzen Roman hinweg und spätestens im letzten Kapitel unmissverständlich klar, ist die Geschichte eines verpassten, eines verpatzten Lebens.

Frédérics plätscherndes Sein
Mit Frédérics träge dahinplätscherndem Dasein korrespondiert in der *Éducation sentimentale* eine Flussmetaphorik, die im Zuge von Frédérics Bootsreise nach Nogent im ersten Kapitel als dominierendes sprachliches wie motivisches Element installiert wird und sich als *basso continuo* durch den gesamten Roman zieht. Die fließende Melodie der Sätze, vor allem im ersten Buch der *Éducation*, die mit Semikolon und „et" aneinandergereihten Asyndeta und die Verben im Imparfait, die den (Sprach-)Fluss untermalen, machen das Plätschern zum bestimmenden Rhythmus des Textes, zum *sense of place* sowohl der Provinz als später auch der Hauptstadt. Die Beschreibung der Wagen auf den Champs-Élysées (und grundsätzlich des Pariser Verkehrs) ist ein Beispiel für diese Ausdehnung der Flussmetaphorik;[22] auch im ersten Kapitel des zweiten Buches kehrt sie immer wieder, in der Schilderung der Kutschfahrt, die Elemente der vorangegangenen Bootsfahrt wiederaufnimmt (Wellen, Nebel), außerdem bei Rosanettes Masken-

---

21 Zur Rolle des Klischees und der *idées reçues* bei Flaubert gibt es zahlreiche Veröffentlichungen. Stellvertretend sei hier auf Anne Herschberg-Pierrots Aufsatz „Problématique du cliché. Sur Flaubert", in: *Poétique* 11 (1980), S. 334–345 verwiesen.
22 Vgl. Albert Thibaudet: *Gustave Flaubert*, Paris: Gallimard 1935, S. 154.

ball, wo das fließende Wasser in ein *memento-mori*-Motiv eingewoben ist.²³ Diese Fluss- und Wassermetaphorik, die so stark an Frédérics Fahrten in das heimatliche Dorf gekoppelt bleibt und im Laufe des Romans zunehmend auch auf die Schilderung der Hauptstadt ausgreift, weist Nogent-sur-Seine als Endpunkt einer lähmenden und nie tatsächlich gewünschten Reise aus, als Kontrapunkt zum eigentlichen Geschehen, als Nicht-Ort in der Peripherie, in den Frédéric gleich mehrmals wieder zurückgespült wird.

Eine auf den ersten Blick ähnliche metaphorische Überformung von Nogent, jenem beschaulichen Städtchen, das durch nichts zu beeindrucken weiß, findet sich in der französischen Literaturgeschichte mehr als hundert Jahre vor Erscheinen der *Éducation sentimentale* schon einmal: in Denis Diderots *Salon de 1765*, von dem man annehmen darf, dass Flaubert und das gebildete zeitgenössische Publikum ihn gekannt haben.²⁴ Diderot spricht darin über nicht weniger als 261 Bilder, gemalt von Berühmtheiten der Zeit wie Chardin oder Fragonard bis hin zu Künstlern wie Bellengé, dessen Name heute nur noch den wenigsten geläufig ist. Besonders überschwänglich fällt sein Urteil über die fünfundzwanzig Arbeiten von Claude-Joseph Vernet aus; der entsprechende Abschnitt beginnt, für Diderot ungewöhnlich, mit einer Aufzählung ihrer Titel.

> *Vue du port de Dieppe. Les Quatre Parties du jour. Deux Vues des environs de Nogent-sur-Seine. Un Naufrage. Un Paysage. Un autre Naufrage. Une Marine au coucher du soleil. Sept*

---

23 Im Zusammenhang mit Frédérics Bekanntschaft mit der Sphinx, ES 125: „Alors, il frissonna, pris d'une tristesse glaciale, comme s'il avait aperçu des mondes entiers de misère et de désespoir, un réchaud de charbon, près d'un lit de sangle, et les cadavres de la morgue en tablier de cuir, avec le robinet d'eau froide qui coule sur leurs cheveux." Als Vergänglichkeitsbild, als Endpunkt eines Dramas, das nie aufgeführt wurde, wird die Seine auch später noch einmal aufgerufen: Während der Wirren des Juniaufstandes sieht Frédéric am Quai Voltaire einen Mann am Fenster stehen: „À une fenêtre ouverte, un vieillard en manches de chemise, pleurait, les yeux levés. La Seine coulait paisiblement." (ES 337) Victor Brombert hat über diese Szene das Wesentlichste gesagt: „Tears and dirty water", so nahe beisammen. Victor Brombert: *The Novels of Flaubert. A Study of Themes and Techniques*, Princeton: Princeton UP 1966, S. 147.

24 Flauberts Vater war in Nogent aufgewachsen und hatte dort lange als Arzt praktiziert; schwer vorstellbar also, dass Flaubert die (bildliche bzw. sprachliche) Repräsentation durch Vernet und Diderot, einer der unbestrittenen Höhepunkte der Stadtgeschichte, nicht geläufig gewesen sein sollte. Inwiefern Flaubert darüber hinaus ein Leser Diderots war, ist indes nach wie vor strittig. Flaubert erwähnt Diderot in seinen Briefen (allerdings nur ein einziges Mal) und bezeichnet dessen *Correspondance* als derjenigen von Balzac weit überlegen; außerdem kennt und bewundert er Diderots Essay *Paradoxe sur le comédien*. Auch wenn Flaubert sie nie erwähnt, ist darüber hinaus davon auszugehen, dass sein *Dictionnaire des idées reçues* ironisch auf die *Encyclopédie* Bezug nimmt. Dennoch finden sich in Flauberts Bibliothek – zum Zeitpunkt seines Todes, die Aussagekraft dieser Feststellung ist also begrenzt – keine Werke von Diderot; die *Salons* erwähnt Flaubert nie explizit. Vgl. dazu Christine Pierrey: *Flaubert et ses lectures*, Paris: ENSB 1984.

petits *Paysages*. Deux autres *Marines*. Une *Tempête*, et plusieurs autres tableaux sous un même numéro.[25]

Kommentarlos aneinandergereiht entwerfen sie ein Panorama, das den Leser·innen – dem Hauptzweck der frühen Kunstkritiken entsprechend, den Diderot meist als Vorwand für seine eigene und eigenständige literarische Produktion ins Feld führt – einen Eindruck von der Bildwelt Vernets vermittelt, ohne dass diese auch nur ein einziges der Gemälde gesehen hätten.[26]

Bei einem Großteil der Bilder handelt es sich, so suggerieren schon die Titel, um Landschaftsmalereien, viele davon sind sogenannte *marines*, also Bilder, in deren Zentrum das Meer, aber nie das Meer alleine steht: Fast immer sind auch Schiffe Bestandteil der *marines*, oft zudem Hafenstädtchen oder Landschaften.[27] Die Serie, als die man die Bilder zumindest im von Diderot unvergesslich gemachten Ausstellungskontext des *Salon de 1765* verstehen muss, beginnt mit der *Vue du port de Dieppe*, einem klassischen Beispiel für eine *marine* – das Bild zeigt dem Titel entsprechend eine Hafenansicht –, gefolgt von den *Quatre parties du jour* und zwei Ansichten des Dorfes Nogent-sur-Seine. In diesen *Vues des environs de Nogent-sur-Seine* gipfelt die Idylle, die Vernet bis dato entworfen hat. Das Sujet dieser ersten Darstellungen ist, im Gegensatz zu den meisten anderen Bildern der Serie, nicht Schiffbruch oder Sturm; stattdessen zeigen sie eine Art Schrumpfstufe des Maritimen, den breiten, aber bereits sehr seichten Flusslauf der Seine auf der Höhe von Nogent, gesäumt von Spaziergänger·innen am Ufer, im Hintergrund das pittoreske Städtchen. Dass die *Vues des environs de Nogent-sur-Seine* einen Kontrast zu den nachfolgenden Malereien bilden, zeigt sich übrigens, wie oft bei Diderot subtil in scheinbar schmucklose Beschreibungen eingewoben, bereits an Rhythmus und Sprachmelodie der Titelreihung: „Deux *Vues des environs de Nogent-sur-Seine*" ist die längste dieser einleitenden Ellipsen, und sie besteht fast ausschließlich aus langen, gedehnten Vokalen und weichen Konsonanten. Unmittelbar danach folgen: „Un *Naufrage*. Un *Paysage*. Un autre *Naufrage*" – ein onomatopoetischer (Schiff-)Bruch in kurzen, abgehackten Titeln.

Das friedliche, ereignisarme Leben in den beiden Orten Dieppe und Nogent-sur-Seine wird so der Erhabenheit der Naturgewalten gegenübergestellt, die je-

---

25 Denis Diderot: „Salon de 1765", in: Ders.: *Œuvres*, Bd. 4, hg. v. Guy Schoeller, Paris: Robert Laffont 1996, S. 291–466, hier S. 354f. Kursivierung im Original.
26 Zu Diderots Vorgehen, die Salons zu beschreiben, um die *Salons* zu schreiben, vgl. z. B. Stéphane Lojkine: *L'œil révolté. Les Salons de Diderot*, Arles: Actes Sud 2007, insb. S. 239 und *passim*.
27 Zum Genre der Marinemalerei und noch einmal allgemein zum Schiffbruch in der Bildenden Kunst vgl. u. a. Sabine Mertens: *Seesturm und Schiffbruch. Eine motivgeschichtliche Studie*, Rostock: Hinstorff 1987 und Werner Timm: *Schiffe und ihre Schicksale. Maritime Ereignisbilder*, Bielefeld: delius 1977.

derzeit über jede·n hereinbrechen können. Der Hafen von Dieppe, „[v]ue pittoresque et piquante: multitude de figures occupées à la pêche, à l'apprêt, à la vente du poisson",²⁸ und das beschauliche Ufer der Seine stehen wie ein mahnendes *memento mori* neben der Darstellung Ertrinkender oder Ertrunkener, die den Hafen nie mehr erreichen werden.

> La mer mugit, les vents sifflent, le tonnerre gronde, la lueur sombre et pâle des éclairs perce la nue, montre et dérobe la scène. On entend le bruit des flancs d'un vaisseau qui s'entrouvre, ses mâts sont inclinés, ses voiles déchirées ; les uns sur le pont ont les bras levés vers le ciel, d'autres se sont élancés dans les eaux, ils sont portés par les flots contre les rochers voisins où leur sang se mêle à l'écume qui les blanchit ; j'en vois qui flottent, j'en vois qui sont prêts à disparaître dans le gouffre, j'en vois qui se hâtent d'atteindre le rivage contre lequel ils seront brisés.²⁹

Diderots Schilderung der *naufrages* kondensiert die Bilder, in denen das 18. Jahrhundert den Schiffbruch denkt, in wenigen Sätzen. Die tosende See, der krachende Donner, der Abgrund, der unausweichlich wartet: die schreckliche Dürftigkeit und Bedürftigkeit des Menschen im Angesicht der göttlichen Natur, gepaart mit dem Verlangen, sich dennoch in die Gefahrenzone zu stürzen. Umso größer ist der Schmerz, umso ungläubiger die Trauer, wenn der Hafen von Dieppe doch gerade erst am Horizont zu verschwinden schien und die Ruhe von Nogent-sur-Seine mit einem Mal zum Überlebensziel wird – boshafte Fallhöhe des Schicksals.

In Diderots *Salon de 1765* also figuriert Nogent-sur-Seine als friedliche Idylle, an die sehnsüchtig zurückdenkt, wer die Gewalt des offenen Meeres erfahren hat. In der *Éducation sentimentale* hingegen ist weit und breit kein Schiffbruch zu verzeichnen; die Seine plätschert so schwunglos vor sich hin wie Frédérics Leben, und Nogent wird zum Sinnbild für den Mief der Provinz, dem Frédéric unbedingt entkommen möchte. Der Erzähler selbst benennt schon im ersten Kapitel, wiederum in einem entlarvenden *style indirect libre* und mit beißender Ironie, die nachgerade peinliche Inkongruenz zwischen der tradierten literarischen Wasser- und Schiffbruchmetapher, die den zeitgenössischen Leser·innen sehr geläufig ist, und der Variante, die Flauberts *Éducation sentimentale* vorstellt. Über die Stimmung auf der *Ville-de-Montereau* während Frédérics spektakulär banaler erster Fahrt heißt es: „Le plaisir tout nouveau d'une excursion *maritime* facilitait les épanchements." (ES 4, Kursivierung NW) Die Eindrücke einer Reise mit diesem Schiff jedoch, das nichts außer einer „cargaison de ridicules humains"³⁰ geladen hat, könnten nicht weiter entfernt sein von der Größe und Erhabenheit, die Vernets und Diderots See-

---

28 Diderot: „Salon de 1765", S. 356.
29 Ebd., S. 355.
30 Thibaudet: *Flaubert*, S. 152.

fahrer auf dem offenen Meer erfahren; auf der *Ville-de-Montereau* nach Nogent-sur-Seine zu reisen, das ist die wirklich letzte denkbare Schrumpfstufe des Maritimen.[31]

Dabei zeigt sich in der *Éducation sentimentale* durchaus auch eine zweite, diese Strömungslosigkeit kontrastierende Dimension des Wassers, die allerdings nur einmal im Roman eine Rolle spielt: während der Revolution von 1848. Über Paris bricht zu diesem Zeitpunkt der Zorn des Volkes herein, den der Text immer wieder als Naturkatastrophe („les grands bouleversements da la nature", ES 339) beschreibt, als „déluges" (ES 328) oder als „flots vertigineux" (ES 292), ausgelöst von einer Menschenmasse, die blindlings einem beinahe in Vergessenheit geratenen Ziel entgegenstürmt, gewaltsam wie eine „houle" (ES 291).[32] „[C]omme un fleuve refoulé par une marée d'équinoxe, avec une longue mugissement, sous une impulsion irrésistible" (ES 292), wie eine Springflut ergießt sich die Menschenwelle über die Stadt. Diese Metaphorik eines kraftvollen, ja grausamen Wassers durchzieht die gesamte Darstellung der Revolution, untermalt noch von korrespondierenden Unwettermotiven, die Paris in einen apokalyptischen Sturm tauchen: „Cependant, des nuages s'amoncelaient; le ciel orageux chauffant l'électricité de la multitude, elle tourbillonnait sur elle-même, indécise, avec un large balancement de houle; et l'on sentait dans ses profondeurs une force incalculable, et comme l'énergie d'un élément" (ES 322), heißt es dort zum Beispiel; über der Hauptstadt der Revolution hängen „énormes tourbillons de fumée noire" (ES 296). Der tosende Lärm der tausenden Stimmen, „comme le bruit continuel des vagues dans un port" (ES 320), heizt die Atmosphäre zusätzlich auf, bis das Gewitter sich schließlich entlädt, die Masse sich gewaltsam Bahn bricht und die Straßen von Paris flutet („les attroupements formés à la Bastille et au Châtelet refluèrent sur le boulevard. [...] [C]ela ne faisait plus qu'un grouillement énorme, une seule masse d'un bleu sombre, presque noir", ES 322). Dass Flaubert in der Beschreibung der Revolution die Schiffbruchmetapher tatsächlich mitführt, wird explizit, wenn Hussonnet im Hinblick auf den Verlauf der Auseinandersetzungen das Bild des schwankenden – sinkenden – Staatsschiffs aufruft, das für die Motivgeschichte der Schifffahrt und damit des Schiffbruchs seit der Antike eine kaum zu überschätzende Rolle spielt: „Le vaisseau de l'État est ballotté sur une mer orageuse!" (ES 293)

---

[31] Der räumliche wie gedankliche Fluchtpunkt von Henry, Frédérics Alter Ego aus der ersten Fassung der *Éducation sentimentale* von 1845, heißt übrigens – dies wäre eine zweite kontrastive Ebene – nicht Paris, sondern New York, die Schifffahrt, die er unternimmt, ist folgerichtig eine Transatlantikreise.
[32] Vgl. Barbara Vinken: *Flaubert. Durchkreuzte Moderne*, Frankfurt am Main: Fischer 2009, S. 242 und Walburga Hülk: *Bewegung als Mythologie der Moderne. Vier Studien zu Baudelaire, Flaubert, Taine, Valéry*, Bielefeld: transcript 2012, S. 77f.

Es handelt sich bei dieser Revolution um das *eine* Ereignis, das Karrieren ermöglicht und verhindert, Menschen entzweit und entlarvt, um den historischen Dreh- und Angelpunkt des Romans – aber für Frédéric selbst bleibt sie völlig folgenlos: Denn just zu dem Zeitpunkt, an dem die Revolution losbricht, urlaubt Frédéric mit Rosanette in der Idylle von Fontainebleau.[33] Immer dort, wo das Meer ist, ist Frédéric nicht. Auch die Kämpfe, die sich nach seiner Rückkehr vor seinen Augen in den Tuilerien vollziehen und die einzigen im landläufigen Sinne als dramatisch zu bezeichnenden, sogar explizit als Schauspiel ausgewiesenen Handlungen des Romans darstellen („Il lui semblait assister à un spectacle", ES 290), betrachtet Frédéric von sicherer Warte aus. Er übt sich am Rande des Geschehens in Zurückhaltung, während auf der Bühne auch noch den letzten Überbleibseln eines tradierten Heldentums der Garaus gemacht wird: Auf beiden Seiten bekriegen sich Opportunisten und Möchtegernmilitärs, aber ausgerechnet Dussardier, der als „une sorte d'Hercule" (ES 30) eingeführt und von Flaubert selbst als „seul vertueux"[34] des Romans bezeichnet wird, fällt im Kampf durch die Hand des fragwürdigen Sozialisten Sénécal. „Les héros ne sentent pas bon" (ES 292), ruft Hussonnet beim Anblick der schweiß- und blutüberströmten Revolutionäre, und der Satz scheint charakteristisch für diesen Juniaufstand, den Abgesang auf alles Heroische.

Selbst die Revolution in ihrer dramatischen Schilderung also, so sehr sie zunächst einen Gegenentwurf darstellen mag zur Trägheit all dessen, was bis dato passiert ist, zeitigt eine kümmerliche Wirkung – sowohl auf den Verlauf der *Historie*, denn die Konterrevolution folgt auf dem Fuß, als auch auf den Verlauf der *histoire*, denn Frédéric ist Statist geblieben, während die meisten der übrigen Romanfiguren, Opportunist·innen allesamt, sich beeilen, ihre Überzeugungen in Einklang mit ihren Zielen zu bringen, um sich auf der richtigen Seite der Geschichte wiederzufinden. Das Schauspiel, das Frédéric beobachtet und dessen Teil er dezidiert nicht ist, bildet zwar in seiner Grausamkeit, in seiner Unmittelbarkeit, in seiner Geschwindigkeit einen vielsagenden Kontrast zu allem, was bisher im Roman geschehen oder gerade nicht geschehen ist, aber genau besehen ist auch der Juniaufstand kontaminiert von jener dumpfen Leidenschaftslosigkeit – aus Überzeu-

---

33 Schon die scheinbar so idyllische Episode in den Wäldern von Fontainebleau, in die Frédéric sich mit Rosanette zurückgezogen hat, um den sich ankündigenden Unruhen zu entgehen, ist allerdings von einer Metaphorik des gewaltsamen Wassers und damit von einem Vorgeschmack auf das Kommende durchzogen. Die Wiesen und Wälder rund um Fontainebleau werden etwa, um nur ein Beispiel zu nennen, als „enormes flots verts" (ES 327) beschrieben.
34 Gustave Flaubert: *L'Éducation sentimentale*. „Brouillons", Manuskripte N.A.F. 17599–17611, zit. nach Harald Nehr: *Das sentimentalische Objekt. Die Kritik der Romantik in Flauberts Éducation sentimentale*, Heidelberg: Winter 2007, S. 281.

gung kämpft nur Dussardier –, die den gesamten Roman prägt. Das große Drama und der erhabene Schiffbruch sind Anachronismen in der *Éducation sentimentale*, und die Darstellung der Revolution, ausgehöhlt bis an die Grenzen der Parodie,[35] bezeugt ihre moderne Hinfälligkeit.

Im März 1853 schreibt Flaubert an Louise Colet: „La dimension d'une âme peut se mesurer à sa souffrance, comme on calcule la profondeur des fleuves à leur courant."[36] Auch in der *Éducation sentimentale* korrelieren ‚dimension d'âme' und ‚courant', nur anders als von Frédéric erhofft: Er imaginiert sich den emotionalen Schiffbruch, er zehrt vom Phantasma einer großen Leidenschaft, das ihm zwischen den Fingern zerrinnt. Den Rhythmus seines tatsächlichen Lebens und Leidens jedoch gibt das Bild des Flusses vor, der sich seinen Weg durch den Roman bahnt wie durch die Champagne: nahezu strömungslos. *Alles fließt*: In der *Éducation sentimentale* meint dies nicht Veränderung, sondern Stillstand; denn alles fließt – behäbig, immergleich, ohne Seegang, ohne Schiffbruch.

Suspendierte *rites de passages*

Die oben analysierte Flussmetapher ist auch in den von Proust sehr geliebten „blanc"[37] eingetragen – eine Verquickung, die exemplarisch ihren Status in der *Éducation sentimentale* anzeigt.[38] Der berühmte Beginn des vorletzten Kapitels lautet:

> Il voyagea.
> Il connut la mélancolie des paquebots, les froids réveils sous la tente, l'étourdissement des paysages et des ruines, l'amertume des sympathies interrompues.
> Il revint. (ES 420)

In dieser Passage, die nicht weniger als fünfzehn Jahre in drei bemerkenswerten Sätzen zusammenfasst und von der Proust sagt, Flaubert habe in ihr den „Zeit-

---

35 Ohne an dieser Stelle näher auf den Befund der Revolution als Parodie eingehen zu wollen, sei auf die zahlreichen Arbeiten zu dieser These verwiesen, so zum Beispiel Natalia Doyle: „Flaubert's *Éducation sentimentale*. 1848 as Parody", in: *Australian Journal of French Studies* 28.1 (1991), S. 39–49; vgl. außerdem das Kapitel „Revolution als Schauspiel in Flauberts Werk" in Christine Leiteritz' Studie *Revolution als Schauspiel. Beiträge zur Geschichte einer Metapher innerhalb der europäisch-amerikanischen Literatur des 19. und 20. Jahrhunderts*, Berlin, New York: De Gruyter 1994, S. 58–69.
36 Brief an Louise Colet, 27. März 1853. Gustave Flaubert: *Correspondance*, 4 Bde. (hier: Bd. 2), hg. v. Jean Bruneau, Paris: Gallimard 1973–1998, S. 287.
37 Marcel Proust: „À propos du ‚style' de Flaubert", in: Ders.: *Contre Sainte-Beuve*, hg. v. Pierre Clarac, Paris: Gallimard 1971, S. 586–600, hier S. 595.
38 Ausführlicher hat die Flussmetapher im *blanc* Walburga Hülk analysiert, vgl. Hülk: *Bewegung als Mythologie der Moderne*, S. 80 f.

wechsel [von] den Schlacken der Geschichte befreit",[39] vollzieht sich ein radikaler Bruch mit der bisherigen Erzählpraxis der *Éducation*, ein radikaler Bruch vor allem mit der Temporalität dieses Romans, in dem sich auf so vielen Seiten bislang so wenig entwickelt hat.

Ausgerechnet am Anfang der Aufzählung nun heißt es, Frédéric habe die Melancholie von Passagierschiffen kennengelernt, von der man doch vermutet hatte, sie sei ihm seit der ersten Seite bestens bekannt. Eingebettet in diesen knappen Reisebericht lässt sich das Bild leicht überlesen, und doch steht es an vorderster Stelle einer Aufzählung und färbt so die ihm folgenden Elemente ein. Die ‚Melancholie von Passagierschiffen', das ist für Frédéric die wehmütige Erinnerung an eine Liebe, vor allem aber die wehmütige Erinnerung an eine jugendliche Unbeschwertheit und Hoffnung, verbunden mit dem Traum von einem guten, aufregenden, erfolgreichen Leben, der in ihm nachglüht. Selbst diese drei Sätze also, die auf den ersten Blick eine Abkehr von der ermüdenden Struktur der *Éducation* und damit von Frédérics ermüdendem Leben signalisieren, sind fest in der Vergangenheit des Romans verankert. Auch in dieser dreizeiligen Reise, die einen (typographischen) Übergangsritus darstellen soll, eine Reinwaschung von vergangenen Liebes- und Lebensmühen, dominiert das träge Tuckern des Dampfschiffs.

In jenem *blanc* findet sich in Vollendung eine Struktur, die bereits in Kapitel 2 dieser Untersuchung eine wichtige Rolle gespielt hat: eine Logik der Suspension als wesentliches Merkmal nicht nur der Denkfigur des Versagens selbst, sondern auch ihrer Einschreibung in literarische Texte. Zum ersten Mal greift diese Struktur, die sich durch den ganzen Roman zieht, im bereits erwähnten Anfangskapitel, und dort noch viel expliziter als in der oben beschriebenen Szene. Denn das Schiff bringt Frédéric von der Hauptstadt zurück in die Provinz, vom eigentlich im Roman vermerkten Ziel der Reise zurück zu ihrem Ausgangspunkt – eine Bewegung, die, wie in der Sekundärliteratur oft erwähnt worden ist, dem genretypischen Aufbruch zu Beginn des Bildungsromans zuwiderläuft, in dessen Tradition sich die *Éducation sentimentale* schon qua Titel stellt.[40]

---

[39] Hier zitiert nach der deutschen Übersetzung: Marcel Proust: „Über den ‚Stil' Flauberts", in: Ders.: *Tage des Lesens. Drei Essays*, übers. v. Helmut Scheffel, Frankfurt am Main: Suhrkamp 1963, S. 67–93, hier S. 85.
[40] Vgl. z. B. Meili Steele: „*L'Éducation sentimentale* and the Bildungsroman. Reading Frédéric Moreau", in: *Romanic Review* 78 (1987), S. 84–101. Obwohl etwa Rainer Warning vehement für einen „Ausfall des Bildungsromans in Frankreich" argumentiert hat („‚Éducation' und ‚Bildung'. Zum Ausfall des Bildungsromans in Frankreich", in: Jürgen Fohrmann (Hg.): *Lebensläufe um 1800*, Tübingen: Max Niemeyer 1998, S. 121–140), unter anderem, weil sich die französische Entsprechung eines ‚roman d'apprentissage' als Ausdruck erst im 20. Jahrhundert überhaupt entwickelt, haben einige neuere Arbeiten – denen ich hier folge – starkgemacht, dass Flaubert mit seiner *Éducation* sehr wohl auf die biographischen Erzählschemata des Bildungsromans Bezug nimmt. Joachim

Auch über die Wahl des vielsagenden Titels hinaus ist die Bedeutung des Genres für Flaubert gut belegt: Die große Nähe der sogenannten ersten *Éducation* (also der frühen, in wesentlichen Aspekten von der späteren sehr verschiedenen Fassung aus dem Jahr 1845) zu *Wilhelm Meisters Lehrjahre* jedenfalls hat bereits Flauberts Zeitgenosse Maxime du Camp bemerkt. In seinen *Souvenirs littéraires* heißt es über eines der regelmäßigen Treffen unter Schriftstellerkollegen: „Souvent il nous relisait des passages de l'*Éducation sentimentale* [...]. Un jour, je l'interrompit pour lui dire: ‚Prends garde, ce que tu viens de lire se trouve presque textuellement dans le *Wilhelm Meister* de Goethe.'"[41] Dass von Goethes großem Einfluss auf Flaubert in der *Éducation* von 1869 indes nur noch wenig zu spüren ist, liegt vor allem daran, dass die zweite *Éducation* die Mechanismen biographischen Erzählens, derer sich Goethe, die erste *Éducation* von 1845 und, allgemeiner gesprochen, eine bestimmte Ausprägung des Bildungsromans bedient hatten, kritisch hinterfragt: Sie werden in der Fassung von 1869 systematisch zitiert und angetäuscht, um sie dann zu suspendieren oder ganz außer Kraft zu setzen. Die zweite *Éducation sentimentale* lässt sich damit nicht zuletzt als eine literarische Reflexion darüber lesen, wie Leben zu führen und, wichtiger noch, wie sie zu schreiben sind.

Ein wesentliches Element dieses tradierten biographischen Erzählmodells stellt die Abfolge von Übergangs- und Initiationsriten dar, die der junge Held im Zuge seiner Selbstfindung durchlaufen muss, um die Minimalanforderung gelungener bürgerlicher Lebensführung zu erfüllen. Für einen kurzen Moment scheint es, als affirmiere auch die *Éducation sentimentale* dieses Programm einer zwar nicht immer freudvollen, aber letztlich erfolgreichen Selbstfindung: Der Abschied von der Familie zu Beginn der Erzählung ist ein gängiger Topos des Bildungsro-

---

Küpper etwa konzediert die im Vergleich zum deutschen Sprachraum unterschiedliche ideologische Grundlage der französischen Bildungsromanrezeption, wendet sich aber dezidiert gegen Warnings Einschätzung von einem „Ausfall": Das „Basis-Schema einer ‚Entwicklung auf einen Zielpunkt hin'" werde von der ideologischen Transformation des Genres nicht tangiert. Vgl. Joachim Küpper: „Flaubert, *L'Éducation sentimentale* – Balzac, *Le Père Goriot*. Zur Transformation des Bildungsromans bei den französischen Realisten", in: *Romanistisches Jahrbuch* 68.1 (2017), S. 197–231, hier S. 201. Diese Lesart unterstützt auch der (insgesamt nicht unproblematische) Titel der 2020 im Hanser Verlag erschienenen Neuübersetzung der *Éducation* durch die Flaubert-Expertin Elisabeth Edl: *Lehrjahre der Männlichkeit*.

41 Maxime du Camp: *Souvenirs littéraires*, zit. nach Dagmar Giersberg: *„Je comprends les Werther". Goethes Briefroman im Werk Flauberts*, Würzburg: Königshausen & Neumann 2003, S. 123. Giersberg arbeitet die Ähnlichkeiten zwischen der ersten *Éducation* und *Wilhelm Meister* im Detail heraus. Flauberts grundsätzliche Bewunderung für Goethe geht aus zahlreichen seiner Briefe hervor und hat schnell das Interesse der Literaturwissenschaft geweckt, vgl. die frühe einschlägige Studie von Léon Degoumois: *Flaubert à l'école de Goethe*, Genf: Sonor 1925.

mans, er markiert den Übertritt des jungen Helden in eine „liminale oder liminoide Situation", wie sie einem *rite de passage* inhärent ist.[42] Meistens folgt die erste große Liebe auf dem Fuße, so auch für Frédéric: Der Roman ist kaum zwei Seiten alt, als ihm Madame Arnoux auf dem Deck des Schiffes erscheint. Allerdings ist ein *rite de passage* per Definition ein Schwellenphänomen, ein Übergang von einem Seinszustand in einen anderen, mit all seinen sozialen, politischen und kulturellen Implikationen; eine mit ihm einhergehende Veränderung ist ihm also konstitutiv. Genau dieses wesentliche Moment jedoch unterminiert die *Éducation sentimentale* – und koppelt den progressiven *rite de passage* stattdessen an eine Logik der Suspension.

An der Schifffahrt nach Nogent-sur-Seine lässt sich der Zusammenhang zwischen Progressions- und Suspensionslogik besonders beispielhaft illustrieren. Genauer besehen ruft dieser vorgeblich tradierte Initiationstopos nämlich keines seiner zentralen Elemente tatsächlich auf. Die Reise ist zwar der *point de départ* einer großen, aber vor allem langen, unerfüllten und zu Frédérics Leidwesen ganz und gar unfleischlichen Liebe und, so könnte man annehmen, sein Eintritt in die Welt der Erwachsenen. Jedoch: Die Reise nach Nogent-sur-Seine beschreibt nicht den Aufbruch in ein neues Leben, nicht den Beginn der Wanderjahre à la *Wilhelm Meister*, sondern vielmehr Frédérics Rückkehr nach einem nur auf Betreiben der Mutter unternommenen, elanlosen – und gescheiterten – Versuch, den reichen und erwartungsgemäß bald toten Onkel von sich als bestmöglichem Erben zu überzeugen. In Nogent wartet nichts auf Frédéric, er fährt dorthin allein zum Zwecke des Ausharrens („languir", ES 3), in der Hoffnung auf bessere Zeiten. Die Reise geht einem Ziel entgegen, das als Punkt auf der Landkarte existiert, nicht aber als Vision oder Sehnsuchtsort, nicht als Station in Frédérics Lebensplan. Der Charakter dieser Reise, die eben keine Veränderung initiiert, spiegelt sich in der vorbeiziehenden Landschaft: Sie ändert sich nicht. „À chaque détour de la rivière, on retrouvait le même rideau de peupliers pâles", berichtet der Erzähler, „[l]a campagne était toute vide. Il y avait dans le ciel de petits nuages blancs arrêtés" (ES 5).

Und auch Frédérics vermeintlich frisch erwachtes Begehren nach Frauen, das heißt natürlich: nach der einen Frau, das auf der Schifffahrt vom Duft der Pubertät getränkt scheint, ist so neu nicht. Erst am Ende des Romans, im oben schon zitierten Schlusskapitel, erfahren die Leser·innen, dass der Schifffahrt bereits eine erste (scheinbare) *passage* vorausgegangen war, diejenige nämlich, die

---

[42] So der Ethnologe Victor Turner, der das Konzept in Anschluss an Arnold van Gennep für kulturelle Phänomene fruchtbar gemacht hat. Victor Turner: *Vom Ritual zum Theater. Der Ernst des menschlichen Spiels*, übers. v. Sylvia M. Schomburg-Scherff, Frankfurt am Main: Campus 1981, S. 41. Die Übergangsriten verlieren bei Turner zunehmend ihren sakralen Charakter und werden vielmehr als „Ritual[e] der Lebenskrisen" (ebd., S. 34) beschrieben.

Frédéric vor dem Einsetzen der Diegese zusammen mit Deslauriers zum Bordell der *Turque* geführt hatte. Allein, der zum Zwecke der sexuellen Initiation unternommene Ausflug endet für die beiden Freunde reichlich peinlich. Eingeschüchtert von der schieren Anzahl der zur Verfügung stehenden Frauen und der plötzlichen, dann doch unerwarteten Ernsthaftigkeit des Projekts ergreift Frédéric unter dem Johlen der Prostituierten die Flucht; Deslauriers, geldlos wie immer in der *Éducation*, läuft notgedrungen hinterher. Bereits in dieser explizit als Schwellensituation gekennzeichneten Szene – die Frauen stehen „sur le pas de la porte" (ES 427) – findet sich jenes retardierende Moment, das für den Roman so charakteristisch ist und stets unweigerlich in die Suspension eines potentiellen Höhe- oder Schlusspunkts mündet. Über den Weg vom Haus der Moreaus zum Bordell heißt es: „[Ils] sortirent par la porte des champs, et, après un grand détour des vignes, revinrent par la pêcherie et se glissèrent chez la Turque" (ES 428). Die Freunde betreiben also einen beträchtlichen Aufwand, um auf ihrem Weg nicht von den anderen Dorfbewohner·innen entdeckt zu werden. Vergeblich, wie sich später herausstellt, denn auf dem deutlich weniger besonnen in Angriff genommenen Rückweg werden sie gesehen. Das französische Verb *se glisser* verweist hier schon auf den kommenden Misserfolg, nicht reflexiv gebraucht bedeutet *glisser* nämlich nicht ‚sich einschleichen', ‚hineingleiten' (hier räumlich, vor allem aber auch sexuell konnotiert), sondern ‚ausrutschen'. Es steckt also in dem Bild einer Reise zu Beginn der *Éducation* nicht der zu erwartende Initiationstopos, sondern eine strukturell an eine *mise en abyme* erinnernde Verkettung retardierender Momente, langatmiger Verzögerungen und enttäuschter (Lese-)Erwartungen: eine Anhäufung suspendierter *rites de passage*.

Verstärkt wird diese Suspension durch die Darstellungsweise der initialen Bootsreise und die Metaphorisierung ihres Endpunkts, wie ich sie oben bereits angedeutet habe. Nogent-sur-Seine ist, so lässt sich in Lexikonartikeln als einzig nennenswertes Faktum über die Stadt nachlesen,[43] der letzte Ort, an dem die Seine noch schiffbar ist, das wirklich allerletzte denkbare Ziel: der Ort, an den Frédéric erklärtermaßen nicht zurückkreisen möchte, und der Ort, an dem der Roman nach mehreren hundert Seiten endlich einen Schlusspunkt setzt hinter Frédérics verlorene Liebesmühen, hinter all die Ambitionen und Versuche, die doch niemals glücken. Die *Éducation sentimentale* verkehrt die Entwicklungsphantasie des Bildungsromans von Beginn an in ihr Gegenteil: Destination Provinz, wo Ruhm, Ehre oder Glück für Frédéric nicht zu

---

43 Vgl. z. B. den entsprechenden Eintrag in Johannes Hübner: *Johannes Hübners reales Staats-, Zeitungs- und Conversationslexikon*, Leipzig: Gleditsch 1782, S. 1710: „Nogent-sur-Seine, Stadt in der Champagne, wo eine eiserne Brücke über die Seine, welche hier anfängt schiffbar zu werden, geht."

erwarten sind.⁴⁴ Und selbst diese Bewegung, die Frédéric von seinen Träumen wegführt, statt sie ihm näherzubringen, verläuft noch mit Verzögerungen. Um möglichst lange nicht in Nogent sein zu müssen, wählt Frédéric bewusst die Reise mit der *Ville-de-Montereau*: „[I]l se dédommageait de ne pouvoir séjourner dans la capitale, en regagnant sa province par la route la plus longue" (ES 3). Die *Ville-de-Montereau* bringt Frédéric nicht einmal in die ‚Ville de Moreau', Nogent, sondern nach Surville, einen Teil der Gemeinde Montereau, der seine eigene Bedeutungslosigkeit im Namen trägt.⁴⁵ Dort wird er von einem Bediensteten erwartet, der schon am Vorabend aus Nogent aufgebrochen ist und die Nacht in Montereau verbracht hat, um den weiten Weg zum Haus der Moreaus mit ausgeruhten Pferden antreten zu können. Wenn Nogent-sur-Seine in Vernets Malereien die Ruhe vor dem Sturm und in Diderots Umsetzung, die der eigentlichen Beschreibung der Bilder ein ausuferndes Panorama eines Schiffbruchs voranstellt, eine Atempause versinnbildlicht, so symbolisiert der Ort in der *Éducation sentimentale* im Gegenteil Stillstand, aber mehr als das vor allem ein Stillstellen, ein Aufheben, ein In-der-Schwebe-Lassen von Handlung und Hoffnung.

Eine fast wörtliche Übersetzung dieses Suspensionsgedankens markiert das oben schon zitierte Bild der stillstehenden, ja tatsächlich stillgestellten Wolken, der *nuages arrêtés*. Flaubert benutzt es ein weiteres Mal in der *Éducation sentimentale*, wiederum eingewoben in einen vorgeblichen *rite de passage*, der keinerlei Wirkung zeitigt. Frédérics Erbe hat sich zu diesem Zeitpunkt endgültig im Nebel der Pariser *demi-monde* verflüchtigt, und Nachschub kündigt sich in Form der schwerreichen Madame Dambreuse an. Sie zu erobern wird Frédéric zum erklärten Ziel und macht, zumindest für kurze Zeit, sogar Madame Arnoux vergessen, auch wenn Frédéric der Dambreuse außer ihrem Geld nichts abgewinnen kann. Der Moment ist günstig: Gerade noch hat Madame Dambreuse geweint, aus Gründen, die die Leser·innen nicht kennen und Frédéric nicht interessieren.⁴⁶ Er

---

44 Als paradigmatischer Ort des erfolgreichen Lebens wird am Anfang des Romans folgerichtig Paris vorgestellt, die Hauptstadt und damit der größte denkbare Gegenentwurf zu Frédérics belanglosem Heimatdorf, das er endlich zu verlassen hofft. Und tatsächlich scheinen in der *Éducation sentimentale* alle Wege nach Paris zu führen (zum Haus von Frédérics großer Liebe Madame Arnoux, Rue Paradis-Poissonnière), die maßgebliche Bewegung des Romans aber wird von der ersten Seite an als gegenläufige ausgewiesen: immer wieder Nogent-sur-Seine.
45 Der Name ‚Surville' bezeichnet die Stadt am anderen Ufer des Flusses; weil die Bezeichnung von der Perspektive eines Zentrums (Montereau) ausgeht, ist dem Ort(steil) die eigene Peripherie eingeschrieben.
46 Der Text legt nahe, dass die Trauer um den Verlust der Nichte Cécile, die gerade mit dem unsympathischen Emporkömmling Martinon in die Flitterwochen aufgebrochen ist, die Ursache sein könnte, aber Madame Dambreuses wütende Äußerungen über egoistische Männer deuten andere Motive an – zumal der Verdacht, Cécile sei in Wahrheit Monsieur Dambreuses uneheliche Tochter, seit langem im Raum steht.

unternimmt geistesgegenwärtig „tout ce qu'il faut" (ES 366) und präsentiert zunächst ein Plädoyer für das ungezügelte Ausleben sexueller Lust, um sich dann, auf Madame Dambreuses empörte Reaktion hin, in einem Schwall sentimentalischer Allgemeinplätze zu ergehen. Und tatsächlich, die Taktik geht auf. „Mme Dambreuse ferma les yeux", und Frédéric „fut surpris par la facilité de sa victoire" (ES 369). Was folgt, ist eine Pflichtübung, abgerundet vom Schwur einer ewigen Liebe (und wohlgemerkt wirklich *einer*, „un amour éternel", ES 369). Für die Tragweite dieses Aktes scheint der Text zu bürgen; schon im Treppenhaus ist es Frédéric, als sei er ein anderer Mensch geworden, als sei er endgültig in die „monde supérieur des adultères patriciens" (ES 369) eingetreten. So sehr die Erzählerstimme, die Frédérics Gedanken wiederum im *style indirect libre* wiedergibt, jedoch darauf insistiert, dass sich Frédéric nun ganz anders fühle, viel reicher, viel glücklicher, so wenig schlägt sich diese Ankündigung auf der Ebene der Diegese nieder; es bleibt alles beim Alten. Die Veränderungen sind marginal, und mithin eher digressiv als zielführend. Auch in dieser Szene wird statt eines Fortschritts ein Aufschub ausbuchstabiert, denn über den Moment von Frédérics langersehntem Erfolg, seinem Eintritt in die Welt der wahrhaft unmoralischen „perversité[s]" (ES 373), heißt es: „Les grands arbres du jardin qui frissonnaient follement s'arrêtèrent. Des nuages immobiles rayaient le ciel de longues bandes rouges, et il y eut comme une suspension universelle des choses." (ES 369 f.; Kursivierung NW) An die Stelle des sexuellen Aktes setzt der Text in einer erzählerischen Ellipse einen Blick aus dem Fenster, unbewegliche Wolken und Bäume, deren Blätter plötzlich aufhören im Wind zu rauschen.

Es ist ein durchaus gängiger sublimer Topos, den Moment der sexuellen Vereinigung mit der Geliebten mit der Chiffre des Stillstandes der äußeren Welt zum Ausdruck zu bringen. Im Zentrum dieses Topos steht die Vorstellung, nicht nur der angebeteten Frau habhaft geworden, sondern damit zugleich am Ziel des Lebens angelangt zu sein. Der Stillstand der äußeren Welt zeichnet ein Bild friedlicher Ruhe und größten Glücks: Wenn sich die Liebenden nur gefunden haben, wird der Rest zur Nebensache. In Frédérics Fall verhalten sich die Dinge bekanntermaßen ganz anders: Von großer Liebe kann nicht die Rede sein, vielmehr ist ihm Madame Dambreuse Mittel zum Zweck, um sein gesellschaftliches Ansehen zu steigern und vor allem seine finanzielle Situation zu verbessern. Wenn der sublime Topos eines Stillstands hier dennoch aufgerufen wird, ist dies nicht nur eine spöttische Anspielung auf einen sentimentalischen Liebesdiskurs, wie sie bei Flaubert so häufig zu finden ist, sondern vor allem ein expliziter Verweis auf jene paradoxe Verquickung von progressivem Übergang und (erzählerischem) Stillstand, die der *Éducation* als elementares narratives Prinzip zugrunde liegt und Frédérics Versagen lesbar macht. Die tatsächliche Nichtigkeit der mit einigem Pathos beschriebenen „suspension universelle" wird genauer besehen übrigens noch im selben Satz augenfällig – durch das Genitivattribut „des choses", das unpräziser nicht sein könnte (zumal „choses" auf kein Wort innerhalb dieser Passage semantisch sinnvoll referiert) und die vorgebliche Erhabenheit der Situation in seiner Umgangssprachlichkeit lapidar konterkariert.

Finalität des Erzählens

Den *rites des passage* ist in der *Éducation sentimentale*, so ließe sich meine These bis hierhin also zusammenfassen, eine spezifische Suspensionslogik eingeschrieben, die nicht nur dazu führt, dass die in den Übergangsriten angelegte Entwicklung ins Leere läuft, sondern auch dafür verantwortlich ist, dass die Narration auf der Stelle tritt, und dies obwohl von Handlungs*armut* genauer besehen nicht die Rede sein kann: Frédéric verliebt und trennt sich, erlebt eine Revolution, erbt ein Vermögen und zeugt ein Kind. Der Leseeindruck freilich ist ein gänzlich anderer: Denn im Gegensatz zu ihrer wieder und wieder angeführten Vergleichsgröße, der *Comédie humaine*,[47] bricht die *Éducation sentimentale* mit allen im 19. Jahrhundert gängigen Regeln einer zum Dramatischen tendierenden Darstellung,[48] sie versperrt sich jeglichem *dénouement*, läuft weder auf einen Höhe- noch auf einen Fluchtpunkt zu. Flaubert selbst hat den zugunsten einer radikal realistischen biographischen Mimesis

---

[47] Der Vergleich kommt nicht von ungefähr: Flaubert selbst spickt seinen Text mit Verweisen auf Balzacs großen Gesellschaftsroman, der als paradigmatischer Text des französischen 19. Jahrhunderts die Vorstellung davon prägt, wie ein gelungenes literarisches Werk beschaffen sein müsse. Zahlreiche Literaturwissenschaftler·innen haben Gemeinsamkeiten, vor allem aber Unterschiede und intertextuelle Bezüge herausgearbeitet; so wird die Schlussszene der *Éducation* etwa häufig als Parodie des letzten Satzes des *Père Goriot* („À nous deux maintenant!") gelesen. Vgl. stellvertretend Alfonso de Toro: „En guise d'introduction: Flaubert, précurseur du roman moderne ou la relève du système romanesque balzacien: *Le Père Goriot* et *L'Éducation sentimentale*", in: Ders. (Hg.): *Gustave Flaubert. Procédés narratifs et fondement épistémologiques*, Tübingen: Narr 1987, S. 9–29.

[48] Wenn ich hier und im Folgenden von ‚dramatisch' spreche, bezeichne ich damit Texte bzw. Textstellen, die im Hinblick auf Handlungsaufbau, Nachahmungsbegriff und Affektpolitik an ein (aristotelisches) Drama erinnern, wie es Martin von Koppenfels am Beispiel von Balzacs *Le Père Goriot* beschrieben hat: „Ein nachhaltiger Affekt – ‚une sensation de quelque durée' –, das ist das Ziel des Erzählens. Nur wenn es erreicht wird, ist der Anspruch auf den Namen ‚Drama' eingelöst, ist die Aufhebung des dramatischen Pathos in der Romanzeit geglückt. ‚Drama' bedeutet hier, dem Sprachgebrauch des 19. Jahrhunderts entsprechend […], einen eher vagen Anspruch auf die Inszenierung starker Gefühle und auf den hohen Ton." Martin von Koppenfels: *Immune Erzähler. Flaubert und die Affektpolitik des modernen Romans*, München: Wilhelm Fink 2007, S. 107. Dass eine dergestalt dramatische Romanform insbesondere in der frühen französischen Romantheorie als Ideal gilt und bei Autoren wie Diderot eine wichtige Rolle spielt, hat unter anderem Hans Robert Jauß gezeigt, vgl. Jauß: „Nachahmungsbegriff und Wirklichkeitsprinzip in der Theorie des Romans von Diderot bis Stendhal", in: Ders. (Hg.): *Nachahmung und Illusion. Kolloquium Gießen 1963. Vorlagen und Verhandlungen*, München: Wilhelm Fink 1964, S. 157–236.

ausgesparten dramatischen Spannungsbogen und, damit einhergehend, die fehlende diegetische Entwicklung als Grund für die Geringschätzung seines Romans seitens des Publikums betrachtet:

> Pourquoi ce livre-là n'a-t-il pas eu le succès que j'en attendais ? Robin en a peut-être découvert la raison. C'est trop vrai, et, esthétiquement parlant, il y manque la *fausseté de la perspective*. A force d'avoir bien combiné le plan, le plan disparaît. Toute œuvre d'art doit avoir un point, un sommet, faire la pyramide, ou bien la lumière doit frapper sur un point de la boule. Or, rien de tout cela dans la vie ; mais l'art n'est pas la nature. N'importe ! Je crois que personne n'a poussé la probité plus loin.[49]

Wenn man den „dramatische[n] Verlauf" mit Hegel als „stete *Fortbewegung* zur Endkatastrophe" versteht,[50] stellt die *Éducation sentimentale* am Ende dessen mustergültigen Gegenentwurf dar – sie kennt weder Fortbewegung noch Endkatastrophe. Alle Erzählstränge, die für einen kurzen Moment eine dramatische Handlung zu versprechen scheinen, versiegen, nur um wenig später von Neuem zu beginnen. Die Wassermetaphorik, die sich als Motiv durch die *Éducation sentimentale* zieht, erfährt so eine poetologische Spiegelung: Der ‚dramatische Verlauf' der *Éducation* ist gekennzeichnet von einem wellenartigen Auf und Ab, von einem trägen, irgendwann beinahe mechanisch anmutenden Wechsel zwischen Höhen und Tiefen, der mit minimaler Amplitude und ohne nennenswert abnorme Ausschläge immer wieder am Nullpunkt angelangt. Martin von Koppenfels beschreibt Flauberts Strategie, mit besonderem Blick auf die Affektpolitik des Romans, als Abkehr von der „dramatischen Affektregie", die durch „Handlungslähmung, Einschmelzung der einzelnen Szenen in den Erzählfluß, Verschleppung des Endes" ebenso erreicht werde wie etwa durch „Schein-Peripetien".[51] Etwas allgemeiner und im Hinblick auf die poetologische Dimension des Versagens ließe sich festhalten: Flaubert setzt eines der charakteristischsten Strukturprinzipien der dramatischen Handlung außer Kraft, das ich oben unter dem Schlagwort der suspendierten Übergangsriten bereits leicht abgewandelt formuliert habe, nämlich die Überschreitung von soziokulturellen Grenzen, über die die Dramen- und später auch die Erzähltheorie so viel nachgedacht haben.

Jurij Lotman hat die Überschreitung der Grenze zwischen zwei semantischen Räumen, in deutlicher Privilegierung strukturell ‚dramatischer' Erzählformen, als

---

49 Brief an Edma Roger des Genettes, 8. Oktober 1879. Flaubert: *Correspondance*, Bd. 4, S. 720. Kursivierung im Original.
50 G. W. F. Hegel: *Vorlesungen über die Ästhetik* III (= Werke in zwanzig Bänden Bd. 15), hg. v. Eva Moldenhauer und Karl Markus Michel, Frankfurt am Main: Suhrkamp 1970, S. 488. Kursivierung im Original.
51 Alle Zitate Koppenfels: *Immune Erzähler*, S. 109.

das wesentliche, das Sujet konstituierende Ereignis erzählender Texte betrachtet.[52] Voraussetzung für eine solche Überschreitung ist es, dass die Grenzen sich, obwohl eigentlich kaum überwindbar, für den Protagonisten als durchlässig erweisen. In der *Éducation sentimentale* jedoch wird jede potentielle Transgression durch einen suspendierten Übergangsritus annulliert oder durch den erratischen weiteren Handlungsverlauf entwertet. Lotman hierarchisiert verschiedene Klassen von (als Überschreitung definierten) Ereignissen: Er unterscheidet zwischen irreversiblen Grenzüberschreitungen, Überschreitungen einer besonders hohen Norm, eigentlich als unmöglich erachteten Überschreitungen und Metaereignissen, die das gesamte System zweier semantischer Räume erschüttern. Das kleinste denkbare Ereignis, ohne das es keine sujethafte Textschicht geben kann, ist die Überschreitung einer einfachen, topographisch semantisierten Grenze – etwa der Grenze zwischen Provinz und Hauptstadt, um deren Transgression in der *Éducation* so ausgiebig gerungen wird, ohne dass die für den Handlungsverlauf zu erwartende katalytische Wirkung allerdings je einträte. Die Revolution dagegen, ein Metaereignis, vollzieht sich tosend und gewaltsam, erschüttert die Grundfesten des Staates und die Leben der Pariser Bevölkerung – nicht aber Frédéric, der das Spektakel, wie oben beschrieben, weitgehend teilnahmslos an sich vorüberziehen lässt. Es gibt in der *Éducation sentimentale* also durchaus Grenzen, die zeitweilig oder sogar längerfristig überschritten werden, ohne dass diese Überschreitung jedoch irgendeine Wirkung zeitigte. Das Verpuffen (oder Versagen) jeder Auslösungsbemühung und der Ausfall allen Er-folgens schreiben sich als poetologische Verfahren in die *Éducation sentimentale* ein.

Die Literaturwissenschaft hat deshalb häufig eine berühmte Zeile Flauberts beim Wort genommen und seine Aussage, sein idealer Roman sei ein „livre sur rien",[53] in der *Éducation sentimentale* verwirklicht gesehen. Tatsächlich ist es schwierig, den Roman, in dem niemand fortschreitet, sich niemand entwickelt, auf ein übergeordnetes Sujet zu verdichten. Diese Ziellosigkeit jedoch ist mit einem ‚rien' nicht zu verwechseln: Denn sie wird in der *Éducation* als narrative Strategie und als paradoxer inhaltlicher Fixpunkt zum poetologischen Prinzip erhoben, erscheint zugleich als Effekt von Frédérics Versagen und als Bedingung seiner Möglichkeit. Sie ist nicht nur strukturierendes Element des *discours* und

---

52 Vgl. Jurij M. Lotman: *Die Struktur literarischer Texte*, übers. v. Rolf Keil, München: Fink 1993, S. 338: „Die Bewegung des Sujets, das *Ereignis* ist die Überwindung jener Verbotsgrenze, die von der sujetlosen Struktur festgelegt ist. Eine Verschiebung des Helden *innerhalb* des ihm zugewiesenen Raumes ist kein Ereignis. [...] Deshalb kann das Sujet immer auf die Hauptepisode zusammengezogen werden – die Überschreitung der grundlegenden topologischen Grenze in der Raumstruktur." Kursivierung im Original.
53 Brief an Louise Colet, 16. Januar 1852. Flaubert: *Correspondance*, Bd. 2, S. 31.

verschleppendes Element innerhalb der *histoire*, sondern darüber hinaus in einen umfassenderen geschichtsphilosophischen und zeitdiagnostischen Zusammenhang eingebettet: Flaubert entwirft Frédérics *histoire*, sein verpasstes Leben, in expliziter Abhängigkeit von einer größeren *Histoire*. Anders und zugespitzter formuliert: Flaubert erkennt das Versagen, die bloße, aus heutiger Sicht so selbstverständliche und doch so schmerzhafte Möglichkeit, sein Leben nicht nur nicht gut zu leben, sondern gänzlich zu verfehlen, das Erwartete fundamental und irreduzibel nicht leisten zu *können*, als genuin modernes Phänomen.

Auf inhaltlicher Ebene schlägt sich diese Überzeugung in der bereits skizzierten Suspendierung der *rites de passage* nieder, und damit zugleich im Außerkraftsetzen eines transgressiven Prinzips, das mit der Vorstellung biographischer Entwicklung aufs Engste verknüpft ist. Die folgenden Seiten sollen zeigen, dass Flaubert auch im Hinblick auf die Handlungsorganisation und, damit verbunden, im Hinblick auf die Erzählhaltung und -perspektive entscheidend mit tradierten narrativen Prämissen bricht. Damit stellt er nicht nur die Beschreibung eines gelungenen Lebens im Allgemeinen als eine in der zweiten Hälfte des 19. Jahrhunderts poetologisch wie ideologisch anachronistische aus, sondern macht darüber hinaus und im Besonderen ein Kernelement des Bildungsromans als problematisches kenntlich, das der *Éducation sentimentale* (und Frédéric) abhandengekommen ist: seine Finalität.

Vor dem Hintergrund realistischer Darstellungsmaximen wendet sich Flaubert allem voran gegen die Vorstellung einer Verkettung sämtlicher Ereignisse eines Lebens, die voneinander abhängig gemacht und als notwendige Elemente der Entwicklung des Protagonisten gesehen werden. Dieses biographische Verfahren, das Fehlschläge, Unstimmigkeiten und Probleme letztlich zu konstitutiven Bestandteilen eines gelungenen Sozialisationsprozesses erhebt, beschreibt auch Hegel in dem kurzen Abschnitt der *Vorlesungen über die Ästhetik*, der vom Romanhaften handelt. Er spricht dort von einem Subjekt, das sich

> die Hörner abläuft, mit seinem Wünschen und Meinen sich in die bestehenden Verhältnisse und die Vernünftigkeit derselben hineinbildet, in die *Verkettung* der Welt eintritt und in ihr sich einen angemessenen Standpunkt erwirbt. Mag einer auch noch soviel sich mit der Welt herumgezankt haben, umhergeschoben worden sein, zuletzt bekommt er meistens doch sein Mädchen und irgendeine Stellung, heiratet und wird ein Philister, so gut wie die anderen auch [...].[54]

Ein derartiger Selbstbildungsprozess führt also, frei nach Hegel, letzten Endes doch nur zur schicksalsergebenen Fügung in die Langeweile des bürgerlichen Spießertums, wenigstens aber auch zu einem „Mädchen und irgendeine[r] Stel-

---

[54] Hegel: *Vorlesungen über die Ästhetik* II, S. 220. Kursivierung NW.

lung" – das ist, bei aller Leidenschaftslosigkeit der Formulierung, immerhin etwas und vor allem mehr, als Frédéric jemals erreichen wird.

Wilhelm Dilthey, der den Bildungsroman in *Das Erlebnis und die Dichtung* (1907) mit spöttischer (und stark verallgemeinernder) Distanz als einer der ersten systematisch zu konzeptualisieren versucht, attestiert dem Genre und *Wilhelm Meister* als dessen Inbegriff deshalb gar die „Verklärung des Daseins im Morgenlichte des Lebens". In ihm erschienen alle „Dissonanzen und Konflikte des Lebens [...] als die notwendigen Durchgangspunkte des Individuums auf seiner Bahn zur Reife und zur Harmonie",[55] und schon knapp vierzig Jahre zuvor resümiert er in *Leben Schleiermachers*:

> Göthes Werk zeigt menschliche Ausbildung in verschiedenen Stufen, Gestalten und Lebensepochen. Es erfüllt mit Behagen, weil es nicht die ganze Welt sammt ihren Mißbildungen und dem Kampf böser Leidenschaften um die Existenz schildert; der spröde Stoff des Lebens ist ausgeschieden.[56]

Kleinere Fehler oder Rückschläge dienten der Läuterung des Bildungssubjekts – eine Annahme, die im Gewand neoliberaler Narrative des Scheiterns seit den 1990er Jahren wieder an Konjunktur gewonnen hat –, lange währende Widrigkeiten, andauernde Dissonanzen oder der „spröde Stoff des Lebens", der keinerlei (positive) Wirkung nach sich zieht, stünden indes nicht zu befürchten.

Dieses im frühen Bildungsroman häufig dargestellte biographische Gelingen (als Normalform des Lebens) lässt sich vor allem auf eine bestimmte Form des *récit* zurückführen, innerhalb dessen der Erzähler kontingente Ereignisse im Sinne einer Folgerichtigkeit ordnet und sie auf eine Selbstbildung und Selbstfindung des Protagonisten hin verdichtet. Der Bildungsroman – zumindest in der Ausprägung, die Hegel und Dilthey, aber auch Flaubert vor Augen haben – operiert daher in der Regel mit einer übergeordneten Erzählinstanz, der es obliegt, die Handlungen und Entscheidungen des Protagonisten ebenso wie ihm widerfahrende Ereignisse final zu orientieren und sie als einzelne Etappen innerhalb des Bildungsprozesses zu bewerten, durch die die jeweils nächste Etappe erst möglich wird. Friedrich von Blanckenburg erklärt dieses Verfahren in seinem *Versuch über den Roman* gar zu einer poetologischen Notwendigkeit. In einer längeren Passage erläutert er, dass der Roman nie den *gesamten* Bildungsprozess abbilden könne:

---

55 Alle Zitate Wilhelm Dilthey: *Das Erlebnis und die Dichtung: Lessing, Goethe, Novalis, Hölderlin* (= *Gesammelte Schriften* Bd. 26), hg. v. Gabriele Malsch, Göttingen: Vandenhoeck & Ruprecht 2005, S. 253.
56 Wilhelm Dilthey: *Leben Schleiermachers. Erster Band* (= *Gesammelte Schriften* Bd. 13), hg. v. Martin Redeker, Göttingen: Vandenhoeck & Ruprecht 1991, S. 299.

> Wenn wir eingeschränkten Geschöpfe unsre Kraft anstrengen, um das All, so viel wir vermögen, zu übersehen: so entdecken wir, daß in diesem Ganzen nichts um sein selbst willen da; – daß eins mit allem, und alles mit einem verbunden ist; – daß, so wie jede Begebenheit ihre wirkende Ursache hat, diese Begebenheit selbst wieder wirkende Ursach einer folgenden Begebenheit wird. Wir sehn eine, bis ins Unendliche fortgehende Reihe verbundener Ursachen und Wirkungen: ein, in einander geschlungenes Gewebe, das, wenn es auseinander zu wickeln wäre, ganz ununterbrochen einen Faden enthielte; oder vielmehr dessen verschiedene Fäden sich alle in einen Anfang – die Weisheit des Schöpfers vereinen, und dessen Ende vielleicht in unserer höhern Vervollkommnung – doch wer kann dies, wer kann das Ganze übersehn?[57]

Auch wenn der Dichter dazu zumindest nicht in derart absoluter Weise in der Lage ist wie eine göttliche Instanz, führt Blanckenburg beide doch eng: Der Dichter müsse, so Blanckenburg, den von ihm gewählten Ausschnitt der Wirklichkeit, „dem großen Werkmeister der Natur"[58] so ähnlich wie möglich, bis in die kleinsten Details „übersehn" und darstellen, jede Wirkung an eine Ursache zurückbinden und auf jede Ursache eine Wirkung folgen lassen,[59] kein undurchdringliches Gewebe beschreiben, sondern einen seiner Fäden ent-wickeln und auf ein übergeordnetes Ziel hin ausrichten. Dem Dichter (den Blanckenburg vom Erzähler nicht unterscheidet) wird somit auferlegt, die „Ausbildung und Formung, die ein Charakter durch seine mancherley Begegnisse erhalten kann, oder noch eigentlicher, seine *innre Geschichte*, das Wesentliche und Eigenthümliche

---

57 Blanckenburg: *Versuch über den Roman*, S. 312f. Blanckenburg lehnt seine Ausführungen hier – und nicht zum einzigen Mal im *Versuch über den Roman* – stark an Leibniz' Entwicklungsbegriff an. Flaubert dürfte Blanckenburgs *Versuch* zumindest im Original nicht geläufig gewesen sein, wohl aber die darin ausgeführten poetologischen Forderungen, die schnell zu Allgemeinplätzen der (Bildungs-)Romantheorie des späten 18. und frühen 19. Jahrhunderts geworden sind.
58 Ebd., S. 398.
59 Vgl. Wilhelm Voßkamp: *Der Roman des Lebens. Die Aktualität der Bildung und ihre Geschichte im Bildungsroman*, Berlin: Berlin UP 2009, S. 29. Voßkamp betont neben der finalen Dimension (der moralisch-bildenden Komponente) des Erzählens im Bildungsroman auch die Bedeutung kausaler Zusammenhänge. „Gegenüber der Unwahrscheinlichkeit des Barockromans besteht die moderne erzählende Prosa auf einer möglichst vollständigen Eliminierung des Zufalls durch den Kausalnexus von Ursache und Wirkung im inneren und äußeren Geschehen." Ebd., S. 22. Franco Moretti misst Kausalität im Bildungsroman einen sogar noch größeren Stellenwert bei: „In the temporal rhetoric of the classical Bildungsroman [...] the subjective yearning for ‚meaning' is entirely satisfied by, and subsumed under the objective legislation of ‚causality'." Moretti: *The Way of the World*, S. 69. Zur Bedeutung von Ursache-Wirkung-Relationen speziell bei Blanckenburg vgl. außerdem Philip Ajouri: *Erzählen nach Darwin. Die Krise der Teleologie im literarischen Realismus: Friedrich Theodor Vischer und Gottfried Keller*, Berlin, New York: De Gruyter 2007, S. 48.

eines Romans"⁶⁰ bis zu einem von den Leser·innen als harmonisch (und nachahmenswert) empfundenen Schluss zu verfolgen, an dem der Protagonist „stehen bleiben"⁶¹ kann; die Handlung müsse bis zu diesem Punkt geführt werden, „wenn nicht der Leser höchst unbefriedigt seyn sollte".⁶²

Flauberts Verfahren in der *Éducation sentimentale* steht dieser Blanckenburg'schen Maxime diametral entgegen, und dies, obwohl eine seiner berühmtesten poetologischen Äußerungen sich im ersten Moment ganz ähnlich liest wie Blanckenburgs Forderung nach der Präsenz eines Dichter-Gottes im Text:

> L'auteur, dans son œuvre, doit être comme Dieu dans l'univers, présent partout, et visible nulle part. L'art étant une seconde nature, le créateur de cette nature-là doit agir par des procédés analogues : que l'on sente dans tous les atomes, à tous les aspects, une impassibilité cachée et infinie.⁶³

Flauberts Erzählinstanz tritt diesem Diktum entsprechend als übergeordnete Erzähler*figur* nicht in Erscheinung („visible nulle part"), sondern verschmilzt im *style indirect libre* über große Teile des Romans mit Frédérics eigener Stimme – und schreibt Frédéric dann kühl das Urteil seines Versagens ein.⁶⁴ Anders als etwa der Erzähler in Balzacs *Le Père Goriot* rahmt Flauberts Erzähler die Geschichte nicht, weist nicht voraus, kontextualisiert nicht das Geschehen; vielmehr tritt seine Stimme in der *Éducation sentimentale* so weit in den Hintergrund, dass es mitunter schwierig ist, sie überhaupt wahrzunehmen. Dementsprechend scheint die Handlung aus wahllos aneinandergereihten Episoden aus dem Leben eines recht durchschnittlichen jungen Mannes aus der Provinz zu bestehen, deren Sinn für den weiteren Verlauf der Handlung sich oft nicht erschließt und die selbst für den Erzähler von so geringem Interesse zu sein scheinen, dass er sich irgendwann von seiner Hauptfigur abwendet, sie vom Zentrum des Geschehens an seine Peripherie rücken lässt.⁶⁵ Die *impassible* Erzählerstimme lenkt nicht, führt nicht – das meint Flaubert, wenn er von der Überwindung einer „fausseté de la perspective" durch seine eigenen Prinzipien rea-

---

60 Blanckenburg: *Versuch über den Roman*, S. 391. Kursivierung im Original.
61 Ebd., S. 397.
62 Ebd.
63 Brief an Louise Colet, 9. Dezember 1852. Flaubert: *Correspondance*, Bd. 2, S. 204. In einem ganz ähnlich formulierten Brief an Mlle Leroyer de Chantepie vom 18. März 1857 (ebd., S. 691) spricht Flaubert statt von *impassiblité* von einer *impersonnalité*: „L'illusion (s'il y en a une) vient [...] de l'impersonnalité de l'œuvre."
64 Kapitel 4.1 der vorliegenden Studie wird sich der Rolle des *style indirect libre* für eine Zu-Schreibung des Versagens ausführlicher widmen.
65 So zum Beispiel bei einer Soiree der Dambreuses, deren Schilderung vor Frédérics Eintreffen beginnt und andauert, als Frédéric den Raum längst verlassen hat, vgl. ausführlicher Michal Peled Ginsburg: *Flaubert Writing. A Study in Narrative Strategies*, Stanford: Stanford UP 1986, S. 152.

listischer Darstellung spricht. Von einer übergeordneten Position am Rande des Geschehens aus lässt diese Erzählerstimme ihren Protagonisten ins Leere laufen und trägt damit der Ziel- und Sinnlosigkeit der meisten Leben Rechnung, der Kontingenz von Ereignissen und der Tatsache, dass nicht immer etwas auf etwas folgt, dass manche Chancen und Hoffnungen einfach lautlos verpuffen – und dass „das *Beste*, das aus uns werden konnte" (Blanckenburg) manchmal sehr wenig ist.

Wenn die *Éducation sentimentale* auf diese Weise mit einer final orientierten Form der Handlungsorganisation bricht, so übersetzt sie ein neuralgisches Moment in Frédérics *vie manquée* auf die Ebene des *discours*: die radikale Kontingenz all dessen, was in der *Éducation* dann doch passiert. Frédéric treibt in den Straßen der Hauptstadt, dem paradigmatischen Ort alles potentiell Möglichen, wie das Wasser im Flusslauf der Seine: mit dem Strom, der eigentlich kaum mehr als ein Rinnsal ist, aber die Richtung dennoch vorgibt. Martin von Koppenfels hat die *Éducation sentimentale* dennoch und zurecht als ein Buch bezeichnet, „in dem alle Wünsche in Erfüllung gehen"[66] – nur nie zum richtigen Zeitpunkt. Am Ende der *Éducation* ist Frédéric, um nur das offensichtlichste Beispiel zu nennen, zum Objekt der Begierde nicht nur einer, sondern gleich vierer Frauen geworden. Rosanette, Sophie, Madame Dambreuse und schließlich sogar Madame Arnoux haben im Laufe der Geschichte um seine Gunst gebuhlt – nur ist der Wunsch nach diesen Frauen im Moment seiner Erfüllung jedes Mal schon „längst entwertet".[67]

Umgekehrt fällt Frédéric vieles von dem, was in seinem Leben dann doch gelingt, in den Schoß; auch diese glücklichen Momente geschehen also zum falschen Zeitpunkt, nämlich zu einem Zeitpunkt, an dem Frédéric den sich erfüllenden Wunsch noch nicht einmal formuliert hat. Die Gelegenheiten, die sich bieten, nutzt Frédéric (wenn sie ihm auch, wie etwa seine Investition in die Geschäfte des Monsieur Dambreuse, nicht immer zum Vorteil gereichen), was man ihm anträgt, greift er auf. Fast alles, was in Paris geschieht, kommt so zustande: seine Liebschaften, auch die mit Louise Roque zuhause in Nogent, seine kurzlebige politische Karriere, seine Beziehungen zur selbsternannten Hautevolee – all dies passiert einfach, nicht aus Frédérics intrinsischem Streben nach genau diesen Zielen heraus, sondern als Resultat des Versuchs, durch stoisches Weitermachen das Zerplatzen der eigenen Träume zumindest noch ein wenig aufzuschieben. Auch das Erbe seines Onkels, das ihm später die Türen zu den Pariser Salons öffnen wird, scheint Frédéric zunächst alles andere als wichtig. Er fährt zu seinem Onkel nur, weil die Mutter, eine der wenigen tatkräftigen Personen des Romans, für die

---

66 Koppenfels: *Immune Erzähler*, S. 114.
67 Ebd.

sich Glück und Erfolg stets monetär beziffern lassen, ihn dorthin geschickt hat: „Sa mère, avec la somme indispensable, l'avait envoyé au Havre voir un oncle, dont elle espérait, pour lui, l'héritage." (ES 3) Die Erbschaft steht nicht nur im Satzgefüge an letztmöglicher Stelle, sondern auch auf Frédérics Prioritätenliste; viel dringender als er sehnt die Mutter das Geld herbei. Und so ist das Erbe schließlich auch nicht Frucht von Frédérics Bemühungen, sondern reiner Zufall: Der Onkel hat kein Testament hinterlassen, Frédéric erbt „ab intestat" (ES 97).

Die einzelnen Handlungselemente laufen in der *Éducation sentimentale* nicht auf ein übergeordnetes Ziel zu, Ereignisse treten oft kontingent ein oder nicht ein, ohne sich (auf der Ebene der *histoire* ebenso wenig wie auf der Ebene des *discours*) in eine finale Struktur des ‚Um-zu' zu fügen. Als Er-folg betrachtet man gemeinhin die Folge einer Handlung, die zum Zwecke der Auslösung eines bestimmten Ereignisses vollzogen worden ist – und damit im ganz eigentlichen Sinne schon die Tatsache, *dass* etwas erfolgt –, eine finale Verkettung, die im Wort ‚Erfolg' (oder: *success, succès, successo* von lat. *succedere* = ‚nachfolgen') semantisch bereits angelegt ist. Wenn sich für Frédéric jedoch immer wieder Wünsche erfüllen, die er nie formuliert hat, wenn sich Träume verwirklichen, die so lange ausgeträumt sind, dass er sie längst vergessen hat, manifestieren sich darin nicht die Erträge langjähriger Bemühungen, ausgeprägter Arbeitsmoral oder stetigen Strebens, sondern Ereignisse, die Frédéric nicht herbeigeführt, nicht *ausgelöst* hat.

Le défaut de ligne droite
Somit gibt es auch über ein ‚rien' hinaus durchaus ein übergreifendes und im *récit* performativ eingetragenes Thema des Romans. Es ist die vermeintlich heilsversprechende, aber vergebliche Suche nach dem Ziel, nach *einem* Ziel: eine teleologische Überforderung, die Flaubert als *condition humaine* des 19. Jahrhunderts versteht. Das gesellschaftliche Panorama, das Flaubert entwirft – die *mœurs de la bourgeoisie*, die fragwürdigen Errungenschaften der Leistungsgesellschaft –, entlarvt das Glücksversprechen, welches das Erreichen eines irgendwo am Horizont aufschimmernden und alles Streben stillenden Endpunktes verheißt, als Fiktion, die der völlig undramatische Handlungsverlauf des Romans mimetisch exemplifiziert. Flaubert spielt in der *Éducation*, wie die folgenden Seiten zeigen sollen, Fortschritt als geschichtsphilosophische Kategorie und Modeerscheinung des 19. Jahrhunderts gegen ihr individuelles und individualpsychologisches Pendant aus. Die *Éducation sentimentale* ist deshalb mitnichten ein *livre sur rien*, sondern handelt ganz wesentlich von einem großen und im Gegensatz zum Scheitern bis heute tatsächlich und gerade *in* seiner Schalheit tabuisierten Thema der kapitalistischen Moderne: vom großen Unglück der – individuellen – Fortschrittslosigkeit, das der modernen Denkfigur des Versagens eingeschrieben, intrinsisch an sie gekoppelt ist. Schon für Flaubert meint Versagen, was es aus heutiger Perspektive

letzten Endes hauptsächlich bedeutet: Stillstand in einer Welt, in der Bewegung und Entwicklung als gesellschaftlich-moralischer Imperativ feststehen, in der jede·r des eigenen Glückes Schmied ist.

Und in der schweigt, wer nichts geschmiedet hat, aus Scham, aber auch, weil das Versagen als Form des Ausfalls nicht einmal den Mehrwert einer prägnanten Geschichte generiert: Wovon sprechen, wenn man versagt hat? Versagen ist entsetzlich banal. Die letzte Szene der *Éducation sentimentale* macht genau dieses Ver-Sagen zu ihrer tragikomischen Pointe. Am Ende des Romans gibt es außer dem über die Jahre spröde gewordenen Erlebnis bei der *Turque* einfach nichts zu erzählen. Im Gegensatz zu Martinon und Hussonnet, die explizit als Vergleichsgrößen ins Feld geführt werden und damit markieren, was erwartet, was möglich gewesen wäre, ist Frédéric, soviel steht fest, nicht arriviert, wie man das Erreichen eines gemeinhin als besonders lebenswert empfundenen Lebens auch im Deutschen so treffend nennt. „[Frédéric et Deslauriers] résumèrent leur vie", beginnt der Erzähler, um diese wichtige Schlusspassage noch einmal in Gänze zu zitieren: „Ils l'avaient manquée tous les deux, celui qui avait rêvé l'amour, celui qui avait rêvé le pouvoir. Quelle en était la raison ? – ‚C'est peut-être le défaut de ligne droite', dit Frédéric."[68]

Eines zumindest fügt diese letzte, in sich selbst so zermürbend repetitive Szene der Handlung des Romans dann doch noch hinzu: den *défaut de ligne droite* nämlich, den vermeintlichen Grund für alles, was misslungen ist, den retrospektiven Versuch zu verstehen, was aus dem Leben der beiden Freunde nicht geworden ist. Über diese Aussage, die an so prominenter Stelle steht und ein Erklärungsmodell zu liefern scheint für einen Großteil dessen, was in der *Éducation sentimentale* passiert oder eben nicht passiert ist, hat die Literaturwissenschaft bemerkenswert wenig nachgedacht. Dabei sind Frédérics *vie manquée* und der *défaut de ligne droite* nicht nur in dieser letzten Szene gekoppelt, das Motiv der *ligne droite* wird noch zwei weitere Male erwähnt, jewels in Schlüsselepisoden – und jewels im Zusammenhang mit Straßen oder Wegen, der emblematischen Versinnbildlichung von Bewegung, Entwicklung und Fortschritt.

Während die Flaubert-Forschung die Rolle der Pariser Straßen, die alle nur einen Fluchtpunkt kennen, nämlich das Haus der Familie Arnoux, immer wieder

---

68 ES 426. Allerdings träumt, entgegen der Aussage des Erzählers, über den Roman hinweg durchaus auch Frédéric von Macht und Deslauriers von Liebe. Die dem Verlauf des Romans nicht entsprechende Eindeutigkeit dieser Behauptung ist Bestandteil einer Strategie der Zuschreibung seitens der Erzählinstanz, die ich in Kapitel 4.1 am Beispiel von Italo Svevos *Una vita* ausführlicher analysieren werde.

zum Gegenstand ihrer Untersuchung gemacht hat,[69] ist die Straße, die Frédéric tatsächlich nach Paris führt, weitestgehend unbeachtet geblieben. Von ihr berichtet der Erzähler bereits, als Frédéric nach seiner vorläufigen Rückkehr nach Nogent mit Deslauriers spazieren geht, große Pläne schmiedend. „Mais, du côté de Paris", heißt es dort über jene Straße, „la grande route descendait *en ligne droite*, et des prairies se perdaient au loin, dans les vapeurs de la nuit" (ES 16, Kursivierung NW). Diese Beschreibung einer schnurgeraden Straße, deren fernes Ziel – Paris – sich in vollkommener Unschärfe auflöst, erweist sich als symptomatisch für Frédérics teleologische Überforderung, für seine den Roman bestimmende Suche nach einem Ziel: Dieses liegt scheinbar klar zutage, aber je weiter das Auge dem Weg zu ihm folgt, desto entschiedener entzieht es sich, desto dichter der Nebel, der es umgibt. Auch in einem weiteren Fall, dieses Mal geht Frédéric mit Rosanette in Fontainebleau spazieren, nun mit dem Wunsch, Paris für immer den Rücken zu kehren und sein Leben noch einmal ganz neu zu gestalten, wird der *défaut de ligne droite* als Weg ohne Ziel vorgestellt: „[Q]uelquefois, un chemin, qui ne servait plus, se présentait devant eux, *en ligne droite*" (ES 327, Kursivierung NW). Die Straße in Nogent, die geradlinig verläuft, aber ihr eigenes Ziel im Nebel verliert, die Wege in Fontainebleau, die geradlinig verlaufen, aber nicht mehr befahren werden: Die *ligne droite* ist in der *Éducation sentimentale* nicht ohne ihren eigenen *défaut* zu denken. Statt das Erreichen eines Ziels zu ermöglichen, suspendiert sie es.

Dieser Befund bestätigt sich innerhalb der Diegese auf der zweiten von Frédérics Reisen nach Paris, die ihn erstmals tatsächlich über jene geradlinige Straße führt. Soeben hat er von seiner Erbschaft erfahren; voller Vorfreude auf seine Rückkehr in die Hauptstadt, auf das bessere Leben, das er schon verloren glaubte, sitzt Frédéric in der Postkutsche – *en ligne droite* fährt er seinem Traum entgegen. Die Reise selbst dauert derweil endlos lange. Kaum aus seinen Tagträumen erwacht, bemerkt Frédéric, dass die Kutsche „que cinq kilomètres" (ES 103) zurückgelegt hat. Als am nächsten Morgen endlich die Brücke von Charenton überquert ist – „c'était Paris" (ES 103) – erfahren die Reisenden, dass der Bahnhofsquai überschwemmt ist; sie müssen *geradeaus* („tout droit") an ihm *vorbeifahren*, „et la campagne recommença" (ES 104).[70] Und als die Kutsche Paris endlich erneut erreicht hat, staut sich der Verkehr an einer Schranke an der

---

[69] Zuletzt von Barbara Vinken, die in *Flaubert. Durchkreuzte Moderne* zeigt, dass alle Straßen noch genauer betrachtet nach Rom führen – denn dort verortet der Roman Madame Arnoux' letzte Adresse. Vgl. Vinken: *Flaubert*, S. 237.
[70] Diese Kutschfahrt spiegelt zudem in vielen Details die anfängliche Bootsfahrt. Die Pferde „ondulaient comme des vagues blanches" (ES 103), ähnlich wie am Quai Saint-Bernard ist die Umgebung in Nebel gehüllt, der Grund für die erste Verzögerung in Paris ist ausgerechnet eine

Stadtmauer, vor der Waren verzollt werden. Es ist dies nach der Brücke von Charenton bereits die zweite derartige „barrière" (ES 104), die Paris von der Peripherie trennt, und es folgen bis zum Ende der Fahrt noch diverse weitere Tore, Brücken und Schwellen, allesamt Indikatoren eines nicht enden wollenden *rite de passage*, von dem schnell klar wird, dass er einmal mehr zu nichts und nirgendwohin führen wird.

Denn endlich in Paris angekommen, stellt Frédéric bald fest, dass er sein Ziel dennoch und noch immer nicht erreicht hat. Dies liegt vor allem daran, dass Paris als Chiffre unmittelbar überschrieben wird von einer zweiten Chiffre: der der allgegenwärtigen Madame Arnoux, die sich Frédéric nicht minder entzieht als die Hauptstadt selbst. In Paris – immerhin dem Ziel der Reise – macht sich Frédéric sofort auf die Suche nach seiner Angebeteten, die allerdings in seiner Abwesenheit umgezogen ist. Ihren neuen Wohnort hofft er von verschiedenen Bekannten, allen voran von Regimbart, in Erfahrung zu bringen, die wiederum ihrerseits nicht auffindbar sind. Ganze neunzehn Stationen muss Frédéric in der berühmten Szene hinter sich bringen, um schließlich an die Adresse der Familie Arnoux zu gelangen, an der er die Geliebte dann nicht antrifft. Michal Ginsburg hat diesem Mechanismus – anstelle von Madame Arnoux sucht Frédéric irgendwann hauptsächlich das Café, in dem er Regimbart vermutet – ein Kapitel ihrer Studie *Flaubert Writing. A Study in Narrative Strategies* gewidmet und betont vor allem den metonymischen Charakter dieser Substitutionen.[71] „All paths seem to lead to the same destination", schreibt Kate Rees über diese grundlegende Bewegung der *Éducation sentimentale*, „yet paradoxically, that destination turns out to be changeable."[72]

Die den Roman bestimmende Struktur des metonymischen Aufschubs bezeugt die grundlegende Problematik der *ligne droite* und des mit ihr verbundenen Prinzips linearen Fortschreitens: Beide kennen kein Ende. Unter einer geraden Linie versteht man, geometrisch gesprochen, die stetige und kürzeste zusammenhängende Verbindung zweier Punkte, den schnellsten Weg zum Ziel. Zugleich aber lässt sie sich in unendlich viele weitere Punkte und Abschnitte unterteilen oder über diese Punkte hinaus beliebig verlängern, ins Offene, gegen unendlich tendierend. Sie beschreibt eben keine Strecke, keine *route* mit festgeschriebenem Ziel, nicht einfach nur einen Lebensweg. Insofern eignet der geraden Linie eine paradoxe Problematik des Maßes: Sie ist zugleich die effizienteste Verbindung zweier Punkte und deren unendliche potentielle Eskalation. Nicht zufällig be-

---

Überschwemmung usw. Die beiden Szenen sind so sorgfältig parallelgeführt, dass kaum Zweifel daran besteht, dass sich auch ihre Resultate nicht wesentlich unterscheiden können.
71 Ginsburg: *Flaubert Writing*, S. 134.
72 Kate Rees: *Flaubert: Transportation, Progression, Progress*, Oxford, Bern u. a.: Peter Lang 2010, S. 88.

zeichnet die *ligne* auch eine im 19. Jahrhundert noch gebräuchliche Maßeinheit, die für Schriftsetzer eine besondere Rolle spielt (und somit im Bild der *ligne droite* eine poetologisch-medienreflexive Dimension mitführt) und davon abgesehen hauptsächlich für eine Zunft von Bedeutung ist: für Uhrmacher, die mithilfe der *ligne* die Zeit takten und vermessen.[73] Vor allem aber, und angesichts ihrer raumzeitlichen Implikationen nicht überraschend, symbolisiert die gerade Linie ein Modell linearen Fortschritts, das im Laufe des 19. Jahrhunderts, problematisiert und ersetzt durch ein hegelianisch gedachtes Konfliktmodell, zwar zunehmend an Bedeutung verliert, der Vorstellung geschichtlicher Zeitläufte aber als idealisierte Abstraktion noch immer eingeschrieben ist: Die *ligne droite* steht als Verkörperung einer gerichteten, stetig aufsteigenden, aber endlosen Bewegung für den Glauben an das Fortschreiten in Richtung einer besseren Zukunft.

Besonders manifest wird die Symbolik der geraden Linie im für das Jahrhundert so wirkmächtigen Bild der parallel in die Zukunft weisenden Eisenbahnschienen, darüber hinaus auch in Bezug auf Straßen und Wasserstraßen. Sie alle sind Elemente einer merkantilen Infrastruktur, die nicht nur Bewegung, sondern vor allem auch Beschleunigung anzeigen.[74] Bei Flaubert spielen Straßen und Fortbewe-

---

73 Vgl. Horace Doursther: *Dictionnaire universel des poids et mesures anciens et modernes*, Brüssel: Hayez 1840, S. 211f. Die *ligne* ist vor allem eine Maßeinheit des Mittelalters und des Ancien Régime, hält sich aber bis ins 19. Jahrhundert hinein und ist bei Uhrmacher·innen noch heute gebräuchlich.
74 Vgl. Reinhart Koselleck: *Zeitschichten. Studien zur Historik*, Frankfurt am Main: Suhrkamp 2000, insb. S. 150–177. Siehe außerdem Peter Borscheid: *Das Tempo-Virus. Eine Kulturgeschichte der Beschleunigung*, Frankfurt am Main: Campus 2004, S. 308: „Kennzeichen der Geschwindigkeit ist die gerade Linie, nicht die Kraft verzehrende Kurve, auch nicht die holprige oder aufgeweichte Straße mit ihrem hohen Reibungswiderstand. Bereits zur Beschleunigung des Postkutschenverkehrs waren die Straßen in Form von Chausseen eingeebnet worden, doch die erste glatte, harte und schnurgerade Eisenbahnschiene kommt dem Ideal [...] das entscheidende Stück näher." Das Motiv der geraden Linie als Sinnbild des Fortschritts findet nicht nur in Frankreich häufig Verwendung; Edward Bellamy lässt 1888, um nur ein weiteres Beispiel zu nennen, seinen in die Zukunft gereisten Protagonisten aus *Looking Backward 2000–1888* (hg. v. Matthew Beaumont, Oxford, New York: Oxford UP 2007, S. 11) über das Wesen des Fortschritts reflektieren: „The idea of indefinite progress in a right line was a chimera of the imagination, with no analogue in nature. The parabola of a comet was perhaps a yet better illustration of the career of humanity." Bellamy deutet hier außerdem an, was in der zweiten Hälfte des 19. Jahrhunderts, nicht zuletzt unter dem Eindruck vor allem der hegelschen Dialektik, zum *common sense* wird: Fortschritt verläuft nicht geradlinig – und das Motiv der geraden Linie ist deshalb weder geeignet, eine spezifisch moderne Zeiterfahrung zu versinnbildlichen, noch die tatsächlichen Bewegungsmuster abstrahiert darzustellen. Vgl. dazu Henri Bergson in der Einleitung zu *La pensée et le mouvant*: „Nous savions bien, depuis nos années de collège, que la durée se mesure par la trajectoire d'un mobile et que le temps mathématique est une ligne; mais nous n'avions pas encore remarqué que cette opération tranche radicalement sur toutes les autres opérations de mesure,

gungsmittel jeglicher Art, wie deutlich geworden sein dürfte, ebenfalls eine zentrale Rolle – allerdings gerade nicht als Garanten von Beschleunigung, sondern im Gegenteil als Hindernisse, die Beschleunigung, ja oft sogar Bewegung unmöglich machen. Die Straßen und Wasserstraßen, auf denen Frédéric anfangs seine Reisen zwischen Nogent und Paris unternimmt, dynamisieren das Geschehen jedenfalls nicht.[75] Auf der letzten seiner Fahrten nutzt Frédéric erstmals die Eisenbahn, das seinerzeit avantgardistischste aller Verkehrsmittel: Die Strecke zwischen Nogent und Paris wird erst 1848 eingeweiht,[76] also acht Jahre nach Frédérics initialer Reise im Roman, und man darf davon ausgehen, dass Flaubert diese neue Art zu reisen nicht nur aus Gründen realistischer Wirklichkeitsabbildung in die *Éducation* eingeflochten hat. Die Eisenbahn, der Inbegriff des Fortschrittsglaubens, jener modernen Krankheit, die Flaubert als „toujours mal entendu et trop hâtif"[77] betrachtet, bringt Frédéric zwar mit vergleichsweise aberwitziger Geschwindigkeit von Paris nach Nogent und wieder zurück – die Beschreibung der Reise dauert nur wenige Sätze, der Aufenthalt selbst wenige Stunden –, allerdings lässt sich der Besuch in Nogent schwerlich als Erfolg oder gar Fortschritt in Richtung eines besseren Lebens verbuchen, die Reise zeitigt abermals – und trotz Eisenbahn – keine oder zumindest nicht die gewünschte Wirkung: Um den anstrengend gewordenen Pariser Revolutionswirren zu entgehen, besinnt sich Frédéric auf Louise Roque, deren plötzliche Anziehungskraft vor allem auf der Tatsache beruht, dass sie vermeintlich noch immer in Nogent auf ihn wartet. Dort angekommen jedoch wird Frédéric überraschend Zeuge der Hochzeit zwischen ihr und Deslauriers. „Honteux, vaincu, écrasé, il retourna vers le chemin de fer, et s'en revint à Paris." (ES 418) Für Frédéric hat sich auch noch die letzte seiner halbherzigen Hoffnungen zerschlagen.

---

car elle ne s'accomplit pas sur un aspect ou sur un effet représentatif de ce qu'on veut mesurer, mais sur quelque chose qui l'exclut. La ligne qu'on mesure est immobile, le temps est mobilité." Henri Bergson: *La pensée et le mouvant*, Paris: PUF 1985, S. 2f.
75 Tatsächlich nimmt Frédéric nur bei der ersten Reise nach Nogent das Schiff, bei allen nachfolgenden Fahrten reist er „qu'en poste" und damit mit dem Verkehrsmittel, das der erfahrene Nogent-Reisende Flaubert selbst seiner Schwester Caroline in einem Brief empfiehlt: „J'ai appris, à propos d'inconvénients de voyage, que votre retour de Nogent avait été très désagréable et non pas des agréables. Cette nouvelle expérience a dû vous confirmer dans le dessein de ne plus voyager qu'en poste ce que je vous conseille bien pour l'avenir. Croyez-en un voyageur consommé." Brief an seine Schwester Caroline, 28. September 1840. Flaubert: *Correspondance*, Bd. 1, S. 72.
76 Vgl. Adolphe Laurent Joanne: *Atlas historique et statistique des chemins de fer français*, Paris: L. Hachette 1859, S. 31.
77 Gustave Flaubert: *Bouvard & Pécuchet*, S. 1020. Das Zitat stammt aus *Le Dictionnaire des idées reçues*, das in der Pléiade-Ausgabe der *Œuvres* als Anhang von *Bouvard & Pécuchet* veröffentlicht ist.

Linearität und geschichtsphilosophisches Fortschrittsdenken
Die konzeptuelle Verknüpfung von Linearität und zeitlichem Fortschritt geht auf die geschichtsphilosophischen Entwürfe der Aufklärung zurück,[78] in denen die Linie als – oft implizites – epistemisches Ordnungsschema eine kaum zu überschätzende Rolle spielt. Sie schlägt sich dort häufig in Form von Vergleichen oder Metaphern in den Texten nieder, insbesondere im Rahmen von kulturanthropologischen Überlegungen, die den noch jungen Fortschrittsbegriff im 18. Jahrhundert sehr viel stärker prägen, als dessen Ökonomisierung im Laufe des 19. Jahrhunderts aus heutiger Perspektive vermuten lässt. Die Aufklärung schreibt eine „Kulturgeschichte des Menschen als lineare Progression", eine Anthropogenese als „Begradigung des Krummen"[79] im aufrechten Gang. Dieses Linearitätsdispositiv, auf das sich die *Éducation sentimentale* sowohl auf der Ebene des *discours* als auch auf der Ebene der *histoire* ex negativo beruft, ist auch noch Arnold van Genneps 1909 erschienener Theorie der Übergangsriten inhärent, deren Suspendierung in Flauberts Roman ich zu Beginn dieses Kapitels aufgefaltet habe. Seine Studie *Les rites de passages* verhandelt zunächst, noch vor den zeitlichen *rites de passage*, die heute zu einem gängigen kulturtheoretischen Paradigma geworden sind, die in vormodernen Gesellschaften viel virulenteren Schwellenbereiche zwischen profanen und sakralen Räumen. Van Gennep zeigt, wie aus dieser eminent räumlich gedachten Grenzziehung im Laufe der Geschichte ein vor allem zeitliches Prinzip wird, das sich an Lebensalter und Entwicklungsstand orientiert und somit den Lebenslauf des Einzelnen strukturiert, und dies als gerade Linie: „Quelle que soit la complication du schéma, depuis la naissance jusqu'à la mort, c'est un schéma le plus souvent *rectiligne*."[80] Auch in van Genneps Denken beschreibt die Linie also ein Fortschreiten, in diesem Falle das biographische Fortschreiten des Einzelnen, das den

---

[78] Vgl., um nur ein Beispiel zu nennen, Kant: „Und, eben weil diese innre Anschauung [der Zeit, NW] keine Gestalt giebt, suchen wir auch diesen Mangel durch Analogien zu ersetzen, und stellen die Zeitfolge durch eine ins Unendliche fortgehende Linie vor, in welcher das Mannigfaltige eine Reihe ausmacht, die nur von einer Dimension ist, und schließen aus den Eigenschaften dieser Linie auf alle Eigenschaften der Zeit"; Immanuel Kant: *Gesammelte Schriften. Band 3: Kritik der reinen Vernunft*, hg. v. der Preußischen/Deutschen/Göttinger Akademie der Wissenschaften, Berlin: De Gruyter [vormals Reimer] 1900 ff., S. 60.
[79] Christian Moser führt dies am Beispiel von Herders *Ideen zur Philosophie der Geschichte der Menschheit* aus. Vgl. auch zu einer überblicksartigen Darstellung der Linienmetapher im Denken der Aufklärung Christian Moser: „Ethnologie und Anthropologie. Einleitung", in: Sabine Mainberger und Esther Ramharter (Hg.): *Linienwissen und Liniendenken*, Berlin, Boston: De Gruyter 2017, S. 141–153, hier S. 144.
[80] Arnold van Gennep: *Les rites de passages. Étude systématique des rites*, Paris: Éditions A. et J. Picard 1981, S. 278 f. Kursivierung NW.

Kern des Bildungsromans darstellt und dessen *défaut* Flaubert in der *Éducation sentimentale* so viele Seiten widmet.

Der Begriff Fortschritt, der im Deutschen als Kollektivsingular Ende des 18. Jahrhunderts zeitgleich mit dem Begriff der Geschichte auftritt,[81] bezeichnet also nicht wie der schon früher gebräuchliche ‚Fortgang' ein „naturhaft-kreisläufiges Verständnis aller Geschehensabläufe", sondern einen

> Verlauf, der nicht zirkulär gedacht wird, im Gegensatz zu den antiken Abfolgemodellen, die ihre Wiederholbarkeit voraussetzen. Sprachlich hat der ‚Fortschritt' zwar den ‚Rückschritt' zum Gegenbegriff, aber es gehört zur modernen Fortschrittstheorie, daß die Rückschritte immer kürzer sind, als die Fortschritte voranführen. Dieser ‚Fortschritt' erlaubt zwar Diskontinuitäten, bleibt aber ein linearer Richtungsbegriff.[82]

Im modernen Fortschrittsdenken ist mithin eine Form der Zukunft angelegt, die ihre Strahlkraft gerade daraus zieht, dass sie sich, anders als in vormodernen Zeiten, nicht aus früheren Erfahrungen speist, sondern im Gegenteil als von ihnen völlig abgelöste imaginiert wird, imaginiert werden muss. Dem Fortschritt ist deshalb nicht nur ein utopischer Möglichkeitsüberschuss, ein unbändiges Potential eingeschrieben, sondern auch eine Verschiebung des für die Denkfigur des Versagens so wichtigen Prinzips der Erwartung, das nicht mehr schlicht auf einem Erfahrungswissen beruht, in ihm nicht mehr bruchlos aufgeht. Fortschritt bringt die moderne „Differenz zwischen Erfahrung und Erwartung auf einen einzigen Begriff".[83]

Koselleck spricht als Gegenentwurf zum Erfahrungsraum ganz bewusst vom Erwartungs*horizont* – weil der Horizontlinie nicht näherzukommen ist, weil sie sich niemals erreichen lässt. Zugleich wird das Telos des Fortschritts jedoch als immanentes, also zumindest potentiell erreichbares verstanden, anders als in christlich-eschatologischen Denkmodellen, die zwar ebenfalls auf einem konstitutiven Abstand zwischen Erfahrung und Erwartung fußen, die Erfüllung der Erwartung aber a priori in einer jenseitigen Zeit verorten. Dennoch heißt es auch auf einem 1858 in Paris abgehaltenen Kongress zur Vereinbarkeit von Fortschrittsdenken und Christentum: „[L]e progrès, c'est la ligne droite de l'humanité".[84] Die Vereinnahmung der Fortschrittsfrage durch religiöse Institutionen wirkt nur auf

---

81 Vgl. Reinhart Koselleck: „Fortschritt", in: Otto Brunner, Werner Conze und Reinhart Koselleck (Hg.): *Geschichtliche Grundbegriffe. Historisches Lexikon zur politisch-sozialen Sprache in Deutschland*, Bd. 2, Stuttgart: Klett-Cotta 1975, S. 351–423, hier insb. S. 351–353.
82 Ebd., S. 352.
83 Vgl. Reinhart Koselleck: *Vergangene Zukunft. Zur Semantik geschichtlicher Zeiten*, Frankfurt am Main: Suhrkamp 1989, insb. S. 349–375, hier S. 366.
84 R. P. Félix: *Le Progrès par le Christianisme. Conférences de Notre-Dame de Paris*, Paris: Librairie Adrien Le Clere 1858, S. 64.

den ersten Blick überraschend. Tatsächlich scheint das Heilsversprechen des Fortschritts mit dem Heilsversprechen der Kirchen mehr gemein zu haben, als ihm lieb sein kann, und immer mehr Zeitgenossen Flauberts nehmen das eschatologische Residuum, das dem Fortschrittsbegriff (oder dem, was im 19. Jahrhundert aus ihm geworden ist) zu eignen scheint, zum Anlass für scharfe Kritik. Unter ihnen auch Friedrich Nietzsche, der 1887 notiert:

> N a c h z u d e n k e n : In wiefern immer noch der verhängnißvolle Glaube an die g ö t t l i c h e P r o v i d e n z – dieser für Hand und Vernunft l ä h m e n d s t e Glaube, den es gegeben hat – fortbesteht; in wiefern unter den Formeln „Natur", „Fortschritt", „Vervollkommnung", „Darwinismus", unter dem Aberglauben einer gewissen Zusammengehörigkeit von Glück und Tugend, von Unglück und Schuld immer noch die christliche Vorrausetzung und Interpretation ihr Nachleben hat. Jenes absurde V e r t r a u e n zum Gang der Dinge [...], jene biedermännische R e s i g n a t i o n , die des Glaubens ist, Jedermann habe nur seine Pflicht zu thun, damit A l l e s gut gehe – dergleichen hat nur Sinn unter der Annahme einer Leitung sub specie boni.[85]

Flaubert, dessen Leser Nietzsche im Übrigen war,[86] äußert sich einige Jahrzehnte zuvor bereits ganz ähnlich. Seine politischen Überzeugungen speisen sich, insbesondere im Hinblick auf die Revolution von 1848, wie sich seinem Briefwerk entnehmen lässt, hauptsächlich aus einer profunden Verachtung gegenüber ausnahmslos allen Akteuren.[87] Besonders hart allerdings geht er mit den Frühsozialisten rund um die Jünger von Saint-Simon und des zum Emblem der Revolution avancierten Proudhon ins Gericht.[88] Deren unbedingtes und kompromissloses Einstehen für Fortschritt ist

---

[85] Friedrich Nietzsche: *Nachgelassene Fragmente 1885–1887. Kritische Studienausgabe*, Bd. 12, hg. v. Giorgio Colli und Mazzino Montinari, München: dtv 1988, S. 457. Sperrung im Original.

[86] Jacques Le Rider porträtiert Nietzsche als Leser Flauberts in seinem Aufsatz „Nietzsche et Flaubert", in: *Nietzscheforschung* 14 (2007), S. 237–250.

[87] Für einen detaillierteren Überblick über Flauberts politisches Denken vgl. Jean-Pierre Duquette: „Flaubert politique", in: Charles Carlut (Hg.): *Essais sur Flaubert. En l'honneur du professeur Don Demorest*, Paris: Nizet 1979, S. 63–78. Außerdem, neueren Datums und mit stärkerem Fokus auf die tatsächlichen Quellen der *Éducation sentimentale*, Fausto Proietti: „Histoire des idées politiques et sources littéraires: *L'Éducation sentimentale* dans le contexte des jugements historiques sur Juin 1848", in: *Flaubert. Revue Critique et Génétique*, 18.05.2013. URL: https://journals.openedition.org/flaubert/1921, zuletzt aufgerufen am 05.10.2022.

[88] Dennoch urteilt Edmund Wilson: „Flaubert had more in common with, and had perhaps been influenced more by, the socialist thought of his time than he would ever have allowed himself to confess." Als Beleg für diese Behauptung verweist er unter anderem auf die Ähnlichkeit von Flauberts Revolutionsdarstellung mit der Interpretation, die Karl Marx in *Der achtzehnte Brumaire des Louis Bonaparte* liefert. Vgl. Edmund Wilson: „The Politics of Flaubert", in: *The Triple Thinkers. Twelve Essays on Literary Subjects*, New York: Octagon 1977, S. 72–87. In jedem Fall waren Flaubert die Schriften von Saint-Simon und Proudhon bestens vertraut – insbesondere in Vorbereitung auf die Arbeit an der *Éducation sentimentale* hat er sie akribisch studiert, vgl. Proietti: „Histoire des idées politiques et sources littéraires."

Flaubert allzu schnell zur *doxa* geronnen, seine Kritik basiert auf einer schon früh schmerzhaft empfundenen Dialektik der Aufklärung, auf der bitteren Gewissheit, dass religiöse Heilsversprechen in ihren nicht minder einfältigen sozioökonomischen Entsprechungen fortleben: „J'ai relevé dans les prétendus hommes du progrès, à commencer par Saint-Simon et à finir par Proudhon, les plus étranges citations. *Tous partent de la révélation religieuse.*"[89]

So sehr Flaubert jedoch die strukturelle Verwandtschaft zwischen der christlichen Lehre von den letzten Dingen und dem Fortschrittsglauben betont, so sehr fokussiert die *Éducation sentimentale* genau auf deren spezifische Differenz: auf die Verschiebung des religiösen Versprechens *der* Erfüllung zum Fortschrittsversprechen *einer* Erfüllung, auf eine moderne Erfüllungserwartung ohne Erfüllungskonkretion, die das dezidiert post-religiöse Versagen als gesellschaftliche und soziobiographische Kategorie erst ermöglicht. Wenn Versagen ‚etwas Erwartetes nicht leisten' bedeutet, ist das vom Fortschrittsglauben durchdrungene Leben in der Moderne für Versagen immer bereits prädisponiert. Denn das moderne Fortschrittsdenken ist nicht a priori teleologisch, es stellt das Erreichen eines Ziels nicht automatisch in Aussicht. Anders als ein eschatologisches Weltbild operiert das Konzept ‚Fortschritt' nicht mit göttlicher Vorhersehung, nicht mit einem irreduziblen Endpunkt, an dem irgendwann eintreten wird, womit man immer gerechnet hat: Das „stets zu erwartende Ende der Weltzeit" wird in eine „offene Zukunft" verwandelt.[90] Das in religiösen Gesellschaften fest verankerte Prinzip eines göttlichen Versprechens, eines endzeitlichen, dem Leben Sinn verleihenden Ziels wird damit doppelt prekär. Im modernen Fortschrittsdenken sind weder das *Was* noch das *Wann* einer Erfüllung konkret vermerkt, durch die Individualisierung der Ziel-Setzung wird das Ziel selbst problematisch. Der Begriff ‚Fortschritt' verleiht damit einer spezifischen temporalen Dialektik Ausdruck, die auch der *Éducation sentimentale* eingetragen ist: Er bezeichnet eine Bewegung, deren Richtungsvektor auf ein immer suspendiertes Ziel zuläuft, eine Schwellenstruktur des Noch-Nicht, aus der die Vorläufigkeit des Noch nicht getilgt werden kann, weil selbst über das Nicht keine Klarheit herrscht. Auf der systematisch unterdefinierten geraden Linie des Fortschrittsglaubens folgt Fort-Schritt auf Fort-Schritt, Ein-Treten auf Ein-Treten; *Erfüllung* jedoch wird ewig suspendiert.

Versagen ist deshalb, ebenso wie der Fortschritt, nie ohne diese spezifische Zeitlichkeit des Noch-Nicht zu denken: Im Gegensatz zum Scheitern endet es nicht. Allerdings stellen Versagen und Fortschritt keineswegs bloße Antipoden dar; Versagen ist vielmehr die Nichterfüllung, welche die Erfüllung konterkariert, die man

---

89 Brief an Jules Michelet, 2. Februar 1869. Flaubert: *Correspondance*, Bd. 4, S. 13. Kursivierung im Original.
90 Koselleck: *Vergangene Zukunft*, S. 372.

Fortschritt nennt. Versagen verhält sich zum Fortschritt dialektisch und bezeichnet mithin nicht das Gegenteil von Fortschritt, sondern das Gegenteil dessen, was Fortschritt verspricht: das Gegenteil eines arrivierten Lebens in seinem buchstäblichsten Sinne, die für die *Éducation* so symptomatische Gefangenschaft im Werden, die ihren Figuren das bloße Sein verwehrt.[91] Es gibt eine Szene in der *Éducation sentimentale*, eine ihrer berühmtesten, in der diese problematische Zeitlichkeit des Noch-Nicht kurz vor Schluss endgültig augenfällig wird. Nach Jahren der vergeblichen Bemühung um seine größte Liebe, nach einer Erbschaft, einer Revolution und einem halben Leben in Paris trifft Frédéric Madame Arnoux wieder, und sie erscheint ihm weiter entfernt denn je. An ihrer Schönheit hat der Zahn der Zeit genagt, ergraut und verarmt sitzt sie vor ihm, bietet sich ihm an und macht damit jede in Frédéric wieder aufkeimende Hoffnung auf eine schlussendliche Erfüllung seiner *illusions déja perdues* zunichte. Als Zerrbild der Frau, die sie nie war, ist sie noch nicht die seine, und zugleich ist sie es nicht mehr. „Nous nous serons bien aimés" (ES 422), beteuert sie dennoch mit Blick auf ihre gemeinsame Zukunft mit Frédéric, als gäbe es noch Hoffnung, als hätte es sie jemals gegeben. In diesem Moment, dieser letzten und vielleicht einzigen hinfälligen Gelegenheit, sich doch noch zu lieben, spricht sie im Futur Anterieur: Irgendwann werden wir uns geliebt haben, irgendwann wird mein Traum in Erfüllung gegangen sein. In diesem Satz formuliert sie, stellvertretend für ihn, Frédérics eigentlichen, den Roman prägenden Wunsch in bedrückender Klarheit: Er richtet sich nicht auf die Zukunft, sondern darauf, dass die Zukunft endlich vorbei sein möge. Das Futur Anterieur ist die einzige Zeitform, die dem Noch-Nicht Einhalt zu gebieten vermag.

In der *Éducation sentimentale*, diesem Roman, in dem ohnehin alles zirkuliert (Frauen, Schmuckkästchen, Pellerins hässliche Bilder), wird das geradlinige, zielorientierte Fortschreiten im Motiv des *défaut de ligne droite* als vergebliche Hoffnung festgeschrieben. Dies betrifft einerseits, wie bereits angeklungen, die dezidiert nicht linear, sondern zyklisch gefasste *Histoire*, denn das große geschichtliche Ereignis der Revolution ist in der *Éducation* nie Tragödie, sondern immer schon Farce.[92] In der Schilderung der Ereignisse von 1848, dem historischen Herzstück der *Éducation sentimentale*, führt Flaubert den Beweis für die Hinfälligkeit moder-

---

[91] Eine ähnliche Feststellung, postmoderner formuliert, aber für den Zusammenhang dennoch erhellend, findet sich in Andrew Gibson: *Intermittency. The Concept of Historical Reason in Recent French Philosophy*, Edinburgh: Edinburgh UP 2012, S. 56, der über Flauberts Charaktere schreibt: „[T]o be subject only to becoming (as contrasted with truth) is also to be subject to a movement of indefinite self-difference which makes no difference."
[92] Zur sich wiederholenden Geschichte bei Flaubert vgl. Anne Green: „History and its Representation in Flaubert's Work", in: Timothy Unwin (Hg.): *The Cambridge Companion to Flaubert*, Cambridge: Cambridge UP 2004, S. 85–104.

ner Fortschrittsgläubigkeit. Sein Fazit nach dem blutigen Umsturz, der doch alles beim Alten belassen hat, ähnelt der düsteren Einsicht, die Sigmund Freud während des Ersten Weltkriegs in *Zeitgemäßes über Krieg und Tod* formuliert hat: Die Decke der Zivilisation ist dünn, ihre Oberfläche rissig, und es bedarf nur eines kleinen Anstoßes, um die fragilen Errungenschaften westlicher Kultur unter den Leichen sinnloser Gemetzel zu begraben. An George Sand schreibt Flaubert 1870, ein Jahr nach dem Erscheinen der *Éducation*:

> Quel effondrement ! quelle chute ! quelle misère ! quelles abominations ! Peut-on croire au progrès et à la civilisation devant tout ce qui se passe ? à quoi donc sert la Science, puisque ce peuple, plein de savants, commet des abominations dignes des Huns ! et pires que les leurs, car elles sont systématiques, froides, voulues, et n'ont pour excuse ni la passion ni la Faim.[93]

Für Flaubert ist Fortschritt vor allem ein ethisch-moralisches Problem, und mithin eine Fessel des noch immer nicht mündigen Subjekts: Fortschritt verspricht Perfektionierung, verspricht Erfüllung, Erlösung und Glück; und dies so bedingungslos, so selbstverständlich, so tröstlich, wie es bis dato nur die Religionen vermocht hatten. Flaubert hat über derlei Binsen ein ganzes Buch verfasst; er nennt sie *idées reçues*. Denn die Anhäufung von Erfahrung und Wissen, die Steigerung ökonomischen Kapitals und die daraus resultierende Veränderung von Staat und Gesellschaft korrespondieren nicht mit der in Aussicht gestellten Höherentwicklung des Individuums, auch nicht mit Perfektionierung, Erfüllung, Erlösung oder Glück, im Gegenteil: „À mesure que l'humanité se perfectionne, l'homme se dégrade; quand tout ne sera plus qu'une combinaison économique d'intérêts bien contrebalancés, à quoi servira la vertu?"[94] Wo Kant den Fortschritt der Gesellschaft als moralische Pflicht des Einzelnen apostrophiert,[95] spiegelt Flaubert in seinem Romanpersonal die von Rousseau angeführte Kehrseite der *perfectibilité* des Menschen: seine *corruptibilité*. Wenn Fortschritt vermeintlich Hand in Hand mit der Entwicklung des Individuums geht, ja auf ihr sogar beruht, wird in der *Éducation* rasch augenfällig, warum die Hoffnung auf ihn zum Trugbild werden muss. Flaubert glaubt wirklich nicht mehr an die Menschen seiner Zeit. Integer handelt keine seiner Figuren, mit Ausnahme des gutmütigen Hünen

---

93 Brief an George Sand, 27. November 1870. Flaubert: *Correspondance*, Bd. 4, S. 264.
94 Brief an Louise Colet, 8. Oktober 1852. Flaubert: *Correspondance*, Bd. 2, S. 169. Flaubert bezieht sich hier auf Rousseaus *perfectibilité*-Begriff.
95 Vgl. zu Immanuel Kants Fortschrittsbegriff vor allem die „Preisschrift über die Fortschritte der Metaphysik", in: *Gesammelte Schriften, Band 20: Bemerkungen zu den Beobachtungen über das Gefühl des Schönen und Erhabenen – Rostocker Kantnachlaß – Preisschrift über die Fortschritte der Metaphysik*, hg. v. der Preußischen/Deutschen/Göttinger Akademie der Wissenschaften, Berlin: De Gruyter [vormals Reimer] 1900 ff, S. 253–332, insb. S. 294 und *passim*.

Dussardier, und der stirbt einen vorzeitigen und überdies selbst für einen Revolutionär sinnlosen Tod im Kampf. Für alle anderen lauten die Alternativen: Bedingungslos fortschreiten oder versagen, oder fortschreiten und trotzdem versagen, wie im Falle von Frédéric. Hussonnet, Martinon, Dambreuse, für sie alle wird (individueller, relativer) Fortschritt nicht trotz, sondern wegen ihrer ideologisch-moralischen Korrumpierbarkeit möglich; aber auch Frédéric und Deslauriers gebührt nicht das Verdienst besonderer moralischer Standfestigkeit. Sie sind nicht weniger opportunistisch, nur weniger geschickt.

Deshalb betrifft die Absage an zielorientiertes Fortschreiten in der *Éducation* andererseits – durch die *Histoire* bedingt und gespiegelt – die *histoire*, und mit ihr die Möglichkeitsbedingungen individuellen Fortschritts, die Entwicklung der Protagonisten selbst, wie ich abschließend argumentieren möchte. Kate Rees hat in ihrer Studie *Flaubert: Transgression, Progression, Progress* hervorgehoben, dass neben dem immer wieder beklagten Auf-der-Stelle-Treten von *histoire* und *discours* in der *Éducation sentimentale* vor allem auch ein „continued desire for movement" existiert, „a force which contradicts the apparently unchanging, futile implications of the text".[96] Und tatsächlich gibt es in der *Éducation* durchaus Bewegung, Frédéric unternimmt ja die langersehnte Reise nach Paris – sogar mehrmals. Diese vorwärtstreibende Kraft allerdings trägt nichts dazu bei, den Text und das Leben des Frédéric Moreau als weniger aussichtslos darzustellen, sondern führt, einmal mehr, hauptsächlich ihre eigene Suspension, ihre eigene Wirkungslosigkeit, die Diskrepanz zwischen Erwartung und Erfüllung vor. Der Wunsch nach Bewegung ist eine der soziokulturellen Grundannahmen des Romans und der Zeit, die im Bild der *ligne droite* mitgeführt wird (*droite* bedeutet nicht nur ‚gerade', sondern auch ‚rechts' und zugleich, ähnlich wie im Deutschen, ‚recht' im Sinne von richtig, (moralisch) aufrecht), und sie ist zu diesem Zeitpunkt bereits so sehr zum Selbstzweck geronnen, dass oft völlig unklar bleibt, *was* dadurch eigentlich erreicht werden soll. Frédérics Lebenslauf, seine Lebens*linie*, ist kontaminiert von Ziel-Setzungen, sich multiplizierenden Erwartungshorizonten, Eintrittspotentialitäten. Flaubert illustriert deren Kollaps und die für Frédéric mit ihm einhergehende teleologische Verunsicherung immer wieder, etwa auf der oben bereits erwähnten Kutschfahrt *en ligne droite* nach Paris, während derer das schon bei der ersten Nennung besagter Straße antizipierte nebulöse Verschwimmen aller Ziele ausbuchstabiert wird – wiederum durch einen sehr Flaubert'schen Einsatz des Wortes *chose*. Über Frédéric, der seinem Traum entgegenfährt, heißt es: „Comme un architecte qui fait le plan d'un palais, il arrangea, d'avance, sa vie. Il l'emplit de délicatesses et de splendeurs; il montait jusqu'au ciel, une prodigalité des choses y apparaissait" (ES 103). Auf „délicatesses" und „splendeurs",

---

96 Kate Rees: *Flaubert: Transportation, Progression, Progress*, S. 100.

immerhin noch Ausdruck einer diffusen Vorstellung von Reichtum und Ruhm, folgt in einer antiklimaktischen Reihung schließlich der Wunsch nach einer „prodigalité des choses", der denkbar unpräzisesten Beschreibung dessen, was sich Frédéric von und in Paris erwartet. Paris, das konkret zu benennende Ziel der Fahrt, wird augenblicklich überschrieben von anderen, größeren Zielen, die jedoch, wie immer in diesem Roman, so wenig greif- wie verfolgbar sind – und schnell derart unbeherrschbare, unüberblickbare Ausmaße annehmen, dass sie schier implodieren. „Die Zielbestimmung des ‚Fortschritts' schwankt zwischen endlicher Perfektion, die unerreichbar bleibt, und einer endlosen Zielverschiebung, weil die Zwecke, die der Fortschritt erfüllen soll, selber als fortschreitend entworfen werden",[97] schreibt Koselleck und illustriert damit *in nuce* Frédérics vergebliches Streben in der *Éducation sentimentale*. Im Moment des Erreichens von Zielen, den es in der *Éducation* öfter gibt, als der erste Leseeindruck vermuten ließe, entzieht sich jedes dieser Ziele, und Frédéric steht erneut am Anfang seiner Bemühungen, von denen er oft nicht einmal mit Sicherheit sagen kann, worauf sie sich richten. „Moi, je n'ai pas d'état" (ES 270), gesteht er Madame Arnoux irgendwann: „Ich habe keine Bestimmung".[98]

Alison Fairlie hat gezeigt, dass Flaubert ausgerechnet dem erfolglosen Maler Pellerin, der in der *Éducation* die personifizierte Persiflage des zeitgenössischen Künstlerromans darstellt, immer wieder Sätze in den Mund legt, die sich so oder so ähnlich auch in seiner *Correspondance* finden.[99] Wenn ebendieser Pellerin irgendwann die „bêtise de la Ligne" (ES 119) konstatiert, betrifft dies primär ein formalästhetisches[100] und poetologisches Ideal, darüber hinaus und eng damit verknüpft aber auch die *ligne* als übergreifende geschichtsphilosophische Konstruktion. In der *Éducation sentimentale* wird Fortschritt zur Phantasmagorie, der Glaube an ihn zum Symptom einer fundamentalen Unzulänglichkeit. Flauberts Roman beschreibt somit nicht die *vie manquée* eines Einzelnen, sondern die dem Subjekt dargebotene strukturelle Unmöglichkeit, sein Leben nicht zu verfehlen: ein bürgerlich-gesellschaftliches Problem, einen grundlegenden Makel

---

97 Koselleck: „Fortschritt", S. 352.
98 So die deutsche Übersetzung von Cornelia Hasting. Gustave Flaubert: *Die Erziehung der Gefühle. Geschichte eines jungen Mannes*, übers. v. Cornelia Hasting, Frankfurt am Main: Fischer 2014, S. 327.
99 „Pellerin servirait plutôt de porte-parole à certaines convictions ou tentations qui représentent à la fois les plus intimes impulsions de l'auteur, et son auto-critique la plus rigoureuse." Alison Fairlie: „Pellerin et le thème de l'art dans *L'Éducation sentimentale*", in: Dies.: *Imagination and Language. Collected Essays on Constant, Baudelaire, Nerval and Flaubert*, Cambridge: Cambridge UP 1981, S. 408–422, hier S. 411.
100 Kunstgeschichtlich referiert die Formulierung vor allem auf den das Jahrhundert prägenden Widerstreit zwischen einem Primat der Farbe (etwa in der Romantik) und einem Primat der Linie (in der Akademiemalerei).

des Konstrukts Fortschritt, der sich auf poetologischer wie inhaltlicher Ebene widerspiegelt. Wenn Frédéric und Deslauriers als Grund für ihr Versagen „l'époque où ils étaient nés" (ES 427) angeben, ist dies nicht nur eine den Protagonisten zynisch in den Mund gelegte hohle Phrase. Versagen wird zum *mode de vivre* in einer Gesellschaft, in der die Gegenwart immer fehlerhaft ist und die Zukunft nie zu erreichen – und genau deshalb zu einem genuin modernen Problem. „Ce but est une illusion funeste",[101] lautet dann auch Flauberts folgerichtiges Urteil über die hoffnungsvolle Suche seiner Zeitgenoss·innen nach Glück und Fortschritt, nach Glück im und Glück durch Fortschritt. Flauberts Roman handelt deshalb nicht in erster Linie vom so lange ersehnten, aber nicht erfolgten politischen Fortschritt, sondern von einer Generation, deren Leben geprägt ist von einem unbedingten Festhalten an dem vermeintlich an und für sich Erfüllung versprechenden Ideal des Fortschritts: Er handelt von der Übertragung der historischen Kategorie Fortschritt auf die individuelle Biographie. Fortschreiten wird zu einem so selbstverständlichen Ziel, dass Frédérics eigentlich so ereignisreiches Leben als *vie manquée* apostrophiert wird, weil am Ende des Romans alle vorübergehenden Erfolge und Veränderungen zerronnen sind: Frédéric ist wieder dort angelangt, wo die Geschichte ihren Ausgang genommen hat, nichts hat sich verändert, nur sein Leben ist inzwischen fast vorbei.

Flaubert selbst glaubt nicht an Erlösung, nicht an Glück und nicht einmal an Zukunft, nur an das Verrinnen der Zeit. „Die Wassermassen eines Flußlaufs bewegen sich irgendwohin, der Fluß macht aber keinen Fortschritt. Alles organisch Lebendige bewegt sich entwickelnd auf etwas hin, es schreitet aber nicht fort",[102] schreibt Karl Löwith und liefert damit die vielleicht prägnanteste Zusammenfassung dessen, wovon die *Éducation sentimentale* handelt. Wenn ich zu Anfang dieses Kapitels das träge Plätschern des Flusses als *basso continuo* des Romans bezeichnet habe, so ist an dieser Stelle dessen mechanische Überformung nachzutragen, die auch Prousts berühmte Metapher des „grand *Trottoir roulant* [...], au défilement continu, monotone, morne, indéfini"[103] impliziert. Walburga Hülk hat gezeigt, inwiefern es sich bei der Exposition am Pariser Quai Saint-Bernard um eine „physikalisch-mechanische"[104] handelt: Inmitten all der sentimentalischen Klischees geht beinahe unter, dass das bestimmende Bild der ersten Seiten dröhnende Motoren und eine in Fahrplänen organisierte „mechanische Zeit"[105] beinhaltet; von Beginn an wird das plätschernde Wasser mit maschinellen Vorgängen parallelgeführt. Fré-

---

101 Brief an Emmanuel Vasse de Saint-Ouen, 4. Juni 1846. Flaubert: *Correspondance*, Bd. 1, S. 271.
102 Karl Löwith: „Das Verhängnis des Fortschritts", in: Helmut Kuhn und Franz Wiedmann (Hg.): *Die Philosophie und die Frage nach dem Fortschritt*, München: Anton Pustet 1964, S. 15–30, hier S. 15.
103 Proust: „Style de Flaubert", S. 587. Kursivierung im Original.
104 Hülk: *Bewegung als Mythologie der Moderne*, S. 61.
105 Ebd., S. 68.

déric durchschreitet auf Prousts nicht stillzustellendem, schnurgeraden Fahrsteig ein Leben, in dem fast automatenhaft immer wieder dasselbe passiert. In der mechanischen Verdopplung des Schlusssatzes („C'est là ce que nous avons eu de meilleur!") findet diese Struktur ihr letztes Echo, das noch einmal bekräftigt, warum die *Éducation* nicht tragisch ist, warum hier niemand Schiffbruch erleidet. Es geht einfach alles immer weiter, dem Ende der unendlichen *ligne droite* entgegen, von der immergleichen Gegenwart hinein in eine ewig kreisende Zukunft. „Die Idee des Fortschritts ist in der Katastrophe zu fundieren", lautet eine bekannte Notiz in Walter Benjamins *Passagen-Werk*: „Daß es ,so weiter' geht, ist die Katastrophe".[106]

3.2 Versagen als geschichtsphilosophische Notwendigkeit: Lukács' *Theorie des Romans*

Eine der frühesten und zugleich einflussreichsten theoretischen Vereinnahmungen der *Éducation sentimentale* findet sich in Georg Lukács' 1916 erstmals erschiener *Theorie des Romans*, jenem pathosgetragenen, oft widersprüchlichen Entwurf, der heute zumeist eher als historisches Dokument gelesen wird denn als tatsächlicher Beitrag zu einer Gattungstheorie. Der Großteil der in der *Theorie des Romans* entwickelten Thesen, ob geschichtsphilosophisch oder literaturwissenschaftlich, gilt heute als überholt; und auch Lukács selbst, den mittlerweile 46 Jahre und ein ideologischer Graben von seinem Frühwerk trennen, räumt im Nachwort zur Neuausgabe von 1962 Zweifel an seiner Lektüre der *Éducation* ein und revidiert die zentrale an ihr erarbeitete Beobachtung.[107] Im Mittelpunkt des Folgenden wird demgegenüber die Annahme stehen, dass Lukács' *Theorie des Romans* eine zeitdiagnostisch luzide Erkenntnis enthält, die von der Forschung bislang völlig unbeachtet geblieben ist:

---

106 Walter Benjamin: *Das Passagen-Werk*, Bd. 1, hg. v. Rolf Tiedemann, Frankfurt am Main: Suhrkamp 1982, S. 592 [Konvolut N 9a,1].
107 Konkret spricht Lukács in der Erstausgabe von 1916 der Zeit und ihrem Vergehen in der *Éducation* einen Stellenwert zu, den sie seiner eigenen späteren Einschätzung nach erst bei Proust tatsächlich erhält: „Als Analyse des konkreten Werks entsteht auch hier [in der Passage über die *Éducation sentimentale*] eine unzulässige Abstraktion. Die Entdeckung einer ‚Recherche du temps perdu' läßt sich höchstens für den letzten Teil des Romans (nach der endgültigen Niederlage der Revolution von 1848) sachlich rechtfertigen. Immerhin ist hier die neue Funktion der Zeit im Roman – auf Grundlage der Bergson'schen ‚durée' – unzweideutig formuliert. Das ist um so auffallender, als Proust in Deutschland erst nach 1920 bekannt wurde [...]." Georg Lukács: *Die Theorie des Romans. Ein geschichtsphilosophischer Versuch über die Formen der großen Epik*, Darmstadt, Neuwied: Luchterhand 1984, S. 8. Im Folgenden abgekürzt mit der Sigle TdR.

Lukács etabliert das Versagen, so mein Argument, als geschichtsphilosophische Notwendigkeit und misst ihm damit eine zentrale Bedeutung nicht nur für die *Éducation sentimentale*, sondern auch für den modernen Roman an sich bei. Es ist dabei kein Zufall, dass auch Lukács seine Thesen mit Blick auf den Bildungsroman entwickelt und den Desillusionsroman, als dessen paradigmatisches Beispiel er die *Éducation* betrachtet, von ihm abgrenzt: Während der Bildungsroman eine Versöhnung des problematischen Individuums mit der es umgebenden Wirklichkeit darstelle und der Protagonist sich letztlich mit der Diskrepanz von Sein und Sein-Sollendem arrangiere, münde der Desillusionsroman in ein grundsätzliches Entsagen des Subjekts von der Gesellschaft, das zu seinem Versagenmüssen führe.

Georg Lukács' sperrige *Theorie des Romans* ist nur einer von vielen Texten, die zu Beginn des 20. Jahrhunderts, oft unter dem Eindruck des Ersten Weltkriegs, die erlittenen metaphysischen Verluste beklagen, eine Entzauberung der Welt (Max Weber) oder ihre Spaltung „in eine sinnentleerte Realität und das Subjekt"[108] konstatieren. Denn so sehr diese Welt vor dem Hintergrund technischen und wissenschaftlichen Fortschritts im 19. Jahrhundert als eine zunehmend beherrschbare erscheint, so nachdrücklich erweist sie sich, wie auch Lukács schmerzlich feststellt, in Abwesenheit eines notwendigen Existenzgrundes von Mensch und Leben zugleich als ontologisch kontingent.[109] Etwa zeitgleich mit Sigmund Freud beschäftigt sich deshalb auch Lukács mit den modernen Unmöglichkeitsbedingungen von Vollkommenheit und Erfüllung – und legt seine ganz eigene Theorie der Nichterfüllung vor, im Gewand einer *Theorie des Romans* zwar und dezidiert geschichtsphilosophisch angelegt, aber dennoch mit zahlreichen Resonanzen zu Freuds Überlegungen und mit kaum optimistischerem Fazit.

Lukács geht zunächst, in deutlicher Anlehnung an Hegel,[110] davon aus, dass bestimmte geschichtliche Zeiten mit literarischen Formen korrelieren; er betrachtet, so lautet zugleich die Überschrift des ersten Teils seiner Abhandlung, „[d]ie Formen der großen Epik in ihrer Beziehung zur Geschlossenheit oder Problematik der Ge-

---

108 Siegfried Kracauer: *Soziologie als Wissenschaft. Werke in neun Bänden*, Bd. 1, hg. v. Inka Mülder-Bach, Frankfurt am Main: Suhrkamp 2006, S. 13.
109 Vgl. ausführlich Michael Makropoulos: *Modernität und Kontingenz*, München: Wilhelm Fink 1997, S. 103 und *passim*.
110 Der Einfluss von Hegels Philosophie für *Die Theorie des Romans* ist, ebenso wie derjenige des kantischen Denkens, von der Forschung erschöpfend behandelt worden. Lukács selbst analysiert in seinem der Auflage von 1962 beigefügten Vorwort (TdR 6) selbstkritisch: „Ich befand mich damals im Prozeß des Übergangs von Kant zu Hegel, ohne aber an meinem Verhältnis zu den sogenannten geisteswissenschaftlichen Methoden etwas zu ändern." Dieser Übergang – oder Zwiespalt – spiegelt sich in zahlreichen Widersprüchen in der *Theorie des Romans*. Vgl. für eine detailliertere Betrachtung von Lukács' philosophischen Einflüssen Konstantinos Kavoulakos: *Georg Lukács's Philosophy of Praxis. From Neo-Kantianism to Marxism*, London: Bloomsbury 2018.

samtkultur" (TdR 21). Wie Hegel attestiert er dem antiken Griechenland „eine von sich aus geschlossene Lebenstotalität" (TdR 51), die im Epos zur Darstellung gebracht werde. Die Helden des Epos sind noch keine Individuen, der Gegenstand des Epos „kein persönliches Schicksal, sondern das einer Gemeinschaft", Leben bleibt eingestellt in ein „organisches Ganzes" (TdR 57), in eine – in Hegels Terminologie – Einheit von Geist und Welt. Weil diese Totalität undenkbar geworden ist, seit „Kants Sternenhimmel […] nur noch in der dunklen Nacht der reinen Erkenntnis" (TdR 28) glänzt, tritt in der Moderne[111] eine neue literarische Form an die Stelle der Epopöe, eine Form, die Brüchen, Unsicherheiten, einer verlorenen Sinnhaftigkeit des Lebens Rechnung trägt: der Roman. Allerdings, dies erwähnt auch Lukács selbst in seinem Vorwort von 1962, geht diese geschichtsphilosophische These, obwohl derjenigen von Hegel auf den ersten Blick sehr ähnlich, letztlich von einer gegenteiligen Prämisse aus: Wo Hegel den Roman als Zeichen eines sich teleologisch höherentwickelnden Weltgeistes auffasst, die „Kunst […] also gerade problematisch, weil die Wirklichkeit unproblematisch" (TdR 11) wird, betrachtet Lukács ihn als „Spiegelbild einer Welt, die aus den Fugen geraten ist" (ebd.).

Die Absage an Hegels Teleologie spielt für *Die Theorie des Romans* eine größere Rolle, als es Lukács' lapidare Bemerkung im Vorwort erahnen lässt: Zwar endet Lukács' Text mit der Ausrufung von Dostojewski als einem Vorboten der neuen Welt und damit doch mit einem sehr hegelianischen Gedanken;[112] der Großteil der *Theorie des Romans* aber ist getragen von einer – von Lukács und dem von ihm skizzierten modernen Subjekt gleichermaßen – schmerzhaft empfundenen Ziellosigkeit des Lebens, die sich als Basis und Symptom der Grundproblematik von Sinnfindung und Subjektkonstitution im Rahmen einer kontingenten (Un-)Ordnung der

---

111 Lukács' „Moderne" ist eine sehr großzügig gefasste, immerhin steht für ihn schon Dante an ihrer Schwelle – gemeint ist hier, wenn Lukács dies auch nicht eindeutig definiert, im weitesten Sinne der Übergang zur Neuzeit, wobei die Typologie der Romanformen im zweiten Teil der *Theorie des Romans* erst mit dem 18. Jahrhundert einsetzt.
112 Lukács spricht hier fast flehentlich von einem bevorstehenden Eintritt in ein neues Zeitalter, ohne allerdings näher auszuführen, warum gerade Dostojewskis Werke dafür prädestiniert scheinen. Dass Lukács den besonderen Stellenwert, den er Dostojewski beimisst, so spärlich begründet, mag mitunter mit der Arbeit an einer nie fertiggestellten Dostojewski-Monographie zusammenhängen, mit der Lukács 1915, also ein Jahr vor Veröffentlichung der *Theorie des Romans* begann. Dostojewski als Vorbote einer neuen Welt, die sich von der Welt des bürgerlichen Romans ohnehin fundamental unterscheidet und deshalb kein integraler Bestandteil einer *Theorie des Romans* hätte werden können, wäre dann an anderer Stelle ausführlicher behandelt worden. Niklas Hebing hat anhand von Lukács' Dostojewski-Nachlass herausgearbeitet, wie sehr die Beschäftigung mit dieser russischen Utopie zumindest Lukács selbst in eine neue Welt geführt – und dessen Übergang vom Hegelianer zum Marxisten begleitet, vielleicht sogar ermöglicht hat. Vgl. Niklas Hebing: *Unversöhnbarkeit. Hegels Ästhetik und Lukács' Theorie des Romans*, Duisburg: Universitätsverlag Rhein-Ruhr 2009, S. 123–131.

3.2 Versagen als geschichtsphilosophische Notwendigkeit: Lukács' *Theorie des Romans*

Welt manifestiert. Lukács selbst adressiert diese Tatsache nur in der ihm eigenen pathosschweren Metaphorik, von Telos oder Teleologie spricht er nie. Allerdings koppelt er den Schlüsselbegriff seiner Ausführungen, den der Totalität, an das (Nicht-)Suchenmüssen und (Nicht-)Findenkönnen von Zielen, immer wieder auch unterfüttert mit einer Semantik des Weges oder der Strecke. So zum Beispiel, wenn er über Dante spricht, dem ein Epos gelungen sei, „wo die geschichtsphilosophische Situation die Probleme schon hart an die Grenze des Romans drängt", und dies genau aufgrund einer klaren Zielbestimmung:

> Die Totalität der Danteschen Welt ist die des sichtbaren Begriffssystems. Gerade diese sinnliche Dinghaftigkeit und Substantialität sowohl der Begriffe selbst, wie ihrer hierarchischen Ordnung im System ermöglicht, daß die Geschlossenheit und die Totalität zu konstitutiven und nicht zu regulativen Aufbaukategorien werden; daß der Gang durch das Ganze eine an Spannung reiche, aber wohlgeleitete und ungefährdete Reise und nicht eine nach dem Ziele tastende Wanderung sei [...]. (TdR 60)

Mit dem Verschwinden eines geschlossenen Kosmos, wie man ihn laut Hegel und Lukács im antiken Griechenland kannte, beginnt das Zeitalter des „Suchens nach dem nicht mehr klar und eindeutig gegebenen Ziele" (TdR 32), das sich als sujet- und formbestimmendes Element in den Roman einschreibt:

> So objektiviert sich die formbestimmende Grundgesinnung des Romans als Psychologie der Romanhelden: sie sind Suchende. Die einfache Tatsache des Suchens zeigt an, daß weder Ziele noch Wege unmittelbar gegeben sein können, oder daß ihr psychologisch unmittelbares und unerschütterliches Gegebensein keine evidente Erkenntnis wahrhaft seiender Zusammenhänge oder ethischer Notwendigkeiten ist [...]. (TdR 51)

Für Lukács manifestiert sich auch im Roman als Gattung der Moderne, mithin als Gattung verlorener Vollkommenheit, eine „Gesinnung zur Totalität" (TdR 47), eine Hoffnung darauf, die „Lebensimmanenz des Sinnes" (ebd.) durch eine Ahnung von Transzendenz zu ersetzen, die Kontingenzen des modernen Lebens in einem größeren Ordnungszusammenhang aufheben zu können. Lukács' ästhetische Utopie ist keine christlich-jenseitige, aber dennoch eine, dies wird hier deutlich, die auf dem Glauben an ein ordnendes Anderes beruht. Man muss seine vielzitierte Formulierung von der „gottverlassenen Welt" (TdR 77) tatsächlich wörtlich nehmen: Gott ist nicht tot, er ist nur nicht da. Totalität bleibt auch als Es-war-einmal der Moderne das ihr übergeordnete Prinzip. „To experience this life as one of loss, as inadequate, partial, haunted by what ought to be but is not", schreibt J. M. Bernstein über diesen dialektischen Rückschlag „is to think in terms of totality."[113]

---

[113] J. M. Bernstein: *The Philosophy of the Novel. Lukács, Marxism, and the Dialectics of Form*, Minneapolis: University of Minnesota Press 1984, S. 104.

Und tatsächlich stellt Lukács die Möglichkeit einer neuen, ganz anderen Totalität in Aussicht: Die metaphysische Unvollkommenheit der modernen Welt lässt sich – im besten Falle – durch den Roman als Form und Verfahren ästhetisch kompensieren. So stark Lukács in diesem Zusammenhang jedoch auf die Bedeutung der Form insistiert, so wenig befasst er sich in seiner *Theorie des Romans* mit dem, was man landläufig darunter versteht; im Mittelpunkt steht für ihn vielmehr die für den Roman sich ergebende Notwendigkeit, „eigens [zu] behaupten, was dem antiken Epos zusammen mit seinen poetologischen Schemata zufiel: dass nämlich die Geschichten, die er erzählt, die Form einer Geschichte haben",[114] in sich selbst eine Totalität darstellen. Diese Totalität allerdings kann, so führt Lukács weiter aus, „nach dem endgültigen Entschwinden der Organik" (TdR 60) nur eine „abstrakte" sein, eine künstlich hergestellte und literarisch erzeugte; der Roman selbst bindet kontingente Ereignisse nunmehr in einen Ordnungszusammenhang ein. Verdeutlicht wird dieser abstrakte, brüchige und immer schon gebrochene Charakter des Romans kurz darauf durch eine bemerkenswerte – und vielschichtige – Metapher: Im Gegensatz zur „normativen Kindlichkeit der Epopöe" verkörpere der Roman die „Form der gereiften Männlichkeit" (TdR 61), und deshalb bedeute „das Abschließen seiner Welt objektiv gesehen etwas Unvollkommenes, subjektiv erlebt eine Resignation" (TdR 61). Dem Roman als Formung, als Bildung einer nach-organischen Totalität ist das Prinzip Vollendung fremd, er muss einen gewaltsamen Schlusspunkt hinter – zwischen – eine endlose, vergebliche Suche setzen. Damit benennt Lukács, dies sei hier vorweggenommen, zugleich die beiden Pole, zwischen denen sich sein moderner Romanheld bewegt: Er steht in einem Spannungsverhältnis zwischen einer hoffnungsvoll in Angriff genommenen, aber notwendig versagenden Suche nach Erfüllung in einer unvollkommenen Welt und einem Entsagen-Versagen der Suche von vornherein; ein Spannungsverhältnis, das nicht aufgehoben, sondern lediglich in einem erträglichen Gleichgewicht gehalten werden kann.

„Fiktion als Form"[115] lautet hier also die Devise, und dementsprechend arbeiten die Argumente, die Lukács für, meistens aber gegen die Qualität eines literarischen Werks in Stellung bringt, fast ausschließlich auf inhaltlicher Ebene, auf der, so ja Lukács' geschichtsphilosophische Grundannahme, Gelingen, Vollkommenheit oder Glück ohnehin nur unter schwersten Zugeständnissen möglich sind. *Die Theorie des Romans* denkt ihren Gegenstand a priori von seiner inhaltlichen Nichterfüllbarkeit her: Mag sich die Suche des Subjekts nach einem Sinn- und Ordnungszusammenhang

---

114 Rüdiger Campe: „Robert Walsers Institutionenroman *Jakob von Gunten*", in: Rudolf Behrens (Hg.): *Die Macht und das Imaginäre*, Würzburg: Königshausen & Neumann 2005, S. 235–250, hier S. 235.
115 Ebd.

3.2 Versagen als geschichtsphilosophische Notwendigkeit: Lukács' *Theorie des Romans*

auch literarisch überformen lassen, sie wird dadurch nicht weniger aussichtslos. In seiner wohl berühmtesten Formulierung bezeichnet Lukács den Roman als „Ausdruck der transzendentalen Obdachlosigkeit" (TdR 32), und mit dem immer wieder erwähnten Begriff der Sehnsucht installiert er als Letztbegründung eine Art metaphysischen Trieb, der beständig auf Erfüllung drängt.[116] Als Symptom einer durch den Wegfall jeglicher Providenz kontingent gewordenen Welt ist diese Sehnsucht dem modernen Menschen konstitutiv eingeschrieben und markiert den Verlust einer absoluten Ordnung, der das elementare Zentrum von Lukács' Theoriegebäude darstellt.

Es ist dieses aus einer unerfüllbaren Sehnsucht resultierende „Vorherbestimmteste des Versagens" (TdR 102), das Lukács als irreduzible Basis der modernen Welt betrachtet, und damit auch als unhintergehbare Grundkonstitution jedes Romans:

> Jede Form ist die Auflösung einer Grunddissonanz des Daseins, eine Welt, in der das Widersinnige an seine richtige Stelle gerückt, als Träger, als notwendige Bedingung des Sinns erscheint. Wenn also in einer Form der Gipfel des Widersinnes, das leere Hinauslaufen tiefer und echter menschlicher Bestrebungen oder die Möglichkeit einer letzten menschlichen Nichtigkeit, als tragende Tatsache aufgenommen und das an sich Widersinnige erklärt und zerlegt, mithin als seiend und unaufhebbar daseiend anerkannt werden muß, dann können in dieser Form zwar einige Ströme ins Meer der Erfüllung münden, aber das Verschwundensein der offenbaren Ziele, die entscheidende Richtungslosigkeit des ganzen Lebens muß dennoch allen Gestalten und Begebenheiten als Fundament des Aufbaus, als konstitutives Apriori zugrunde gelegt werden. (TdR 52 f.)

Eine kontingente Welt bringt problematische Individuen hervor, so lautet dann auch eine von Lukács' einprägsamsten Formeln, „[k]ontingente Welt und problematisches Individuum sind einander wechselseitig bedingende Wirklichkeiten" (TdR 67). Damit einher geht, wie Lukács weiter ausführt, eine Gefahr, die in einer geschlossenen Welt undenkbar gewesen wäre, das moderne Subjekt jedoch konti-

---

[116] Auch die Sehnsucht, eine weitere teleologische Kategorie, wird mit einer Semantik des Weges belegt, den der Held des Epos kennt, während das Subjekt der Moderne ihn vergeblich sucht. So heißt es über das Epos, TdR 76: „[E]s gibt eine Sehnsucht der Seele, wo der Heimatdrang so heftig ist, daß die Seele den ersten Pfad, der heimzuführen scheint, in blindem Ungestüm betreten muß; und so groß ist diese Inbrunst, daß sie ihren Weg zu Ende zu gehen vermag: für diese Seele führt jeder Weg zum Wesen, nach Hause, denn für diese Seele ist ihre Selbstheit die Heimat." Für den Roman-‚Helden' hingegen wird die Sehnsucht als unerfüllbare festgeschrieben, TdR 101 f.: „Denn die utopische Sehnsucht der Seele ist nur dann eine echtgeborene, nur dann würdig, Mittelpunkt einer Weltgestaltung zu werden, wenn sie bei dem gegenwärtigen Stand des Geistes, oder, was dasselbe besagt, in einer gegenwärtig vorstellbaren und gestaltbaren, vergangenen oder mythischen Welt überhaupt unerfüllbar ist."

nuierlich bedroht und durch die Abwesenheit von Zielen, durch ein gebrochenes Telos bedingt ist:

> Wenn das Individuum unproblematisch ist, so sind ihm seine Ziele in unmittelbarer Evidenz gegeben, und die Welt, deren Aufbau dieselben realisierten Ziele geleistet haben, kann ihm für ihre Verwirklichungen nur Schwierigkeiten und Hindernisse bereiten, aber niemals eine innerlich ernsthafte Gefahr. Die Gefahr entsteht erst, wenn die Außenwelt nicht mehr in bezug auf die Ideen angelegt ist, wenn diese im Menschen zu subjektiven seelischen Tatsachen, zu Idealen werden. (TdR 67f.)

Frei und unter dem Blickwinkel des Versagens als moderner Denkfigur paraphrasiert: Menschen können religiösen Geboten zuwiderhandeln, aber Gott (oder: die Götter, ein irgendwie geartetes Höheres) erschafft sie nicht von vornherein als inadäquat oder dysfunktional. Dieser Eindruck *kann* erst im Moment einer konstitutiven teleologischen Verunsicherung überhaupt entstehen, dann, wenn sich der „Zwiespalt von Sein und Sollen" (TdR 70) nicht mehr an einer gegebenen Ordnung orientiert, sondern dem Subjekt selbst eingetragen wird, wenn die „problemlose Organik der Individualität zerrissen" und deshalb „für sich selbst zum Ziel" (TdR 68) wird, wenn sich objektive Ideen in subjektive Ideale verwandeln,[117] wenn das Subjekt also alles, was das „Leben zum eigentlichen Leben macht, zwar in sich, aber nicht als Besitz und Grundlage des Lebens, sondern als zu Suchendes vorfindet" (ebd.).

Diese (innere) ‚Gefahr', die in Lukács' Konstrukt so sicher eintritt, dass die Verwendung des Begriffs nur durch die vage mitgeführte Hoffnung auf ihre utopische Aufhebung zu rechtfertigen ist, betrifft alle – in einer kontingenten Welt a priori problematischen – Individuen, jederzeit und überall. Aber es gibt historisch, geschichtsphilosophisch und formal unterschiedliche Wege, mit ihr umzugehen, und Lukács liefert im zweiten Teil seiner Abhandlung, einer Typologie moderner Romanformen, einen Überblick über sie. Während Dostojewskis Werk als Vertreter einer neuen Welt den Roman als Gattung transzendiert und damit auch Lukács' Typologie übersteigt, haben die drei anderen Formen, der Roman des abstrakten Idealismus, der Erziehungsroman und der Desillusionsroman, zumindest ein übergreifendes Prinzip gemeinsam: Der „Prozeß, als welcher die innere Form des Romans begriffen wurde", besteht für Lukács im Versuch der „Wanderung des problematischen Individuums zu sich selbst" (TdR 70). Dieser kann besser oder schlechter, nie aber vollständig gelingen:

---

[117] Lukács verweist in seiner *Theorie des Romans* einige Male auf Platon – seine Verwendung des Begriffs ‚Idee' ist deshalb vor diesem Hintergrund zu verstehen: Gemeint ist ein Urbild im Sinne Platons.

Nach dem Erringen dieser Selbsterkenntnis scheint zwar das gefundene Ideal als Sinn des Lebens in die Lebensimmanenz hinein, aber der Zwiespalt von Sein und Sollen ist nicht aufgehoben und kann auch in der Sphäre, wo dies sich abspielt, in der Lebenssphäre des Romans nicht aufgehoben werden; nur ein Maximum an Annäherung, ein ganz tiefes und intensives Durchleuchtetsein des Menschen vom Sinn seines Lebens ist erreichbar. (Ebd.)

Ein solcher Prozess, zu welchem Ergebnis er letztendlich auch führen mag, umfasst für Lukács „ein Menschenleben"; mit dessen „normative[m] Inhalt, dem Weg zur Selbsterkenntnis eines Menschen, ist zugleich seine Richtung und sein Umfang gegeben" (ebd.). Dieser Satz, frappierend in seiner Apodiktik, ist ein überaus folgenreicher für Lukács' weitere Argumentation: Denn insofern er den Weg zur Selbsterkenntnis nicht nur als wünschenswertes Ergebnis, sondern gar als *normativen Inhalt* jedes Lebens betrachtet, attestiert er dem Roman immer und irreduzibel eine biographische Form. Diese Setzung reflektiert eine – von Lukács selbst entworfene – geschichtsphilosophische Notwendigkeit. Erst im bürgerlichen Zeitalter kann das Leben des Individuums – als Teil einer heterogenen, kontingenten Gesellschaft, nicht als Teil einer homogenen, organischen Gemeinschaft – überhaupt zum Gegenstand einer literarischen Darstellung werden, ja es muss dies sogar: Im Leben des problematischen Individuums allein manifestiert sich der Abstand von Sein und Sollen als Wesen der modernen Welt, und dieser Abstand ruft den Wunsch einer Versöhnung von Ich und Ideal hervor, eine Suche des Individuums nach und zu sich selbst, also just das, was man als vielleicht einzig unstrittiges Paradigma des Bildungsromans bezeichnen könnte. Was sich zuvor bereits in einer den Text durchziehenden Semantik des Weges, der Wanderung, des Lebens, einer „Organik der Biographie" (TdR 66) angekündigt hatte, wird hier als implizite Setzung offenbar: Wenn Lukács vom Roman spricht, dann hat er den Bildungsroman als Ideal vor Augen. Damit geht Lukács automatisch auch von einer biographischen Form aus, die das Leben des Protagonisten, mag es auch retardierende Momente und Peripetien aufweisen, auf das Ziel der Vervollkommnung zulaufen lässt oder zumindest unter dessen Eindruck steht.

Dieses Telos, das, von Lukács 1916 so schmerzlich vermisst, die Vehemenz erklärt, mit der die *Theorie des Romans* die Bedeutung des Bildungs- bzw. Erziehungsromans[118] unterstreicht, zeugt davon, dass er den aufklärerischen Fort-

---

[118] Zur begrifflichen Abgrenzung zwischen Bildungs- und Erziehungsroman sind immer wieder Versuche unternommen worden, die dem Erziehungsroman zumeist ein klares pädagogisches Programm nach dem Vorbild von Rousseaus *Émile ou De l'éducation* attestieren (für dessen unmittelbaren Einfluss es bei Lukács keine Anhaltspunkte gibt), so zum Beispiel Melitta Gerhard in ihrer wichtigen Habilitationsschrift *Der deutsche Entwicklungsroman bis zu Goethes „Wilhelm Meister"*, Halle/Saale: M. Niemeyer 1926, S. 1. Allerdings stammen die meisten dieser Abgrenzungsversuche ebenso wie Lukács' *Theorie des Romans* aus einer Zeit, in der das literaturwissen-

schrittsglauben als eine geschichtsphilosophische Grundannahme des Genres betrachtet, und, damit eng verbunden, von dessen Einbettung in einen übergeordneten – mit einem religiösen Residuum behafteten – Ordnungszusammenhang ausgeht. Dieser Ordnungszusammenhang ist von der metaphysischen Totalität, die das antike Griechenland kannte, freilich jahrhunderteweit entfernt, aber er scheint für Lukács doch wenigstens „einige Ströme in das Meer der Erfüllung münden" (TdR 52) zu lassen und damit die Möglichkeit einer individuell-weltlichen ‚Versöhnung' zu bergen (die man sich gleichwohl als Anpassung, nicht als Erfüllung vorzustellen hat), auf die er im Abschnitt über den Erziehungsroman nach dem Vorbild des *Wilhelm Meister* weit häufiger anspielt, als es seiner geschichtsphilosophischen Direktive eigentlich entspricht.

Der Erziehungsroman steht innerhalb der *Theorie des Romans* nicht nur historisch, sondern auch systematisch zwischen der älteren, im 18. und frühen 19. Jahrhundert verorteten Romanform des abstrakten Idealismus, für Lukács versinnbilchet von *Don Quijote*, und der jüngeren, das spätere 19. Jahrhundert prägenden Form des Desillusionsromans. Alle drei Erscheinungsweisen des Romans kreisen um das „Nichteingehen-Wollen der Sinnesimmanenz in das empirische Leben" (TdR 61) und um den stets vergeblichen Versuch, die Diskrepanz zwischen Sein und Seinsollendem zu überwinden, der in drei verschiedenen Modi vollzogen wird: Das „streitbar ausziehend[e]" Subjekt des abstrakten Idealismus handelt, als korrespondiere die äußere Welt uneingeschränkt mit seinen inneren Idealvorstellungen, als sei die Welt noch die vollkommene der Antike, sodass „sein Scheitern an der Wirklichkeit […] auf den ersten Blick mehr den Anschein eines bloß äußeren Scheiterns" (TdR 83) hat. Für den Desillusionsroman gilt genau das Gegenteil: Der Ort des Versagens ist hier das in sich zurückgezogene Subjekt selbst. Der Erziehungsroman nun stellt sowohl historisch als auch inhaltlich (Lukács selbst spricht von „ästhetisch", misst aber letztlich wiederum nur der Handlung Bedeutung bei, TdR 117) eine Zwischenform dar, die am prosaischen Zustand der Welt zwar nicht grundlegend etwas ändern kann, dem, was man unter den gegebenen Bedingungen als ‚Erfüllung' bezeichnen könnte, aber dennoch am nächsten kommt. Die Unvollkommenheit der äußeren Welt einerseits und das Entsagen des Subjekts andererseits können in ihm – und nur in ihm – in einem Gleichgewicht gehalten werden. Das bestimmende Thema des Er-

---

schaftliche Interesse am Bildungsroman noch jung, die Nomenklatur *ex post facto* gerade erst vollzogen und mithin der Begriff des Bildungsromans noch nicht in dem Maße ein stehender war wie heute. Vor diesem Hintergrund – und angesichts der Tatsache, dass eine explizit pädagogische Argumentation in Lukács' Text nicht erkennbar ist – gehe ich an dieser Stelle davon aus, dass Lukács unter Erziehungsroman das versteht, was man heute als Bildungsroman bezeichnen würde.

3.2 Versagen als geschichtsphilosophische Notwendigkeit: Lukács' *Theorie des Romans*

ziehungsromans ist folgerichtig die schwierige, aber dennoch mögliche „Versöhnung des problematischen, vom erlebten Ideal geführten Individuums mit der konkreten, gesellschaftlichen Wirklichkeit" (TdR 117), seine Bedingung das „Gelingenkönnen der auf ein gemeinsames Ziel gerichteten Bestrebungen" (TdR 119 f.). Als Kompromiss zwischen der Äußerlichkeit des abstrakten Idealismus und der absoluten Innerlichkeit des Desillusionsromans versucht der Erziehungsroman, einen Ausgleich zwischen „Aktivität und Kontemplation" (TdR 120) zu schaffen; in der „Anpassung" (TdR 75) an eine bestehende Ordnung konstruiert er das in der Moderne so schmerzlich vermisste Telos neu.

Gerade in diesem Abschnitt folgt Lukács Hegels *Ästhetik* besonders auffällig, oft bis hinein in Details von Lexik und Diktion, und übernimmt zwei seiner wesentlichen Thesen. Zum einen macht sich Lukács Hegels Feststellung zu eigen, dass der Erziehungs- bzw. Bildungsroman stets auf das Ziel individueller Kompilanz zulaufe; der Protagonist müsse sich, so Hegel in einer berühmten und im Zusammenhang mit Flaubert bereits zitierten Passage, die Hörner abstoßen, um sich dann in die bestehenden gesellschaftlichen Verhältnisse zu fügen:

> Diese Kämpfe nun aber sind in der modernen Welt nichts weiteres als die Lehrjahre, die Erziehung des Individuums an der vorhandenen Wirklichkeit, und erhalten dadurch ihren wahren Sinn. Denn das Ende solcher Lehrjahre besteht darin, daß sich das Subjekt die Hörner abläuft, mit seinen Wünschen und Meinen sich in die bestehenden Verhältnisse und die Vernünftigkeit derselben hineinbildet, in die Verkettung der Welt eintritt und in ihr sich einen angemessenen Standpunkt erwirbt. [...] Wir sehen hier den gleichen Charakter der Abenteuerlichkeit [wie im Ritterroman, NW], nur daß dieselbe ihre rechte Bedeutung findet und das Phantastische daran die nötige Korrektur erfahren muß.[119]

Tatsächlich beschreibt nicht nur Hegel den frühen Bildungsroman in all seinen Versöhnungsbemühungen als ein sehr konservatives Genre; Franco Moretti vertritt sogar die These, es handle sich bei ihm um eine Erzählung, die darstellt, wie die Französische Revolution zu vermeiden gewesen wäre.[120] Ihre politische Kraft zieht diese von Hegel und Moretti in den Blick genommene Form des Bildungsromans vor allem aus der Tatsache, dass sie Trost und Hoffnung spendet angesichts der komplexen Widersprüche des modernen Lebens, dass sie die beiden konträren gesellschaftlichen Anforderungen von Individualisierung (Selbst-Bildung, Entfaltung, Einzigartigkeit) und Disziplinierung (Unterordnung, Anpassung, Nützlichkeit) miteinander zu vereinen verspricht. Oder anders formuliert: Sie fokussiert nicht allein

---

[119] Hegel: *Vorlesungen über die Ästhetik* II, S. 220 [Vgl. auch Anm. 54 in diesem Kapitel]. So sehr sich Lukács allerdings in vielen Aspekten an Hegel orientiert, einen entscheidenden Moment in Hegels Text ignoriert er geflissentlich: den Spott, mit dem Hegel dem (Bildungs-)Roman, für ihn der Inbegriff trivialer Unterhaltungsliteratur, begegnet.
[120] Moretti: *The Way of the World*, S. 64.

auf den „*innre[n] Zustand* des Menschen"[121] und die Bildung von Individualität, sondern hebt vielmehr auf die Dialektik einer gleichzeitigen „Entstehung und Auflösung von Individualität"[122] ab: auf die Ausbildung einer Persönlichkeit des Protagonisten, die in ihrer Einzigartigkeit von der Maßgabe, sich in die bürgerliche Gesellschaft einzugliedern und ihren Normen unterzuordnen, sofort wieder limitiert wird.

Moretti hat weiter darauf hingewiesen, dass diese Art der Unterwerfung nur dann Bestandteil – und Endpunkt – einer gelungenen Bildungsbiographie werden kann, wenn der Protagonist die gesellschaftlichen Erwartungen internalisiert hat, sodass Einzigartigkeit und Anpassung keinen Widerspruch mehr bedeuten;[123] nur so können innere und äußere Geschichte, wie von Blanckenburg gefordert,[124] schließlich zur Übereinstimmung kommen. Der Bildungsroman gleicht die Spannung zwischen Einzigartigkeit und Anpassung also vor allem insofern aus, als er dem Bildungssubjekt den Wunsch *sowohl* nach Einzigartigkeit *als auch* nach Anpassung selbst einträgt. Das hier dargestellte eigentliche Bildungsziel, so ließe sich diese Dialektik zugespitzt formulieren, besteht damit weder a priori in der persönlichen Entfaltung des Individuums noch in dessen Eingliederung in die Gesellschaft, sondern in der Herausbildung eines intrinsischen Strebens nach Höherentwicklung innerhalb der Gesellschaft, in dem Individualität und Anpassung synthetisiert werden. Dieser Tatsache tragen viele Bildungsromane insofern Rechnung, als sie – mit Ausnahme der trivialliterarischen Varianten, die schon Hegel in seiner *Ästhetik* mitgedacht hat – zumeist nicht im landläufigen Sinne mit einem Happy End schließen. Sie enden nicht mit dem Versprechen auf ein nunmehr gänzlich sorgloses Leben, mit Vollendung gar, sondern mit einem fragilen Gleichgewichtszustand, der nicht Erfüllung bedeutet, sondern nur das temporäre Aufheben der Suche nach ihr: Glück als (vorläufiges) Ende des Werdens.[125] Auch für Lukács münden die „schweren Kämpfe und Irrfahrten" (TdR 117) in ein zweifelhaftes Glück: in das „Sichabfinden mit der Gesellschaft im resignierten Aufsichnehmen ihrer Lebensformen und das Insichabschließen und Fürsichbewahren der nur in der Seele realisierbaren Innerlichkeit" (TdR 121). Trotzdem allerdings – und angesichts ihres doch recht unrevolutionären Charakters zunächst überraschend – bewertet Lukács eine solche Anpassung ungleich positiver als Hegel. Zwar müsse „die soziale Welt zu einer Welt der Konventionen" werden, diese

---

121 Blanckenburg: *Versuch über den Roman*, S. 397. Kursivierung im Original.
122 Klaus-Dieter Sorg: *Gebrochene Teleologie. Studien zum Bildungsroman von Goethe bis Thomas Mann*, Heidelberg: Winter 1983, S. 9.
123 Moretti: *The Way of the World*, S. 16 und *passim*.
124 Vgl. Blanckenburg: *Versuch über den Roman*, S. 397.
125 Vgl. Moretti: *The Way of the World*, S. 23 f.

aber sei der „Durchdringung von dem lebendigen Sinn des Lebens teilweise zugänglich" (TdR 123).

Zum anderen schließt sich Lukács der schon bei Hegel mitgeführten Einschätzung an, dass es sich beim Erziehungs- bzw. Bildungsroman (ein Terminus, den Hegel freilich nicht benutzt) um ein bereits historisch gewordenes Genre handle. Er betont mehrfach, dass die vorbildhafte Versöhnung von innerer und äußerer Welt in den „nachgoetheschen" (TdR 122) Romanen dieser Art nicht mehr zu finden sei; in ihnen sei vielmehr ein gleitender Übergang zum Desillusionsroman zu beobachten, jener Romanform, als deren einzig gelungenes Beispiel er Flauberts *Éducation sentimentale* betrachtet. In dieser Romanform werde das konstitutive Spannungsverhältnis zwischen Subjekt und Welt in der „Innerlichkeit" (TdR 99) des zur Passivität neigenden Protagonisten selbst ausgetragen: Weil das Subjekt seine Inadäquatheit in der Welt schmerzlich empfindet, sucht es jegliche Interaktion mit ihr zu vermeiden. Lukács nimmt für den Desillusionsroman, anders als für den Roman des abstrakten Idealismus, ein Subjekt an, das sich seiner selbst sehr bewusst ist, sich aber nicht mit den (ihrerseits schwammig gewordenen) Anforderungen der Außenwelt in Einklang bringen kann. Denn während für den Protagonisten des Erziehungsromans das „schließliche Ankommen [...] in eine[r] resignierte[n] Einsamkeit nicht einen völligen Zusammenbruch [...] bedeutet, sondern die Einsicht in die Diskrepanz zwischen Innerlichkeit und Welt" (TdR 121), sieht sich das Subjekt des Desillusionsromans – in Ermangelung jener Einsicht – mit seinem „Versagenmüssen" (TdR 104) konfrontiert.

Tatsächlich spricht Lukács in seinem Kapitel über die Desillusionsromantik in bemerkenswerter Häufung von Versagen: Sieben Mal verwendet er das Wort auf diesen wenigen Seiten, in keinem anderen Abschnitt der *Theorie des Romans* wird es jemals erwähnt. Dies ist insbesondere insofern bemerkenswert, als ‚Versagen', daran sei noch einmal erinnert, 1916, in dem Jahr, in dem Lukács' *Theorie des Romans* erstmals erscheint, noch nicht der geläufige Ausdruck ist, als den wir ihn heute kennen. Wenn Lukács also vom Versagen spricht, führt er den älteren semantischen Gehalt des Wortes immer mit, mehr noch: Lukács spielt mit den verschiedenen Bedeutungsebenen von ‚Versagen', flicht sie, in ihrer Wiederholung fast an eine *figura etymologica* erinnernd, in ihren unterschiedlichen grammatischen Erscheinungsweisen in den Text ein und beschreibt das Versagenmüssen so als grundlegendes und irreduzibles Dilemma der Protagonisten des Desillusionsromans.

Die erste Erwähnung des Versagens innerhalb des Kapitels erfolgt in seiner heute geläufigsten Bedeutung, nämlich als Gegenbegriff zum „Gelingen" (TdR 101). Lukács hat zu diesem Zeitpunkt bereits über drei Seiten hinweg ausgeführt, worin er das hauptsächliche Charakteristikum des Protagonisten des Desillusionsromans sieht. Anders als der Protagonist des Erziehungsromans entsage dieser der äußeren

Welt und ihren Erwartungen komplett: Entsagung bedeutet hier nicht die Basis für Erfolg, Glück oder ein gelungenes Leben nach den Maßgaben der (internalisierten) Erwartungen der Gesellschaft, sondern ganz im Gegenteil die Basis des Versagens.[126] Die bürgerliche Gesellschaft, die mit ihren normativen Anforderungen als Instanz einer äußeren Versagung im Erziehungsroman die Position der verlorenen Totalität einnehmen und das Subjekt zur Anpassung an gesellschaftliche Gegebenheiten führen kann, hat als „Inbegriff sinnesfremder Gesetzlichkeiten" (TdR 99) für den Protagonisten des Desillusionsromans jegliches Identifikationspotential verloren, es gelingt ihm nicht, sich zu ihr in eine Beziehung zu setzen, an der äußeren Welt auf eine Weise teilzunehmen, die noch im Erziehungsroman wenn nicht selbstverständlich, so doch zumindest realisierbar erschienen war. Was bleibt, ist der Rückzug auf und in sich selbst, ein vollständiges, subjektives Resignieren ob der objektiven Unvollkommenheit, in dem jeglichen Bemühungen, sich an die Welt anzupassen oder mit ihr zu versöhnen, entsagt wird – und das somit als Versagen, im zweifachen Sinne des Wortes, lesbar wird. Diese beiden Ebenen von willkürlichem Absagen und unwillkürlichem Versagen setzt Lukács – wie auch Freud, vgl. Kap. 2.2 – in ein Abhängigkeitsverhältnis zueinander: Was bei ihm zunächst als willentlicher Akt des Sich-Entziehens erscheint, wird bald als „verzweifeltste Notwehr", als „Aufgeben jedes bereits a priori als aussichtslos und nur als Erniedrigung angesehenen Kampfes" (TdR 100) bezeichnet, als ganz und gar nicht freiwillige Entscheidung also, und mündet schließlich, eine Seite später, in die erste Erwähnung von Versagen als Gegenteil von ‚Gelingen', als nicht mehr beeinflussbarem Nichterfüllen von Erwartungen. Damit ist ‚Versagen' in der *Theorie des Romans* von Beginn an doppelt codiert: als Resultat eines Entsagens (und damit auch: eines Sich-Verweigerns) gegenüber gesellschaftlichen Ansprüchen einerseits, als Nicht-Gelingen andererseits. Mit dieser semantischen Überdeterminierung spielt Lukács im weiteren Verlauf des Kapitels ausgiebig, ein Verfahren, dessen er sich in der *Theorie des Romans* häufiger bedient: Statt sie auseinanderzuhalten, bringt Lukács seine Begrifflichkeiten zum Oszillieren, überformt seinen Gegenstand literarisch – und versucht so die Totalität ermöglichende Kraft der Literatur zu performieren, die er in seiner Argumentation theoretisch starkmachen will.

Allerdings belässt es Lukács nicht bei den beiden skizzierten semantischen Ebenen des Versagens. Im Laufe seiner weiteren Ausführungen wird bald eine dritte Ebene lesbar, die wiederum mit den beiden erstgenannten intrinsisch –

---

[126] Zur Entsagung als Topos des Bildungsromans und ihrer Umdeutung im 19. Jahrhundert vgl. auch Moritz Baßler: „Figurationen der Entsagung. Verfahrenslogik des Spätrealismus bei Wilhelm Raabe", in: *Jahrbuch der Raabe-Gesellschaft* 51 (2010), S. 63–80.

3.2 Versagen als geschichtsphilosophische Notwendigkeit: Lukács' *Theorie des Romans* — 135

hierarchisch – in Beziehung steht. Insgesamt vier Mal verwendet Lukács ‚versagen' transitiv, im Sinne also nicht von ‚Versagen', sondern von ‚Versagung'. Diese transitive Form – und darauf spielt Lukács hier an – ist fast ausschließlich in religiösen Kontexten gängig, und sie impliziert schon rein grammatikalisch ein Subjekt und ein Objekt der Versagung, also explizit einen Urheber in Gestalt einer normativen Instanz, von der das Subjekt des Desillusionsromans endgültig und – im Gegensatz zum Erziehungsroman – nicht-kompensierbar abgeschnitten ist: Es ist diese Leerstelle, diese Abwesenheit, die das Versagen des Subjekts für Lukács erst bedingt.[127]

Objekt und Subjekt der Versagung fallen daher, so könnte man Lukács' These hier etwas zugespitzt formulieren, im Subjekt zusammen. Dies betrifft nicht allein den Desillusionsroman, aber es betrifft ihn besonders: Denn während im Erziehungsroman die disziplinierenden und ordnenden Institutionen des gesellschaftlichen Lebens von entscheidender Bedeutung sind (vgl. TdR 118), ist das Subjekt des Desillusionsromans endgültig ganz auf sich selbst zurückgeworfen. Was seit Menschengedenken als Unhinterfragbares gegeben war, eine kosmische Ordnung nämlich, die Regeln schafft und Grenzen setzt, muss in einer modernen Welt kompensiert werden. Der im Desillusionsroman einzig noch denkbare Stellvertreter eines solchen normativen Prinzips, das Subjekt selbst, sieht sich nunmehr mit dem nicht auflösbaren Rollenkonflikt konfrontiert, zugleich als Prüfer und als Prüfling, als Schöpfer und Gegenstand der Schöpfung zu fungieren,[128] seine Sehnsüchte im vollen Wissen um deren utopischen Charakter ins Werk zu setzen. Es ist zugleich Träumer und zensurierende Instanz des Traumes, und verspürt daher

> von vornherein ein schlechtes Gewissen und die Gewißheit der Niederlage [...]. Und das Entscheidende an dieser Gewißheit ist ihre unlösbare Verknüpftheit mit dem Gewissen; die Evidenz, daß das Scheitern eine notwendige Folge ihrer eigenen, inneren Struktur ist. (TdR 103)

In seiner Nicht-Verhältnismäßigkeit gegenüber der Welt vereint das Subjekt in sich also zugleich den Ort des Versagens und die Instanz der Versagung, die Lukács hier, ganz ähnlich wie Freud, mit dem recht unvermittelt und nur diese beiden Male auftauchenden Begriff des Gewissens als internalisierter Bewertungsinstanz belegt. Das Spannungsverhältnis, das Lukács an dieser Stelle beschreibt, stellt eine besonders folgenreiche Implikation seiner Theorie dar: Weil das ehemals als trans-

---

[127] Vgl. z. B. TdR 104, wo Lukács im selben Atemzug auch die Instanz benennt, die die Leerstelle einst gefüllt hat: „Die Innerlichkeit, der jeder Weg zum Sichauswirken versagt ist, staut sich nach innen, kann aber dennoch niemals auf das für immer Verlorene Verzicht leisten [...]."
[128] Vgl. TdR 104: „Das Leben wird zur Dichtung, aber damit wird der Mensch zugleich Dichter seines eigenen Lebens und der Zuschauer dieses Lebens als eines geschaffenen Kunstwerks."

zendent empfundene normative Prinzip nunmehr der Immanenz des Subjekts eingeschrieben werden muss, erreicht dessen „innere Wichtigkeit […] den geschichtlichen Gipfelpunkt" (TdR 103) – doch diese Aufwertung des Subjekts bringt eine „Niederlage [als] die Voraussetzung der Subjektivität" (TdR 104) unweigerlich mit sich. Das Subjekt der Desillusionsromantik konstituiert sich, anders formuliert, aus seinem notwendigen Versagen heraus. Wenn der Erziehungsroman die Formung, das Werden des Subjekts darstellt, durch das es erst Eingang in die Gesellschaft findet, sich ihr anpasst und unterordnet, ist darin stets ein Ideal mitgeführt, das das Subjekt zum Schöpfer seiner selbst kürt. Lukács führt diesen Gedanken weiter, konkretisiert ihn und schränkt ihn ein: Eine gelungene Subjektkonstitution erscheint nur unter der Bedingung der Erfüllung gesellschaftlicher Erwartungen möglich, während das Subjekt, das zugleich ganz zum Objekt seiner eigenen Schöpfung wird und jeglichen Zugriff auf die Außenwelt verloren hat, zum Versagen verurteilt ist.

Es gibt schließlich noch eine vierte semantische Ebene des Versagens, die Lukács in den Text einflicht, wenn es um das „Vorherbestimmteste des Versagens" (TdR 102) geht – und die Bedeutung des Wortes erneut ins Flimmern gerät. Es lohnt sich, den fraglichen Satz in Gänze zu zitieren und genauer zu sezieren:

> Das Vorherbestimmteste des Versagens ist das andere, objektive Hindernis der rein epischen Gestaltung: ob diese Schicksalsbestimmung bejaht oder verneint, beweint oder verhöhnt wird, immer ist die Gefahr einer subjektiv-lyrischen Stellungnahme zu den Geschehnissen an Stelle des normativ-epischen reinen Aufnehmens und Wiedergebens viel näherliegend als es bei einem innerlich weniger von vornherein entschiedenen Kampf der Fall ist. (TdR 102f.)

Das „Vorherbestimmteste des Versagens" stellt in diesem Satz zunächst den Grund für das Fehlschlagen des Versuchs dar, den Desillusionsroman episch zu gestalten: Weil das Subjekt des Desillusionsromans zum Versagen prädestiniert ist, muss zugleich jede epische, den geschichtsphilosophischen Voraussetzungen widersprechende Überformung fehlschlagen. Besonders zwangsläufig – und ‚unepisch' – erscheint Lukács die relative Handlungsarmut, die dem Desillusionsroman als Konsequenz der grundlegenden Dissoziation zwischen dem Individuum und den Anforderungen der Außenwelt inhärent ist. Weil das Subjekt versagt: der Gesellschaft entsagt und ihre Erwartungen nicht erfüllt, gibt es im Desillusionsroman auch keine *rites de passage*, keinen Fortschritt, keine Entwicklung, von denen sich berichten ließe. Konkret besteht deshalb, so fährt Lukács fort, die „Gefahr einer subjektiv-lyrischen Stellungnahme zu den Geschehnissen an Stelle des normativ-epischen reinen Aufnehmens und Wiedergebens" (TdR 102f.), also die Gefahr einer rein im hermetischen Subjekt selbst verorteten, von ihm verantworteten und durch seine allzu selbstzentrierte Positionierung in der Welt bedingte Form der Rede, die „Stimmungen und Reflexionen" an die Stelle der „Fabel" (TdR 99) setzt. Neben das Versagen als Verweigern, Versagen als Resignieren und das Versagen als Nichterfüllen von

Erwartungen tritt hier eine vierte Ebene, die der zitierte Satz durch eine Isotopie des Sprechens mitführt. ‚Bejahen', ‚verneinen', ‚beweinen', ‚verhöhnen', ‚Stellungnahme' bezeichnen so nachdrücklich Sprechakte, dass auch ‚Versagen', seiner ursprünglichen Etymologie entsprechend,[129] als ein solcher lesbar wird: als eine Form der problematischen, in Reaktion auf den Verlust von Totalität selbstreferentiellen, semiotisch prekären Rede, die, weil sie jeden Zugriff auf die Außenwelt verloren hat, hermetisch um sich selbst kreist und darin Grund und Bestätigung des Sprechens selbst findet.

3.3 Scham und Internalisierung des Blicks: Kafkas *Der kleine Ruinenbewohner*

Mit der Internalisierung von Erwartungen beschäftigen sich auch Franz Kafkas Texte immer wieder, und auch dort ist diese Internalisierung oft gekoppelt an ein ‚Versagenmüssen' des Subjekts, an die (Un-)Möglichkeit biographischen Fortschreitens. Die Vorstellung eines gelungenen Lebens schimmert bei Kafka, insbesondere in seinen drei unvollendeten Romanfragmenten *Der Verschollene*, *Der Proceß* und *Das Schloß*, höchstens als lächerliche Hoffnung auf, und wo der Bil-

---

129 ‚Versagen' im ursprünglichen Sinne von ‚Verbieten', ‚Absagen' stellt, fast unnötig zu erwähnen, als Derivation von ‚sagen' einen sehr eindeutigen Sprechakt dar. Darüber hinaus lohnt hier jedoch ein Blick auf die Geschichte der komplexen Vorsilbe ‚ver-': Als sogenanntes multifunktionales Präfix kann ‚ver-' eine Vielzahl von Bedeutungen annehmen, wobei die beiden in Grimms *Wörterbuch* als wesentliche identifizierten just die beiden gegenläufige Pole des Fortgehens von einem Weg (im Sinne eines Aufhörens) einerseits und der Verfolgung eines Weges (bis zu seinem Ende, bis zu seinem Ziel) andererseits markieren. Vgl. *DWB*, Bd. 25, Sp. 55: „die bedeutung spaltet sich nach zwei richtungen, sie bezeichnet a) ein hinweggehen, hinwegschaffen vom bisherigen wege, b) ein fortgehen, fortschaffen auf dem eingeschlagenen wege bis zum vorgesteck*ten* ziele." Auch der Versuch einer genaueren Unterteilung geschieht in auffälliger Abhängigkeit von einem Telos: „1) *die erstere bedeutung tritt noch klar hervor im nhd. verlaufen, vergehen, verfahren [...] 2) der ort, dem etwas zustrebt, wird als der falsche, unrichtige aufgefaszt, so erhält abgehen, wegschaffen vom wege eine tadelnde nebenbedeutung: nhd.*verführen, verleiten, verlegen, verbiegen, verdrehen, verrenken [...] 3) *aus obiger sinnlicher bedeutung entwickelt sich eine abstracte: die negation.* ver *verkehrt den begriff des einfachen zeitwortes in das gegentheil: nhd.* verwesen, verbieten, versagen, verbitten, verschwören, vergessen [...] 4) *in zweiter linie hat* ver *die bedeutung ‚fort, bis zum ende', bezeichnet also ein vorwärtsschreiten, vorwärtsbringen der im einfachen zeitworte ausgesprochenen thätigkeit auf dem eingeschlagenen wege bis zur vollendung. daraus entsteht die bedeutung voller durchführung: nhd.* verblühen, verbluten, verbleiben, verbrausen, verbrennen, vertoben, verschnaufen, verblinden, vertilgen, verbrechen, versenken". Kursivierungen im Original. Das Präfix ver- in ‚Versagen' wird hier entsprechend seiner älteren Semantik als Negation geführt – aber als Negation, die etymologisch die Vorstellung eines ‚falschen' Weges, eines Abkommens vom rechten Weg transportiert.

dungsroman den Lebensweg seines Protagonisten als dessen Eingliederung in einen größeren gesellschaftlichen Ordnungszusammenhang inszeniert, bewegen sich Kafkas Figuren von Beginn an in den Strukturen und Mechanismen einer übergeordneten Institution, die ihnen Entwicklung, Fortschritt oder gar Vollendung zu verwehren scheint – und aus der es ganz grundsätzlich kein Entkommen gibt. Rüdiger Campe hat den *Proceß* und das *Schloß* deshalb als Institutionenromane bezeichnet: Die Subjektkonstitution, die der Bildungsroman in Form einer biographischen Erzählung zum Ausdruck bringt, wird im Institutionenroman zur Subjektivierung vor, durch und in der Institution; zu einer Form der Identitätszuschreibung (und nicht: Identitätsbildung), die überhaupt nur innerhalb der Grenzen der Institution Gültigkeit besitzt:

> Der Name der zählt ist die Position; und die einzige Geschichte, die erzählt wird, ist die Geschichte der institutionellen Stellung. Insofern wird im *Schloß* wirklich die gesamte Erzählung des Romans zur Antwort auf die Frage nach dem Subjekt – aber nicht als autobiographische, sondern als institutionelle Erzählung. Der Roman der Institution *ist* in diesem Fall die Antwort auf die Frage nach dem Subjekt.[130]

Dass das Subjekt in Kafkas Romanen derart eng mit der Institution verknüpft ist, erst in ihr überhaupt denkbar und von ihr definiert wird, hängt wohl nicht zuletzt mit Kafkas Interesse für die an den modernen Menschen gerichtete Anforderung zusammen, sich privat, vor allem aber auch beruflich zu entwickeln, das im *Verschollenen*, im *Proceß* und auch im *Schloß* (vgl. Kap. 4.3) widerhallt. Gerhard Neumann hat deshalb sogar dafür plädiert, Kafkas drei Romanfragmente als „Teilstücke eines einzigen Bildungsromans anzusehen",[131] und im Übrigen darauf

---

130 Rüdiger Campe: „Kafkas Institutionenroman. *Der Proceß, Das Schloß*", in: Rüdiger Campe und Michael Niehaus (Hg.): *Gesetz. Ironie. Festschrift für Manfred Schneider*, Heidelberg: Synchron 2004, S. 197–208, hier S. 199. Interpunktion und Kursivierung wie im Original. Der Vollständigkeit halber sei angemerkt, dass Institutionen im Bildungsroman, etwa im *Wilhelm Meister* in Gestalt der Turmgesellschaft, früh eine große Rolle spielen, wenn auch in deutlich anders gelagerter Form als bei Kafka. Vgl. dazu ausführlicher Joseph Vogl: „Lebende Anstalt", in: Friedrich Balke, Joseph Vogl und Benno Wagner (Hg.): *Für Alle und Keinen. Lektüre, Schrift und Leben bei Kafka und Nietzsche*, Zürich, Berlin: diaphanes 2009, S. 21–33, hier S. 23 f.: „An Goethes Projekt lässt sich durchaus eine Station in der Genese dessen erkennen, was man *Institutionenroman* nennen kann. Während allerdings dieser Entstehungsprozess und nicht zuletzt die Poetik des Entwicklungs- und Bildungsromans dadurch gekennzeichnet sind, dass einzelne Lebensgeschichten und allgemeine Zusammenschau, (auto-)biographische Ursprungsperspektiven und institutionelles Passepartout in prekärer Spannung zueinander verharren und einigen Übersetzungsaufwand verlangen, hat gerade Kafkas Literatur eine wechselseitige Adsorption vollzogen und präsentiert individuelle Lebenssubstrate ausschließlich in institutionell kodierter Form."
131 Gerhard Neumann: „Kafkas Architekturen – *Das Schloss*", in: Malte Kleinwort und Joseph Vogl (Hg.): *„Schloss"-Topographien. Lektüren zu Kafkas Romanfragment*, Bielefeld: transcript

3.3 Scham und Internalisierung des Blicks: Kafkas *Der kleine Ruinenbewohner*

aufmerksam gemacht, dass schon eines der frühesten Prosastücke aus Kafkas Tagebüchern, 1910 verfasst und von Max Brod nachträglich mit dem Titel *Der kleine Ruinenbewohner* versehen, einige der wichtigsten Motive des Bildungsromans variiert. „Die literarische Form, die Kafka zur Wiedergabe [des] Gelingens oder Scheiterns von Lebens- und Schreibkarrieren vorgeschwebt hat", so Neumann deshalb, „war von Anfang an offenbar die des Bildungsromans."[132]

Tatsächlich weist bereits *Der kleine Ruinenbewohner* zahlreiche Grundmotive und Strukturen auf, die später als paradigmatisch für das Kafka'sche Schreiben gelten werden, und dies nicht nur, weil Kafka schon diesen frühen Versuch sechs Mal von Neuem beginnt und ihn sechs Mal nur geringfügig verändert, um ihn dann sechs Mal nach nur wenigen Zeilen versiegen zu lassen. Es vollzieht sich in diesen sechs Anfängen außerdem der für Kafkas Werk wesentliche Abschied von einem optimistischen Bildungs- und Erziehungsideal, das hier von Beginn an als ein äußerst fragwürdiges verhandelt und vom Ich-Erzähler schließlich als Ursache allen Unglücks identifiziert wird. Vor diesem Hintergrund lässt sich *Der kleine Ruinenbewohner* als Reflexion über die Unvollkommenheit des modernen Menschen im Angesicht von Institution und Gesellschaft lesen, wie sie für Kafkas weiteres Schaffen zentral sein wird. Schon in diesen frühen Fragmenten entwirft Kafka seine Protagonisten als notwendig defizitäre Wesen, als Menschen, denen zwangsläufig jede Chance genommen wird, Erwartungen nicht zu unterschreiten. Diese Unvollkommenheit, die in seinen späteren Romanversuchen zum Versagen gesteigert wird, verdichtet sich bereits im *Ruinenbewohner* zum Kern von Kafkas Subjektentwurf. Begleitet, dominiert und verstärkt wird sie dabei stets von ihrem somatisch-disziplinierenden Korrelat, das für die Denkfigur des Versagens eine kaum zu überschätzende Rolle spielt: der Scham.

Der erste dieser *Ruinenbewohner*-Versuche lautet in Gänze:

> Wenn ich es bedenke, so muß ich sagen, daß mir meine Erziehung in mancher Richtung sehr geschadet hat. Ich bin ja nicht irgendwo abseits, vielleicht in einer Ruine in den Bergen erzogen worden, dagegen könnte ich ja kein Wort des Vorwurfs herausbringen. Auf die Gefahr hin, daß die ganze Reihe meiner vergangenen Lehrer dies nicht begreifen kann, gerne und am liebsten wäre ich jener kleine Ruinenbewohner gewesen, abgebrannt von der Sonne, die da zwischen den Trümmern von allen Seiten auf den lauen Epheu geschienen hätte, wenn ich auch am Anfang schwach gewesen wäre unter dem Druck meiner guten Eigenschaften, die mit der Macht des Unkrauts in mir emporgewachsen wären[133]

2013, S. 197–218, hier S. 199. Zum *Verschollenen* als Bildungsroman vgl. auch Joseph Vogl: *Ort der Gewalt. Kafkas literarische Ethik*, München: Fink 1990, S. 18–23.
132 Neumann: „Kafkas Architekturen", S. 198.
133 Franz Kafka: *Tagebücher. Kritische Ausgabe*, hg. v. Hans-Gerd Koch, Michael Müller und Malcolm Pasley, Frankfurt am Main: Fischer 2002, S. 17. Interpunktion wie im Original. Im Folgenden abgekürzt mit der Sigle T.

Kafka scheint in dieser Passage auf Rousseaus *perfectibilité*-Gedanken Bezug zu nehmen, zugleich – und mehr noch – aber auch auf dessen im Bildungsroman normalerweise ausgesparte Kehrseite, die drohende *corruptibilité*: Erziehung führt im *Kleinen Ruinenbewohner* nicht nur nicht zu einem gelungenen, erfolgreichen oder glücklichen Leben, sie verhindert es sogar. Der „Druck [der] guten Eigenschaften" (Genitivus subiectivus), mit dem Kafkas Eintrag schließt, ist hier zunächst kein von außen auferlegter, sondern ein organisch, ungestüm, ungezähmt und utopisch-unkorrumpiert an die Oberfläche drängender, der sich unter dem Regime der Erziehung jedoch freilich nicht reproduzieren und schließlich die vormals guten Eigenschaften ins Negative umschlagen lässt: Sie wachsen dann nicht mehr unkontrolliert und schnell *wie* Unkraut, sondern schlicht *als* Unkraut. Entwicklung ist bei Rousseau nicht automatisch positiv, sie bedeutet als Vergesellschaftung vielmehr immer eine Entwicklung weg vom Naturzustand und birgt darüber hinaus die Gefahr eines Rückfalls selbst hinter die (Nicht-)Entwicklung des Tieres. Auf geschichtsphilosophischer Ebene führt Rousseau als Beispiel den Verfall des Spätrömischen Reiches an (Perversion statt Perfektion,[134] wie Niklas Luhmann es einmal genannt hat). Auf rein individueller Ebene besteht das Risiko, das sich aus der Entwicklungsfähigkeit des Menschen ergibt, weniger in einer moralischen Degeneration (wenngleich auch sie möglich und denkbar ist) als vielmehr in jenem fundamentalen *Ausfall* von Entwicklung, den man heute in die Nähe eines Versagens rückt. Für das Tier stellt Entwicklung nur als rein biologische eine relevante Kategorie dar – dementsprechend kann es auch nicht versagen. Die zweifelhafte Fähigkeit, genau dies zu tun, hebt den Menschen von ihm ab. Es ist also, so lautet die Dialektik dieser Rousseau'schen Denkfigur, gerade die anthropologische Konstante – und Bürde – der *perfectibilité*, die das potentiell defizitäre Wesen des Menschen auf Dauer stellt.

Dem kleinen Ruinenbewohner, als den sich der Ich-Erzähler in Kafkas Tagebucheintrag imaginiert, ist die Bürde der Vervollkommnung indes nicht auferlegt. Möglich wird dieser utopische Zustand für ihn nicht allein, weil er in den Bergen lebt, abseits von allem und allen, an einem Ort, an dem eine von vornherein als minderwertig erachtete Form der Erziehung vorherrscht, die keinen Anspruch auf Absolutheit erhebt und keinem institutionalisierten Vergleich standhalten muss,[135]

---

134 Vgl. Niklas Luhmann: „Individuum, Individualität, Individualismus", in: Ders.: *Gesellschaftsstruktur und Semantik*, Frankfurt am Main: Suhrkamp 1993, S. 149–258, hier S. 213.
135 Ein Leben *gänzlich* ohne Erziehung scheint anfangs selbst in dieser Utopie für den Ich-Erzähler nicht denkbar. Auch in der Ruine wäre er, wie es im ersten Satz heißt, „erzogen worden" (T 17), allerdings bleibt unklar, in welchem Rahmen und von wem: Das Dasein des Ruinenbewohners, das in den darauffolgenden Sätzen geschildert wird, lässt eher auf eine Erziehung durch das Leben in der Natur schließen, die mit der Erziehung durch und in einer Institution

sondern auch, weil er sich just in Ruinen eingerichtet hat, *jenseits* von allem und allen. Diese Figur, die verlassene Räume besiedelt, die dort lebt, wo andere einmal gelebt haben, durchkreuzt jede Ursprungsfiktion eines paradiesischen Naturzustands – denn der Ruinenbewohner verharrt in diesem ‚Naturzustand' nicht, sondern erschafft ihn sich nachträglich aus und auf den Trümmern einer früheren Zivilisation; an einem Ort, den alle anderen bereits verlassen haben und der genau deshalb nun wieder utopisches Potential entfaltet: weil seine Zukunft bereits in der Vergangenheit liegt.

Im Gegensatz zu diesem imaginierten Ich kann der Ich-Erzähler der Vergesellschaftung, die man Erziehung nennt, allerdings nicht entkommen, und so blickt er im Erwachsenenalter auf seine Kindheit und Jugend zurück, auf die Zeit, in der der Grundstein gelegt worden ist für sein späteres Unglück. Konkret richtet sich der Vorwurf des Erzählers in diesem ersten *Ruinenbewohner*-Fragment gegen eine „ganze Reihe meiner vergangenen Lehrer"; Bezug genommen wird hier zunächst – so wäre zumindest zu vermuten – konkret auf die Schule als den institutionalisierten Ort der Bildung und „Urteils-Bildung".[136] Doch schon in Kafkas zweitem Entwurf ändern sich die Adressat·innen des Vorwurfs, sie vermehren sich, schwellen in einer Art Crescendo zu einer anonymen Masse an und umfassen schließlich jede Person, die das Ich einmal kennengelernt hat oder kennenlernen hätte können, ja die ganze den Erzähler umgebende Gesellschaft an und für sich. In der zweiten Textvariante heißt es, nach dem identisch gebliebenen ersten Satz:

> Dieser Vorwurf betrifft eine Menge Leute nämlich meine Eltern, einige Verwandte, einzelne Besucher unseres Hauses, verschiedene Schriftsteller, eine ganz bestimmte Köchin, die mich ein Jahr lang zur Schule führte, einen Haufen Lehrer (die ich eng zusammendrücken muß, sonst entfällt mir hie und da einer da ich sie aber so zusammengedrängt habe, bröckelt wieder das ganze stellenweise ab) ein Schulinspektor langsam gehende Passanten kurz dieser Vorwurf windet sich wie ein Dolch durch die Gesellschaft. (T 18; Interpunktion und Abstände wie im Original)

Im dritten Anfang schließlich kippt, bei weiterhin stetig anwachsender Besetzung, das Verhältnis zwischen dem Ich-Erzähler, der die Vorwürfe erhebt, und der Menschenmasse, gegen die sie gerichtet sind:

> Dieser Vorwurf geht gegen eine Menge Leute, allerdings sie stehen hier beisammen, wissen wie auf alten Gruppenbildern nichts miteinander anzufangen, die Augen niederzuschlagen fällt ihnen gerade nicht ein und zu lächeln wagen sie vor Erwartung nicht. Es sind da meine

---

wenig gemein hat. Dennoch bewegt sich der Ich-Erzähler auch hier nicht völlig außerhalb des Erziehungsparadigmas, das mit der Vorstellung von Leben und Biographie untrennbar verbunden scheint.
136 Neumann: „Kafkas Architekturen", S. 204.

> Eltern, einige Verwandte einige Lehrer, eine ganz bestimmte Köchin, einige Mädchen aus den Tanzstunden, einige Besucher unseres Hauses aus früherer Zeit, einige Schriftsteller, ein Schwimmmeister, ein Billeteur, ein Schulinspektor, dann einige denen ich nur einmal auf der Gasse begegnet bin und andere, an die ich mich gerade nicht erinnern werde und solche endlich, deren Unterricht ich irgendwie abgelenkt überhaupt nicht bemerkt habe, kurz es sind so viele daß man acht geben muß einen nicht zweimal zu nennen. (T 18 f.)

Aus dem Verhältnis zwischen Lehrer und Schüler ist in diesem dritten Entwurf eine panoptische Situation geworden. Während der Ich-Erzähler zu Beginn der Passage auf die scheinbar wahllos zusammengewürfelten Menschen blickt, als betrachte er sie auf einem Gruppenfoto, schlägt die Situation genau durch und in diesem Vergleich in ihr Gegenteil um. Die nervöse Erwartung vor dem Auslösen des Fotoapparats, das bange Standhalten des Blicks, den die Kamera als gesichtslose Instanz auf die zu Fotografierenden richtet, das unsichere Überprüfen von Mimik, Gestik, Körperhaltung vor dem Auge des anonymen Betrachters: Mit einem Mal kippt das Bild, und in dem Moment, in dem die Aufzählung der Gruppenmitglieder beginnt, Betrachtende, Erwartende und Urteilende allesamt, blicken sie auf den Ich-Erzähler zurück, der – fast wie in einer Prüfungssituation – bang versucht, sich ihrer Namen zu entsinnen und „acht geben muß einen nicht zweimal zu nennen". Unter dem „Druck der guten Eigenschaften" (nun als Genitivus obiectivus), der auch am Abschluss dieser Variante steht, drängt plötzlich nichts mehr organisch, entelechisch nach oben: Wo in der ersten Version die „guten Eigenschaften [...] mit der Macht des Unkrauts in mir emporgewachsen wären", sind die guten Eigenschaften nun solche, die „mit der Macht des Unkrauts in mir *hätten wachsen müssen*" (T 20; Kursivierung NW). In den Züraur Zetteln notiert Kafka viele Jahre später, und es liest sich beinahe wie eine Zusammenfassung dieses frühen Entwurfs: „Ich stand niemals unter dem Druck einer anderen Verantwortung, als jener, welche das Dasein, der Blick, das Urteil anderer Menschen mir auferlegten."[137]

Im fünften Versuch schließlich – der vierte verstärkt das Personal noch einmal, fügt der Aufzählung nun „Eingeborene der Sommerfrischen, einige Damen im Stadtpark" (T 20), überdies einen Friseur, eine Bettlerin und einen Hausarzt hinzu und fokussiert ansonsten stark auf die Ungeheuerlichkeit des nachträglichen Vorwurfs; der sechste komprimiert den Beginn des fünften auf wenige Zeilen und bricht dann ab –, im fünften Versuch also sind die Beobachter·innen ganz plötzlich abgetreten und einem noch ungnädigeren Richter gewichen: dem Ich-Erzähler selbst, der die stetig anwachsende Gruppe nicht mehr erinnern oder

---

[137] Franz Kafka: *Nachgelassene Schriften und Fragmente II. Kritische Ausgabe*, hg. v. Jost Schillemeit, Frankfurt am Main: Fischer 2002, S. 322.

imaginieren muss, weil er ihre Blicke und ihre Erwartungen internalisiert hat.[138] Auf den weiterhin fast unverändert gebliebenen ersten Satz folgt nun, anstelle der Beobachtung durch die Gruppe, eine Selbstbeobachtung als Fremdbeobachtung, als Vergleich, wie ihn zuvor der Schwimmmeister oder das Mädchen in der Tanzschule vollziehen hätten können (ohne ihn wohlgemerkt, wenigstens innerhalb dieser Versuche, jemals vollzogen zu haben):

> Oft überlege ich es und lasse den Gedanken ihren Lauf, ohne mich einzumischen, aber immer komme ich zu dem Schluß, daß mich meine Erziehung mehr verdorben hat als ich es verstehen kann. In meinem Äußerem bin ich ein Mensch wie andere, denn meine körperliche Erziehung hielt sich ebenso an das Gewöhnliche, wie auch mein Körper gewöhnlich war, und wenn ich auch ziemlich klein und etwas dick bin, gefalle ich doch vielen, auch Mädchen. [...] Wenn mir aber hier die Oberlippe, dort die Ohrmuschel, hier eine Rippe, dort ein Finger fehlte, wenn ich auf dem Kopf haarlose Flecke und Pockennarben im Gesichte hätte, es wäre doch kein genügendes Gegenstück meiner inneren Unvollkommenheit. (T 23)

Der asymmetrische Blick (der Blick aller gegen den Blick des Einzelnen, der urteilende Blick, der jederzeit von allen ausgehen kann, selbst von Passant·innen auf der Straße), der in Kafkas Schreiben eine so große Rolle spielt und im disziplinierenden Panoptikum des *Schloß*-Romans seine vollste Ausprägung erfährt, geht in diesem längsten *Ruinenbewohner*-Fragment vom Ich-Erzähler selbst aus und wird zugleich auf und gegen ihn selbst gerichtet. Mit den Augen der Anderen taxiert er sein Leben und seinen Körper auf die Kategorien von Norm und Abweichung, um schließlich eine Unvollkommenheit zu diagnostizieren, die trotz allem unerklärbar bleibt. Der wertende, vergleichende Blick von außen, den der Ich-Erzähler sich angeeignet hat, dient zwar zunächst als Bestätigung der eigenen Normalität, zur Versicherung einer nicht grundsätzlichen Abweichung des eigenen Seins vom Rest der Gesellschaft, vermag genau deshalb aber die Ursache für die „innere Unvollkommenheit" nicht zu benennen: Denn die innere Unvollkommenheit scheint in keinerlei nachvollziehbarem Verhältnis zu äußeren Mängeln und Makeln zu stehen, und während seine „körperliche Erziehung" sich im Bereich des „Gewöhnliche[n]" befunden zu haben scheint, ist es die geistig-intellektuelle Erziehung, die seine schmerzhaft empfundene Unvollkommenheit hervorgerufen hat – eine Unvollkommenheit, die nicht der vergleichende Blick von außen, sondern nur die Selbst-Beobachtung von innen zu enthüllen vermag.

„Diese Unvollkommenheit", heißt es dann weiter, „ist nicht angeboren und darum desto schmerzlicher zu tragen" (T 23). Sein umfassendes Unglück, das sich

---

[138] Erst ganz am Ende dieser Fassung tritt die Gruppe der Beschuldigten doch wieder auf, an die Peripherie des Textes gedrängt. Mit dieser erneuten Aufzählung bricht der Text abermals ab, ohne dass aus den Vorwürfen etwas resultiert wäre.

konkret in Gestalt einer „abscheuliche[n] Ehefrau" äußert, sich darüber hinaus und wohl schwerwiegender aber auch in „ärmliche[n] Verhältnisse[n]" und „elende[n] Berufe[n]" (alle T 23) niederschlägt, betrachtet der Ich-Erzähler vielmehr als eine direkte Folge seiner Erziehung, deren skandalöse Qualität allerdings nie näher spezifiziert wird: Worin sie im Einzelnen fehlgeschlagen ist, bleibt unklar. Stattdessen liefert der Erzähler, kausal eingeleitet mit ‚denn', folgende Erklärung:

> Denn wie jeder habe ich auch von Geburt aus meinen Schwerpunkt in mir, den auch die närrischeste Erziehung nicht verrücken konnte. Diesen guten Schwerpunkt habe ich noch aber gewissermaßen nicht mehr den zugehörigen Körper. Und ein Schwerpunkt, der nichts zu arbeiten hat, wird zu Blei und steckt im Leib wie eine Flintenkugel. (T 23 f.)

Vor dem Hintergrund einer zunächst körperlich-mechanistisch gefassten Vorstellung des Versagens, wie ich sie in Kapitel 2.1 dieser Studie ausführlich beschrieben habe, erscheint eine Formulierung innerhalb dieser Passage besonders schlagend: die der im Leibe steckenden Flintenkugel. Der Schwerpunkt, der hier zunächst als Synonym einer angeborenen, gleichwohl von Erziehung potentiell angreifbaren Intuition oder Balance erscheint, kippt im zweiten Satz von einem psychischen in ein physisches Phänomen und wird im dritten Satz schließlich in einen rein physikalisch gefassten Schwerpunkt überführt: Weil er im Körper seinen Ort und damit seine Funktion verloren hat, dient er nicht mehr als eine Art innerer Kompass, sondern bleibt im Körper stecken wie Blei. Das Bild der Flintenkugel oszilliert hier, auf für die Denkfigur des Versagens aufschlussreiche Weise, zwischen zwei möglichen Interpretationen: zwischen einem aktivischen, extrovertierten Verständnis einerseits (der Schwerpunkt wird zu Blei wird zum versagenden Schuss, der aus dem Körper drängt, aber feststeckt), und einer passivischen, introvertierten andererseits, in der sich die Kugel im und aus dem Körper letztlich *gegen* den Körper selbst richtet, ihn gleichsam wie von außen trifft und für immer versehrt.

Verhängnisvoll wird dem Ich-Erzähler, so impliziert diese Passage, letztlich weniger der fremde Blick als das eigene fremde Blicken. Denn es gibt durchaus den „Druck einer anderen Verantwortung, als jener, welche das Dasein, der Blick, das Urteil anderer Menschen"[139] dem Ich-Erzähler auferlegen, wenngleich er ohne ersteren nicht zu denken ist, ja dessen direkte Folge darstellt: den Druck des Ichs gegen sich selbst, der im Erziehungsakt als „Erziehung zur Selbstbeobachtung"[140] installiert wird und damit zu einer „Stabilisierung einer panoptischen Situation und d[er] Verinnerung des fremden Blicks" führt: „sich selbst beobachten,

---

139 Vgl. oben, S. 142.
140 Vogl: *Ort der Gewalt*, S. 18.

3.3 Scham und Internalisierung des Blicks: Kafkas *Der kleine Ruinenbewohner*

wie man beobachtet wird".[141] Der fünfte *Ruinenbewohner*-Versuch bildet im kontinuierlichen Sich-Vergleichen auf diese Weise sowohl das Ziel als auch den Effekt des Erziehungsaktes ab und führt genau in diesem Vergleichsakt performativ vor, warum der Ich-Erzähler sich von seiner Erziehung verdorben glaubt: nämlich just, *weil* diese gelungen ist, weil sie das Ich in ein „beobachtendes und ein beobachtetes Theil-Ich"[142] gespalten und so den Mechanismus einer Selbstreflexivität, einer Selbstbezüglichkeit verstetigt hat. Fehlgeschlagen ist die Erziehung des Ich-Erzählers allerdings letztlich dennoch: insofern er den fremden Blick kontinuierlich auf sich lasten spürt, ihn als bleiernen Fremdkörper wahrnimmt, ihn in und trotz seiner Internalisierung *empfindet*, statt schlicht nach ihm zu handeln.

Dieser Selbstbezug also scheitert im Falle von Kafkas Ich-Erzähler ebenso kontinuierlich wie er sich vollzieht. Im fast obsessiv wiederholten Bewusstsein der eigenen Unvollkommenheit spiegelt sich eine „Störung der Selbst-Identifikation",[143] die „Wahrnehmung, in den Augen der Fremden degradiert zu sein",[144] die den Ich-Erzähler nicht als Affekt, sondern als Jahrzehnte währender Zustand zu betreffen scheint. Die körperliche, unmittelbare und unwillkürliche Reaktion auf eine solche Wahrnehmung bezeichnet man gemeinhin als Scham: Das Wissen um gesellschaftliche Normen und Erwartungen wird zum moralischen Zensor und wendet sich gegen das Ich selbst – wie der zu Blei gewordene moralische Schwerpunkt von Kafkas Erzähler, der sich sowohl anatomisch als vor allem auch qua Sprachbild (,wie Blei im Magen liegen') sofort im Bauchraum verorten lässt, wo die Scham als körperlicher Reflex häufig ihren Ausgang nimmt.[145]

Die Scham löst das Ich damit, wie Georg Simmel 1901 in einem kleinen Text schreibt, von seiner eigenen „Ganzheit und Unversehrtheit"[146] los, unterstreicht beide als Potentialitäten, Desiderate oder als Nicht-Mehr-Seiendes aber umso mehr. Es handle sich also um

---

141 Beide Zitate ebd., S. 21.
142 Georg Simmel: „Zur Psychologie der Scham", in: *Gesamtausgabe*, Bd. 1, hg. v. Klaus Christian Köhnke, Frankfurt am Main: Suhrkamp 1999, S. 431–442, hier S. 436.
143 Günther Anders: *Die Antiquiertheit des Menschen. Über die Seele im Zeitalter der zweiten industriellen Revolution*, München: C.H. Beck 1961, S. 66. Im Original kursiviert. Anders' Ausführungen entlehne ich auch den Gedanken des scheiternden Selbstbezugs.
144 Helmut Lethen: *Verhaltenslehren der Kälte. Lebensversuche zwischen den Kriegen*, Frankfurt am Main: Suhrkamp 1994, S. 24.
145 Mit dem ‚Sich-Zusammenziehen' des Magens geht oft – als sichtbarstes Zeichen der Scham – ein Erröten einher. Beide Phänomene korrelieren physiologisch: Das Blut, das in den Kopf gepumpt wird, fehlt in Bauch und Beinen.
146 Simmel: „Zur Psychologie der Scham", S. 433.

eine starke Betonung des Ichgefühls [...], die mit einer Herabdrückung desselben Hand in Hand geht. Indem man sich schämt, fühlt man das eigene Ich in der Aufmerksamkeit anderer hervorgehoben und zugleich, dass diese Hervorhebung mit der Verletzung irgend einer Norm (sachlichen, sittlichen, conventionellen, personalen) verbunden ist.[147]

Grundlage der Scham ist demnach – in Freud'schen Termini, die Simmel hier bis zu einem gewissen Grad vorwegnimmt – eine Diskrepanz zwischen Ich und Ich-Ideal, ein „Riss zwischen Norm der Persönlichkeit und ihrer momentanen Verfassung",[148] also ein Ausdruck der Befürchtung oder Gewissheit, etwas Erwartetes nicht geleistet, den Erwartungen nicht entsprochen zu haben. Wenn die *Verhaltenslehren der Kälte*, in deren Zusammenhang Helmut Lethen sich mit der Scham beschäftigt hat, zum „Training eines funktionalen Ich"[149] dienen, zeugt die Scham selbst von einem zumindest temporär dysfunktionalen Ich: von einem empfundenen Versagen „in bezug auf Zwänge, die von der sozialen Umwelt auferlegt werden".[150] Scham, so ließe sich griffiger formulieren, ist ein Effektzeichen des Versagens – und Versagen selbst undenkbar ohne die beschämenden Blicke und Urteile, die auf dem Subjekt lasten.

Dabei sind weder Versagen noch die Scham als dessen nicht-intentionaler Ausdruck a priori an eine eigene Schuld gekoppelt, wie auch der Ich-Erzähler im *Ruinenbewohner*-Entwurf immer wieder betont. „Jene Unvollkommenheit ist aber auch nicht verdient, ich habe ihr Entstehen ohne mein Verschulden erlitten." (T 24) Im Gegenteil: Er sehnt sich nach Reue, der ihrer Definition nach eine eingestandene Schuld vorausgehen müsste und die „den Schmerz bei Seite" nehmen, „jede Sache allein wie einen Ehrenhandel" (T 24) erledigen könnte. Dass eine solche beruhigende Schuld sich jedoch nirgends verorten lässt, nicht einfach ein Fehler ungeschehen gemacht werden kann, dass letztlich auch die eigenen Vorwürfe, die der Ich-Erzähler über mehrere Seiten hinweg zu erheben ansetzt, stumpf geworden sind „wie fremde Werkzeuge, die zu fassen und zu heben ich kaum den Muth mehr habe" (T 25), entbirgt die eigentliche Entsetzlichkeit des Versagens. Seine „Fatalität folgt einer Bewegung, in der das Individuelle als nicht-intentionaler Rest zum Gegenstand der Selbstreflexion wird",[151] unwillkürlich den Blick auf dessen

---

147 Ebd.
148 Ebd.
149 Lethen: *Verhaltenslehren der Kälte*, S. 36.
150 Ebd., S. 32.
151 Vogl: *Ort der Gewalt*, S. 46.

Unzulänglichkeiten freigibt und „den Beschämten gerade in seiner Ohnmacht vor sich selbst vernichtet",[152] bis die Scham ihn überlebt hat.[153]

In der *Éducation sentimentale*, in *Una vita* und im *Schloß* heißt der narrative Modus, in dem der Beschämte vor sich selbst vernichtet wird, *style indirect libre*.[154] Wenn die Scham, wie Günther Anders schreibt, weder intendiert, „ihre Instanz zu sehen noch diese nicht zu sehen, sondern von ihr nicht gesehen zu werden",[155] dann ist die Erzählerstimme des *style indirect libre* genau diese Instanz der Scham: genau die Instanz, die sicherstellt, dass der Protagonist gesehen wird. Und wenn Anders weiter schreibt, dass dieses ‚Intendieren' der Scham so grundsätzlich verschieden sei von jeder Form des Wollens, dass ein neuer Begriff dafür gefunden werden müsse, so wird das folgende Kapitel argumentieren, dass dieser Begriff im ‚Versagen' bestehen könnte, in jener Form des Absagens oder Verweigerns, deren Intentionalität Ende des 19. Jahrhunderts suspendiert wird.

Denn die durch seine Sozialisation erlittene Unvollkommenheit erscheint dem Ich-Erzähler in Kafkas *Ruinenbewohner* umso ungerechter, als er nie tatsächlich erzogen werden *wollte*, sich dem Einwirken fremder Instanzen auf sein Leben stets verweigert hat. Seine missliche Lage lasse sich zwar irgendwie ertragen, heißt es einmal, dies aber nur, weil die Erziehung nicht so weit in ihn „gedrungen [sei] wie sie wollte" (T 24). Auch das titelgebende Bild des *Ruinenbewohners* verleiht diesem Widerwillen Ausdruck: Wird die Ruine zunächst als Chiffre für eine provinziell geprägte Peripherie mit geringeren Erziehungsstandards gebraucht, die als Erklärung für die Unvollkommenheit des Ich-Erzählers hätten dienen können,[156] erscheint sie schon wenige Sätze später als ein Utopos, an dem der Erzähler die gesellschaftliche Erwartung hinsichtlich seiner Erziehung nicht nur begründet hätte unterschreiten dürfen, sondern überhaupt nie

---

152 Ebd., S. 47.
153 So der berühmte letzte Satz aus *Der Proceß*: „‚Wie ein Hund!' sagte er, es war, als sollte die Scham ihn überleben." Franz Kafka: *Der Proceß. Kritische Ausgabe*, hg. v. Malcolm Pasley, Frankfurt am Main: Fischer 2002, S. 312.
154 Der französische Terminus *style indirect libre* fungiert für mich hier als Überbegriff für ein bestimmtes Erzählverfahren, zunächst unabhängig von der konkreten einzelsprachlichen Umsetzung. Wo es um die konkrete Ausprägung des *style indirect libre* in Svevos *Una vita* geht, werde ich im Folgenden von *discorso indiretto libero* sprechen, bei deutschsprachigen Äquivalenten von erlebter Rede.
155 Anders: *Die Antiquiertheit des Menschen*, S. 67.
156 Vgl. T 17 (wie oben): „Ich bin ja nicht irgendwo abseits, vielleicht in einer Ruine in den Bergen erzogen worden, dagegen könnte ich ja kein Wort des Vorwurfs herausbringen." Und T 19: „Erwartet man vielleicht, daß ich irgendwo abseits erzogen worden bin? Nein, mitten in der Stadt bin ich erzogen worden mitten in der Stadt. Nicht zum Beispiel in einer Ruine in den Bergen oder am See."

mit ihr konfrontiert gewesen wäre. Als Ruinenbewohner imaginiert sich der Ich-Erzähler auf einem Efeulager sitzend, „horchend ins Geschrei der Dohlen, von ihren Schatten überflogen, auskühlend unter dem Mond, abgebrannt von der Sonne" (T 19f.), allen Erziehungsbemühungen schon räumlich völlig unzugänglich.[157] Außerhalb der Bergruine aber, wo die Flintenkugel immer schon im Körper steckt, wo die Erwartungen der anderen immer bereits internalisiert auf dem Subjekt lasten, ist er dem „Willen anderer [ihm] gegenüber" schon insofern machtlos ausgeliefert, als er „gleichsam einen Theil" seiner selbst darstellt.[158] Der Widerwille, der sich zu einer anderen Zeit, an einem anderen Ort zur Rebellion hätte steigern können, kippt unter dem eigenen Blick der Anderen in eine Form des Stillhaltens, Stehenbleibens, Duckens: in eine Spielart der Verweigerung zwar, aber nicht in eine offen artikulierte, sondern in eine, die sich nicht darauf richtet, etwas zu wollen oder nicht zu wollen, sondern *nichts* zu wollen.

---

157 Die Dohle ist ein Motiv, das sich in Kafkas Werk immer wieder findet und auf seine eigene Familie anspielt: Das tschechische Wort für ‚Dohle' lautet *kavka*. In der hier zitierten *Ruinenbewohner*-Passage fügen sich die Dohlen in die rousseauistische Naturutopie ein, gerade weil sie mit dem Ruinenbewohner selbst in keinerlei Interaktion treten: Er horcht auf ihr Geschrei aus der Ferne, während sie ihn *überfliegen*.
158 Simmel: „Zur Psychologie der Scham", S. 436.

4 Intentionalität
Leistungsgesellschaft und nicht-gewollter Wille

> Aber jeder will heutzutage hoch raus,
> das is, was sie jetzt die ‚Signatur der Zeit' nennen.[1]
>
> Io non sono buono di conquistare nulla.
> Io non voglio conquistare nulla.[2]

Den Wunsch nach einem vollständigen Sich-Entziehen teilt Kafkas Ich-Erzähler mit einigen der versagenden Subjekte, die in dieser Untersuchung bislang eine Rolle gespielt haben. Lukács' Protagonist des Desillusionsromans entsagt der äußeren Welt und ihren Erwartungen komplett und zieht sich versagend auf sich selbst zurück; Freuds impotente Patienten versagen beim Sexualakt, weil sie ihn eigentlich nicht vollziehen wollen, sich zugleich aber das wahre Objekt ihrer Begierde versagen; und Emil Strauß' Heiner Lindner ist den schulischen Anforderungen nicht zuletzt deshalb nicht gewachsen, weil er von vornherein lieber Geige spielen als Mathematikaufgaben lösen würde. Häufig oszilliert Versagen im Sinne von ‚etwas Erwartetes nicht leisten', so hat sich im Laufe dieser Studie bereits abgezeichnet, zwischen den beiden Polen eines sehr bewussten Nicht-Wollens im Sinne eines Entsagens oder Verweigerns und eines unwillkürlichen Nicht-Könnens im modernen Sinne eines Versagens. Ausgehend von dieser Beobachtung lautet die grundlegende These des folgenden vierten Kapitels, dass in der modernen Denkfigur des Versagens um 1900 stets auch eine Dimension des willentlichen Absagens, des Nicht-Wollens mitgeführt ist, die dem Versagen im Sinne eines Nicht-Könnens als Substrat unterliegt. In zahlreichen Diskursen der Zeit wird ein Versagen von einem Entsagen abgleitet (etwa in der Psychoanalyse oder bei Georg Lukács) oder ein Verweigern als Versagen interpretiert (etwa in der Pädagogik). Mit einem solchen Verständnis des Sich-Versagens oder Sich-Entziehens als eines pathogenen oder gar pathologischen Moments vollzieht sich im späten 19. und frühen 20. Jahrhundert eine diskursive Überführung einer Willenshandlung in eine unwillkürliche, der Verfügungsgewalt des Subjekts entzogene Form des Nichtleistens, die letztlich zu einer Unkenntlichmachung des (teleologisch, ideologisch) Widerständigen einerseits, zu seiner Pathologisierung andererseits führt.

---

[1] Theodor Fontane: *Der Stechlin*, Berlin, Weimar: Aufbau 1965, S. 346.
[2] „Ich bin nicht geeignet, etwas zu erreichen. Ich will nichts erreichen." Italo Svevo in seinem *Diario per la fidanzata* an seine Verlobte, in: Ders.: *Opera Omnia III: Racconti, Saggi, Pagine Sparse*, hg. v. Bruno Maier, Mailand: Dall'Oglio 1968, S. 765–795, hier S. 776.

Das semantikgeschichtliche Bindeglied zwischen den beiden aus heutiger Sicht immens verschiedenen Dimensionen des Versagens – der einzigen von den Gebrüdern Grimm genannten Bedeutung des Versagens im Sinne eines Verweigerns (‚Ich versage dir meine Tochter') und der heute zentralen Bedeutung eines unwillkürlichen Nicht-Könnens – stellt der Ausdruck ‚den Dienst versagen' dar, den das *Deutsche Wörterbuch* als schon im Mittelhochdeutschen gebräuchliche Grundbedeutung des Wortes ‚versagen' angibt: *„nicht zu dienste sein, dienst verweigern"*.[3] ‚Dienst' meint dabei lange Zeit vor allem *„die handlungen und übungen, die gebräuche, womit man die gottheit verehrt"*,[4] darüber hinaus aber auch alle Handlungen einer Person zum Vorteil einer anderen Person, und zwar zunächst ohne jede Form von Abhängigkeit, Hierarchiegefälle oder Verdienst: eine Funktion im Sinne von lat. *functio*, eine Ausführung oder Verrichtung. Eine solche Ausführung ist auch bei der Indienstnahme technischer Geräte zu erwarten; erfüllen diese ihre Funktion nicht, nicht mehr oder nicht zur richtigen Zeit, spricht man seit Mitte des 19. Jahrhunderts von einem Versagen, insbesondere dann, wenn eine im Vergleich zum Energieaufwand äußerst geringe Leistung zu beobachten ist (vgl. Kap. 2.1). ‚Den Dienst versagen' erhält nun, analog zur intransitiven Qualität einer Maschine oder eines technischen Geräts, einen intransitiven Charakter; der Ausdruck wird nicht mehr hauptsächlich – wie noch in der ersten Hälfte des 19. Jahrhunderts – als bewusste Verweigerung gedacht, sondern als Nichtfunktionieren. Dieses Kippen zwischen transitivem und intransitivem Versagen lässt sich auch auf den Menschen übertragen, und dort in erster Linie auf einen Sozialtypus, von dem das Verrichten eines Dienstes, das Erfüllen einer Funktion in besonderem Maße erwartet wird: auf den Angestellten,[5] dessen Dienstversagen in Diskursen um 1900 zwischen einem willentlichen Aufkündigen des Dienstes und einem unwillkürlichen Nicht-Leisten-Können oszilliert.

Eine zentrale Rolle spielt dabei die Institution, innerhalb derer der Angestellte sich bewegt und die das Erwartete zuallererst vorgibt – etwa die Behörde oder das Unternehmen. Für die Arbeiterklasse hingegen ist diese Institution die Fabrik, die Gilles Deleuze in Anlehnung an Michel Foucault als Paradigma der Disziplinargesellschaften[6] beschrieben hat und auf die ein kurzer kontrastierender Blick lohnt:

---

3 *DWB*, Bd. 25, Sp. 1031. Kursivierung im Original.
4 *DWB*, Bd. 2, Sp. 1115. Kursivierung im Original.
5 Auch wenn die Anzahl der weiblichen Angestellten insbesondere seit den 1920er Jahren kontinuierlich wächst, gehe ich im vorliegenden Kapitel, das zum großen Teil einen historisch früheren Zeitpunkt in den Blick nimmt, wiederum in erster Linie von männlichen Angestellten aus.
6 In Abgrenzung zu linear-hierarchischen Konzepten singulärer Macht begreift Foucault die den Disziplinargesellschaften zugrunde liegende Konfiguration der Disziplinarmacht als einen ganzen „Komplex von Instrumenten, Techniken, Prozeduren, Einsatzebenen, Zielscheiben" (Foucault:

Das ideale Projekt der Einschließungsmilieus, das in der Fabrik besonders deutlich wird, wurde von Foucault sehr gut analysiert: konzentrieren; im Raum verteilen; in der Zeit anordnen, im Zeit-Raum eine Produktivkraft zusammensetzen, deren Wirkung größer sein muss als die Summe der Einzelkräfte.[7]

Die Fabriktätigkeit wird dabei, wie ich zum Ende meiner Ausführungen zum Schulversager (Kap. 2.3) bereits angedeutet habe, nach ganz ähnlichen Kriterien be- und vermessen wie die Schultätigkeit, und ähnlich wie im pädagogischen Diskurs stellt sich auch in der noch jungen Disziplin der Arbeitswissenschaft in der Zeit um 1900 die Frage nach der optimalen Funktionsfähigkeit des Subjekts – sogar noch wesentlich dringlicher: Denn dass Leistung als naturwissenschaftliche Größe nicht nur zu berechnen, sondern durch entsprechende Anstrengung auch zu steigern sei, dass Ermüdung vermindert und Versagen verhindert werden könne, ist eine Prämisse, deren biologische Implikationen sich im Arbeitsleben monetär manifestieren. Der intrinsische physikalische Zusammenhang zwischen Leistung und Arbeit (Leistung ist Arbeit pro Zeit) macht die thermodynamische Theorie von Energieerhaltung und Entropie zu einer nachgerade existentiellen ökonomischen Angelegenheit. Beeinflusst von Vorreitern wie Angelo Mosso entwickelt die Arbeitswissenschaft deshalb in ganz Europa Vorschläge zur Steigerung der Energieeffizienz von Arbeiter·innen in Fabriken und Betrieben.[8] Am leichtesten gelingt eine solche Steigerung im Hinblick auf rein manuelle Tätigkeiten, die sich scheinbar gänzlich unabhängig von individuellen Faktoren betrachten lassen. Zentrale Maßnahmen beinhalten unter anderem die Verbesserung der Ernährung der Arbeiter·innen und die Verringerung ihrer Arbeitszeiten – Sozialpolitik im Dienste eines *Rendement de la Machine humaine*, wie Jules Amar die Zielsetzung recht unsentimental beschreibt.[9] Im Falle der Angestellten gestaltet sich der Versuch einer Maximierung menschlicher Effizienz deutlich schwieriger, schon deshalb, weil ihre Tätigkeit überwiegend aus Lesen, Schreiben oder Rechnen besteht, also im weitesten Sinne geistiger Natur ist;[10] den Bemühungen aller-

---

Überwachen und Strafen, S. 277), bestehend aus einer Vielzahl von Apparaten und Institutionen, denen gemein ist, dass sie im doppelten Sinne des Wortes einschließen: im materiell-restriktiven Sinne des Nicht-Hinaus-Könnens ebenso wie im emotional-produktiven (und identitätsstiftenden) Sinne des Zugehörigseins, durch das sich Subjekte in Disziplinargesellschaften erst konstituieren.
7 Deleuze: „Postskriptum", S. 254.
8 Vgl. für einen genaueren Überblick über die thermodynamisch unterfütterte Arbeitswissenschaft um 1900 Rabinbach: *The Human Motor*, insb. S. 179–205.
9 Vgl. Jules Amar: *Le Rendement de la Machine humaine. Recherches sur le travail*, Paris: Baillière 1910.
10 Bis heute hat die Arbeitssoziologie nicht eindeutig geklärt, ob es überhaupt ein Definiens gibt, das die Angestellten als soziale Schicht zusammenhält: Zu unterschiedlich erscheinen die Tätigkeitsbereiche und Verantwortlichkeiten leitender Angestellter gegenüber denjenigen von Verkäu-

dings tut dies keinen Abbruch, wie bereits das in Kapitel 2.3 beschriebene Beispiel der Überbürdungsdebatte deutlich gemacht hat, die ebenfalls auf die Verbesserung geistiger Leistung abhebt.

Was den Angestellten hingegen vom Arbeiter fundamental unterscheidet, ist die Organisationsform der Institution, in der er sich bewegt. Deleuze betrachtet das Unternehmen in seinem *Postskriptum* als Paradigma der Kontrollgesellschaften, jener historisch auf die Disziplinargesellschaften folgenden Machtkonfiguration, die sich seit dem Ende des Zweiten Weltkriegs in westlichen industrialisierten Ländern immer stärker durchgesetzt hat, deren Mechanismen sich aber, so eine grundlegende Annahme des folgenden Kapitels, in der Zeit um 1900 insbesondere in einer bestimmten Form des Angestelltendaseins bereits abzeichnen. Mit der „allgemeine[n] Krise aller Einschließungsmilieus",[11] zu denen auch die Fabrik gehört, treten Deleuze zufolge in den Kontrollgesellschaften „ultra-schnelle[ ] Kontrollformen mit freiheitlichem Aussehen"[12] an die Stelle der starren Gussformen, die noch die Disziplinargesellschaften bestimmen und in die sich das Subjekt schlicht einfügen muss. Die Machttechnik der Kontrollgesellschaften hingegen manifestiert sich als „Modulation" im Sinne einer „sich selbst verformende[n] Gußform, die sich von einem zum anderen Moment verändert".[13] Deleuze illustriert den Gegensatz zwischen Disziplinar- und Kontrollgesellschaften, indem er die beiden Paradigmen von Fabrik und Unter-

---

fer·innen oder Stenotypist·innen. Emil Lederer hat in *Die Privatangestellten in der modernen Wirtschaftsentwicklung* (Tübingen: Mohr 1912, S. 28–48) die bis heute beliebte These formuliert, dass Angestellte geistig, Arbeiter·innen hingegen körperlich arbeiteten. Auf viele Angestellte, auch auf die in dieser Studie in den Blick genommenen, trifft dies zwar zu, schon bei technischen Angestellten gerät die Theorie jedoch an ihre Grenzen, wie Lederer selbst eingesteht. Bisweilen hat man den Angestellten stattdessen, vor allem von konservativer Seite, als kleinsten gemeinsamen Nenner eine spezifische Klassenzugehörigkeit zu einem „neuen Mittelstand" bescheinigt, die sich allerdings wiederum vor allem in den historisch gewachsenen Verwaltungsberufen manifestiert und sich als Kriterium überdies schwerlich objektivieren lässt, vgl. prominent Gustav Schmollers ‚Gründungsvortrag' der deutschsprachigen Angestelltensoziologie: *Was verstehen wir unter dem Mittelstand? Hat er im 19. Jahrhundert zu- oder abgenommen? Vortrag auf dem 8. Evangelisch-sozialen Kongreß in Leipzig am 11. Juni 1897*, Göttingen: o. V. 1897. Vor allem die marxistisch informierte Soziologie hat diese vermeintliche Klassenzugehörigkeit schnell als ein die wahren Produktions- und Besitzverhältnisse verkennendes „falsches Bewußtsein" kritisiert, so etwa die grundlegende These von Carl Dreyfuss: *Beruf und Ideologie der Angestellten*, München, Leipzig: Duncker & Humblot 1933. Fritz Croner entwickelt in den 1960er Jahren die einflussreiche „Delegationstheorie", die die Arbeit der Angestellten als Derivat der Aufgaben beschreibt, die die Figur des Unternehmers ehemals in sich vereint hat. Vgl. Fritz Croner: *Soziologie der Angestellten*, Köln, Berlin: Kiepenheuer & Witsch 1962, S. 132 und *passim*.
11 Deleuze: „Postskriptum", S. 255.
12 Ebd.
13 Beide Zitate ebd., S. 256.

nehmen kontrastiert, und dies insbesondere im Hinblick auf deren Lohnpolitik, durch die nicht zuletzt die Maßstäbe für eine als gelungen erachtete Arbeitsleistung angezeigt werden:

> Die Fabrik war ein Körper, der seine inneren Kräfte an einen Punkt des Gleichgewichts brachte, mit einem möglichst hohen Niveau für die Produktion, einem möglichst tiefen für die Löhne; in einer Kontrollgesellschaft tritt jedoch an die Stelle der Fabrik das Unternehmen, und dieses ist kein Körper, sondern eine Seele, ein Gas. Gewiß war auch in der Fabrik schon das System der Prämien bekannt, aber das Unternehmen setzt eine viel tiefgreifendere Modulation jedes Lohns durch, in Verhältnissen permanenter Metastabilität, zu denen äußerst komische Titelkämpfe, Ausleseverfahren und Unterredungen gehören.[14]

Anders ausgedrückt: Wo die Fabrik ein pro Kopf zu leistendes Tagessoll kennt, eine auf arbeitsphysiologischer Grundlage errechnete Norm, an der sich Erfolg oder Versagen der Arbeiter·innen bemessen lassen, wird im Unternehmen das Erwartete selbst zu einer fluiden Größe: Es verändert sich stetig mit, ist strukturell unzählbar, unabschließbar, unerreichbar, eine Figur des „unbegrenzte[n] Aufschub[s]",[15] der ewigen Suspension. Noch einmal in Deleuzes Worten:

> In den Disziplinargesellschaften hörte man nie auf anzufangen (von der Schule in die Kaserne, von der Kaserne in die Fabrik), während man in den Kontrollgesellschaften nie mit irgend etwas fertig wird: Unternehmen, Weiterbildung, Dienstleistung sind metastabile und koexistierende Zustände ein und derselben Modulation.[16]

Im Unternehmen als Organisationsform verzahnen sich damit die beiden bislang zentralen Diskursstränge der vorliegenden Studie: Beruflicher Erfolg basiert einerseits noch immer elementar auf dem somatischen Substrat körperlicher Leistungsfähigkeit, operiert hier andererseits aber nicht mehr mit einer klar zu berechnenden Erwartung, sondern mit einem kontinuierlichen Verschieben des Ziels, wie es in Rousseaus Perfektibilitätsgedanken angelegt ist und in der Vorstellung von Karriere ihr sozialhistorisches Korrelat findet.[17] Dieses auf Fortschreiten fokussierte Konzept eines modernen (beruflichen) Lebenslaufs gründet dabei auf einer Setzung, die im Versagen als prekäre sichtbar wird. Es geht von der Annahme aus, dass das Fortschrittsstreben in einem solchen Maße eine anthropologische Konstante darstelle, dass (individueller, beruflicher) Aufstieg unhinterfragt und immer *gewollt sein müsse*, oder anders: dass dem Lebenslauf im Sinne einer Höherentwicklung ein intentionales Moment intrinsisch eingeschrieben sei. Von

---

14 Ebd.
15 Ebd., S. 257.
16 Ebd.
17 Vgl. Stanitzek: „Bildung und Roman als Momente bürgerlicher Kultur", S. 437 sowie ausführlicher Kapitel 4.3.

einem Angestellten, der die ihm zugedachten Aufgaben bewusst nicht verrichtet, wie es etwa bei Melvilles *Bartleby* der Fall ist, kann deshalb nicht zuletzt eine Gefahr für die moderne Leistungsgesellschaft ausgehen: Seine Verweigerung, seine Absage an Erfolg und Karriere haben das kritisch-diagnostische Potential, deren vorherrschende Prämissen des vermeintlich guten Lebens in Frage zu stellen und moderne Mechanismen von Sinnstiftung und Kontingenzbewältigung als ihrerseits arbiträre sichtbar zu machen. Indem ein solches widerständiges Nicht-Wollen jedoch diskursiv in ein unwillkürliches Nicht-Können transformiert wird, wird dem Subjekt die Hoheit über sein eigenes Versagen entzogen; indem die *agency* des Einzelnen hinter die Anforderung zurücktritt, in der auferlegten Arbeit aufzugehen, mit ihr so sehr eins zu werden, dass das Streben nach Leistung und Leistungssteigerung intrinsisch erfolgt, wird das Subjekt in seiner Widerständigkeit pathologisiert und entmächtigt.

Abschnitt 4.1 soll anhand von Italo Svevos *Una vita* zeigen, welche textuellen Verfahren dazu führen, dass die Leser·innen den Protagonisten Alfonso Nitti, der eigentlich weder in Triest leben noch eine Karriere als Bankangestellter verfolgen möchte, nicht als Widerwilligen oder gar Widerständigen, sondern schlichtweg als Versager wahrnehmen. Die wesentliche Strategie der Zuschreibung besteht dabei in einer Beschämung, die von der Erzählinstanz selbst ausgeht. Kapitel 4.2 wird mit Herman Melvilles *Bartleby, the Scrivener* einen Ahnen Alfonso Nittis in den Blick nehmen und analysieren, warum ihm gelingt, was in *Una vita* undenkbar erscheint: Bartleby wird, obwohl er letztlich ebenso wie Nitti seinen Dienst nicht oder nicht zufriedenstellend erfüllt, nie als Versager markiert, sondern kann sich in Melvilles Erzählung einem solchen sozialen Urteil gänzlich entziehen. Mehr noch: Wenn in *Bartleby, the Scrivener* jemand im modernen Sinne versagt, so ist es der Erzähler. Wo Bartleby sich entziehen kann und Nittis Versuch, sich zu entziehen, durch seine zunehmende Internalisierung der an ihn gerichteten Erwartungen unmöglich gemacht wird, stellt sich in Kafkas *Das Schloß*, wie ich abschließend in Kapitel 4.3 zeigen werde, die Frage nach einer solchen Möglichkeit des Entziehens in dieser Weise nicht (mehr): Der Roman, der nicht zuletzt als Kommentar zu einem Programm der Karriere und des sozialen Aufstiegs zu verstehen ist, inszeniert ein fundamentales Nicht-Verweigern-Können, eine Gefangenschaft in einem nicht-gewollten Willen.

4.1 Strategien der Zuschreibung: Svevos *Una vita*

Vom Suizid des Alfonso Nitti erfahren die Leser·innen von Italo Svevos 1892 erschienenem Debütroman *Una vita* durch einen schmucklosen Brief, verfasst im sprödesten Bürokratenjargon. „Signor Luigi Mascotti, In riposta alla pregiata vostra del 21 corr. vi annunciamo che ci sono del tutto ignote le cause che spinsero al suicidio di nostro impiegato signor Alfonso Nitti",[18] beginnt das Schreiben, das zusammen mit einem ersten, viel zärtlicheren Brief von Alfonso an seine Mutter Carolina die Geschichte seiner Suche nach einem Auskommen, einem Leben, einem Glück in der Stadt rahmt. Der zweite und letzte in Gänze wiedergegebene Brief des Romans, adressiert an den geschäftstüchtigen Notar Mascotti, der sich nach dem Schicksal seines Klienten eher aus monetärem Interesse denn aus freundschaftlicher Fürsorge erkundigt hat, spiegelt den ersten Brief nicht nur strukturell – insofern *Una vita* jeweils mit einem Brief beginnt und endet –, er verhöhnt ihn auch: Vom Leben des Alfonso Nitti, der aus Triest sorgen- und sehnsuchtsvoll in das heimatliche Dorf geschrieben hatte, ist nichts geblieben. Anstelle von Mutter und Sohn kommunizieren nun Mascotti, allenfalls eine Nebenfigur des Romans, und Signor Maller, der Arbeitgeber des Verstorbenen und um ein Haar auch dessen Schwiegervater. Alfonsos eineinhalb Jahre währender Versuch, in Triest gesellschaftliche Anerkennung und nicht zuletzt das Wohlwollen seines Chefs zu erlangen, durch den auch die Liaison mit dessen Tochter Annetta maßgeblich motiviert ist, wird mit dem Schreiben endgültig als gescheiterter ausgestellt. Denn nicht Maller selbst hat den Brief unterzeichnet; stattdessen empfiehlt sich – und dies sind zugleich die letzten Worte des Romans – nüchtern und emotionslos das Bankhaus „Maller & Co" (UV 426). Alfonsos Leben und Sterben ist im Bankhaus zu einem geschäftlichen Vorgang geworden, den bedeutungslose Schreiber und Kopisten, wie Alfonso selbst es einer war, möglichst rasch erledigen, um ihren Feierabend nicht unnötig zu verkürzen.[19]

Der Bankangestellte Alfonso Nitti, der seine eigene Nichtigkeit schon im Nachnamen trägt,[20] stellt den Prototypen eines *inetto* dar, jener Versagerfigur, die ge-

---

[18] „Sehr geehrter Signor Luigi Mascotti, in Beantwortung Ihres werten Schreibens vom 21. lfd. M. teilen wir Ihnen mit, daß uns die Gründe, die unseren Angestellten Alfonso Nitti zum Suizid getrieben haben, ganz und gar unbekannt sind." Italo Svevo: *Una vita*, in: Ders.: *Opera Omnia II: Romanzi*, hg. v. Bruno Maier, Mailand: Dall'Oglio 1969, S. 131–426, hier S. 426. Im Folgenden im Fließtext abgekürzt mit der Sigle UV. Italienische Zitate werden in der Fußnote übersetzt; dazu stütze ich mich weitgehend auf die deutsche Ausgabe (*Ein Leben*, übers. v. Barbara Kleiner, Zürich: Diogenes 2011, hier S. 507). Wo die Kleiner-Übersetzung bestimmten Implikationen und Isotopien des Originals nicht gerecht wird, wurde (entsprechend markiert) mit eigenen Übersetzungen gearbeitet.
[19] Die unvorhergesehene Notwendigkeit von Überstunden ist unter Mallers Angestellten ein kontinuierliches Diskussionsthema (vgl. bereits das zweite Kapitel von *Una vita*), wenn es auch speziell in diesem Fall nicht explizit zur Sprache gebracht wird – der Roman endet mit der knappen Schilderung von Alfonsos Suizid durch eine Kohlenmonoxidvergiftung und dem von Erzählerseite kommentarlosen Schreiben des Bankhauses.
[20] ‚Nitti' erinnert lautlich sowohl an das Italienische ‚niente' als auch an das Deutsche ‚nichts' bzw. ‚nix', vgl. Victor Brombert: *In Praise of Antiheroes. Figures and Themes in Modern European Literature 1830–1980*, Chicago: University of Chicago Press 2001, S. 62. Die Tatsache, dass ‚Nitti' sich mit beiden Sprachen in Verbindung setzen lässt, ist dabei kein Zufall, sondern in Svevos Biographie zu fundieren: Ettore Schmitz, so sein bürgerlicher Name, wird als Sohn jüdischer Eltern in Triest

meinhin als inhaltliches Zentrum von Svevos literarischem Schaffen gilt und *Una vita* so sehr bestimmt, dass Svevo seinen Roman gerne schlicht *Un inetto* genannt hätte, zu Deutsch *Ein Unfähiger* oder *Ein Versager*.[21] Emilio Treves, dem Svevo das Buch zur Publikation anbietet, lehnt eine Veröffentlichung unter dem ursprünglich geplanten, für die potentiellen Käufer·innen vermeintlich zu negativen Titel ab;[22] gemeinsam mit dem Verlagsbuchhändler Ettore Vram, bei dem er sein Debüt schließlich auf eigene Kosten drucken lässt, entscheidet sich Svevo deshalb für die nichtssagende Alternative *Una vita* – der erhoffte Erfolg jedoch bleibt trotzdem aus. So wenig aussagekräftig der neue Titel allerdings auf den ersten Blick wirken mag, so akkurat gibt er doch letztlich wieder, worum es in diesem Roman geht: um *ein* Leben, *irgendein* Leben, in dem nichts Großes oder Erhabenes und, abgesehen vom Suizid, auch nichts Außergewöhnliches geschieht. Wenn *Una vita* darüber hinaus qua Titel auf die Schilderungen biographischer Entwicklung im Bildungsroman anspielt und – auch innerhalb der Figurenrede – mit Stendhals *Le Rouge et le Noir* und Maupassants *Bel-Ami* immer wieder die Geschichten erfolgreicher Parvenüs zitiert, denen gelingt, was Alfonso vergeblich versucht (reich heiraten, gesellschaftlich aufsteigen), etabliert der Roman eine intra- und extradiegetische Erwartungshaltung, nur um dann zu zeigen, wie Alfonso Nitti sie unterschreitet.[23]

Mit dem Attribut der *inettitudine*, etymologisch vom Lateinischen *in-aptus* bzw. *ineptus* = ‚unfähig‘, ‚ungeeignet‘ abgeleitet und im *Zingarelli* von 1917 als „difetto di

---

geboren und spricht muttersprachlich ausschließlich den regionalen Dialekt. Als Jugendlicher lernt er in einem Internat in Würzburg Deutsch, Italienisch ist erst seine zweite Fremdsprache. Der Verbundenheit mit dem deutschsprachigen Kulturraum (und seiner eigenen lange währenden Marginalisierung innerhalb Italiens im Sinne einer *littérature mineure*) trägt er schließlich durch seinen Künstlernamen Italo Svevo, zu Deutsch ‚Italienischer Schwabe‘, Rechnung.
21 So übersetzt zum Beispiel von Edgar Sallager im Nachwort zur deutschen Ausgabe von *Una vita*. Edgar Sallager: „Nachwort", in: Italo Svevo: *Ein Leben*, übers. v. Barbara Kleiner, Zürich: Diogenes 2011, S. 513–531, hier S. 518.
22 Vgl. Italo Svevo: „Profilo Autobiografico", in: Ders.: *Opera Omnia III: Racconti, Saggi, Pagine Sparse*, Bd. 3, hg. v. Bruno Maier, Mailand: Dall'Oglio 1968, S. 799–810, hier S. 802: „[Il romanzo] dapprima portava il titolo *Un inetto*, titolo che poi fu cambiato in seguito al rifiuto di Emilio Treves di pubblicare un romanzo ‚con un titolo simile'. Dimostrazione del grande senno di un editore tanto importante!" [„Der Roman trug zuerst den Titel *Un inetto*, einen Titel, der geändert wurde, nachdem sich Emilio Treves geweigert hatte, einen Roman ‚mit einem derartigen Titel' zu veröffentlichen. Demonstration großen Urteilsvermögens eines so wichtigen Verlegers!"]
23 Zum Einfluss von Stendhal und Maupassant vgl. Dietrich Schlumbohm: „Svevo und Stendhal. Zur Interpretation von *Una vita*", in: *Romanistisches Jahrbuch* 20 (1969), S. 91–112 sowie Simona Micali: *Asceso e declino del „uomo di lusso". Il romanzo dell'intellettuale nell'Italia Nuova e i suoi modelli europei*, Florenz: Le Monnier 2008, insb. S. 194–196.

attitudine"[24] geführt, lassen sich neben Alfonso auch Emilio Brentani aus *Senilità* (1898) und Zeno Cosini aus Svevos spätem und einzigem literarischen Erfolg *La coscienza di Zeno* (1923) belegen. Als Brüder im Geiste eint Alfonso, Emilio und Zeno neben einem Hang zur neurotischen Selbstbespiegelung und einem ödipalen Verhältnis zur Mutter[25] vor allem eine bedrückende Durchschnittlichkeit, verbunden mit der steten Bürde des nächsten Versuchs. Aus den Tagebuchaufzeichnungen seines Bruders Elio ist überliefert, dass Svevo schon 1881, zur Zeit seiner ersten literarischen Gehversuche, von einem „difetto moderno" als inhaltlichem Zentrum seiner Arbeit gesprochen und ihm sogar eine heute verlorene kleine Erzählung gewidmet habe.[26] In dieser technizistischen Formulierung (es geht hier nicht um eine *mancanza*, einen Mangel, oder eine *incapacità*, eine Unfähigkeit, sondern tatsächlich um einen Defekt) hallt schon früh der „difetto di attitudine" wider, der sein späteres Werk prägen wird – und damit auch jene thermodynamisch-mechanistische Vorstellung, auf der die Denkfigur eines defizitären, nichtfunktionierenden Subjekts im späten 19. und frühen 20. Jahrhundert basiert (vgl. Kap. 2.1).

Tatsächlich findet sich der Sozialtypus des *inetto* in der italienischen Literatur, wenn er dort auch kein anderes Œuvre so sehr dominiert wie das von Italo Svevo, um die Jahrhundertwende in zahlreichen Texten.[27] Als soziokulturelles Phänomen

---

24 „Mangel an Fähigkeit". Das Adjektiv *inetto* bezeichnet einen Menschen „[c]he non ha attitudine, Disadatto, Mal atto, [...] Che non ha disposizione, Inabile, Incapace" [„der nicht die Eignung/ Fähigkeit hat, ungeeignet, schlecht geeignet, [...] Der die Begabung nicht hat, untauglich, unfähig"]. Nicola Zingarelli: *Vocabulario della Lingua Italiana*, Greco Milanese: Bietti & Reggiani 1917, S. 748. In der aktuellen Auflage wird der Bereich der Unfähigkeit des *inetto* übrigens viel genauer benannt. Dort heißt es, der *inetto* sei „incapace di svolgere adeguatamente il proprio lavoro, o professione", außerdem „incapace di svolgere un determinato compito; persona di poco o nessun valore" [„unfähig, die eigene Arbeit, den eigenen Beruf adäquat auszuführen"; „unfähig, eine festgelegte Aufgabe auszuführen; eine Person von geringem oder keinem Wert"]. *Lo Zingarelli. Vocabolario della lingua italiana*, Bologna: Zanichelli 2017. URL: https://u.ubidictionary.com/viewer/#/dictionary/zanichelli.lozingarelli16, zuletzt aufgerufen am 05.10.2022.
25 Svevo beschäftigt sich ab etwa 1908 mit Freuds Schriften. Zum Verhältnis von Svevos Romanen zur Psychoanalyse existieren zahlreiche Studien, etwa Elio Gioanola: *Un killer dolcissimo. Indagine psicanalitica sull'opera di Italo Svevo* (Mailand: Mursia 1995) als eine der frühesten und einflussreichsten, aber auch methodisch problematischsten, denn Gioanola unterzieht vor allem Svevo selbst einer Psychoanalyse. Vielversprechender erscheint im Gegensatz dazu z. B. der Ansatz von Florian Mehltretter, *La coscienza di Zeno* nicht nur als einen *roman d'une psychanalyse*, sondern als *roman de la psychanalyse*, also als eine bewusste Replik oder Stellungnahme zu Freud zu lesen. Vgl. Florian Mehltretter: „Die Wahrheit über Zeno Cosini. Svevos erzählerischer Dialog mit Freud", in: *Italienische Studien* 21 (2000), S. 161–200.
26 Livia Veneziani Svevo: *Vita di mio marito. Con altri inediti di Italo Svevo*, hg. v. Anita Pittoni, Triest: Edizioni dello Zibaldone 1958, S. 24.
27 Vgl. überblicksartig Luigia Abrugiati: *Il volo del gabbiano. Fenomenologia dell'inettitudine nella letteratura italiana fra Ottocento e Novecento*, Lanciano: R. Carabba 1983 sowie Christian

gründet die *inettitudine* in ganz ähnlichen Diskursfeldern wie das deutsche Versagen und wird vor allem vor dem Hintergrund neurasthenischer Krankheitsbilder verhandelt, die ihrerseits, so zumindest die vorherrschende medizinische Lehrmeinung, auf einer aus dem Gleichgewicht geratenen Kräfteökonomie innerhalb des menschlichen Organismus basieren. Dieser Zusammenhang macht den *inetto* zu einer prominenten Figur in naturalistischen Texten, die dessen grundsätzliche Unterlegenheit im Daseinskampf darstellen und zu denen auch *Una vita* eine gewisse Affinität aufweist,[28] besonders und vor allem aber zu einer prominenten Figur innerhalb des *decadentismo*, dem Svevo oft zugerechnet wird, allerdings zumindest im Falle von *Una vita* nicht ganz zu Recht.[29] Denn Nitti, der seinen eigenen (physischen) Niedergang staunend betrachtet und ratlos verfolgt, könnte von tatsächlich dekadenten Protagonisten wie Huysmans' Des Esseintes noch einiges lernen: den Stolz der vollkommenen Entsagung zum Beispiel, oder die Kunst des stilvollen Verfalls. Während sich aus den Neurosen des gefallenen Pariser Adels, der Dandys und Kunstliebhaber rund um Des Esseintes minutiös ein ästhetisches beziehungsweise ästhetizistisches Programm ableiten lässt, gelingt es Alfonso nicht, seine *inettitudine* emphatisch zu bejahen, sie gar zu einem Topos künstlerischer Tätigkeit zu stilisieren. Er ist unzulänglich selbst in Fragen des Untergangs, sein Leben ein Beispiel dafür, wie *décadence* nicht funktioniert. Seine Sensibilität und Schöngeistigkeit, die ihn von den anderen Bewohnern der traditionell merkantil geprägten Stadt Triest – um 1900 ein wirtschaftliches Zentrum der Habsburgermonarchie – unterscheiden und im Roman sowohl im Gedankenbericht als auch in der Figurenrede bei keiner Gelegenheit unerwähnt bleiben, münden nicht in eine ebenso außergewöhnliche Begabung. Die Dialektik des körperlichen Mangels, der sich oft in Tateinheit mit mentalen Auffälligkeiten manifestiert und in der europäischen *fin-de-siècle*-Literatur gerne in künstlerischen Genius überführt wird, hat Svevo aus

---

Gerth: *Das Phänomen der* inettitudine *in der italienischen Erzählliteratur des frühen 20. Jahrhunderts*, Dissertation, Göttingen 2008.
28 Naturalistische Motive finden sich insbesondere in der Kutter-Episode, auf die ich weiter unten noch zu sprechen kommen werde, und in der Darstellung der Lebensumstände der Proletarierfamilie Lanucci, bei der Alfonso zur Untermiete wohnt.
29 Plausibel ist die Zuordnung, wenn man ein im Vergleich z. B. zum französischen *décadence*-Begriff sehr breites Verständnis von *decadentismo* anlegt, das in Italien allerdings durchaus gängig ist, wie sich an der Vielzahl doch sehr verschiedener Autoren ablesen lässt, die auf die ein oder andere Weise darunter subsumiert werden (neben Svevo auch d'Annunzio, Fogazzaro und Pirandello, um nur einige zu nennen). Viele literaturwissenschaftliche Arbeiten über den *decadentismo*, etwa Elio Gioanolas Standardwerk *Il decadentismo* (Rom: Studium 1977), benutzen den Begriff in einer Weise, die mit dem englischen Terminus *modernism* vergleichbar ist. Vgl. umfassend und abgrenzend David Weir: *Decadence and the Making of Modernism*, Amherst: University of Massachusetts Press 1995, insb. S. 1–21.

Una vita vollständig gekürzt: Alfonso kämpft gegen seine *inettitudine*, ohne dass jemals etwas Nennenswertes aus ihr hervorginge.

Willensschwäche als Versagensdiskurs

Die Literaturwissenschaft hat Alfonso Nitti beinahe einhellig eine krankhafte Willensschwäche diagnostiziert, kombiniert mit einer aus ihr resultierenden Handlungshemmung – eine Eigenschaft, die die *inetti* dieser Zeit allesamt zu einen scheint und auch den Protagonisten der *décadence*-Literatur wohlbekannt ist. Alfonso Nitti ist ein Träumer wie Frédéric Moreau, ein Schöngeist wie Hanno Buddenbrook und ein Neurastheniker, wie er im Buche steht.[30] Mit Svevos bekanntestem Willensschwächling Zeno, der jeden Tag aufs Neue seine letzte Zigarette raucht, teilt Alfonso einen Hang zu begonnenen, aber nicht zu Ende gebrachten Vorhaben: Seine Abende verbringt er in der Triester Stadtbibliothek, wo er eine moralphilosophische Abhandlung zu verfassen gedenkt, deren Niederschrift freilich bereits nach vier Seiten zum Erliegen kommt; von Annetta Maller lässt er sich zu einem Buchprojekt *à quatre mains* überreden, das ihm in dessen Einfältigkeit jedoch schon während der Entstehung peinlich ist und ebenfalls unvollendet bleibt. Als Neurastheniker von fast fiebriger Nervosität und schwächlicher Statur, als „willensschwache[r] Arrivist"[31] scheint Alfonso Nitti die Figur des *inetto* also geradezu beispielhaft zu verkörpern.

Dass ein schwacher Wille mit einem schwachen Körper Hand in Hand geht und mit einer über das Somatische hinausreichenden Dimension des Nicht-Könnens korreliert, ist in der Literatur um 1900 durchaus nichts Ungewöhnliches und einem sich wandelnden Willensbegriff geschuldet, der den Diskurs der Zeit prägt. Zentral ist dabei, wie Ingo Stöckmann gezeigt hat, die Abkehr von einem früheren vermögenspsychologischen Konzept (der Wille als eine „angeborene seelische Fähigkeit [...], als potentia"[32]) hin zu einer tief in thermodynamischem Wissen verankerten Vorstellung einer Willens*kraft*, die gesteigert und gelenkt werden kann. Ähnlich wie

---

30 Beards Theorien zur Neurasthenie wurden in Italien 1887 von Paolo Mantegazza in *Il secolo nevrosico* populär gemacht; abgesehen davon wird Svevo, der begeisterter Leser von Schopenhauer, Nietzsche und später auch Freud war, auch den deutschsprachigen Diskurs wahrgenommen haben. Für eine genauere Untersuchung zur Rolle vitalistischer und energiehygienischer Diskurse bei Svevo vgl. Silvia Contarini: „Energetica vitale e paradigmi della psicofisiologia nel primo Svevo", in: *Aghios. Rivista di studi sveviani* 7/8 (2014), S. 27–51 sowie Marie Guthmüller: „Il sonno come paradosso vitalistico e energetico in due racconti. *Lo specifico del dottor Menghi* e *Vino generoso*" im selben Band, S. 66–83.
31 Schlumbohm: „Svevo und Stendhal", S. 93. Ähnlich urteilen, um nur zwei weitere Beispiele für diese fast einhellige Forschungsmeinung zu nennen, Contarini: „Energetica vitale", S. 33f. und Jobst Welge: „Unfähigkeit. Die Figur des Angestellten als schwacher Held im Roman der Moderne (Italo Svevo und Cyro dos Anjos)", in: *Arcadia* 47.2 (2012), S. 401–420, hier S. 404.
32 Stöckmann: *Der Wille zum Willen*, S. 8.

in Kapitel 2.2 für die Nervenheilkunde im Allgemeinen gezeigt, werden auch die Bewegungen des Willens nunmehr als Ausprägung einer „einzige[n], unzerstörbare[n] Kraft" verstanden, die „verschiedene materielle Formen von Energie hervorbringt".[33] Als „Seelenenergie"[34] wird der Wille fortan weniger unter moral- oder transzendentalphilosophischen Gesichtspunkten verhandelt als vielmehr unter kräfteökonomischen.

Das allgegenwärtige Nachdenken über den Willen mündet in den letzten Jahrzehnten des 19. Jahrhunderts allerdings in eine zunehmend pessimistische Gesellschaftsdiagnostik: Denn was sich steigern lässt, kann auch verringert werden, und so vielversprechend die Möglichkeit einer wissenschaftlich unterfütterten Einflussnahme auf den menschlichen Willen einmal gewirkt haben mochte, so sehr mehren sich doch bald die Beispiele von als krankhaft erachteter Willensschwächung und -hemmung. Der Arzt und Schriftsteller Max Nordau verfasst einen der im deutschsprachigen Raum einschlägigsten Romane zum Thema, der den vielsagenden Titel *Die Krankheit des Jahrhunderts* (1888) trägt; auf ihn folgt, als psychopathologische Weiterentwicklung und gesellschaftskritische Abrechnung, sein bis heute wohl bekanntestes Werk *Entartung*. Zwanzig Jahre später, auf dem Höhepunkt des Willenskults, der in Gestalt von Ratgeberliteratur und Erziehungshinweisen mittlerweile auch den philosophisch unbedarfteren Teil der Bevölkerung erreicht hat,[35] legt Théodule Ribot in Frankreich mit *Les maladies de la volonté* eine umfassende Typologie der Willensschwäche vor.

Deutlich wird in solchen Klassifikationsversuchen vor allem, dass sich die Willensschwäche als organische Krankheit von verwandten Pathologien, insbesondere von der Neurasthenie, differentialdiagnostisch kaum unterscheiden lässt. Strittig etwa ist bereits die basale Frage, ob es sich bei der Willensschwäche um ein eigenständiges Krankheitsbild oder nur um ein Symptom der Neurasthenie handle; darüber hinaus könnte sie, um nur zwei weitere Beispiele zu nennen, als Zeichen von Hysterie (Jean-Martin Charcot) ebenso wie als Zeichen der Schizophrenie (Eugen Bleuler) gewertet werden. Sicher scheint Ende des 19. Jahrhunderts nur, dass die Willensschwäche als Entropiefigur zu verstehen sei, wiewohl sich der ursprünglich rein thermodynamisch gedachte Entropiebegriff zu diesem Zeitpunkt selbst längst zu einer gesellschaftsdiagnostischen Metapher für allgemeinen Verfall entwickelt hat.[36] Willensschwäche unterliegt damit der Vorstellung einer „unaufhaltsamen Ak-

---

33 Ebd., S. 6.
34 Ebd.
35 Um nur ein Beispiel zu nennen: Paul-Émile Lévy: *L'éducation rationelle de la volonté. Son emploi thérapeutique*, Paris: Felix Alcan 1898.
36 Vgl. zum Zusammenhang zwischen Entropiedenken und Willen ausführlich Stöckmann: *Der Wille zum Willen*, S. 346–366.

kumulation, die alle denkbaren Formen schleichender Auflösung und Entstrukturierung zu einem universalen Phänomen des Energieverfalls bündelt",[37] und beschreibt eher eine allmähliche Ermüdung oder Abnutzung als ein Versagen im Sinne eines plötzlichen und unvorhergesehenen Ausfalls des Erwarteten.

Trotzdem spielt die Figur einer Energiesuspension auch im Kontext der Willenskrankheiten eine große Rolle, und zwar genau dort, wo es um die konkreten Mechanismen einzelner Willensäußerungen geht. Friedrich Nietzsche etwa, der wohl prominenteste Willensphilosoph seiner Zeit, beruft sich in seinen Fragmenten zur Theorie eines Willens zur Macht aus den 1880er Jahren explizit auf Robert Mayers Begriff der Auslösung, den ich in Kapitel 2.1 als energetisches Gegenbild des Versagens gelesen habe. Mayer betrachtet den Willen im Sinne eines konkreten physiologischen Vorgangs dezidiert als Auslösungsphänomen: Der Wille werde, schreibt er, „freilich auf eine völlig rätselhafte und unbegreifliche Weise, durch die Bewegungsnerven zu den entsprechenden Muskeln geleitet, und auf diese Weise erfolgt sofort die Auslösung, die gewünschte Aktion".[38] Im direkten Anschluss daran heißt es bei Nietzsche: „Es giebt für uns nicht Ursache und Wirkung, sondern nur Folgen (,Auslösungen')"[39] – oder eben keine Folgen, kein Erfolgen, keine Auslösung: Versagen. Willensschwäche, so ließe sich also festhalten, gehört – wie etwa auch die Impotenz – zu den physiologischen Phänomenen, die innerhalb eines mechanistisch gefassten Systems Mensch auf einem Nichteintreten der erwarteten (energetischen) Leistung beruhen. Aus dieser Perspektive stellt Willensschwäche einen Phänotyp des Versagens dar; der Diskurs um die Willensschwäche *ist* also ein Versagensdiskurs (ohne dass beide identisch wären), in dem Nicht-Können und Nicht-Wollen sich immer überlagern: Willenskranke *können* nicht wollen.

Tatsächlich besteht das am häufigsten wahrgenommene Symptom der Willensschwäche, das zugleich den kleinsten gemeinsamen Nenner der vielfältigen Erscheinungsweisen dieses so disparaten Krankheitsbildes darstellt, in einem „Verlust von Hemmungsleistungen", wie sie bei ‚gesunden' Menschen „die subjektiven Wahrnehmungsgehalte und Zielfixierungen buchstäblich konzentrieren". Willensschwache Menschen hingegen scheinen ihre „Zielbildungen an fortwährende Desorientierungen, Handlungsausrichtungen an Abweichungen"[40] zu verlieren – und mithin an einer Form jener teleologischen Überforderung zu leiden, die ich in Kapitel 3.1 am

---

[37] Ebd., S. 11.
[38] Mayer: *Ueber Auslösung*, S. 12.
[39] Friedrich Nietzsche: *Nachgelassene Fragmente 1880–1882. Kritische Studienausgabe*, Bd. 9, hg. v. Giorgio Colli und Mazzino Montinari, München: dtv 1988, S. 472. Zu Nietzsches hier nur sehr rudimentär umrissenem Auslösungsbegriff vgl. ausführlicher Schäfer, Vogl: „Feuer und Flamme", insb. S. 200–211.
[40] Alle Zitate Stöckmann: *Der Wille zum Willen*, S. 17.

Beispiel von Flauberts *Éducation sentimentale* beschrieben habe und die in fast allen im Rahmen dieser Studie behandelten literarischen Texten eine Rolle spielt. Aber auch wenn Alfonso Nittis *inettitudine* mit einer solchen Form der Willensschwäche oder teleologischen Verunsicherung zumindest in Verbindung steht, wie in der Svevo-Forschung immer wieder betont wird, verfehlt diese Beobachtung, so die These des Folgenden, doch die Kernproblematik des Romans. Denn es gibt in *Una vita* einen sehr ausgeprägten Aspekt des Willens, des *Wider*willens, der von der Sekundärliteratur meiner Kenntnis nach bis dato weitestgehend ignoriert worden ist.

Alfonsos mangelhafte berufliche Leistung wird in *Una vita*, dem oben skizzierten Diskurs entsprechend, zunächst an ein funktionelles Versagen seines Organismus rückgebunden. Denn Alfonso scheint seiner Tätigkeit in der Bank, die explizit weder eine physisch noch eine intellektuell anspruchsvolle ist, schlichtweg nicht gewachsen, ganz egal, was er zu unternehmen, ganz egal, wie er sich zu stärken versucht: Die Arbeit, die keinen seiner Kollegen vor ähnliche Schwierigkeiten stellt, bleibt für Alfonso „sempre forzata",[41] immer ein Kraftakt, nie geht sie ihm leicht von der Hand. Dabei umfasst Alfonsos Tätigkeitsbereich in der Bank hauptsächlich das repetitive Kopieren von Briefen, Daten und Zahlen, eine Aufgabe der schnödesten Sorte, die er gleichermaßen belächelt und fürchtet. „In un'intiera giornata egli aveva da costruire uno o due periodi; aveva invece da copiare innumerevoli cifre, ripetere innumerevoli volte la medesima frase", beschreibt der Text Alfonsos zermürbenden beruflichen Alltag, doch bereits zwei Sätze später wird deutlich, dass ihn selbst diese intellektuell dürftige Tätigkeit noch überfordert: „Non era mai a giorno con i suoi lavori e al suo malessere si aggiungeva l'inquietudine."[42] Die Schriftstücke, die Alfonso während seiner Arbeitstage verfasst, sind beinahe sämtlich fehlerhaft und müssen von seinem Vorgesetzten Sanneo beanstandet und korrigiert werden. Auch Sanneo ist die Unfähigkeit seines neuen Mitarbeiters ein Rätsel:

> Sanneo si diceva sorpreso che a un giovane che dimostrava desiderio di lavorare non riuscisse di fare di più; piombava in stanza di Alfonso credendo di sorprenderlo alla lettura di qualche giornale o uscito a chiacchierare con altri impiegati e lo trovava sempre al suo posto con la penna in mano e gli occhi fissi sulla carta. Per indulgenza gli diminuì anche il

---

41 UV 197. „Immer erzwungen"; eigene Übersetzung.
42 Beide Zitate UV 180. „Im Laufe eines Tages hatte er ein oder zwei Sätze zu formulieren; dagegen hatte er unzählige Ziffern zu kopieren, unzählige Male denselben Satz zu wiederholen.";
„Ständig war er mit seiner Arbeit im Rückstand und zu seinem Unbehagen [im Italienischen im doppelten Sinne von mentalem Unbehagen und körperlichem Unwohlsein, NW] trat Unruhe hinzu." Svevo: *Ein Leben*, S. 86.

lavoro, ma le quindici o venti lettere che gli dava da fare, alla sera non erano mai fatte tutte e bastavano a mantenere il deposito di sospesi.⁴³

Dass es sich bei der Arbeit, die Alfonso verrichtet, um eine durch und durch mechanische handelt, wie der Text selbst immer wieder betont, lässt auch sein Nicht-Können in einem anderen Licht erscheinen: Es geht bei dieser Arbeit zunächst nicht um Begabung oder Wissen, sondern um ein schlichtes Funktionieren innerhalb eines sehr begrenzten Erwartungsrahmens – genau genommen ist nie mehr zu tun, als die Feder zu führen. Dass Alfonso dies nicht gelingt („non sapeva copiare macchinalmente"⁴⁴), wird somit im Text nicht nur als Versagen im übertragenen, modernen Sinne ausgewiesen, sondern auch als ein mechanistisch gefasstes Nichtfunktionieren.

Den Text durchsetzt folgerichtig eine Semantik von organischer Krankheit und körperlicher Schwäche, angereichert mit dem medizinischen Zeitgeist entsprechenden Motiven von Neurasthenie, Energielosigkeit und Erschöpfung und potenziert durch die Tatsache, dass sie längst nicht nur Alfonso selbst betrifft. Die Beschreibung von Krankheit und Sterben der Mutter nimmt fast ein Viertel des Romans ein, wenngleich nie tatsächlich klar wird, woran sie eigentlich leidet.⁴⁵ Der dritte prominente Kranke in *Una vita* ist Fumigi, der als ehemaliger Bankangestellter und Verehrer Annettas die Hauptfigur Alfonso spiegelt. Er laboriert an einer rätselhaften Nervenkrankheit, derentwegen er wahnhaft an jedem Ort und zu jeder Tageszeit Daten und Zahlen notiert und die der alerte Arzt Prarchi (einer von immerhin dreien im Roman, zählt man Alfonsos verstorbenen Vater mit) sogleich als „paralisi progressiva" identifiziert.⁴⁶ In dieser Figur, deren Schicksal

---

43 UV 181. „Sanneo erklärte sein Erstaunen darüber, daß ein junger Mann, der Arbeitswillen zeigte, nicht imstande war, mehr zu leisten; er platzte in Alfonsos Büro herein und glaubte, ihn beim Zeitunglesen zu erwischen oder dabei, daß er das Zimmer verlassen hatte, um mit anderen Angestellten zu plaudern, aber immer fand er ihn auf seinem Platz, die Feder in der Hand und den Blick aufs Papier gesenkt. Aus Nachsicht verringerte er auch die Arbeit für ihn, aber die fünfzehn oder zwanzig kurzen Briefe, die er ihm auftrug, waren abends nie alle geschrieben, und das genügte, um die Rückstände stets auf gleichem Niveau zu halten." Svevo: *Ein Leben*, S. 87f.
44 UV 140. „Er konnte nicht mechanisch kopieren"; eigene Übersetzung.
45 Zwar liefert der Text keine Hinweise auf eine psychische oder psychosomatische Ursache, allerdings ist auffällig, dass aus Alfonsos Umzug in die Stadt für Mutter und Sohn gleichermaßen ein Zustand schwerer, letztlich todbringender Krankheit resultiert.
46 UV 363. Es handelt sich um eine fortschreitende Lähmung durch eine Entzündung des Rückenmarks, die mit verschiedenen psychiatrischen Symptomen einhergeht (klassischerweise Wahnvorstellungen) und unter der medizinischen Bezeichnung Neurolues heute nicht mehr als eigenständige Erkrankung, sondern als Spätstadium einer unbehandelten Syphilis geführt wird. Die um 1900 relativ weit verbreitete Krankheit ließ sich nicht heilen; der bekannteste Patient war Friedrich Nietzsche (dessen Leser Svevo nachweislich war), der zur Zeit der Niederschrift von *Una vita* seine letzten Lebensjahre in einer (zumindest nach damaligem Kenntnisstand) von

erst kurz vor Alfonsos eigenem Tod vollends evident wird, manifestieren sich emblematisch das Übergreifen des (beruflichen) Lebens auf den Organismus einerseits, andererseits und umgekehrt das Übergreifen des (kranken) Körpers nicht nur auf die Psyche des Patienten, sondern auf nichts weniger als dessen gesamtes Leben und dessen Lebensleistung: „Il lavoro di tutta una vita perduto per qualche nervetto che si è corrotto",[47] kommentiert der Arzt mitleidig.

Alfonso selbst muss schon nach wenigen Wochen in der Bank erstmals Urlaub nehmen, um seiner eigenen unerklärlichen ‚Krankheit' beizukommen – durch langwierige energiehygienische Maßnahmen und mit großem Aufwand, immerhin aber auch mit zumindest kurzfristigem Erfolg.[48] Im Gegensatz zu Kafkas Figuren im *Schloß*-Roman, die ihre rätselhafte Müdigkeit mit einer eigentümlichen Teilnahmslosigkeit betrachten (vgl. Kap. 4.3), nimmt sein Können oder vielmehr Nicht-Können für Alfonso einen zentralen Stellenwert ein. Immer wieder versucht er zu ergründen, woher seine Schwäche, seine Müdigkeit und seine Konzentrationsunfähigkeit rühren, die für ihn längst nicht mehr nur ein bloß berufliches, sondern ein viel grundlegenderes Problem darstellen und sein Leben in Triest zu durchkreuzen drohen. Sein Sprechen und Denken ist daher geprägt von der kontinuierlichen Analyse körperlicher Vorgänge, einer beständigen Reflexion all dessen, was sein Organismus nicht oder nicht gut genug kann („Si era anche fatto di quest'organismo una concezione plastica che riformava ad ogni novella sensazione"[49]).

Wenn die Erzählerstimme in diesem Zusammenhang nachgerade floskelhaft versichert, es sei keineswegs der gute Wille, an dem es Alfonso mangle, vielmehr sei er schlichtweg und irreduzibel nicht fähig, mehr Leistung zu erbringen („non era la buon volontà che gli mancasse, era la capacità"),[50] so lässt sich diese Behauptung auf Basis des im Roman bis dato Geschehenen also auf den ersten Blick durchaus plausibel machen; ‚buon volontà' meint hier in erster Linie Alfonsos unbestreitbare, aber dennoch fruchtlose Bereitschaft zur Selbstoptimierung, seine

---

ebendieser Krankheit verursachten und in Zeitungen immer wieder dokumentierten geistigen Umnachtung verbrachte.

47 Ebd. „Die Arbeit eines ganzen Lebens, vergeudet wegen eines winzigen Nervs, der sich zersetzt hat." Svevo: *Ein Leben*, S. 403.

48 Vgl. z. B. UV 194–196. Auf die Vorstellung von einem gesunden Leben, wie die (populär-)medizinische Ratgeberliteratur der Jahrhundertwende es propagierte, wird in Svevos Texten immer wieder angespielt, wie Mario Sechi gezeigt hat: „Senilità precoce e vecchiezza d'Europa. Italo Svevo fra medici e filosofi: 1898–1905", in: Ders. (Hg.): *Italo Svevo. Il sogno e la vita vera*, Rom: Donzelli 2008, S. 203–228.

49 UV 181. „Er hatte sich sogar eine plastische Vorstellung von seinem Organismus gemacht, die er bei jeder neuen Empfindung revidierte." Svevo: *Ein Leben*, S. 88.

50 UV 180. „Es war nicht der gute Wille, an dem es ihm mangelte, es war sein Vermögen"; eigene Übersetzung.

Versuche, schneller und effizienter zu arbeiten, die an ihn gerichteten Anforderungen bestmöglich zu erfüllen. In diesem Modell, das von der Erzählerstimme in *Una vita* deutlich privilegiert wird, wäre Alfonso ein *inetto* im wahrsten Sinne des Wortes: Stets bemüht und durchaus willens, für wahren Erfolg aber nicht willens genug – und letztlich zu neurasthenisch, zu (willens-)schwach, ein Versagertyp auch im sozialdarwinistischen Sinne, der es in Triest und im Bankhaus Maller nicht weit bringen wird, egal was er versucht.

Übersehen wird dabei in der Sekundärliteratur allerdings, dass diese Feststellung nur dann schlüssig erscheint, wenn man Alfonsos Tätigkeit in der Bank als a priori alternativlos annimmt. Denn Alfonso, dies ist ein Aspekt, der an verschiedenen Stellen in *Una vita* immer wieder aufschimmert, ohne den Text je wirklich zu dominieren, weiß doch eigentlich sehr genau, was er *nicht* will: in Triest leben, im Bankhaus Maller arbeiten, als Angestellter und Kopist den dürftigen Karriereweg verfolgen, der ihm offenstünde. Und der Grund, aus dem er diesem Widerwillen entgegenhandelt, besteht keineswegs in einer Form der Willensschwäche, sondern schlichtweg in sozialen, vor allem aber monetären Zwängen. Nachdem der Vater verstorben ist, wird das Geld der Familie knapp, Alfonso muss fortan unfreiwillig und gleich doppelt dessen Erbe antreten, als Dorfbewohner, der sein Glück in der Stadt findet – ein Versuch, den auch der Vater zu Lebzeiten erfolglos unternommen hatte – einerseits, als Ernährer der stetig kränker werdenden Mutter andererseits. Schon ihretwegen scheint ihm eine unhintergehbare Existenzpflicht in der Stadt auferlegt; und so erfolgt der Suizid, den mancher Interpret als völlig unmotiviert betrachtet hat,[51] weil er Alfonso im Roman bis dato nie auch nur als Möglichkeit erschienen war, letztlich in gewisser Hinsicht doch konsequent: Er wird möglich erst nach dem Tod der Mutter.

Schon Alfonsos erster Brief, mit dem der Roman einsetzt, macht deutlich, dass er an seinen Erfolg in der Stadt nicht glaubt, vielleicht nie geglaubt hat. Seiner Mutter offenbart Alfonso dort, in der ersten Person und nicht durch eine Erzählerstimme vermittelt, mithin in ungewöhnlicher und im Text nie mehr eingeholter Offenheit, wie gerne er Triest wieder verlassen würde: Er schildert ihr die Enge seines Zimmers und vergleicht es mit der Weitläufigkeit des heimatlichen Hauses, er beschreibt die rußige, verschmutzte Luft der Großstadt und schwelgt in Erinne-

---

51 So heißt es bereits in einer der wenigen zeitgenössischen Rezensionen des Romans, erschienen am 11. Dezember 1892 im *Corriere della Sera* und verfasst von Domenico Oliva: „E, veramente, questo Alfonso Nitti si vede e si comprende: non si comprende il suo suicidio, ma l'autore s'è preoccupato di finire in qualche modo il suo romanzo." [„Und in der Tat, diesen Alfonso Nitti sieht und versteht man: seinen Suizid [hingegen] versteht man nicht, aber der Autor musste irgendein Ende für das Buch finden."] Zit. nach Enrico Ghidetti (Hg.): *Il caso di Svevo. Guida storica e critica*, Rom, Bari: Editori Laterza 1993, S. 4.

rungen an die Reinheit der dörflichen Natur; selbst dem missmutigen Krämer, bei dem die Mutter Stift und Papier kauft, widmet er einige sehnsüchtige Zeilen. „Non ti pare, mamma", fragt Alfonso schließlich, „che sarebbe meglio che io ritorni? Finora non vedo che ci sia grande utile per me rimanere qui."[52]

Der Roman macht keine genauen Angaben darüber, wie lange sich Alfonso zu diesem Zeitpunkt schon in Triest befindet, aber die im zweiten Kapitel folgende Beschreibung seiner Anfangsschwierigkeiten im Bankhaus Maller lässt den Schluss zu, dass er das Heimatdorf erst vor Kurzem verlassen hat. Und dies, so legt der Brief nahe, vor allem aus Gründen der Vernunft und der Zweckmäßigkeit. Die zentrale Formulierung zur Begründung seines Wunsches, wieder ins Dorf zurückzukehren, referiert auf den mangelnden Nutzen („utile") seines Aufenthalts in der Stadt; und einige Zeilen später versucht Alfonso seiner Mutter zu verdeutlichen, dass das augenscheinlich angestrebte (und, so suggeriert das Schreiben, nach dem Tod des Vaters absolut notwendige) Ziel seines Lebens in Triest, ein gutes Auskommen nämlich, deutlich schwieriger zu erreichen sein werde als gedacht:

> Comincio anche a credere che in commercio sia molto ma molto difficile di fare fortuna [...]. Il mio compagno di stanza ha centoventi franchi al mese, è da quattro anni dal signor Maller e fa dei lavori quali io potrò fare soltanto fra qualche anno. Prima non posso né sperare né desiderare aumenti di paga.[53]

Alfonsos Zwiespalt zwischen der (familiären, gesellschaftlichen) Erwartung, in Triest Karriere zu machen, und seiner eigenen Sehnsucht, sich diesen Erwartungen zu entziehen, wird durch die Tatsache zusätzlich unterstrichen, dass er seinen Wunsch, ins heimatliche Dorf zurückzukehren, wenig später im Gespräch mit Signor Maller wieder zurücknimmt, sich für seinen Widerwillen sogar schämt, um sich kurz darauf wiederum für die Verleugnung seines Widerwillens zu schämen. Das Antwortschreiben der Mutter, das auf den Inhalt des ersten Briefes schließen lässt, gerät versehentlich in die Hände seines Vorgesetzten; auf seine Unzufriedenheit angesprochen, beteuert Alfonso jedoch, nur kurzfristig vom Heimweh gepackt worden zu sein und auch weiterhin in der Bank arbeiten zu wollen – nicht zuletzt deshalb, weil auch die Mutter, die hier die erste und gewichtigste Instanz ist, die Erwartungen an Alfonso formuliert, einer Rückkehr nicht zustimmt.

---

52 UV 38. „Meinst du nicht auch, Mama, es wäre besser, ich würde heimkommen? Bisher sehe ich für mich noch keinen großen Nutzen darin, hierzubleiben." Svevo: *Ein Leben*, S. 6.
53 UV 134. „Auch beginne ich zu glauben, daß es in der Handelswelt schwer, aber wirklich sehr schwer ist, sein Glück zu machen [...]. Mein Zimmergenosse bekommt hundertzwanzig Kronen im Monat, aber er ist seit vier Jahren bei Signor Maller und erledigt Arbeiten, die ich erst in ein paar Jahren werde erledigen können. Vorher kann ich eine Gehaltserhöhung weder erhoffen noch wünschen." Svevo: *Ein Leben*, S. 6f. Das Wort *fortuna* bedeutet im Italienischen sowohl ‚Glück' (wie in Kleiners Übersetzung) als auch (finanzielles) ‚Vermögen'.

Alfonsos durchaus realistischer Selbsteinschätzung zum Trotz stellt Signor Maller ihm anfangs sehr wohl die Möglichkeit eines schnellen beruflichen Aufstiegs in Aussicht und versichert ihm im persönlichen Gespräch, dass alle Mitarbeiter der Bank für ihn ein rasches Voranschreiten erhofften.[54] Er selbst jedoch steht seinem möglichen Fortkommen in der Bank leidenschaftslos gegenüber; den Diensteifer seines Kollegen und unmittelbaren Vorgesetzten Sanneo betrachtet er mit Verwunderung: „Perché si sacrifica in tale modo? – si chiedeva Alfonso che non comprendeva la passione per quel lavoro."[55] Für Alfonso stellt seine Arbeit ein notwendiges Übel dar, dem er mit zunehmender Abscheu begegnet. Immer wieder träumt er sich in das heimatliche Dorf zurück („sognando dolorosamente il suo paese"),[56] sein lebhaftester Wunsch ist und bleibt es, das Büro für immer zu verlassen („Il più vivo desiderio di Alfonso era di andarsene")[57] und andernorts ein reiches und ruhmreiches Leben zu führen. Es sind wohl derlei Sehnsüchte, die Alfonso so häufig die Diagnose einer Willenskrankheit eingebracht haben; dabei sind viele davon explizit als *Phantasien* markiert und im Irrealis formuliert. Den verstorbenen Vater etwa imaginiert Alfonso sich als wohlhabenden Adeligen, das eigene Leben als ein von Grund auf anderes (vgl. UV 142). Diese Phantasien sollen und können nicht in die Tat umgesetzt werden, und so bemüht sich Alfonso auch nicht um deren mögliche Realisierung; sie dienen alleine als Gegenentwurf zum tristen Alltag im Büro. Selbst die moralphilosophische Abhandlung, zu der Alfonso ansetzt und die man versucht sein könnte, als Gegenbeispiel ins Feld zu führen, verfasst er nicht aus der Hoffnung auf Ruhm und ein besseres Leben heraus, sondern – wohlwissend, dass ein derartiges Werk, so es denn jemals vollendet würde, schlechte Chancen aufweist, zum Verkaufsschlager zu avancieren – maßgeblich als Mittel, um seinem ungeliebten Leben wenigstens partiell und wenigstens mental zu entfliehen.

Es überrascht also nicht, dass sich bereits die erste (und einzige) Beförderung für Alfonso eher als Bürde denn als Grund zur Freude erweist. Schneller als erwartet steigt er in der Hierarchie der Bank auf, allerdings eher aus kontingenten Gründen denn aus meritokratischer Folgerichtigkeit: Weil Alfonsos Vorgänger in der

---

54 Vgl. UV 143: „tutti desideravano di vederlo progredire rapidamente"; „alle wünschten ihn schnell fortschreiten zu sehen"; eigene Übersetzung.
55 UV 136. „‚Warum opfert er sich so auf?', fragte sich Alfonso, der nicht begriff, wie man so viel Leidenschaft für diese Arbeit aufbringen konnte." Svevo: *Ein Leben*, S. 10.
56 UV 154. „Schmerzvoll von seinem Dorf träumend"; eigene Übersetzung. Vgl. auch UV 178: „copiando nella lettera quegl'importi vistosi, Alfonso calcolava quale minima frazione di ogni singolo gli sarebbe bastata per vivere tranquillo nel suo villaggio"; „Als [...] er in den Briefen diese stattlichen Beträge abschrieb, rechnete Alfonso sich aus, welch winziger Bruchteil jedes einzelnen davon ihm genügen würde, um geruhsam in seinem Dorf zu leben." Svevo: *Ein Leben*, S. 83.
57 UV 165. „Alfonsos lebhaftester Wunsch war es zu gehen"; eigene Übersetzung.

höheren Position in die Buchhaltung strafversetzt wird, rückt in Ermangelung einer kompetenteren Alternative Alfonso selbst nach – sehr zu seinem eigenen Bedauern. Als Maller ihm anstelle der Kopiertätigkeiten geringfügig anspruchsvollere Schreibarbeiten aufträgt, ächzt Alfonso unter der Last seines beruflichen Fortschritts. Seine Beförderung bedeutet für ihn in erster Linie mehr Verantwortung und mehr Arbeit – Arbeit, die er weder verrichten möchte noch verrichten kann:

> Alfonso non sapeva gioire del suo avanzamento. Era realmente avanzato, perché se anche tutti si divertivano a rammentargli ch'era ben lungi dall'avere il posto di Miceni, aveva abbandonato l'offerta, la copiatura, il lavoro imbecille del servo che maneggiava la penna invece della scopa. Ma quando alla sera gli venivano restituite metà delle sue lettere con annotazioni di Sanneo, disperava e avrebbe preso volentieri il primo treno per ritornare a casa sua e lasciar quelle lettere da rifare al signor Maller stesso.[58]

Zwar ist es in den seltenen Fällen, in denen Alfonso für seine Arbeit Lob statt Tadel erntet, auch um seinen Elan vorübergehend besser bestellt, seine Müdigkeit scheint kurzfristig wie weggeblasen. Doch es wird im Text bei genauerer Betrachtung zunehmend deutlich, dass diese Müdigkeit keineswegs nur aus Alfonsos Leistungsschwäche resultiert oder gar deren Grund darstellt. Sie ist vielmehr Symptom der tiefen Verachtung, die Alfonso seiner Arbeit entgegenbringt, wie es in einer im *discorso indiretto libero* beginnenden Passage heißt:

> Stanchezza? Somigliava meglio a nausea. [...] Verso sera la mano, l'unica parte del suo corpo veramente stanca, si fermava, l'attenzione non stimolata si distraeva e qualche volta doveva gettare la penna e lasciare il lavoro, per una nausea da persona che ha preso tropo di un solo cibo.[59]

---

[58] UV 180. „Alfonso konnte sich an seiner Beförderung nicht so recht freuen. Er war tatsächlich befördert worden, denn auch wenn alle sich einen Spaß daraus machten, ihm zu sagen, daß er weit davon entfernt war, Micenis Stelle einzunehmen, hatte er doch die Offertenschreiberei, die bloße Kopierarbeit, die Idiotenarbeit eines Sklaven, der statt des Besens eine Feder führt, hinter sich gelassen. Doch wenn er am Abend die Hälfte seiner Briefe mit Randbemerkungen von Sanneo zurückbekam, verzweifelte er und hätte am liebsten gleich den nächsten Zug genommen, um nach Hause zurückzukehren und Signor Maller diese Briefe selbst neu schreiben zu lassen." Svevo: *Ein Leben*, S. 86.

[59] UV 84. „Müdigkeit? Es war eher Ekel. [...] Gegen Abend hielt die Schreibhand, der einzige Körperteil, der wirklich müde war, inne, die Aufmerksamkeit, die nicht stimuliert wurde, schweifte ab, und manchmal mußte er vor lauter Ekel die Feder hinwerfen und mit der Arbeit aufhören, wie jemand, der sich an einer einzigen Speise übergessen [sic] hat." Svevo: *Ein Leben*, S. 86. Das Versagen der Aufmerksamkeit wird um 1900 gemeinhin mit Willenskraft enggeführt, mangelnde Aufmerksamkeit zeugt also von Willensschwäche, wie Ingo Stöckmann in *Der Wille zum Willen* dargelegt hat, vgl. auch Kapitel 2.3 dieses Buches.

Dass Alfonsos Nicht-Können in Wahrheit zumindest zu einem großen Teil aus einem Nicht-Wollen resultiert, scheint zunächst nur für seine Tätigkeit in der Bank zu gelten, betrifft bald aber auch den zweiten wichtigen Handlungsstrang des Romans, der mit dem ersten in enger Verbindung steht: Alfonsos Liaison mit Mallers Tochter Annetta, von der er sich eine Abkürzung auf dem Weg zu einem erfolgreichen Leben in Triest erhofft, ohne von dessen unbedingter Notwendigkeit selbst gänzlich überzeugt zu sein. Denn so wenig Alfonso sein Fortkommen in der Bank auch am Herzen liegen mag, so sehr versucht er doch, sich zumindest die Peinlichkeit des Auf-der-Stelle-Tretens zu ersparen, möglichst ohne zu diesem Zwecke allzu großen Aufwand betreiben zu müssen. „Das ist die wahre Kunst. Mühelos vorwärtskommen",[60] erklärt er einmal, nur gelingt sie ihm selbst am allerwenigsten. Nach dem Vorbild etwa von Stendhals Julien Sorel versucht sich Alfonso deshalb an einer alternativen Karriere als Parvenü, doch auch dieses Vorhaben gestaltet sich schwieriger als gedacht: Von seinem Verlangen nach Annetta muss Alfonso sich selbst langwierig überzeugen, ohne letzten Endes eine genuine Zuneigung, ein intrinsisches Begehren nach ihr zu entwickeln.

Als Alfonsos in Wahrheit nicht-erstrebtes Ziel schließlich tatsächlich in greifbare Nähe rückt und Annetta nach einer ungeplanten Liebesnacht übereilt (und hauptsächlich aus Gründen der beiderseitigen Ehrenrettung) die Hochzeit anberaumen will, verlässt er, trotz oder genau wegen der Warnungen von Annettas Angestellter und Vertrauter Francesca, er werde sich so alle Chancen auf eine Heirat verbauen, fluchtartig die Stadt. Als Grund für die überstürzte Abreise gibt er vor, in der Heimat seine kranke Mutter pflegen zu müssen, die er eigentlich bei bester Gesundheit zu wissen glaubt, doch im Dorf angekommen erfährt er, dass sie tatsächlich im Sterben liegt. Nach dem qualvoll langsamen Tod der Mutter, an deren Bett er schließlich mehrere Wochen verbringt, überkommt Alfonso selbst plötzlich eine so unerklärliche wie unermessliche Müdigkeit. Er fällt in einen tiefen und wenig erholsamen Schlaf, aus dem er erst Tage später wieder erwacht.

Alfonsos unvermittelte Müdigkeit stellt in zweifacher Hinsicht einen Schlüsselmoment in *Una vita* dar. Sie markiert zum einen den endgültigen Einbruch von Schwäche, Krankheit und (körperlichem) Versagen in das heimatliche Dorf, das Alfonso sich von der Stadt aus als nahezu paradiesischen Sehnsuchtsort imaginiert hatte. Zwar verbirgt sich hinter seinem Traum von einer Rückkehr zu einem bäuerlichen Leben ohnehin maßgeblich eine retrospektive Verklärung, wie Alfonso im Eröffnungsbrief an die Mutter ja selbst andeutet – immerhin aber eine, die ihm als fernes Versprechen das Dasein in Triest erträglicher macht. Die bukolische Idylle der Heimat, die derart ungebrochen freilich nie existiert hat,

---

[60] Svevo: *Ein Leben*, S. 207. Im Original, UV 154: „Questa è la vera arte. Progredire senza fatica."

steht im größtmöglichen Kontrast zu Alfonsos trister Existenz in der Stadt. Mit der Implosion dieser tröstlichen Dichotomie muss Alfonso sich schließlich auch die Ausweglosigkeit seiner Situation eingestehen: Es gibt keine Alternative mehr zu seinem Leben in Triest; durch den Tod der Mutter, den Verkauf des Elternhauses und das – hier offensichtlich nicht von Stadtluft und Bürotätigkeiten hervorgerufene – Versagen seines eigenen Körpers im heimatlichen Dorf entfällt nun auch die theoretische Möglichkeit, nach Hause zurückzukehren und der Karriere in Triest auf diese Weise zu entsagen.[61]

Zum anderen bindet die Müdigkeit Alfonso just zu dem Zeitpunkt an das Dorf, an dem er nach langen Wochen mit der dahinsiechenden Mutter endlich nach Triest zurückreisen hätte können, um die Ehe mit Annetta mit einiger Verzögerung doch noch zu schließen – durch seinen komatösen Schlaf jedoch wird selbst die minimale verbliebene Chance auf eine Heirat und den mit ihr verbundenen sozialen Aufstieg noch durchkreuzt. Für Alfonso allerdings, der sich ohnehin längst von all den nur halbherzig gehegten beruflichen und gesellschaftlichen Ambitionen verabschiedet hat, kommt die Gewissheit, sich nun jegliche Karrierechancen verbaut zu haben, nachgerade einer Wunscherfüllung gleich: „L'avventura non avrebbe altra conseguenza che di toglierli la possibilità di avanzare alla banca Maller. Non era una grande sventura perché la sua paga gli bastava quale era."[62] Als Alfonso fast zwei Monate nach seiner Abreise schließlich nach Triest zurückkehrt, hat sich Annetta längst mit Macario verlobt, der in vielerlei Hinsicht ein Gegenbild zu Alfonso darstellt, und in der Bank wartet Signor Maller, erbost über den Verrat an seiner Tochter, erwartungsgemäß mit eisigem Blick. Die rätselhafte Müdigkeit, das Versagen seines Körpers, der komatöse Schlaf überfällt Alfonso, und dies ist an dieser Stelle wichtig zu betonen, just zu dem Moment, zu dem es endgültig keinen Grund für seinen Aufenthalt im Dorf mehr gibt, in dem er die Rückkehr in die Stadt nicht weiter aufschieben kann.[63] Anders ausgedrückt: Alfonsos psychosomatisches Nicht-Können suspendiert die Möglichkeit einer bewussten und willentlichen Entscheidung; zurück in Triest sieht er sich,

---

61 Zur Dekonstruktion der Opposition Stadt vs. Land vgl. auch Matteo Palumbo: „Una vita", in: Claudio Gigante und Massimiliano Tortora (Hg.): *Svevo*, Rom: Carocci 2021, S. 21–41, hier S. 38.
62 UV 357. „Das Abenteuer würde weiter keine Folgen haben, als daß es ihm die Aufstiegsmöglichkeiten im Bankhaus Maller nahm. Das war kein großes Unglück, denn sein jetziges Gehalt reichte im völlig." Svevo: *Ein Leben*, S. 391.
63 Der Landarzt Frontini vermutet zwar eine Typhuserkrankung, favorisiert als mögliche Ursachen für den langen Schlaf aber bereits zwei Sätze später – etwas tautologisch – Alfonsos Müdigkeit sowie vor allem sein „dispiacere" („Leid", „Kummer", wörtlich aber „Missfallen"), vgl. UV 353. Der Kontext legt zwar nahe, dass damit die Trauer um die Mutter gemeint ist; die auffällig unspezifische Formulierung, die keine Quelle des Kummers benennt, kann aber auch ein globaleres Missfallen implizieren – etwa den Widerwillen, in die Stadt zurückzukehren.

nicht ohne Genugtuung, vor vollendeten Tatsachen. Alfonso *will* nicht zurück nach Triest, seine Abneigung jedoch wird lesbar als unwillkürliches, somatisches, organisches *Nicht-Können*. Es ist eine solche Somatisierung des teleologisch Widerständigen, die nach meiner Lesart den Kern des Versagensbegriffes in *Una vita* darstellt.

Dass der in dieser Somatisierung symptomatische Aspekt des Widerwillens kaum je Einfluss auf die literaturwissenschaftliche Diskussion genommen hat, dass auch die Leser·innen ihn nicht als wesentliches Element des Romans wahrnehmen, obwohl er weidlich thematisiert wird, scheint mir an einem systematischen Deklinieren verschiedener Ende des 19. Jahrhunderts gesellschaftlich gängiger Begründungs-, Beurteilungs- und Zuschreibungsvarianten für ein Versagen zu liegen, das auf der Ebene des Erzähldiskurses zu beobachten ist. Eine besonders prominente Rolle kommt dabei der Erzählstimme zu, die Alfonsos Nicht-Wollen in einem nachgerade manipulativen Manöver zu einem Nicht-Können pathologisiert. *Una vita* stellt damit, so die These des Folgenden, weniger einen Roman über das Versagen als individuelle Unzulänglichkeit dar als vielmehr einen Roman über das Versagen als diskursives Phänomen und biographische Bewertungskategorie innerhalb einer kapitalistischen Leistungsgesellschaft.

Pathologisierung des Widerwillens durch den Erzähldiskurs
Una vita gilt in der Sekundärliteratur gemeinhin als der schwächste unter Italo Svevos drei Romanen, eine Einschätzung, die wohl nicht zuletzt einer berühmten Aussage des Autors selbst geschuldet sein dürfte. 1925 schreibt er über seinen Erstling rückblickend an Valery Larbaud:

> J'ai relu *Una vita*. James Joyce disait toujours que dans la plume d'un homme il y a un seul roman (alors il n'avait même pas pensé à *Ulysses*) et que lorsque on écrit plusieurs c'est toujours le même plus ou moins transformé. Mais dans ce cas mon seul roman était *Una vita*. Seulement il est si mal écrit que je devrais le refaire.[64]

Nicht nur Svevo selbst hat die Nähe seiner drei Romane zueinander thematisiert; auch in der Literaturwissenschaft wird *Una vita* fast immer als eng verwandter Vorläufer, gar als eine Art Materialstudie für Svevos spätere Romane *Senilità* und *La coscienza di Zeno* gelesen – die hinsichtlich ihrer Erzähltechnik beide als wegweisend für die italienische Moderne gelten. *Senilità* wird das Verdienst zugeschrieben, eine an Flaubert erinnernde interne Fokalisierung im *discorso indiretto libero* in die

---

[64] Brief vom 16. März 1925. Italo Svevo: *Opera Omnia I: Epistolario*, hg. v. Bruno Maier, Mailand: Dall'Oglio 1966, S. 759 f.

italienische Literatur übertragen zu haben;[65] in *La coscienza di Zeno*, einem der wichtigsten Bewusstseinsromane des 20. Jahrhunderts, führt eine erlebte Rede in der Ich-Form ins „Innerste narrativer Bewußtseinserforschung".[66] *Una vita* hingegen wird jegliche erzähltechnische Finesse abgesprochen. Ulrich Schulz-Buschhaus etwa konstatiert, der dort „vorherrschende Modus erzählerischer Vermittlung [sei] eindeutig die traditionelle Introspektivanalyse sowie der ihr entsprechende, im allgemeinen knapp resümierende Gedankenbericht",[67] insgesamt also herrsche eine relativ traditionelle, „überraschend wenig"[68] und wenig überraschend entwickelte Erzählsituation vor. Tatsächlich spricht aber – ungeachtet der zumindest von Svevo selbst diagnostizierten mangelhaften sprachlichen Ausgestaltung – gerade die These, bei *Una vita*, *Senilità* und *La coscienza di Zeno* handle es sich um einen einzigen, in Wahrheit kaum variierten Roman, dafür, auch der zunächst sehr konventionell (dazu mitunter inkonsistent) wirkenden erzähltechnischen Anlage von *Una vita* einen genaueren Blick zu widmen.

Über weite Teile, vor allem aber zu Beginn ist *Una vita* geprägt von einer nullfokalisierten, heterodiegetischen Erzählerstimme, die von Alfonsos Leben berichtet und seine Gedanken wiedergibt. Doch obwohl Svevos Erzähler, anders als etwa bei Balzac oft der Fall, im Text nie wirklich in Erscheinung tritt, nicht explizit ordnend eingreift, ankündigt oder zusammenfasst, eignet ihm eine eigentümliche Penetranz, die schon Giacomo Debenedetti, einer von Svevos frühesten Lesern und Kritikern, 1929 in seinem Essay *Svevo e Schmitz* bemerkt hat. Denn der Erzähler be- und verurteilt seinen Protagonisten fortwährend,[69] und dies mit einer Gnadenlosigkeit, die Alfonso mit voller Härte trifft, während er Annetta oder Macario, die ihrerseits durchaus ebenfalls zu Spott Anlass gäben, deutlich wohlwollender begegnet. Die offensichtlichste Variante dieser systematischen Diskreditierung des Protagonisten seitens des Erzählers stellen die sarkastisch-spöttischen Kommentare dar, die in *Una vita* so häufig vorkommen: Alfonsos literarische Ambitionen etwa beschreibt

---

65 Vgl. Ulrich Schulz-Buschhaus: „Point of View und ‚Inettitudine' in Svevos *Senilità*", in: Rudolf Behrens und Richard Schwaderer (Hg.): *Italo Svevo. Ein Paradigma italienischer Moderne*, Würzburg: Königshausen & Neumann 1990, S. 131–144, hier S. 134.
66 Paul Geyer: „Kritischer Bewußtseinsroman und erlebte Rede in der Ich-Form. Italo Svevos *La coscienza di Zeno*", in: Winfried Wehle (Hg.): *Über die Schwierigkeiten, (s)ich zu sagen. Horizonte literarischer Subjektkonstitution*, Frankfurt am Main: Vittorio Klostermann 2001, S. 107–145, hier S. 110.
67 Schulz-Buschhaus: „Point of View und ‚Inettitudine' in Svevos *Senilità*", S. 134.
68 Ebd.
69 Vgl. Giacomo Debenedetti: „Svevo e Schmitz", in: Ders.: *Saggi critici. Seconda serie*, Venedig: Marsilio 1990, S. 31–65.

der Erzähler trocken als den Versuch, „drammi, romanzi e peggio" zu verfassen, seine Träume disqualifiziert er als „sogni di megalomane".[70]

Die Präsenz dieses nullfokalisierten Erzählers wird auch in der Sekundärliteratur immer wieder thematisiert, ebenso wie die Beobachtung, dass er Alfonsos Meinung in den seltensten Fällen teilt. Mehr noch: Der Erzähler und Alfonso scheinen in einem komplexen, fast antagonistischen Verhältnis zueinander zu stehen.[71] Die Schlussfolgerung aus dieser Erkenntnis ist dann jedoch meist eine vergleichsweise althergebrachte, die den Eindruck stützt, die narrative Anlage von *Una vita* sei in keiner Weise bemerkenswert: Der Tradition des 19. Jahrhunderts entsprechend wird der Erzähler als moralisch verlässlich korrigierende und ordnende Instanz betrachtet, die sich bemüht, Alfonsos Illusionen ins rechte, wahre Licht zu rücken. Guido Baldi, hier stellvertretend für die *communis opinio* der Svevo-Forschung zitiert, schreibt etwa: „Ma siccome i protagonisti sono portatori di una falsa coscienza, essi risultano personaggi focali inattendibili, che deformano e falsano la loro vita interiore e il mondo che li circonda."[72] Der Erzähler, der für Baldi ganz selbstverständlich auch die Meinung des Autors vertritt, objektiviere die Gedanken seiner unzuverlässigen Protagonisten für die Leser·innen und identifiziere ihr Bewusstsein als ‚falsches'.

Anders als Baldi gehe ich davon aus, dass die sinnverbürgende Erzählerstimme selbst die wesentliche Quelle der Unzuverlässigkeit – oder, um einen präziseren und weniger umstrittenen Begriff zu verwenden, der „diskordanten Narration"[73] –

---

[70] Beide Zitate UV 182. „Dramen, Romane und Schlimmeres"; „Träume eines Größenwahnsinnigen"; eigene Übersetzung.
[71] Diese Beobachtung findet sich häufig in Zusammenhang mit der Frage, wie Alfonsos Suizid im Lichte der Schopenhauer'schen Philosophie zu bewerten sei; eine gängige Interpretation lautet, der Erzähler und Alfonso verträten unterschiedliche Lesarten (oder genauer: ein richtiges und ein falsches Verständnis) von Schopenhauers Theorie, vgl. Luca Curti: *Svevo e Schopenhauer. Rilettura di Una vita*, Pisa: ETS 1991, S. 30 und *passim* sowie meine Ausführungen zu Beginn von Kapitel 4.2.
[72] Guido Baldi: *Menzogna e verità nella narrativa di Svevo*, Neapel: Liguri Editori 2010, S. 2. „Aber weil die Protagonisten Träger eines falschen Bewusstseins sind, werden sie zu unzuverlässig fokalisierten Personen, die ihr Innenleben und die Welt, die sie umgibt, verzerren und verfälschen." Eigene Übersetzung. Baldi beruft sich im Weiteren explizit auf Wayne C. Booth, auf den das Konzept des unzuverlässigen Erzählens zurückgeht. Dessen Definition (die auf den Erzähler, nicht auf die Figuren abzielt) lautet: „For the lack of better terms, I have called a narrator *reliable* when he speaks for or acts with the norms of the work (which is to say the implied author's norms), *unreliable* when he does not." Wayne C. Booth: *The Rhetoric of Fiction*, Chicago: University of Chicago Press 1983, S. 158 f. Kursivierungen im Original.
[73] In Abgrenzung zu Booth hat Dorrit Cohn den Begriff der „discordant narration" geprägt, den sie wie folgt definiert: „[T]his term [...] intends to signify the possibility for the reader to experience a teller as normatively inappropriate for the story he or she tells. It suggests the reader's sense that the *author* intends his or her work to be understood differently from the way the *nar*-

darstellt, und dies gerade aufgrund all der Kommentare und Korrekturen, die eine Tendenz zu vorschnellen, ideologisch unterfütterten Urteilen nur notdürftig kaschieren. Bei genauerer Betrachtung zeigt sich in *Una vita* nämlich eine durchaus signifikante Diskrepanz zwischen dem, was die Leser·innen in Figurenrede oder im Gedankenbericht über Alfonso erfahren, und dem, was der Erzähler daraus folgert. Dies beginnt bereits bei der Frage, wie Alfonsos mangelhafte Arbeit im Bankhaus zu begründen sei. Während der Erzähler ihm, wie oben bereits kurz zitiert, ein tieferliegendes und irreduzibles Problem der *capacità*, der Fähigkeit oder des Vermögens diagnostiziert, betrachtet Alfonso selbst seinen Zustand anfangs als bloß temporäres Problem, das er durch entsprechende Maßnahmen schnell zu beheben hofft, und dies durchaus mit gutem Grund. Denn noch wenige Monate zuvor, im heimatlichen Dorf, war Alfonso seine (körperliche) Leistungsfähigkeit ganz selbstverständlich erschienen – sodass sich die Schwäche, von der sein Leben in Triest geprägt ist, für ihn (und zunächst scheinbar auch für den Erzähler) explizit mit der Tätigkeit im Bankhaus Maller in Verbindung bringen lässt:

> Dacché era impiegato, il suo ricco organismo che non aveva più lo sfogo della fatica di braccia e di gambe da campagnolo, e che non ne trovava sufficiente nel misero lavorio intellettuale dell'impiegato, si contentava facendo fabbricare dal cervello dei mondi interi.[74]

Wenn Alfonsos Organismus aber tatsächlich einmal blühend war, wenn der Niedergang seines Körpers, wie die Textstelle suggeriert, eher einem Zuviel als einem Zuwenig an Kraft, eher einem vorübergehenden Energiestau als einem konstitutionellen Energiemangel geschuldet ist, wird seine Zeichnung als a priori kraftlose, unfähige Person, die selbst zu den anspruchslosesten Tätigkeiten nicht in der Lage ist, fraglich. Dessen ungeachtet berichtet der Erzähler:

> Il povero peccatore se ne andava da Sanneo a udire una grande predica sul disordine, la quale non lo migliorava perché non era la buona volontà che gli mancasse, era la capacità; il suo era un difetto organico.[75]

---

rator understands it [...]." Dorrit Cohn: „Discordant Narration", in: *Style* 34.2 (2000), S. 307–316, hier S. 307. Kursivierungen im Original.

74 UV 142. „Seitdem er Angestellter war, begnügte sich sein reicher Organismus, der als Ventil nicht mehr die Anstrengung von Armen und Beinen hatte, die mit dem Bauernleben einhergeht, und der die dürftige intellektuelle Arbeit des Angestellten nicht ausreichend fand, damit, im Geiste ganze Welten entstehen zu lassen." Eigene Übersetzung.

75 UV 180. „Der arme Sünder ging zu Sanneo, um sich eine gewaltige Strafpredigt über seine Unordnung anzuhören, die keine Besserung bewirkte, denn es war nicht der gute Wille, an dem es ihm mangelte, es war das Vermögen; der Defekt war bei ihm organischer Natur." Svevo: *Ein Leben*, S. 87.

Obwohl die spöttische Überheblichkeit des Erzählers in der Beschreibung Alfonsos als „povero peccatore" von Beginn an offensichtlich ist, bestätigt der Satz inhaltlich zunächst weitestgehend Alfonsos eigene Einschätzung, von der im Text zu diesem Zeitpunkt zur Genüge die Rede war: Trotz aller Bemühungen sieht er sich schlicht nicht imstande, die ihm auferlegte Arbeit zufriedenstellend zu erfüllen, sein Talent als Bankangestellter hält sich, wie mittlerweile allen Beteiligten klargeworden ist, sehr in Grenzen. Der Erzähler jedoch belässt es bei dieser Aussage nicht: Er hebt, markiert durch den Strichpunkt, neu an – zu einer Conclusio, die eine logische Schlussfolgerung des zuvor Gesagten darzustellen vorgibt, den propositionalen Gehalt des ersten Satzteils in Wahrheit aber weit übersteigt. Alfonsos in der Tat klägliche Leistung im Büro wird *en passant* zu einem irreduziblen organischen Defekt erhoben.

Ein weiteres Beispiel für eine solche Strategie der Zuschreibung seitens des Erzählers stellt bereits die erste Erwähnung von Alfonsos Erscheinungsbild dar: „Alto e robusto, in piedi appariva troppo lungo, e tenendosi con tutto il corpo alquanto chino all'innanzi quasi volesse assicurarsi dell'equilibrio, sembrava debole e incerto."[76] Die Erzählerstimme scheint hier in den beiden auf den ersten Blick vorsichtigen Formulierungen ‚appariva' (‚er wirkte') und ‚sembrava' (‚er erschien') auf: Obwohl Alfonso zunächst als ‚alto e robusto' eingeführt wird, müssen ihn die Leser·innen am Ende des Satzes als unsichere und schwache Person betrachten, und zwar, nimmt man die grammatikalische Struktur des Satzes ernst, nicht, weil er schwach und unsicher *ist* (ganz im Gegenteil, wie der erste Satzteil ‚alto e robusto' nahelegt, der als einziger nicht von ‚appariva' und ‚sembrava' relativiert ist), sondern weil er aufgrund seiner Körperhaltung schwach und unsicher *erscheint* – und dies, in Ermangelung eines grammatikalischen wie inhaltlichen Objekts des Satzes, zuallererst dem Erzähler selbst.[77] Das grundlegende Verfahren dieser Zuschreibung besteht also in einer *Be*wertung, mehr noch aber in einer *Um*wertung des Gesagten oder Gesehenen.

---

76 UV 136. „Groß und kräftig, erschien Alfonso im Stehen zu lang, und da er sich mit dem ganzen Körper ziemlich vornübergeneigt hielt, wie um sich seines Gleichgewichts zu vergewissern, wirkte er schwach und unsicher." Svevo: *Ein Leben*, S. 9.
77 Der dem Zitat unmittelbar vorausgehende Satz (UV 136) gibt die (ebenfalls negative) Einschätzung des Kollegen Miceni über Alfonsos Kleidungsstil und seinen ungepflegten Bart wieder. Dass die indirekte Rede hier ausschließlich Micenis Worte referiert, wird dabei gleich doppelt betont; nicht nur ist „Miceni" das grammatikalische Subjekt, auf das sich das *verbum dicendi* bezieht, der zweite Teil des Satzes wird sogar noch einmal durch den Einschub „sempre secondo Miceni" („so noch immer Miceni") unterbrochen. Mit der nachfolgenden Äußerung über Alfonsos Statur steht Micenis Aussage allerdings, wenn der Text dies auch latent suggeriert, in keinerlei Sprechzusammenhang.

Der Erzähler jedoch stellt nur eine von mehreren Instanzen dar, die Alfonso in *Una vita* be- und abwerten und so ein Urteil verfestigen, das dieser schließlich akzeptiert und internalisiert. Da sind erstens etwa die zahlreichen Intertexte, Balzacs *Louis Lambert* oder Stendhals *Le Rouge et le Noir* zum Beispiel, die Svevos Roman nicht nur hinsichtlich seiner Anlage und Motivik prägen, sondern auch innerhalb der Diegese explizit diskutiert werden: weil sie den Figuren wie den Leser·innen vor Augen führen, was hätte geschehen können, wäre Alfonso bloß ein wenig fähiger. Insbesondere die Thematisierung von *Louis Lambert* illustriert und unterstreicht die Strategien der Zuschreibung, die *Una vita* prägen, gleich doppelt: Macario empfiehlt Alfonso beinahe süffisant die Lektüre von Balzacs Novelle, in der dieser sich wiedererkennen muss, handelt sie doch von einem – im Gegensatz zu Alfonso – ingeniösen jungen Mann, der an einer philosophischen Abhandlung mit dem im Zusammenhang von *Una vita* bezeichnenden Titel *Traité de la Volonté* arbeitet (und überdies kurz vor seiner Hochzeit in einen langanhaltenden komatösen Zustand verfällt). Beinahe wichtiger ist in dieser Szene aber der Grund, den Macario für seine Begeisterung für *Louis Lambert* anführt – die Erzählhaltung:

> Sa perché è un bel libro? È l'unico di Balzac che sia veramente impersonale, e lo divenne per caso. Louis Lambert è matto, è composto di matti tutto il suo contorno e, per compiacenza, l'autore in quest'occasione rappresenta matto anche se stesso.[78]

Alfonso hält diese Einschätzung für falsch, was sie in der Tat ist; er selbst nimmt Balzacs Erzähler ganz anders wahr – und beschreibt ihn, fast *mise-en-abyme*-artig und vor allem hochgradig metafiktional, als eine überhebliche Figur von „gönnerhafter Großzügigkeit",[79] also ganz so, wie sich auch Svevos Erzähler in *Una vita* beschreiben ließe, der Alfonso seinerseits mit Herablassung begegnet. Dass hier von Macario ausgerechnet eine *impersonnalité* zum ästhetischen Ideal erhoben wird, die weder in *Louis Lambert* noch in *Una vita* selbst existiert, und es dann ausgerechnet Alfonso obliegt, diese Fehleinschätzung zu korrigieren, kommentiert und verdoppelt die Zuschreibungsstrategien, denen Alfonso im Laufe des Romans unterworfen ist. Unmissverständlich deutlich wird hier einerseits, dass Svevo sich schon im Rahmen von *Una vita* intensiv mit verschiedenen narrativen

---

78 UV 204. „Wissen Sie, warum es ein schönes Buch ist? Es ist das einzige von Balzac, das wirklich unpersönlich ist, und das hat sich durch Zufall so ergeben. Louis Lambert ist verrückt, sein ganzes Umfeld setzt sich aus Verrückten zusammen, und aus purer Sympathie für seine Figuren gibt der Autor sich bei dieser Gelegenheit selbst ebenfalls als verrückt aus." Svevo: *Ein Leben*, S. 129 f. Der Ausdruck ,impersonale' stellt hier eine deutliche Anspielung auf das (Flaubert'sche) Ideal der *impersonnalité* dar.
79 Eigene Übersetzung. Im Original, UV 205: „con la splendidezza di gran signore".

Techniken auseinandergesetzt hat und gewisse erzähltechnische Ungereimtheiten durchaus mit Bedacht zum Einsatz gekommen sein dürften. Andererseits bietet die Szene Alfonso einen unerwarteten Moment der Ermächtigung gegenüber dem Erzähler, indem er dessen Strategie benennt und damit den Ursprung seiner Misere lesbar macht: „an ironic, disillusioned narrator who mercilessly debunks his character's undertakings".[80]

Da ist zweitens – nun ganz auf der Figurenebene – außerdem Maller, der implizit Alfonsos Mannhaftigkeit in Zweifel zieht, als er von dessen Heimweh erfährt (vgl. UV 143). Da ist Annetta, die ihm beim Schreiben des gemeinsamen Romans den Spitznamen „Kröte" verleiht:

> Rospo quando balbettava mezza frase e non sapeva dirla tutta, rospo quando diceva che un successo letterario valeva poco perché veniva fatto dagl'ignoranti, infine rospo gli diceva quando egli portava il suo abbozzo fatto per esser gettato via.[81]

Alfonso reagiert auf diese Beleidigungen nicht oder zumindest nicht angemessen, stammelt entweder perplex einige Worte oder verstummt ganz, sodass die Erzählstimme, Annettas Urteil bekräftigend und wiederum *en passant*, resümiert, Alfonso habe sich seinen Spitznamen „gleich mehrfach" („più volte") verdient.

Und da ist schließlich vor allem Macario, Annettas Cousin und späterer Ehemann, der Alfonso in einer immer wieder interpretierten Szene nahelegt, dass seine *inettitudine* sozialdarwinistisch zu verstehen sei.[82] Macario, der sich anfangs als Freund geriert, lädt Alfonso gelegentlich zu Fahrten mit seinem kleinen Kutter ein, von denen Alfonso sich Abwechslung in seinem „tristen Leben",[83] vor allem aber eine gesundheitsfördernde Wirkung verspricht, durch die er seine seit dem Umzug nach Triest immer schwächer gewordene körperliche Verfassung zu verbessern hofft:

---

80 Guiliana Minghelli: *In the Shadow of the Mammoth. Italo Svevo and the Emergence of Modernism*, Toronto: Toronto UP 2002, S. 77.

81 UV 240. „Kröte, wenn er einen halben Satz stammelte und dann nicht wusste, wie er ihn zu Ende bringen sollte, Kröte, wenn er behauptete, ein literarischer Erfolg sei wenig wert, weil er von Ignoranten gemacht werde, und schließlich nannte sie ihn auch Kröte, wenn er ihr einen seiner Entwürfe brachte, der nur existierte, um kurz darauf weggeworfen zu werden." Eigene Übersetzung.

82 Vor allem die jüngere Forschung hat sich viel mit Svevos Verhältnis zu Darwins Theorien beschäftigt, vgl. Minghelli: *In the Shadow of the Mammoth*, S. 15–34. Zur Semantik von Sieg und Niederlage im Daseinskampf vgl., um nur ein weiteres Beispiel zu nennen, Helmut Meter: „,Sogno' e ,lotta per l'esistenza' in Una vita. Sul darwinismo sociale nel primo Svevo", in: *Aghios. Rivista di studi sveviani* 7/8 (2014), S. 113–125, hier S. 113–115.

83 Svevo: *Ein Leben*, S. 130. Im Original, UV 205: „vita triste".

> Si trovava ancora sempre alla conquista della solida salute che gli occorreva, riteneva, per sopportare la dura vita di lavoro a cui faceva proponimento di sottoporsi, e gli effluvi marini dovevano aiutarlo a trovarla.[84]

Unmittelbar vor der Schilderung des Ausflugs, der die Machtverhältnisse in *Una vita* endgültig besiegeln wird, fasst dieser kurze Absatz Alfonsos Malaise noch einmal zusammen: das Leben ein Kampf, der Körper ein Wrack, die Arbeit ein Joch. Die Fahrt aufs Meer schließlich wird, man vermutet es bereits angesichts der Hoffnungen, die auf ihr lasten, zum Desaster. Der Seegang erscheint Alfonso an diesem Morgen ungewöhnlich heftig, doch sein Vorschlag, den Ausflug zu verschieben, stößt bei Macario und dem Steuermann Ferdinando auf taube Ohren. Um sich vor Macario keine Blöße geben zu müssen, willigt Alfonso schließlich zähneknirschend ein; die darauffolgende Stunde verbringt er in Todesangst, während Macario ihn „milde lächelnd"[85] und vom Wellengang vollkommen unbeeindruckt beobachtet. Nicht zuletzt stellt diese kurze Episode damit eine weitere und besonders trostlose Filiation der Schiffbruchmetapher dar: Aus dem bei Diderot in seiner ganzen erhabenen Wirkung dargestellten Schiffbruch des 18. Jahrhunderts und der Flaubert'schen Variante, die den tödlichen Untergang durch die Sehnsucht nach Schiffbruch von seichtem Gewässer aus ersetzt, extrapoliert Svevo ein Moment, das in der Tradition der Metapher selten überhaupt zur Sprache kommt: Die Wellen, die Macario nicht im Geringsten zu verunsichern scheinen („Con questo mare!",[86] kommentiert er Alfonsos versteinerten Gesichtsausdruck), erzeugen in Alfonso ein Gefühl panischer und kein bisschen erhabener Angst.

Diese Angst wird wiederum sofort an körperliches Unvermögen zurückgebunden. „Sentiva un grande malessere", heißt es während der Fahrt, auf der Müdigkeit und Angst in eins zu fallen scheinen, „una stanchezza come se molto tempo prima avesse fatto tanta via che poi non lo si fosse lasciato riposare mai più."[87] Macario, der schon die gesamte Fahrt über durch seine vorgeblich fürsorglichen Bemerkungen („Sa nuotare?")[88] zur Zuversicht seines Passagiers wenig beigetragen hatte, führt Alfonso schließlich den Zusammenhang zwischen seiner Angst und der konstitutiven Schwäche seines Körpers, zwischen seinem Verhalten auf dem Boot und seinem Verhalten außerhalb des Boots offensiv vor Augen. Beim Anblick der Möwen,

---
84 Ebd. „Er rang noch immer darum, eine stabile Gesundheit zu erlangen, die er für erforderlich hielt, um das harte Arbeitsleben, dem er sich zu unterwerfen plante, ertragen zu können, und die Meeresluft sollte ihm dabei helfen, sie zu finden." Eigene Übersetzung.
85 Eigene Übersetzung. Im Original, UV 206: „con leggero sorriso".
86 UV 207. „Bei diesem Seegang!", Svevo: *Ein Leben*, S. 134.
87 Ebd. „Er verspürte ein großes Unwohlsein, eine Müdigkeit, als hätte er vor langer Zeit einen weiten Weg zurückgelegt, von dem man ihn sich nie wieder hatte erholen lassen." Eigene Übersetzung.
88 UV 206. „Können Sie schwimmen?" Eigene Übersetzung.

die im Sturzflug auf ihre Beute zufliegen, „le grandi ali bianchi tese, il corpicciuolo sproporzionatamente piccolo",[89] sinniert er über den Körperbau der Tiere, deren große Flügel und scharfe Augen (bei gleichzeitig vernachlässigbarer Größe des Gehirns, „poco cervello", UV 207) sie zum Fischfang prädestinieren. „E lei che studia", fährt er fort, nun nicht mehr verschlüsselt durch die platte Metapher, sondern direkt an Alfonso gewandt, „che passa ore intere a tavolino a nutrire un essere inutile! Chi non ha le ali necessario quando nasce non gli crescono mai più." „Ed io ho le ali?", entgegnet Alfonso verunsichert, und muss die Antwort doch eigentlich nicht abwarten: natürlich nicht.[90]

Das Gleichnis, das Macario in dieser Szene erzählt, scheint sich am Schluss des Romans zu bestätigen. Es ist Macario, der Annetta schließlich heiratet, während Alfonso sich resigniert das Leben nimmt. Die Svevo-Forschung hat die Kutter-Szene oft diesem Ende entsprechend interpretiert: Immer wieder ist zu lesen, hinter Macarios Monolog verberge sich die Kernaussage des Romans – eine Einschätzung, die wohl zumindest zum Teil der Tatsache geschuldet ist, dass Svevo seiner Interpretation von Darwins Thesen sogar einen kleinen Text mit dem Titel *L'uomo e la teoria darwiniana* gewidmet hat.[91] Dies würde im Umkehrschluss bedeuten, dass Alfonsos Versagen tatsächlich als ‚difetto organico' verstanden werden müsste, der vollkommen ahistorisch immer und überall auftreten kann. Genau dies scheint mir in *Una vita* jedoch nicht der Fall zu sein – nicht nur, weil Macario selbst einen zumindest fragwürdigen Charakterzeugen abgibt, dem in der Forschung allzu leicht Glauben geschenkt worden ist. Vor allem aber inszeniert Svevo in seinem Roman weniger ein Versagen als vielmehr die Mechanismen seiner Zuschreibung, ein diskursives Stimmengewirr aus gesellschaftlichen Erwartungen und Bewertungen, getragen von verschiedenen Diskursen (Neurasthenie, Dekadenz, Sozialdarwinismus, Fortschrittsideologien), die solche Erwartungen, Bewertungen und sozialen Urteile begünstigen

---

89 UV 207. „die großen, weißen Flügel gespannt, der Körper unverhältnismäßig klein"; eigene Übersetzung.
90 UV 207f. „‚Und Sie, der Sie sich Ihren Studien widmen, der Sie ganze Stunden an Ihrem Tischchen verbringen, um ein unnützes Wesen zu nähren! Wer nicht von Geburt an die notwendigen Flügel hat, dem werden sie niemals mehr wachsen.' ‚Und ich, habe ich Flügel?'" Eigene Übersetzung. Der Ausdruck „un essere inutile" wird sowohl in der deutschen als auch in der englischen Ausgabe von *Una vita* mit ‚ein unnützes Organ' übersetzt und grammatikalisch auf diese Weise mit Macarios unmittelbar vorausgehenden Überlegungen zum Gehirn der Möwen in Verbindung gebracht. Tatsächlich kann sich „un essere" im italienischen Original aber sowohl auf Alfonsos Gehirn als auch auf ‚das unnütze Wesen' Alfonso selbst beziehen.
91 Vgl. Italo Svevo: „L'uomo e la teoria darwiniana", in: Ders.: *Opera Omnia III: Racconti, Saggi, Pagine Sparse*, hg. v. Bruno Maier, Mailand: Dall'Oglio 1968, S. 637–640. Als „significato" des Romans betrachtet etwa Giuseppe Genco Macarios Worte, vgl. Giuseppe Genco: *Italo Svevo tra psicanalisi e letteratura*, Neapel: Guida 1998, S. 33.

oder hervorrufen. Dass die zitierten Diskurse dabei nicht nur kein einheitliches Bild ergeben, sondern zum Teil sogar gegeneinander laufen und sich widersprechen, ist ein elementarer Bestandteil dieser Strategie.[92] Durch die Kombination aus einer ironischen Bezugnahme auf literarische Konventionen (auf Balzac, aber etwa auch auf Texte des Naturalismus, auf die die Familie Lanucci verweist) und dem Verwirrspiel mit medizinischen und sozialdarwinistischen Erklärungsmustern wird die Vorstellung einer klar identifizierbaren, alleinigen Ursache für Alfonsos *inettitudine*, wie sie beispielsweise Macario, aber auch Alfonso selbst vorschlagen, unterminiert. Anders formuliert: Svevo porträtiert in Alfonso Nitti nicht einfach einen Versager, sondern einen Figuren- und Sozialtypus, der zu einer bestimmten Zeit (um 1900) in einer bestimmten Schicht (dem Kleinbürgertum) an einem bestimmten gesellschaftlichen Ort (dem Büro, dann dem Salon) diskursiv *zu einem Versager gemacht wird*.

Existenzpflicht des Strebens: Internalisierungen im *discorso indiretto libero*
Giacomo Debenedetti hat über Svevos *inetti* einmal geschrieben, dass sie letztlich weniger unter den Ergebnissen ihrer irreduziblen Unfähigkeit litten als vielmehr an ihrem insgeheimen Wissen um sie.[93] Gerade *Una vita* scheint mir analog dazu, stärker als die beiden späteren Romane, nicht in erster Linie die Resultate eines Versagens zu beschreiben, sondern die Verfestigung und Internalisierung einer Zuschreibung des Versagens, den lautlosen Übergang von einer Ahnung zu einer Gewissheit. Alfonso, der sich anfangs seinem Umfeld intellektuell sogar überlegen gefühlt und seine mediokre Leistung in der Bank im Vergleich zu seinen philosophischen Ambitionen und geistigen Fähigkeiten als nachrangig betrachtet hatte, akzeptiert und verinnerlicht schlussendlich das Urteil, das andere über ihn gefällt haben. Diese Internalisierung spiegelt der Text durch eine Verschiebung im Erzählmodus, die die Veränderung von Alfonsos Selbsteinschätzung nicht nur abbildet, sondern selbst (mit-)hervorbringt: Denn die Tatsache, dass *Una vita* mit einer Dominanz des Gedankenberichts (bei starker und unverhohlener Präsenz einer wertenden Erzählerstimme) beginnt, aber im *discorso indiretto libero* endet, lässt sich keineswegs bloß als eine Inkonsistenz in der Perspektivierung lesen, sondern

---

92 Mit besonderem Blick auf Geld- und Schriftströme in Svevos Romanen stellt Esther Schomacher Ähnliches fest: Anstelle einer „Harmonie oder Kongruenz einer *episteme*" arbeitet sie für *Una vita* „Umrisse von Konflikten, Brüchen oder blinden Flecken" und „Ungereimtheiten im Mit- und Gegeneinander der Disziplinen" heraus, aus denen sich, wie sie zeigt, literarische „Gestaltungsspielräume" ergeben. Esther Schomacher: *Schrift und Geld um 1900. Italo Svevos Medien*, Paderborn: Brill Fink 2021, hier S. 536.
93 „[Sono] distrutti, prima ancora che dai resultati, dalla intima coscienza della loro inettitudine"; Debenedetti: „Svevo e Schmitz", S. 242.

vielmehr und im Gegenteil als Kulminationspunkt einer Strategie der Zuschreibung, gar einer *écriture* der Beschämung verstehen.

Alfonsos Leben in Triest ist, seiner anfänglich positiven Selbsteinschätzung zum Trotz, gezeichnet von unzähligen Momenten tiefer, existentieller Scham, von dem Verdacht, der Triester Bourgeoisie, in die er nicht passt und nie wirklich passen wollte, nicht zu genügen. Bei Gesprächen mit Mitgliedern der Familie Maller schießt ihm verlässlich das Blut ins Gesicht, in den Reaktionen seiner Gesprächspartner·innen glaubt er deshalb Verachtung und Mitleid zu erkennen.[94] Für jedermann sichtbar vom Gefühl der eigenen Minderwertigkeit affiziert, äußert sich seine Versagensangst schließlich als eine soziale Angst, die ihn im Dorf nie überkommen hatte und die sich im Laufe des Romans erst schleichend einstellt: als Sprechhemmung, der buchstäblichsten Form des Ver-sagens. Häufig traut sich Alfonso das Wort erst gar nicht zu ergreifen, und wenn er es tut, dann gelingt es ihm nicht, seinen Satz zu vollenden – wie auch Annetta bemerkt, als sie ihm den Spitznamen ‚Kröte' verleiht.

Die Urszene dieses Ver-sagens stellt der erste Abend im Hause Maller dar, dem seinerseits bereits eine Demütigung vorausgegangen war: Maller pflegt seine neuen Angestellten zu einer Art Antrittsbesuch in seinen Salon zu bitten, nur Alfonsos Einladung lässt – ein eifrig diskutiertes Klatschthema auch unter all seinen Kollegen – unerklärlich lange auf sich warten. Als die Ehre einer Soiree bei Maller endlich auch Alfonso zuteilwird, machen allerdings weder die anderen Gäste noch der Gastgeber (und am allerwenigsten Annetta) Anstalten, sich länger mit ihm zu unterhalten. Wird er doch einmal angesprochen, hat er Mühe, zusammenhängende Sätze zu bilden, und stammelt deshalb einsilbige Antworten. Den Abend verbringt er größtenteils stumm und beschämt:

> Era stato accolto bruscamente, quando aveva principiato a parlare era stato interrotto senz' alcun riguardo, non gli era mai stata rivolta la parola. Perché? Ella [Annetta] non lo aveva mai veduto prima di allora. Doveva essere semplicemente il disprezzo per l'inferiore, per la persona vestita male, perché ora egli sapeva quanto male egli fosse vestito; il confronto con Macario ne l'aveva reso avvertito.[95]

---

94 Vgl. z. B. UV 203: „Aveva il viso infocato"; „Er hatte ein feuerrotes Gesicht" und UV 210: „forse anche impietosita al vederlo arrossire fino alla radice dei capelli"; „vielleicht auch vom Mitleid ergriffen, als sie ihn bis zu den Haarwurzeln erröten sah"; eigene Übersetzungen. In diesem zweiten Beispiel ist es wiederum die Erzählinstanz, die die Möglichkeit, dass Annetta Mitleid haben könnte, überhaupt erst ins Spiel bringt, und zwar nicht, weil von diesem Mitleid objektiv zu berichten wäre, sondern weil sie die eigene mitleidige Verachtung, markiert durch das mutmaßende „forse" („vielleicht"), auf Annetta überträgt.
95 UV 159. „Er war unhöflich empfangen worden; als er begonnen hatte zu sprechen, war er unterbrochen worden, ohne eines Blickes gewürdigt zu werden, nie hatte man das Wort an ihn gerichtet. Warum? Sie [Annetta] hatte ihn nie zuvor gesehen. Es musste schlicht die Verachtung für

Diese Textstelle illustriert paradigmatisch, wie Svevo die Internalisierung von Zuschreibungen in *Una vita* durch ein Spiel mit Erzählmodi umsetzt. Alfonso lässt im *discorso indiretto libero* den Abend Revue passieren, also in einem Modus, der in den frühen Kapiteln des Romans eher eine Ausnahme darstellt; zumeist dominiert dort ein Gedankenbericht, getragen von einer sarkastisch-süffisanten Erzählerstimme. In dieser Passage aber tritt diese, so scheint es zumindest, zugunsten einer unmittelbareren Wiedergabe von Alfonsos Gedanken in den Hintergrund. Erst bei genauerer Betrachtung zeigt sich, dass sie präsent ist wie eh und je – und hier sogar eine um vieles toxischere Form annimmt: Denn die Stimme, die Alfonso schon zuvor kontinuierlich abgewertet hat, trägt ihre Urteile nun nicht mehr nur von außen an ihn heran, sondern schreibt sich buchstäblich in Alfonsos Bewusstsein ein. Die Doppelstimme von Erzähler und Protagonist, die dem *discorso indiretto libero* als Form der transponierten Rede stets zugrunde liegt, tritt hier – und an vielen weiteren Stellen in *Una vita* – als irritierendes Flimmern zutage: Die Passage oszilliert so stark zwischen Erzählerbericht und erlebter Rede, dass beide oft nicht voneinander zu unterscheiden sind. Eine Ausnahme bildet der mit „doveva" beginnende Satz, der eindeutig einen Gedanken Alfonsos ausdrückt, doch schon mit dem Nebensatz „perché ora egli sapeva quanto male egli fosse vestito" wird die Sprechsituation wieder unklar: Möglich und zu erwarten angesichts der Konjunktion „perché", die einen kausalen Zusammenhang zwischen Haupt- und Nebensatz herzustellen vorgibt, wäre, dass es sich auch beim zweiten Teil des Satzes noch um ein und denselben Gedankengang Alfonsos handelt. Andererseits deutet einiges darauf hin, dass mit diesem „perché" auf einer viel mittelbareren und distanzierteren Ebene – dann wieder im Erzählerbericht – zu einer Erläuterung und vor allem zu einer Bestätigung von Alfonsos Räsonnement angesetzt wird: Das Verb „sapeva" scheint auf den ersten Blick Alfonsos persönliche, im Laufe des Abends („ora"; ‚jetzt': häufig ein Zeichen erlebter Rede) entstandene Einschätzung wiederzugeben, im Vergleich zu Macario schlecht gekleidet zu sein; zugleich aber wird *sapere* hier gerade nicht in der Bedeutung von ‚erfahren' gebraucht, die ein Ereignis bezeichnet (dann müsste die Verbform ‚aveva saputo' lauten), sondern im Sinne von ‚wissen',[96] also als Phänomen von längerer Dauer, das eine gewisse zeitliche Distanznahme zum unmittelbaren Geschehen ausdrückt. Schon in dieser unscheinbaren Verbform changieren und konvergieren also Alfonsos Stimme und die Stimme des Erzählers, die Alfonso dieses Wissen *als Wissen*, und damit als Element einer langfristigen Beschämung, zu- und

---

den Untergebenen sein, für die schlechtgekleidete Person, denn jetzt war ihm bewusst geworden, wie schlecht er gekleidet war; der Vergleich mit Macario hatte ihn darauf aufmerksam gemacht." Eigene Übersetzung; *inferiore* kann sowohl ‚Untergebener' als auch ‚Minderwertiger' bedeuten.
96 Ähnlich wie das französische Äquivalent *savoir* bedeutet *sapere* im Imperfekt ‚wissen', im Perfekt ‚erfahren'.

einschreibt. Ähnlich verhält es sich mit „quanto", das hier nicht nur eine qualitative, sondern auch eine quantitative Differenz zum Ausdruck bringt: Alfonso scheint nun nicht nur zu wissen, *dass* ein Unterschied zwischen ihm und Macario besteht, sondern auch, *wie groß* dieser Unterschied ist – eine Behauptung, die sich auf Basis der bis dato geschilderten Ereignisse ebenso wenig belegen lässt wie durch einen Vergleich mit Macario, den der nach dem Semikolon folgende Satz andeutet, ohne dass dieser allerdings explizit zur Sprache gebracht worden wäre. Mit dem von „perché" eingeleiteten Nebensatz tritt also die Erzählerstimme gegenüber der Figurenstimme wieder in den Vordergrund, der *discorso indiretto libero* lässt sich hier von einem reinen Erzählerbericht nicht mehr eindeutig unterscheiden. Damit wird auch die Aussage des Nebensatzes selbst doppeldeutig: dargestellt wird zugleich, warum Alfonso verachtet zu werden glaubt *und* warum Alfonso verachtet wird.

Im weiteren Verlauf von *Una vita* nehmen die Passagen im *discorso indiretto libero* immer weiter zu, bis dieser auf den wenigen Seiten, die Alfonsos Suizid vorbereiten, die narrative Gestaltung von *Una vita* schließlich vollends dominiert. Im Gegensatz zu früheren Textstellen wie der oben analysierten gibt es am Ende des Romans kein Ineinanderfließen zwischen Figuren- und Erzählerstimme mehr, kein Oszillieren zwischen Gedanken- oder Erzählerbericht und *discorso indiretto libero*, auch keine *verba credendi*, wie sie noch kurz vorher wiederum als spöttischer Kommentar der Erzählerstimme lesbar geworden waren:

> Si trovava, credeva, molto vicino allo stato ideale [...], stato di rinunzia e di quiete. Non aveva più neppure l'agitazione che gli dava lo sforzo di dover rifiutare o rinunciare. Non gli veniva più offerto nulla; con la sua ultima rinunzia egli s'era salvato, per sempre, credeva, da ogni bassezza a cui avrebbe potuto trascinarlo il desiderio di godere.[97]

In Triest kann sich Alfonso, wie die Erzählstimme hier durch die doppelte Wiederholung von „credeva" (,er glaubte') andeutet, die seine vermeintliche Gewissheit in Zweifel zieht, der allerorten vorherrschenden Aufstiegslogik schlicht nicht entziehen: Zu entkommen ist ihr, zumindest für Alfonso, nur durch den Tod. Immer wieder kämpfen in ihm der Wunsch nach einer vollständigen Entsagung vom Leben in Triest und der dem diametral entgegenstehende Wunsch, Teil der erfolgreichen, glücklichen Triestiner Gesellschaft zu sein, gegeneinander an. Auch dem schlussendlichen Suizid geht ein erneuter und letzter Versuch voraus, bei Familie Maller zumindest Schadensbegrenzung zu betreiben: ein geplantes

---

97 UV 384. „Er war, so glaubte er, dem [...] Idealzustand sehr nah, einem Zustand von Entsagung und Frieden. Da war nicht einmal mehr die Überwindung, die ihn eine Ablehnung oder ein Verzicht kostete: Es wurde ihm nichts mehr angeboten. Mit seinem letzten Verzicht hatte er sich, so glaubte er, für immer in Sicherheit gebracht vor jeder Niedrigkeit, zu der ihn der Wunsch nach Genuß hätte verleiten können." Svevo: *Ein Leben*, S. 435 f.

Treffen mit Annetta, bei dem Alfonso um Entschuldigung bitten möchte, zu dem dann allerdings nicht sie selbst, sondern ihr Bruder Federico erscheint. Federico, der hinter Alfonsos Anliegen wohl einen Erpressungsversuch vermutet, versetzt ihm noch vor jeglicher Begrüßung unvermittelt einen Stoß, es ergibt sich ein kurzer Kampf, der schließlich in eine Herausforderung zum Duell am darauffolgenden Tag mündet – in dem Alfonso glaubt, nur unterliegen zu können.

Die dann folgenden letzten Passagen von *Una vita* geben Alfonsos Überlegungen, an deren Ende die Entscheidung zur Selbsttötung steht, im *discorso indiretto libero* wieder. Anders als in den beiden oben zitierten Beispielen verschwindet die Erzählerstimme hier weitestgehend hinter der Darstellung von Alfonsos Gedanken, die nicht mehr mithilfe von distanzierenden *verba credendi* eingeordnet, nicht mehr bewertet oder süffisant kommentiert werden. In ihrer vergleichsweisen Unmittelbarkeit wirken sie – insbesondere im Kontrast zum abschließenden Brief des Bankhauses, der in sprödem Beamtenjargon verfasst ist – nun fiebrig, fast rasend und spiegeln damit die einzige weitere Stelle des Romans, an der die Erzählinstanz sich zugunsten eines unkommentierten *discorso indiretto libero* gänzlich zurückzieht: Alfonsos Traum nach dem Tod der Mutter, der tatsächlich ein Fiebertraum ist.[98] Weil sich die Erzählinstanz, aber auch die anderen Figuren innerhalb der Diegese zu Alfonsos Entschluss nicht mehr äußern, bleibt letztlich unklar, wie akkurat dessen Einschätzung der Situation tatsächlich ist: ob Annetta Federico wirklich entsandt hat, um ihren ehemaligen Geliebten loszuwerden, ob Federico Alfonso gar an Ort und Stelle ermorden möchte, wie dieser sofort vermutet, ob das Duell, über dessen genaue Ausgestaltung kein Wort verloren wird, tatsächlich notwendig in einer Schmach enden muss. Alfonso jedenfalls, der sämtliche seine eigene Minderwertigkeit betreffenden Urteile zu diesem Zeitpunkt längst internalisiert hat, betrachtet die Konsequenzen seines kurzen, misslichen Zusammentreffens mit Federico bereits als ausgemacht: Weil er überzeugt ist, im Duell gegen ihn chancenlos bleiben zu müssen, beschließt er, dem vermeintlich sicheren Tod im Kampf durch seinen Suizid zuvorzukommen.[99] Und so trifft er die Entscheidung, sich dem Leben in Tri-

---

98 Auch in diesem Traum, der Alfonso in seine Kindheit auf dem Land zurückversetzt, werden übrigens Alfonsos oben analysierter Widerwille und sein Entsagenswunsch deutlich. Vgl. hierzu sowie allgemeiner zur Funktion von Träumen und deren narrativer Ausgestaltung in *Una vita* Marie Guthmüller: *Jenseits von Freud? Der Traum in der italienischen Moderne. Luigi Capuana, Federigo Tozzi, Italo Svevo*, Wiesbaden: Harrassowitz 2021, S. 258–281, insb. S. 277.
99 Alfonso bezeichnet sich selbst auf diesen letzten Seiten als Todgeweihter („moribondo", UV 425) – der Entschluss zum Suizid lässt sich also nicht oder zumindest nicht allein auf sein verlorenes gesellschaftliches Ansehen zurückführen, das überdies ja bereits durch seine Flucht vor der Hochzeit arg in Mitleidenschaft gezogen worden war.

est für immer zu entziehen, die in die Tat umzusetzen ihm so lange nicht gelungen war, zu einem Zeitpunkt, an dem sie alternativlos geworden zu sein scheint.

Dabei ist die Gefahr, im Italien des späten 19. Jahrhunderts in einem Duell zu versterben, sehr gering, wie Robert Baldick nachgewiesen hat, und auch die Aufforderung zum Duell aufgrund einer Beleidigung oder Ehrverletzung an und für sich stellt zu dieser Zeit eher eine Seltenheit dar.[100] Das von Svevo beschriebene Szenario muss also auch von der zeitgenössischen Leser·innenschaft als höchst unwahrscheinlich empfunden werden und trägt schon deshalb parodistische Züge. In *Una vita* unterstreicht es die Beschämung der Protagonisten damit gleich doppelt (und auf zwei verschiedenen Ebenen): Es diskreditiert den Herausforderer ebenso wie den Herausgeforderten. Die zu Reichtum gelangte Familie Maller, die durchaus nicht dem Hoch-, sondern bestenfalls dem Geldadel angehört, macht sich im Laufe des Romans immer wieder ehemals aristokratische Traditionen zu eigen, durch die sie ihren gesellschaftlichen Aufstieg zu nobilitieren versucht, ohne deren Sinn jedoch vollständig zu durchdringen – Annettas arg espritlose literarische Salons sind das beste Beispiel.[101] Ähnlich verhält es sich mit Federicos Herausforderung zum Duell, einem vom Großbürgertum erst im 19. Jahrhundert adaptierten Ritus, der allem voran einem elitären Standesdünkel Ausdruck verleiht. Aufgerufen wird hier, wie in der Literatur der Jahrhundertwende übrigens häufiger der Fall,[102] die minimalste Schwundstufe einer heroisch besetzten und mit Tugenden wie Ehrge-

---

[100] Von den 2759 (bekannten) Duellen, die dort zwischen 1879 und 1889 ausgetragen wurden, endeten nur 50 tödlich, also etwa 2%. Als häufige Auslöser nennt Baldick politische oder religiöse Meinungsverschiedenheiten sowie vor allem Streitigkeiten im Rahmen von Kartenspielen, nur 8% der Duelle ergaben sich aufgrund einer Beleidigung. Vgl. Robert Baldick: *The Duel. A History of Duelling*, London, New York: Spring Books 1965, S. 144.

[101] Tatsächlich werden sowohl Macario als auch Federico als „aristokratisch" bezeichnet, obwohl sie es nachweislich nicht sind, vgl. Charles C. Russell: „Italo Svevo's Trieste", in: *Italica* 52.1 (1975), S. 3–36, hier S. 6. Wenn Alfonso, der schon im ersten Kapitel davon träumt, blaues Blut zu besitzen (vgl. UV 142), also eine Art Anti-Sorel darstellt, lässt sich die von ihm umgarnte Bankiersfamilie Maller durchaus als Parodie auf den – dort schon nicht sonderlich positiv dargestellten – Adel in *Le Rouge et le Noir* und vergleichbaren Arrivistenromanen wie *Bel-Ami* (wo Duroy im Übrigen ebenfalls zu einem Duell gefordert wird) verstehen.

[102] Baldrick stellt fest, dass literarische Darstellungen von Duellen die Praktik häufig nicht affirmieren, sondern im Gegenteil „the basic absurdity of the institution" betonen. Baldrick: *The Duel*, S. 179. Zu einem ähnlichen Ergebnis kommt Christine Müller-Scholle, die mit Blick auf die ausgesprochen duellfreudige russische Literatur des späten 19. Jahrhunderts konstatiert, dass keines der von ihr untersuchten Duelle „regelgerecht durchgefochten" werde. Der „erwartete Kausalnexus zwischen Gültigkeitsgrad der Institution ‚Duell' und Duellritus" bestehe deshalb nicht, vielmehr dominierten Abweichungen in Form von „sinnentleerten" oder „zum Mordinstrument pervertierten" Duellen. Christine Müller-Scholle: *Das Duell in der russischen Literatur. Wandlungen und Verfall eines Ritus*, München: Otto Sagner 1977, S. 183.

fühl, Mut und Tapferkeit assoziierten Form, die Federico und seine Familie in ihrem neureichen Geltungsdrang bloßstellt.

Zugleich ist die Duellforderung innerhalb der diegetischen Logik von *Una vita* Teil ebenjenes sozialen Zuschreibungs- und Beschämungsmechanismus, den Svevo durch das im Roman aufgefächerte Diskurskonglomerat ansichtig macht. Denn es sind, ungeachtet ihrer bisweilen parodistisch-überspitzten Darstellung, Menschen wie die Mallers, die in der Handelsstadt Triest die Spielregeln vorgeben und das Erwartete definieren, so fragwürdig dies auch sein mag. Vor diesem Hintergrund stellt die Weigerung, am Duell teilzunehmen, nicht den letztmöglichen widerständigen und eigenmächtigen Akt dar, als den Alfonso ihn sich selbst zwischenzeitlich zu verkaufen versucht, sondern vor allem eine erneute und finale Bestätigung eines Versagens selbst im Entsagen. Die Entscheidung, zu einem traditionsgemäß gerade der Möglichkeit zur Ehrenrettung dienenden Kampf überhaupt nicht erst anzutreten, zementiert somit nicht nur die im Roman ausgiebig vorgenommene Fremdzuschreibung und soziale Beurteilung als *inetto*, sondern verhindert auch ein (Lebens-)Ende, das als schicksalhaftes oder (zumindest in Ansätzen) tragisches und somit in geringerem Maße beschämendes lesbar geworden wäre.

Aus dem Leben scheidet er dennoch

> senza rimpianto. Era la via per devenire superiori ai sospetti e agli odii. Quella era la rinunzia che egli aveva sognata. Bisognava distruggere quell'organismo che non conosceva la pace; vivo avrebbe continuato a trascinarlo nella lotta, perché era fatto a quello scopo.[103]

Das sozialdarwinistische Theorem eines Daseinskampfes („lotta"), mit dem er zuvor bereits durch Macarios Möwen-Vergleich konfrontiert worden war, hat Alfonso am Ende seines Lebens gänzlich verinnerlicht. Wo Alfonso einige Kapitel zuvor, ebenfalls dargestellt im *discorso indiretto libero*, seinen unfreiwilligen, aber unumgänglichen Eintritt in diesen Kampf anerkannt hatte („Ora invece questi lottatori ch'egli disprezzava lo avevano attirato nel loro mezzo e senza resistenza egli aveva avuto i loro stessi desideri, adottato le loro armi"),[104] gibt er ihn jetzt verloren: Wenn der erhoffte Rückzug ihm ebenso wenig gelingt wie ein gutes Leben in der Stadt, wenn gesellschaftliche, soziale, monetäre Erwartungen

---

[103] UV 425. „ohne Bedauern. Es war der Weg, um sich über den Verdacht und den Hass der anderen hinwegzusetzen. Dies war die Entsagung, von der er geträumt hatte. Er musste diesen Organismus, der keinen Frieden kannte, zerstören; lebend hätte er ihn weiterhin in den Kampf hineingezogen, denn zu diesem Zweck war er geschaffen." Eigene Übersetzung. Mit der Spaltung zwischen dem eigenen Organismus und einer Art übergeordnetem Geist wird hier recht eindeutig auf Schopenhauer angespielt, für den der Organismus eine Objektivation des Willens darstellt.

[104] UV 299. „Jetzt aber hatten diese Kämpfer, die er verachtete, ihn in ihre Mitte gezogen, und ohne Widerstand hatte er dieselben Wünsche wie sie gehegt, sich ihrer Waffen bedient." Eigene Übersetzung.

seinen Widerwillen stets aufs Neue durchkreuzen und nichtig werden lassen, bleibt als letzter Ausweg nur der Tod.

Der letzte Absatz vor dem abschließenden Brief, in dem das Bankhaus über den Suizid seines Mitarbeiters informiert, beginnt mit Alfonsos Feststellung, er fühle sich unfähig zum Leben,[105] und zeugt von einer Erkenntnis, die sich bei ihm schleichend einzustellen begonnen hat: Er habe sich nichts vorzuwerfen, heißt es etwa bereits an einer früheren Stelle, auch hier wieder im *discorso indiretto libero*, als er nach der Rückkehr aus dem heimatlichen Dorf in Triest vor den Trümmern seiner Existenz steht, denn er habe alle Entscheidungen schlicht seiner eigenen Natur nach getroffen, über die er sich anfangs noch nicht im Klaren gewesen sei.[106] Diese ‚Natur' war einmal die eines widerwilligen, zumindest im Geiste (und dann qua Somatik, durch das funktionelle Versagen seines Organismus) auch widerständigen jungen Mannes gewesen, der nicht ist wie alle anderen. Nun, am Schluss des Romans, hat Alfonso das gesellschaftliche Urteil akzeptiert, das neben den anderen Romanfiguren nicht zuletzt der Erzähler über ihn gefällt hat, das ihm der Erzähler eingeschrieben hat. Dessen explizites Intervenieren ist in diesen letzten Absätzen unnötig geworden: Er muss Alfonsos Lebensunfähigkeit nicht mehr spöttisch betonen. Denn Alfonsos selbst hat diese Zuschreibung internalisiert, eine irreduzible *inettitudine*, ein konstitutionelles Versagen nicht nur als Kern seines beruflichen Lebens in einem Triester Bankhaus, sondern als Kern seines *ganzen* Lebens, als seinen Wesenskern angenommen. In der entscheidenden Aussage „[e]gli [...] si sentiva incapace alla vita" konvergiert Alfonsos Stimme im *discorso indiretto libero* mit der Stimme des Erzählers: Sie sprechen diesen Satz unisono.

4.2 Von der Sehnsucht, kein Subjekt zu sein: Melvilles *Bartleby, the Scrivener*

Alfonso Nitti, der so erfolg- wie glücklose Angestellte, der eigentlich lieber nicht kopieren würde, hat einen namhaften Ahnen: Bartleby, jenen Schreiber *who would*

---

[105] UV 425: „Egli [...] si sentiva incapace alla vita"; „Er [...] fühlte sich unfähig zum Leben." Eigene Übersetzung.
[106] Vgl. UV 392: „Non aveva nulla da rimproverarsi perché aveva agito secondo la propria natura ch'egli non ancora aveva conosciuto"; „Er hatte sich nichts vorzuwerfen, weil er seiner Natur gemäß gehandelt hatte, die er damals noch nicht erkannt hatte." Eigene Übersetzung. Der Satz stellt ein weiteres Beispiel für die Doppelheit von Erzähler- und Figurenstimme in der erlebten Rede dar – der Nebensatz ab „perché" könnte sowohl von Alfonso als auch vom Erzähler stammen.

prefer not to. Herman Melvilles Erzählung,[107] bereits 1853, also knapp vierzig Jahre vor Svevos *Una vita* erstmals erschienen, präfiguriert, ja begründet das Genre der Angestelltenliteratur, das um die Jahrhundertwende in Europa an Konjunktur gewinnt. Wie Nitti ist auch Bartleby, so vermerkt es schon der Untertitel „A Story of Wall Street", im Finanzwesen tätig, auch er als Kopist. Und auch er erfüllt seinen Dienst als Angestellter nicht wie erwartet; begründet nur durch seine berühmte Formel *I would prefer not to*, die er mit sanfter Milde („in a singularly mild, firm voice", BS 20) vorträgt. Mit der freundlichen, aber festen Bestimmtheit eines Menschen, der sich seiner Sache absolut sicher ist, stellt er seine Tätigkeit – und irgendwann sogar *jegliche* Tätigkeit – im Laufe der Erzählung einfach ein. Bartlebys folgerichtiger und stoisch ertragener Hungertod markiert den Flucht- und Endpunkt einer Ordnung des Widerständigen, in die Nitti zeit seines Lebens keinen Eintritt erlangt; entsagend versagend besiegelt dieser sein Geschick in einem hastig ausgeführten Suizid, der letztlich die von Gesellschaft und Erzähler an ihn herangetragene Zuschreibung als *inetto* nur zementiert.

Beide Texte, Melvilles *Bartleby, the Scrivener* ebenso wie Svevos *Una vita*, sind in geistiger Nähe zu oder unter direktem Einfluss von Schopenhauers Willensphilosophie entstanden: Melville, eine Generation nach Schopenhauer geboren, verfasst seine bekanntesten Texte während der jahrzehntelangen diskursiven Inkubationszeit von *Die Welt als Wille und Vorstellung*, die Schopenhauer der ungebrochenen Dominanz des Deutschen Idealismus, namentlich seines Lieblingsfeindes Hegel zu verdanken hat. Nachweisen lässt sich, dass Melville gegen Ende seines Lebens zum begeisterten Leser Schopenhauers avancierte, durchaus denkbar immerhin erscheint die Möglichkeit, dass er schon vor der Niederschrift von *Bartleby, the Scrivener* erstmals mit dessen Thesen in Berührung gekommen sein könnte.[108] Bartleby jedenfalls, ob nun in direkter Anlehnung an *Die Welt als Wille und Vorstellung* entstanden oder nicht, ver-

---

107 Herman Melville: „Bartleby, the Scrivener. A Story of Wall Street", in: *The Piazza Tales and Other Prose Pieces 1839–1860*, hg. v. Harrison Hayford, Alma Macdougall und G. Thomas Tanselle, Evanston, Chicago: Northwestern UP 1987, S. 13–45. Im Folgenden im Fließtext abgekürzt mit der Sigle BS.
108 Melville war in Besitz einer englischen Übersetzung von *Die Welt als Wille und Vorstellung*, wie Merton M. Sealts Jr. in *Melville's Reading. A Check-list of Books Owned and Borrowed*, Madison: University of Wisconsin Press 1966, S. 26 nachgewiesen hat – allerdings wohl erst gegen Ende seines Lebens. Die Möglichkeit, dass auch *Bartleby, the Scrivener* bereits unter dem Eindruck einer Schopenhauer-Lektüre entstanden sein könnte, haben Daniel Stempel und Bruce M. Stilians in ihrem Aufsatz „Bartleby the Scrivener. A Parable of Pessimism", in: *Nineteenth-Century Fiction* 27.3 (1972), S. 268–282 ins Auge gefasst. Sie argumentieren mit der Wirkmacht eines Artikels, in dem John Oxenford („Iconoclasm in German Philosophy", in: *Westminster Review and Foreign Quarterly Review* 60 (1853), S. 388–407) dem englischsprachigen Publikum Schlüsselstellen aus Schopenhauers Werk zum ersten Mal zugänglich macht. Als zusätzlichen Beleg für ihre These sehen Stempel und Stilians Melvilles 1849 zusammen mit George J. Adler,

körpert mit seinem „aus dem höchsten Grade der Askese freiwillig gewählten Hungertod"[109] mustergültig das Aufheben, das Stillstellen des Willens, das Schopenhauers Entsagungsphilosophie als letzter verbliebener Heilsgedanke zugrunde liegt.

Svevo, um 1890 unter dem Eindruck einer den Kontinent imprägnierenden Metaphysik des Willens schreibend, bekräftigt in seinem *Profilo autobiografico*, einem in den Jahren vor seinem Tod rückblickend und in der dritten Person formulierten Lebensbericht, in *Una vita* manifestiere sich wie nirgends sonst in seinem Werk das Erbe Schopenhauers.[110] In Anbetracht von Alfonso Nittis unvermitteltem Freitod am Ende des Romans hat diese Aussage in der Literaturwissenschaft allerdings für reichlich Verwirrung gesorgt – schließlich stellt Suizid für Schopenhauer zwar keine moralisch verwerfliche, wohl aber eine „vergebliche und törichte Handlung"[111] dar:

> Weit entfernt, Verneinung des Willens zu sein, ist dieser [der Selbstmord] ein Phänomen starker Bejahung des Willens. Denn die Verneinung hat ihr Wesen nicht darin, daß man die Leiden, sondern daß man die Genüsse des Lebens verabscheuet. Der Selbstmörder will das Leben und ist bloß mit den Bedingungen unzufrieden, unter denen es ihm geworden. [...] Eben weil der Selbstmörder nicht aufhören kann zu wollen, hört er auf zu leben, und der Wille bejaht sich hier eben durch die Aufhebung seiner Erscheinung, weil er sich anders nicht mehr bejahen kann.[112]

Der „Selbstmörder" gleicht für Schopenhauer deshalb „einem Kranken, der eine schmerzhafte Operation, die ihn von grund aus heilen könnte, nachdem sie angefangen, nicht vollenden läßt";[113] statt die „Möglichkeit zur Verneinung des Willens", die durch das Leiden entsteht, zu ergreifen, bleibe im Suizid, der nur die *Erscheinung* des Willens zerstöre, „der Wille ungebrochen".[114] Vor dem Hinter-

---

einem philosophisch versierten Deutschprofessor, unternommene Europareise, im Rahmen derer er von Schopenhauers Theorien Kenntnis erhalten haben dürfte.
109 Arthur Schopenhauer: *Die Welt als Wille und Vorstellung I* (= *Sämtliche Werke I*), hg. v. Wolfgang Frhr. von Löhneysen, Frankfurt am Main: Suhrkamp 2017, S. 544. Als explizit benannte Sonderform des Suizids stellt der Hungertod für Schopenhauer tatsächlich eine Verneinung des Willens dar: „Es scheint jedoch, daß die gänzliche Verneinung des Willens den Grad erreichen könne, wo selbst der zur Erhaltung der Vegetation des Leibes, durch Ausnahme von Nahrung, nöthige Wille wegfällt." Ebd.
110 „Alfonso, il protagonista del romanzo, doveva essere proprio la personificazione dell'affermazione schopenaueriana della vita tanto vicina alla sua negazione." „Alfonso, der Protagonist des Romans, dürfte tatsächlich die Personifikation der Schopenhauer'schen Affirmation des Lebens darstellen, das so nahe an seiner Negation ist." Eigene Übersetzung. Svevo: „Profilo autobiografico", S. 800 f. Für einen Überblick über verschiedene Interpretationsansätze vgl. Curti: *Svevo e Schopenhauer*.
111 Schopenhauer: *Die Welt als Wille und Vorstellung I*, S. 542.
112 Ebd., S. 541 f.
113 Ebd., S. 542.
114 Ebd., S. 543.

grund von Schopenhauers Willenstheorie lässt sich Alfonsos Versagen am Ideal einer vollkommenen Entsagung damit als ein weiteres Element einer den Roman durchsetzenden *écriture* der Beschämung verstehen: Selbst sein Entschluss zu sterben ist noch Ausdruck eines nicht-gewollten Willens, selbst dieses letzte Entsagen wird zum Versagen, und wo Bartlebys Tod einer negativen Potenz Ausdruck verleiht, affirmiert Nitti noch im Tod seine eigene Impotenz.[115]

Anders als Alfonso Nitti versagt Bartleby, fast unnötig zu erwähnen angesichts der Prominenz, die Melvilles Schreiber in den letzten Jahren als Symbolfigur der Kapitalismuskritik zuteilgeworden ist, nicht in dem modernen Sinne, der im Zentrum der vorliegenden Studie steht. Zugleich scheint mir aber gerade in der Differenz zwischen Nittis und Bartlebys jeweiligem ‚Nichtfunktionieren' ein neuralgischer Punkt dieser modernen Denkfigur lesbar zu werden, scheint mir Bartleby ex negativo ein Beispiel dafür zu liefern, wie Versagen als biographische Beschreibungs- und Bewertungskategorie funktioniert. Sie basiert erstens auf einem dem Einzelnen in modernen Leistungsgesellschaften a priori unterstellten Streben (nach Aufstieg und Höherentwicklung, aber auch ganz unspezifisch nach *irgendetwas*: eine finale Qualität menschlichen Handelns) und verfestigt sich zweitens – und daran anschließend – in der Unmöglichkeit, sich einer solchen Zuschreibung gänzlich zu verwehren. Bartlebys beispiellose Widerständigkeit besteht demgegenüber in der Tatsache, dass sämtliche Bewertungs-, Beurteilungs- und Interpretationsversuche in seiner Intransitivität *tatsächlich* an ihm abprallen – und dies vor allem, weil sein anfängliches Funktionieren ebenso wie sein späteres Dienstversagen eher an den Mechanismus einer Maschine erinnern als an das Verhalten eines Angestellten. Ähnlich wie das kontingente Versagen eines Schusses oder einer Pille, das ich in Kapitel 2.1 beschrieben habe, lässt sich Bartlebys Versagen weder in Abhängigkeit von einem Wollen noch in Abhängigkeit von einem Können lesen, weder als *Entscheidung* oder *Verweigerung* im engeren Sinne verstehen (denn die vermeintliche Entscheidung fällt zwar gegen etwas aus, aber zugunsten von nichts, es gibt zwar eine Weigerung, aber keine Opposition) noch als grundsätzlich fehlendes Vermögen; damit prallen alle Versuche, ihm sein Dienstversagen *persönlich* anzulasten, ihn *als Subjekt* verantwortlich zu machen, an ihm ab.

Funktionieren und Dienstversagen
Wie sehr das Schreiben des Kopisten in der Kanzlei an der Wall Street unter dem Signum eines reinen Funktionierens verhandelt wird, macht schon der Beginn von *Bartleby, the Scrivener* deutlich. Bartlebys Vorgesetzter, ein Anwalt, der die

---

115 Alfonso erwähnt die philosophischen und moralischen Argumente gegen Suizid sogar explizit, verwirft sie dann aber, vgl. UV 425.

Geschichte seines Unterstellten zugleich aus der Ich-Perspektive erzählt, schickt der Beschreibung von Bartlebys Ankunft und der merkwürdigen Begebenheiten, die sie mit sich bringt, eine ausschweifende Schilderung der Unzulänglichkeiten seines angestammten Personals voraus und markiert damit die Frage nach Funktion und Funktionsfähigkeit seiner Angestellten von Beginn an als eine zentrale. In auffallend energetisch-mechanistisch geprägtem Vokabular spricht er über seine beiden Kopisten Turkey und Nippers, die ihren Dienst nicht zufriedenstellend erfüllen und Bartlebys Anstellung somit erst notwendig machen. Turkey, ein älterer Engländer, ist nach der Mittagspause zur Arbeit nicht mehr zu gebrauchen, wird ungehalten und impulsiv, wohl, wie sich später herausstellt, weil er sich beim Essen über Gebühr am Rotwein gütlich tut. Zurück im Büro glüht sein Gesicht „with augmented blazonry, as if cannel coal had been heaped on anthracite" (BS 15), er spritzt überschwänglich Tinte auf alle Kopien und lässt seine Stifte auf dem Boden zerspringen: „The difficulty was, he was apt to be altogether too energetic." (BS 15) Nippers dagegen, deutlich jünger und durchaus ambitioniert, leidet eher am gegenteiligen Problem (wie sich die beiden Schreiber ohnehin in vielerlei Hinsicht komplementär zueinander verhalten): Nicht unkontrollierte Energieabfuhr quält ihn, sondern das Warten auf überhaupt irgendeine Energieabfuhr – seine Verdauungsstörungen, die hauptsächlich vormittags auftreten, machen ihm das Kopieren unmöglich. Weil sich die Aufträge in der Kanzlei mehren, Turkey und Nippers aber jeweils die Hälfte des Tages ausfallen, ihren Dienst also nicht ordnungsgemäß verrichten, wird Verstärkung bei den Kopierarbeiten unentbehrlich. Auf eine Zeitungsannonce hin meldet sich Bartleby, der plötzlich an der Türschwelle steht und das Büro bis auf Weiteres nicht mehr verlassen wird.

Die Hoffnungen, die der Erzähler auf seinen neuen Mitarbeiter richtet, erfüllen sich bekanntlich nicht, auch wenn Bartleby in den ersten Tagen ohne Unterlass kopiert, und dies mit einer Geschwindigkeit, die dem Anwalt schier unglaublich erscheint:

> At first, Bartleby did an extraordinary quantity of writing. As if long famishing for something to copy, he seemed to gorge himself on my documents. There was no pause for digestion. He ran a day and night line, copying by sun-light and by candle-light. I should have been quite delighted with his application, had he been cheerfully industrious. But he wrote on silently, palely, mechanically. (BS 19 f.)

Diese Textstelle, die erste, die sich Bartlebys Leistung bei der Arbeit widmet, setzt die drei Angestellten implizit zueinander in Beziehung. Anders als seine beiden Kollegen funktioniert Bartleby bei seiner Arbeit einwandfrei, wie der Text durch den Schlussakkord „mechanically" noch einmal prominent markiert, er erfreut sich bester Gesundheit und leidet weder unter Verdauungsproblemen noch unter Trunksucht. Ganz im Gegenteil: Der neue Angestellte, der, wie der Anwalt später beobachtet, nur einige wenige Ingwernüsse am Tag zu sich nimmt und seinen Platz auch mittags nie verlässt, scheint sich von seinen Dokumenten zu ernähren („seemed to gorge himself on my documents"), sich regelrecht ausgehungert auf seine Arbeit zu stürzen („famishing for something to copy") und dabei im wörtlichen wie im übertragenen Sinne keine Verdauungspause einzulegen. Als Figur des Dritten gleicht Bartleby in seiner Effizienz die Unzulänglichkeiten der beiden angestammten Angestellten aus: In ihm sind die komplementären Mängel seiner beiden Kollegen aufgehoben, seine ‚Anwendung' („application" meint nicht zufällig normalerweise die Anwendung eines Werkzeugs oder einer Maschine) erfolgt ohne jeden menschlichen Makel, ja gänzlich ohne jede menschliche Eigen- oder Leidenschaft. Idiosynkratische Defizite, wie sie Turkey und Nippers charakterisieren, lassen sich bei Bartleby nicht feststellen, ebenso wenig aber, wie der Anwalt dann doch moniert, auch nur das kleinste Anzeichen von Spaß oder Freude.

In der Sekundärliteratur ist immer wieder betont worden, wie maschinenhaft Bartlebys Arbeiten erscheint: Er präfiguriert den historischen Übergang vom Kopisten zum Kopierer, um sein Dasein „halb lebendig, halb Ding, aus wenigen noch erkennbaren Funktionsweisen und einigen seltsamen Formeln zusammengesetzt",[116] als ein „‚Zwischending' zwischen Werkzeug und Maschine, ein Mechanismus",[117] fortan in der Anwaltskanzlei zu fristen. Bartleby unterwirft, so deutet es die erste Beschreibung seines Kopierens ebenfalls bereits an, sein Leben der Logik maschinellen Funktionierens: Nicht nur isst er nicht und hält demensprechend auch für eine „pause for digestion" nicht inne, er schläft auch nicht, arbeitet immerzu und ohne Unterlass und verlässt deshalb, wie der Anwalt eines Tages überrascht feststellt, das Büro zu keinem Zeitpunkt. Bartleby scheint schwindende Konzentration ebenso wenig zu kennen wie Unlust oder Müdigkeit. Dergestalt schreibend, nivelliert er die Trennung zwischen Leben und Arbeit, Mensch und Maschine; Bartleby geht in der von ihm zu erfüllenden Funktion auf, er *wird* ganz Funktion.

Es ist dabei kein Zufall, dass Bartleby ausgerechnet als Kopist arbeitet und so in einer langen Traditionslinie von literarischen Schreiberfiguren steht, anhand derer Texte autoreferentiell die Mechanismen, Voraussetzungen und Schwierigkeiten

---

116 Sabine Mainberger: *Schriftskepsis. Von Philosophen, Mönchen, Buchhaltern, Kalligraphen*, München: Fink 1995, S. 189. Vgl. auch die Lesart der Rechtshistorikerin Cornelia Vismann (*Akten. Medien und Recht*, Frankfurt am Main: Fischer 2000), die Bartlebys maschinelles Schreiben „an der Schwelle zu einem Zeitalter ohne Handschrift" (S. 49) mit den in der Erzählung ebenfalls thematisierten Justizreformen um 1850 in Verbindung bringt. Mit dem Niedergang der Kanzleien, die zu dieser Zeit „ihre umfassende Mittlerfunktion verlieren" (S. 48), verschwinden auch die dort beschäftigten *law-copyists* – Bartleby nimmt also die „Abschaffung seiner Gattung vorweg" (S. 50).
117 So Heidegger über die Schreibmaschine. Martin Heidegger: *Parmenides* (= *Gesamtausgabe* Bd. 54), Frankfurt am Main: Vittorio Klostermann 1992, S. 125.

ihrer eigenen Produktion verhandeln.[118] Während Alfonso Nittis Kopieren in *Una vita* tatsächlich die topischen Fragen von Originalität und Nachahmung aufwirft und gegen jene geniehafte Form des Schreibens in Stellung gebracht wird, von der Alfonso insgeheim träumt,[119] wird das Original als Gegenbild der Kopie in *Bartleby, the Scrivener* nur ein einziges Mal und eher nebenbei überhaupt erwähnt, dafür aber an umso prominenterer Stelle: Bartlebys *I would prefer not to* hält just in dem Moment Einzug in den Text und in das Büro, in dem der Anwalt ihn auffordert, zusammen mit seinen Kollegen bereits angefertigte Kopien mit dem Original abzugleichen. Bartleby kopiert mit einer fast unmöglichen Effizienz, aber er tut, seiner *application* im Büro entsprechend, eben auch nichts anderes: Er verschmilzt mit seiner Funktion so sehr, dass jede Form der Veränderung unmöglich wird, selbst wenn dies bedeutet, den Abgleich mit dem Original aus dem Kopiervorgang auszuklammern, ja das Original selbst obsolet werden zu lassen.

Auf dieses erste *I would prefer not to* folgen zahlreiche weitere Szenen, in denen Bartleby den Bitten des Anwalts nicht Folge leistet, sofern sie nicht den eigentlichen Akt des Kopierens betreffen, bis er schließlich seinen Dienst ganz versagt, sich, einer defekten Maschine ähnelnd, irgendwann überhaupt nicht mehr bewegt und schließlich verhungert. Wo Bartleby anfangs als Inbegriff – als Verkörperung – des seinen Dienst erfüllenden Angestellten erschienen war, der in seiner Funktion so sehr aufgeht, dass jede menschliche Regung nachrangig erscheint, stellt er im Laufe der Erzählung immer radikaler aus, was es bedeutet, diese Anforderung ernst zu nehmen und zu Ende zu denken, ganz buchstäblich nur für den Dienst zu leben. In dem Maße, in dem Bartleby mit seiner Funktion in eins fällt, sich völlig deren intransitiver

---

118 Vgl. dazu ausführlich Mainberger: *Schriftskepsis*, S. 132–197. Mainberger betont die Rolle des kopierenden Angestellten als Nachfahre des asketisch schreibenden Mönchs – beide eint neben ihrem Schreiben auch ein Sich-Verpflichten zum religiösen bzw. beruflichen Dienst.
119 Implizit werden in *Una vita* zwei Modi des Schreibens gegeneinandergestellt: Einerseits das mechanische Kopieren von Zahlen oder Briefen, mit dem Alfonso im Bankhaus Maller sein Geld verdient, andererseits das Schreiben einer moralphilosophischen Abhandlung, das Alfonso als Ideal von Schöpfertum und geniehafter Originalität vorschwebt (er träumt davon ein „divino autore", ein „göttlicher Autor" zu sein, UV 166). In einer dritten Form des Schreibens, dem Abfassen eines Romans zusammen mit Annetta, fallen die beiden genannten Grade der Autorschaft zusammen: Während Alfonso sich ein Werk erhofft, das sich von der Masse der Veröffentlichungen abhebt, wünscht Annetta explizit ein Konglomerat aus Versatzstücken erfolgreicher Bücher, das Alfonso als Untergebener und Unterlegener schließlich missmutig – und zu Annettas letztendlicher Unzufriedenheit – verfasst. Die Diskrepanz zwischen Originalität und kopierender Nachahmung, die Alfonso schon durch seine Arbeit in der Bank jeden Tag aufs Neue vor Augen geführt wird, thematisiert dann ausgerechnet Alfonsos Widersacher Macario ausführlich, vgl. UV 202f.

Logik verschreibt, bis selbst das Original als eigentlich zu kopierendes Objekt gelöscht wird, stellt auch sein Dienstversagen ein vorrangig intransitives dar: Im Programm der Maschine gibt es kein Objekt des Versagens, auch keine Logik des Verweigerns, nur die binäre Differenz zwischen Funktionieren und Nichtfunktionieren. Als kontingent versagende Schreib-Maschine entlarvt Bartleby den intransitiven Funktionsgedanken hinter dem transitiven Dienstgedanken: indem er sein eigentlich transitives Dienstversagen in ein intransitives Funktionsversagen überführt.

Tatsächlich lässt sich diese Intransitivität bei genauerer Betrachtung schon an den grammatikalischen Feinheiten von Bartlebys *I would prefer not to* ablesen. Durch das in der Präposition *to* nur angetäuschte, letztlich unterschlagene Objekt von Bartlebys Präferenz wird das eigentlich transitive Verb *to prefer to*, an dessen Stelle man lexikalisch bis heute eher ein *rather* erwarten würde, referenzlos. Damit suspendiert Bartlebys Formel zugleich auch jedes Objekt eines potentiellen Wollens oder Nicht-Wollens, wie Gilles Deleuze ausgeführt hat:

> [L]a formule qui récuse successivement tout autre acte a déjà englouti l'acte de copier, qu'elle n'a même plus besoin de récuser. La formule est ravageuse parce qu'elle élimine aussi impitoyablement le préférable que n'importe quel non-préféré. Elle abolit le terme sur lequel elle porte, et qu'elle récuse, mais aussi l'autre terme qu'elle semblait préserver, et qui devient impossible. En fait, elle les rend indistincts : elle creuse une zone d'indiscernabilité [...].[120]

Genau besehen *weigert* sich Bartleby also zu keinem Zeitpunkt, sondern verleiht lediglich einer unbestimmten negativen Präferenz Ausdruck: „Bartleby n'affirme pas, il ne nie pas. Il ne refuse pas (de copier, de partir, de changer), mais n'accepte pas non plus."[121] Schließlich manifestiert sich in dieser Formel weder ein Wille noch ein Widerwille noch ein Wille zum Nichts, sondern ein Nichts an Willen: „*Je préférerais rien plutôt que quelque chose* : non pas une volonté de néant, mais la croissance d'un néant de volonté."[122] Damit unterläuft Bartlebys Formel nicht zuletzt auch den ersten Anschein eines emotionalen oder affektiven Involviertseins, einer persönlichen Betroffenheit.

Giorgio Agamben wiederum, der sich mit einem kleinen Text über *Bartleby oder die Kontingenz* in den Reigen der bartlebyaffinen Poststrukturalisten und Dekonstruktivisten einreiht, hat den unscheinbaren Kopisten auf Basis dieses ‚Nichts an Willen' als Figur reiner Potenz beschrieben, eine Lesart, die Schopenhauer vermutlich gefallen hätte. In Bartlebys Formel, „die sich so entschlossen im Gleichgewicht zwischen

---

[120] Gilles Deleuze: „Bartleby, ou la formule", in: Ders.: *Critique et Clinique*, Paris: Les Éditions de Minuit 1993, S. 89–114, hier S. 92.
[121] Philippe Jaworski: *Melville. Le désert et l'empire*, Paris: Presses de l'École Normale Supérieure 1986, S. 19.
[122] Deleuze: „Bartleby, ou la formule", S. 92. Kursivierung im Original.

Behauptung und Verneinung hält, zwischen Akzeptanz und Weigerung, zwischen Setzung und Aufhebung",[123] manifestiere sich zugleich die „Potenz zu sein (oder zu tun) und [die] Potenz nicht zu sein (oder zu tun)",[124] ein „Zustand des In-der-Schwebe-Seins".[125] Für Agamben offenbart sich im Suspens, den Bartlebys Formel kreiert, die Potenz als ein Vermögen, das der Vorherrschaft des Willens nicht mehr untersteht: Bartleby „kann einzig ohne zu wollen".[126]

So sehr es zutrifft, dass Bartlebys „Formel, so hartnäckig wiederholt, jede Möglichkeit, einen Bezug zwischen Wollen und Können herzustellen",[127] zerstört, so sehr lässt sich mit Blick auf Bartlebys entsagendes Versagen darüber hinaus doch argumentieren, dass in Melvilles Text neben dem Paradigma des Wollens *auch* das Paradigma des Könnens selbst außer Kraft gesetzt wird (schon deshalb lassen beide sich also nicht verknüpfen), und zwar zugunsten der oben beschriebenen Logik des maschinellen, intransitiven Nicht- oder Nicht-Mehr-Funktionierens. Bartleby kann sich den ihm angetragenen Erwartungen nur deshalb so vollständig entziehen, weil ihm a priori überhaupt keine intrinsische Qualität, keine Regung oder Haltung zugeschrieben werden kann: kein Wollen oder Nicht-Wollen, aber auch kein Können oder Nicht-Können.

Eine solche Zuschreibung jedoch versucht der Ich-Erzähler kontinuierlich und zunehmend verzweifelt vorzunehmen, in der Hoffnung, die radikale Kontingenz von Bartlebys Versagen-Entsagen zu glätten, einen ihm nachvollziehbaren Auslöser für die plötzliche Verhaltensänderung seines Mitarbeiters zu finden. Auf Bartlebys *I would prefer not to* entgegnet der Anwalt: „You *will* not?" (BS 25, Kursivierung im Original). Bartleby variiert daraufhin seine Formel zu „I prefer not" – um „jede Form des Verbs ‚wollen' auszulöschen, [und] sei es durch seinen modalen Gebrauch".[128] Auf eine ähnliche Weise unterstellt der Anwalt Bartleby auch ein Nicht- oder Nicht-Mehr-Können. Auf die Frage, was der Grund für sein plötzliches Nicht-Kopieren sei, antwortet Bartleby: „Do you not see the reason for yourself".[129] Der Anwalt folgert aus dieser Formulierung, Bartleby habe Augenprobleme:

---

[123] Giorgio Agamben: *Bartleby oder die Kontingenz gefolgt von Die absolute Immanenz*, übers. v. Maria Zinfert und Andreas Hiepko, Berlin: Merve 1998, S 38.
[124] Ebd., S. 37.
[125] Ebd., S. 38.
[126] Ebd., S. 36.
[127] Ebd.
[128] Ebd., S. 34.
[129] BS 32. Auch im Original steht hinter diesem Satz kein Fragezeichen, stattdessen wird Bartlebys Tonfall als „indifferent" beschrieben.

> I looked steadfastly at him, and perceived that his eyes looked dull and glazed. Instantly it occurred to me, that his unexampled diligence in copying by his dim window for the first few weeks of his stay with me might have temporarily impaired his vision. (BS 32)

Dieser hermeneutische Kurzschluss, der ein individuelles körperliches Defizit in Rechnung stellt, wird von Bartleby, wie so vieles, nicht kommentiert. Der Anwalt weiß zunächst nicht, ob er mit seiner Interpretation richtig liegt, sie perlt an Bartleby völlig ab. Als er schließlich einsehen muss, dass sich die Annahme einer Sehschwäche als ebenso haltlos erwiesen hat wie alle anderen seiner Versuche, Bartlebys *I would prefer not to* zu ergründen, bleibt für ihn *by default* nur noch eine mögliche Erklärung, die zugleich die Unerklärbarkeit der Ereignisse erklärt: „Bartleby was billeted upon me for some mysterious purpose of an all-wise Providence, which it was not for a mere mortal like me to fathom." (BS 37)

Für den Anwalt ist Bartlebys monolithische Formel so wenig greifbar, dass ihm das Geschehen in seinem Büro und die Deutungshoheit über dieses Geschehen zunehmend entgleiten. Bartlebys Formel durchzieht den Text in siebzehnmaliger Wiederholung (Variationen noch nicht mitgezählt) und infiziert allmählich auch das Sprechen des Anwalts und seiner übrigen Angestellten („Somehow, of late I had got into the way of involuntarily using this word ‚prefer' upon all sorts of not exactly suitable occasions" (BS 31), stellt der Anwalt irgendwann fest), entzieht sich zugleich aber jeglichem Verständnis oder Zugriff. Sie löst so einen „Zeichenstau" aus, der alle „Verkehrsformen und Kommunikationswege der Sprache unwirksam macht":[130] ein semiotisches Ver-Sagen, das den Zusammenhang zwischen Signifikant und Signifikat suspendiert und so ein viel globaleres und im Büro zunehmend um sich greifendes Versagen nach sich zieht, andererseits und zugleich aber auch die Möglichkeit beeinträchtigt, das Geschehene sprachlich adäquat auszudrücken und darzustellen.

Es ist in diesem Kontext schließlich der Ich-Erzähler selbst, der an den Rande des Versagens gedrängt wird, und dies nicht nur im Hinblick auf den konkreten Umgang mit Bartleby, sondern auch und vor allem im Akt des Erzählens. Er ringt immer wieder um Worte, versucht in einen kohärenten Ursache-Wirkung-Zusammenhang zu bringen, was nicht in einen kohärenten Ursache-Wirkung-Zusammenhang zu bringen ist. Anders als im Falle von Alfonso Nitti kann hier nicht einmal von einem Leben berichtet werden, weil über Bartlebys Leben schlicht nichts bekannt ist: „While of other law-copyists I might write the complete life", so schickt der Erzähler voraus, „of Bartleby nothing of that sort can be done. I believe that no material exists for a full and satisfactory biography of this man." (BS 13) In diesem Zugeständnis of-

---

[130] Beide Zitate Ethel Matala de Mazza: „Angestelltenverhältnisse. Sekretäre und ihre Literatur", in: Bernhard Siegert und Joseph Vogl (Hg.): *Europa. Kultur der Sekretäre*, Zürich, Berlin: diaphanes 2003, S. 127–146, hier S. 145.

fenbart sich die radikalste Konsequenz von Bartlebys *I would prefer not to*: Allen transitiven Bewertungs- und Zuschreibungsmechanismen unzugänglich, alle Blicke an sich abprallen lassend, untergräbt Bartleby jeglichen Versuch eines *biographein*. Hier gibt es keine Geschichte von Aufstieg und Höherentwicklung zu erzählen, auch keine Geschichte von Gelingen oder Scheitern: Die Abwesenheit jeglichen Strebens ist schon in Bartlebys Funktion, in der „Idee des Kopierens [als] differenzloser ungebrochener Wiederholung"[131] – und dann nicht einmal mehr dieser – angelegt. Diese Indifferenz, ausgedrückt durch eine Intransitivität, die auf nichts aufbaut und auf nichts zielt,[132] macht es nicht nur unmöglich, einen Lebenslauf zu formulieren, sie setzt notwendig auch jeden Versuch des Urteilens über ihn außer Kraft. Als Figur der „universale[n] Suspension"[133] steht Bartleby jenseits aller Bewertungsparadigmen von Erfolg und Versagen, und so lässt sich sein offensichtliches Dienstversagen auch nicht auf ihn *als Person* zurückführen. Den Subjektivierungsprozessen, durch die die Zuschreibung eines Versagens erst möglich wäre, entzieht sich Bartleby, und so bleibt auch sein ‚Versagen' ein Sich-Entziehen: weil es jeder Deutung enthoben ist.

Failure-Diskurse in den USA des frühen 19. Jahrhunderts
So wenig ein Versagen im modernen Sinne im Mittelpunkt von *Bartleby, the Scrivener* stehen mag, so sehr bildet ein Diskurs über *failures* doch den Hintergrund, vor dem Melville seine Kurzgeschichte verfasst hat und gegen den er sie abhebt. Im Kontext der modernen Denkfigur des Versagens ist dieser Diskurs vor allem insofern von Interesse, als in ihm individueller Fortschritt in Abhängigkeit von ökonomischer Leistung gedacht wird – und das aufklärerische Vervollkommnungskonzept mit der strukturell gleichermaßen unabschließbaren Akkumulation von Kapital in eins fällt.

Failure hat im Englischen zunächst eine ganz ähnliche Bedeutung wie das deutsche ‚Versagen' und bezeichnet den Ausfall einer erwarteten Leistung: In *Webster's Dictionary* von 1828 lauten die ersten beiden Einträge „deficience; cessation of supply, or total defect; as the *failure* of springs or streams; *failure* of rain; *failure* of crops" und „Omission; non-performance; as the *failure* of a promise; a man's *failure* in the execution of a trust".[134] Als Gegenteil von Erfolg taucht *failure* hier nicht auf, der Ausdruck *to be a failure*, der dem heutigen ‚Versagen' im Englischen am ehesten entspricht, wird ebenso wenig erwähnt.[135] Wohl

---
131 Mainberger: *Schriftskepsis*, S. 143.
132 Vgl. ebd., S. 192.
133 Ebd., S. 193.
134 *Webster's Dictionary 1828. Online Edition*, URL: http://webstersdictionary1828.com/Dictionary/failure, zuletzt aufgerufen am 05.10.2022. Kursivierung im Original.
135 Das englische Verb *to fail* entspricht heute eher dem deutschen ‚scheitern', der Ausdruck *to be a failure* hingegen bedeutet ‚versagen'. Im frühen 19. Jahrhundert lässt sich diese Unterscheidung

aber eine sehr spezifische ökonomische Bedeutung, die im Laufe des 19. Jahrhunderts zum Synonym für Misserfolg per se werden wird: „A breaking, or becoming insolvent", also eine ‚cessation of supply', die sich ganz konkret auf Geld bezieht – die wirtschaftliche Konkretisierung einer *non-performance*.

Lange Zeit bezeichnet *failure* im Sinne einer Insolvenz tatsächlich bloß einen Ausfall, ein Ereignis, „an incident, not an identity",[136] wie Scott A. Sandage in seiner Studie *Born Losers. A History of Failure in America* schreibt. Dies beginnt sich jedoch mit der sogenannten Marktrevolution Anfang des 19. Jahrhunderts zu ändern, schon allein deshalb, weil der Problematik von finanziellem *failure* ein immer größerer gesellschaftlicher Stellenwert zukommt. Vor dem Hintergrund einer fortschreitenden Industrialisierung, einer sukzessiven Verschiebung der Landesgrenzen Richtung Westen und der Verringerung von Importen aus Europa mit Beginn des Britisch-Amerikanischen Kriegs 1812 entsteht in den USA eine vergleichsweise ausdifferenzierte nationale Marktwirtschaft. Im Land der unbegrenzten Möglichkeiten, für dessen Identität Entdecker- und Gründergeist eine zentrale Rolle spielen, scheint sich nunmehr tatsächlich für jedermann die Möglichkeit eines Aufstiegs vom Tellerwäscher zum Millionär zu bieten; eine Fülle von *success stories* in der Trivialliteratur des 19. Jahrhunderts legt von diesem Optimismus Zeugnis ab. Der *self-made man*, ein Begriff und Mythos, den der Politiker Henry Clay 1832 in einer Rede vor dem Senat prägt,[137] wird zum Inbegriff und Idealbild des erfolgreichen amerikanischen Unternehmers. Andererseits aber zeigt sich mit der Panic of 1819, der ersten großen Finanzkrise der USA, und spätestens mit der zweiten und gravierenderen Krise von 1837 zugleich auch, wie volatil Märkte und Preise schon damals sind. „Earlier economic dips had obvious, tangible causes like drought, revolution, or wartime embargoes";[138] die ertraglosen Jahre im Nachgang der Panic of 1819 aber scheinen „mysteriously from within the economic system itself"[139] zu kommen, und so steigt auch die Anzahl der potentiell zu erzählenden *failure stories* rasant an – die jedoch nicht zuletzt deshalb zumeist unerzählt bleiben, weil sie ‚einfach so' passieren, ohne einen eindeutigen narrativen Angriffspunkt zu bieten, ohne dass ihnen ein einzelnes berichtenswertes (und klar auszumachendes) Ereignis vorausgegangen wäre.

---

noch nicht trennscharf treffen, wie das vorliegende Kapitel auch aus semantikgeschichtlicher Perspektive nachzeichnen wird – das Nomen *failure*, das bis heute sowohl ‚Scheitern' als auch ‚Versagen' meinen kann, oszilliert deshalb im Folgenden mitunter zwischen beiden Bedeutungen.
136 Sandage: *Born Losers*, S. 11.
137 Zum *American Dream* als Mythos vgl. Irvin G. Wyllie: *The Self-Made Men in America. The Myth of Rags to Riches*, New Brunswick: Rutgers UP 1954.
138 Ebd., S. 29.
139 Murray N. Rothbard: *The Panic of 1819: Reactions and Policies*, zit. nach Sandage: *Born Losers*, S. 29.

Bankrott als Straftatbestand zieht noch bis 1833 hohe Gefängnisstrafen nach sich und stellt neben einem juristischen und einem ökonomischen vor allem auch ein ethisches Problem dar.[140] Denn während es zwar zum unternehmerischen Risiko gehört, Geld zu *verlieren*, läuft das Resultat eines finanziellen Ausfalls – kein Geld zu *haben* – jenem von Max Weber beschriebenen Geist des Kapitalismus zuwider, von dem die USA wohl tiefgreifender durchdrungen sind als jedes andere westliche Land, vor allem, weil er sich dort in besonderem Maße mit einer protestantischen Ethik paart. Als zentrales Element des kapitalistischen Geistes betrachtet Weber eine „*Verpflichtung* des einzelnen gegenüber dem als Selbstzweck vorausgesetzten Interesse an der Vergrößerung seines Vermögens",[141] das letztlich auch mit dem in der Verfassung verankerten *pursuit of happiness* zusammenfällt. Zugleich leben in der „Auffassung der Arbeit als Selbstzweck, als ,*Beruf*",[142] die eine intrinsische „Arbeitswilligkeit"[143] voraussetzt, Residuen einer puritanischen Glaubensdoktrin fort: dass materieller Erfolg zu Lebzeiten als Zeichen von Prädestination zu verstehen sei, oder, säkularer formuliert, dass zwischen Reichtum und Charakter ein unverbrüchlicher Zusammenhang bestehe.

Im Umkehrschluss bedeutet dies, dass finanzielles Scheitern auf den Wert und die Bewertung eines ganzen Individuums ausgreift: Ökonomische Leistung wird zum *pars pro toto* für die Lebensleistung, ja das Leben eines Menschen. Finanzieller *failure*, so wenig er auf einen persönlichen Fehler oder ein unüberlegtes Handeln zurückzuführen sein mag, wird zunehmend als ein Geschick betrachtet, das durch entsprechendes Verhalten hätte verhindert werden können und müssen – und deshalb Rückschlüsse auf die grundsätzliche Verfasstheit des Individuums zulässt. Ralph Waldo Emerson etwa zitiert in einem Tagebucheintrag von 1842, durchaus mit einiger Distanz, eine der wirkmächtigsten Businessmaximen der Zeit:

---

140 Im Laufe des 19. Jahrhunderts wurden zahlreiche *Bankruptcy Acts* erlassen und meist kurze Zeit später wieder aufgehoben. Erst mit dem *Bankruptcy Act of 1841* wurde Unternehmern unter bestimmten Umständen erstmals die Möglichkeit einer freiwilligen Insolvenz und eines Schuldenerlasses eingeräumt, die in der auf die Eigentumsrechte der Gläubiger fokussierten Gesetzgebung bis dato nicht existiert hatte. Der *Act of 1841* blieb allerdings nur zwei Jahre in Kraft; erst mit dem *Act of 1867* wurde aus Sicht der Schuldner eine längerfristige und weiterführende Verbesserung erzielt. Einen Überblick über die Situation liefert Henry Campbell Blacks 1914 erstmals veröffentlichte Abhandlung *A Treatise on the Law and Practice of Bankruptcy. Under the Act of Congress of 1898*, Bd. 1, Washington, D.C.: Beard Books 2000, hier S. 1.
141 Max Weber: *Die protestantische Ethik und der „Geist" des Kapitalismus*, hg. v. Klaus Lichtblau und Johannes Weiß, Wiesbaden: Springer VS 2016, S. 41. Kursivierung im Original.
142 Ebd., S. 49. Kursivierung im Original. Weber hebt den ,Beruf' an dieser Stelle deshalb so sehr hervor, weil dieser im Sinne einer von Gott auferlegten Aufgabe später eine zentrale Rolle in seiner Argumentation spielen wird.
143 Ebd., S. 50.

„[N]obody fails who ought not to fail. There is always a reason, *in the man*, for his good or bad fortune, and so in making money."[144] Aus der 1828, dem Erscheinungsjahr von *Webster's Dictionary*, gängigen (und heute unüblichen) Formulierung *to make a failure*,[145] die bereits ein eigenes Zutun berücksichtigt, entwickelt sich die Metapher *to be a failure* – die dem Subjekt ganz nüchtern finanzielles, aber damit verbunden auch gesellschaftliches, soziales, berufliches Soll und Haben in Rechnung stellt, um einen negativen Saldo zu konstatieren. In einer posthumen Edition von *Webster's Dictionary* – erschienen 1857, dem Jahr einer weiteren Finanzkrise – findet sich unter dem Lemma „failure" nunmehr als erklärender Zusatz: „some weakness in a man's character, disposition, or habit".[146]

***Bartleby* und *The Happy Failure*: Streben oder Sterben**
Dieser gesellschaftliche Diskurs fließt immer wieder auch in Melvilles Texte ein, in seinen wohl berühmtesten Roman *Moby Dick* von 1851 etwa, aber auch in die zwei weniger bekannten Kurzgeschichten *The Fiddler* und *Jimmy Rose*. In einer dritten Kurzgeschichte, *The Happy Failure. A Story of The River Hudson*,[147] die etwa zeitgleich mit den beiden erstgenannten entstanden ist und mit ihnen auch inhaltlich in engem Zusammenhang steht,[148] wird Scheitern – oder Versagen – sogar zum titelgebenden Thema. Die literaturwissenschaftliche Forschung hat sich mit diesem 1853 (also im selben Jahr wie *Bartleby*) verfassten und 1854 in *Harper's New Monthly Magazine* veröffentlichten Text bislang kaum beschäftigt. Das spärliche Interesse, das ihm dann doch zuteilwurde, beschränkte sich zumeist auf biographische Aspekte: In der Hauptfigur, dem Onkel des Ich-Erzählers, glaubte man Züge von Melvilles eigenem Onkel zu erkennen, zumal die Geschichte, wie der Untertitel es bereits andeutet, in Upstate New York und damit an Orten aus Melvilles Kindheit und Jugend spielt. Letztlich entstanden sei *The Happy Failure*, so die These, dann als Reaktion auf den

---

144 Ralph Waldo Emerson: *Journals and Miscellaneous Notebooks of Ralph Waldo Emerson*, zit. nach Sandage: *Born Losers*, S. 46. Kursivierung SS.
145 Vgl. Sandage: *Born Losers*, S. 11f. und *passim*.
146 Zit. nach ebd., S. 12.
147 Herman Melville: „The Happy Failure. A Story of the River Hudson", in: *The Piazza Tales and Other Prose Pieces 1839–1860*, hg. v. Harrison Hayford, Alma Macdougall und G. Thomas Tanselle, Evanston, Chicago: Northwestern UP 1987, S. 245–261. Im Folgenden im Fließtext abgekürzt mit der Sigle HF. Zur Publikationsgeschichte des Textes vgl. Lea Bertani Vozar Newman: „The Happy Failure", in: Dies.: *A Reader's Guide to the Short Stories of Melville*, Boston, MA: G. K. Hall 1986, S. 221–229, hier S. 221.
148 Dies konstatiert auch Richard Harter Fogle: *Melville's Shorter Tales*, Norman: University of Oklahoma Press 1966, S. 58: „[The three stories] form a natural trio, since they are all studies in the values of failure."

sagenhaften Misserfolg von Melvilles Roman *Pierre*.[149] Dabei ist die kurze Erzählung weit mehr als eine Fundgrube für biographische Trivia: Sie stellt eine ganz grundsätzliche Kritik an der gesellschaftlichen Anforderung eines steten Strebens dar und lässt sich aufgrund der zeitlichen und motivischen Nähe beider Geschichten mit *Bartleby* zusammendenken. Denn sowohl *The Happy Failure* als auch *Bartleby, the Scrivener* greifen den zeitgenössischen *failure*-Diskurs auf, ändern dabei aber dessen Stoßrichtung; wenn beide Texte sich mit einem (mechanischen) Versagen beschäftigen, dann immer auch als frühe Reflexion über die Schwierigkeit, dem allgegenwärtigen Erfolgsstreben zu entsagen. Beide Erzählungen nehmen die Übertragung der Denkfigur des Versagens auf das moderne Subjekt damit in gewisser Weise vorweg.

Der Inhalt von *The Happy Failure* ist schnell zusammengefasst: Der jugendliche Ich-Erzähler wird von seinem Onkel eingeladen, der Präsentation einer Erfindung beizuwohnen, an der der alte Mann zehn Jahre lang gearbeitet hat. Es handelt sich um den „Great Hydraulic-Hydrostatic Apparatus" (HF 255), mit dessen Hilfe Sümpfe trockengelegt werden sollen, um Ackerland zu gewinnen. Durch diese Maschine hofft der Onkel, endlich den unsterblichen Ruhm zu erlangen, der ihm sein Leben lang verwehrt geblieben war. Um zu verhindern, dass Spione die Funktionsweise der bahnbrechenden Erfindung auskundschaften, lässt der Onkel den Apparat von seinem Neffen und seinem betagten Sklaven Yorpy auf einem Boot zehn Meilen flussaufwärts auf eine abgelegene Insel im Hudson River transportieren. Doch als er die Maschine dort zum ersten Mal in Bewegung setzen will, funktioniert sie schlichtweg nicht: „Nothing could be more sure than that some anticipated effect had, as yet, failed to develop itself", stellt der Ich-Erzähler fest, „it was plain something or other was going wrong" (HF 260). Auch ein weiterer Versuch zeitigt keinen Effekt – außer auf den Onkel selbst, der seine Apparatur nach deren abermaligem Versagen in blinder Wut zu zerstören beginnt und schließlich beinahe einen Zusammenbruch erleidet: „[G]lancing at my uncle's face, I started aghast. It seemed pinched, shriveled into mouldy whiteness, like a mildewed grape. I dropped the box, and sprang toward him just in time to prevent his fall." (HF 260) Die niederschmetternde Enttäuschung, die den Rückweg zunächst bestimmt, führt jedoch schnell zu einer überraschenden Einsicht: „Boy", verkündet der Onkel seinem Neffen, „I'm glad I've failed. I say, boy, failure has made a good old man of me. It was horrible at first, but I'm glad I've failed. Praise be to God for the failure!" (HF 260)

Es liegt nicht nur an diesem abrupten Sinneswandel, dass man *The Happy Failure* zumeist eine satirische Intention bescheinigt hat, bestätigt der oft ironisch ver-

---

[149] Vgl. beispielsweise Richard D. Lynde: „Melville's Success in ‚The Happy Failure. A Story of the River Hudson'", in: *CLA Journal* 13.2 (1969), S. 119–130.

standene Schluss doch bloß, was sich über den gesamten Text hinweg bereits abgezeichnet hatte: Die Darstellung des Onkels, der zu großen Teilen durch seine eigene wörtliche Rede charakterisiert wird (wie die Geschichte überhaupt kaum deskriptive Passagen aufweist), wirkt wie eine Karikatur des nach Aufstieg und Anerkennung strebenden Kleinbürgers. Schon das übergeordnete Ziel des Unterfangens, das der Onkel in Erwartung des ihm vermeintlich bevorstehenden Ruhms anführt, zeugt von einer nachgerade grotesken Fehleinschätzung des potentiell zu Erreichenden: Der alte Mann erhofft sich nicht weniger als „the glory denied to a Roman emperor",[150] ein seine eigenen Lebzeiten überdauerndes und sich idealerweise auch finanziell auszahlendes Ansehen, von dem noch seine Nachfahr·innen zehren sollen. Derlei Vergleiche – gemeint ist hier niemand Geringeres als Julius Caesar, der sich erfolglos um die Trockenlegung der Pontinischen Ebene bemüht hatte – dienen, ähnlich wie bereits in Flauberts *Éducation sentimentale* gesehen, vor allem als Kontrastfolie, vor der deutlich wird, welche Form des Scheiterns der Text *nicht* verhandelt.[151]

Dass es in *The Happy Failure* durchaus nicht um die Darstellung einer besonders wagemutigen oder gar heldenhaften Unternehmung geht, die dann schicksalhaft misslingt, wird schon zu Beginn der Geschichte deutlich. Denn die Erfindung des Onkels, der zehn Jahre lang sämtliche Ressourcen in die Entwicklung seiner Apparatur investiert hat und infolge der sich immer weiter verzögernden Fertigstellung zu einem übelgelaunten Mann geworden ist, erscheint dem Neffen schon auf den ersten Blick kaum geeignet, für „everlasting fortune" (HF 255) zu sorgen: „[I]t's nothing but a battered old dry-goods box, nailed up. And is *this* the thing, uncle, that is to make you a million of dollars ere the year be out? What a forlorn-looking, lacklustre, old ash-box it is." (HF 254, Kursivierung im Original) Und schließlich offenbart neben ihrem Aussehen auch das technische Design der Maschine (der Neffe beschreibt ihr Inneres als ein undurchdringliches Wirrwarr von „anacondas and adders", HF 259) einen gewissen Dilettantismus bei deren Entwicklung; je ausführlicher der Onkel von seinem Apparat spricht, desto mehr erhärtet sich der Eindruck eines seine Fähigkeiten maßlos überschätzenden Hobbytüftlers, dessen Ideen hoch zielen, um dann klanglos zu implodieren.

Das Versagen der Erfindung, in die der Onkel all seine Hoffnungen gelegt hat, ist deshalb, so suggeriert es der Text, eng gekoppelt an das Versagen des Erfinders

---

150 HF 256. Die gewagte historische Ahnenlinie bringt allerdings nicht der Onkel selbst ins Gespräch, sondern der Neffe, der sich bemüht, den Enthusiasmus des Onkels zu teilen; dieser stimmt ihm sogleich begeistert zu.
151 Vgl. Newman: „The Happy Failure", S. 225: „The heroic allusions [...] function as comic foils for the uncle, who does not have the stature to achieve the kind of ‚apotheosis' experienced by Melville's truly great, isolated tragic heroes."

selbst, so eng sogar, dass beide am Schluss der Erzählung miteinander identifiziert und auch sprachlich zur Deckung gebracht werden. Zentral für dieses Verfahren ist das Spiel mit dem Lexem *fail* bzw. *failure*, das im Text in seinen unterschiedlichen Bedeutungsnuancen durchgespielt wird und zwischen seinen verschiedenen semantischen Facetten changiert, teilweise osziliiert. Die Geschichte scheint zunächst dominiert von der Vorstellung eines technisch-mechanischen Nicht-Funktionierens, einer unerwarteten und nicht unmittelbar zu erklärenden *non-performance*, wie sie der Idee von *failure* ursprünglich zugrunde liegt. Tatsächlich erweist sich die Maschine nicht nur optisch als eine *black box*; auch ihre Funktionsweise bleibt undurchdringlich, und dies letztlich auch für den Onkel selbst. Weil das Innere des Apparats aus einer „multiplicity of convoluted metal pipes and syringes of all sorts and varieties, all sizes and calibres" besteht, allesamt „inextricably interwreathed together in one gigantic coil" (HF 258), kann auch er unmöglich erkennen, ob und wie das Problem möglicherweise behoben werden könnte. Warum der erwartete Effekt ausbleibt, lässt sich schlicht nicht ergründen.

Explizit mit dem Ausdruck *fail* beschrieben wird die Maschine im Text allerdings dennoch nur ein einziges Mal, nämlich in der oben bereits zitierten (und für die Denkfigur des Versagens um 1850 einschlägigen) Formulierung „some anticipated effect had [...] failed to develop itself". Stattdessen wird die Vorstellung eines Nichtfunktionierens – konzeptuell und lexikalisch – auf den Onkel selbst übertragen, und dies gleich dreifach: Zum einen am Ende der Geschichte, als der Ich-Erzähler berichtet, er habe selbst dann noch an die Episode auf der Insel im Hudson River denken müssen, als sein Onkel im Sterben lag – „when [...] my dear old uncle began to fail" (HF 260). Zwar ist es im Englischen, ähnlich wie im Deutschen, durchaus gängig, von versagenden Körpern oder Organen zu sprechen, genau dies allerdings tut Melville an dieser Stelle genau besehen nicht: Es versagt in dieser Formulierung grammatikalisch nicht der Körper des Onkels, sondern der Onkel an und für sich, der so in Analogie zu seiner Maschine gesetzt wird. Diese Verquickung zwischen ihm und seiner Maschine wiederum bekräftigt er zu Beginn des Textes zum Zweiten selbst, wenn er seinem Neffen gegenüber zugibt, sich nicht allein aus Angst vor Spionen für den abgelegenen Versuchsort entschieden zu haben. Viel schwerer noch wiegt die Angst vor einem Misserfolg, den er durch die Wahl der weit entfernten Insel in vorauseilender Scham gegebenenfalls vor seinem Umfeld zu verbergen hofft. Denn auf dem Spiel stehen mit dem Erfolg der Maschine zugleich (und voneinander scheinbar untrennbar) auch die Reputation, die Zukunft, ja das Lebensglück des Onkels: Mehr als eine mögliche Dysfunktion seiner Maschine treibt ihn das Szenario eines irreduziblen eigenen Versagens („[i]f I fail", HF 260) um. Drittens schließlich unterstreicht auch der Titel der Erzählung, *The Happy Failure*, die Identifikation zwischen dem Erfinder und seiner Erfindung. Weil es sich bei *to be a failure* um 1850 noch nicht um einen idiomatischen Ausdruck handelt und *failure* als Begriff sich in der Regel (noch) nicht auf Menschen bezieht, liegt zunächst die Annahme nahe, der Titel referiere auf das Nichtfunktionieren der Maschine, das der Onkel rückblickend als glückliche Fügung betrachtet – zu übersetzen wäre er dann etwa mit „Das glückliche Scheitern" oder „Der glückliche Misserfolg". Gerade die Kombination mit dem Adjektiv *happy* allerdings macht es gleichermaßen plausibel, den Titel als Charakterisierung des Onkels selbst zu lesen („Der glückliche Versager"), dessen Wandlung vom missmutigen Erfolgsaspiranten zum zufriedenen Philanthropen das Ende der Erzählung bestimmt.

Mit dieser ‚Moral' der Geschichte wird in Melvilles Text neben dem Versagen als technischem Nichtfunktionieren und der soeben skizzierten Vorstellung eines Versagens, wie sie dem heutigen Verständnis des Begriffs ansatzweise nahekommt, schließlich noch eine weitere Facette von *failure* aufgerufen, nämlich die Vorstellung eines lehrreichen Scheiterns. Im letzten Abschnitt des Textes gelangt der Onkel zu der Überzeugung, dass gerade sein Misserfolg ihn zu einem besseren, glücklicheren Menschen gemacht habe. Zu beweisen scheint dies der nunmehr unerwartet milde Umgang mit seinem Sklaven Yorpy, dem er zu dessen größter Verblüffung die Überreste der Maschine zum Weiterverkauf überlässt. Im Lichte dieser wundersamen Wandlung ist Melvilles Kurzgeschichte in der Literaturwissenschaft zumeist als Kritik an einem Mitte des 19. Jahrhunderts in den USA vorherrschenden „commercialism" und dem „American dream of success"[152] interpretiert worden. Sari Edelstein versteht *The Happy Failure* gar als einen Text über „market disinterestedness", der Scheitern als „a preferable alternative to market profitability, an unexpected alternative route to happiness" betrachte.[153] Ausgehend davon möchte ich eine anders konturierte Lesart vorbringen, die zugleich den Bogen zurück zu *Bartleby, the Scrivener* schlägt: Im Zentrum von *The Happy Failure* scheint mir weniger die Affirmation des Scheiterns als Weg zum Glück zu stehen als ein Durchspielen von Alternativen zum zeitgenössischen Narrativ des unbedingten Triumphierens, das in einer kapitalistischen, leistungsorientierten Gesellschaft bindend geworden zu sein scheint.

Dass man das Ende von Melvilles Text in der Sekundärliteratur trotz der offensichtlich satirisch überspitzten Darstellung des Onkels häufig ganz wörtlich verstanden hat, überrascht schon angesichts des unmittelbar nach dem Ereignis geäußerten Ausrufs „I'm glad I've failed" (HF 260), der in seiner doppelten Wiederholung beinahe autosuggestiv und damit wenig verlässlich wirkt;[154] schwer

---

152 Newman: „The Happy Failure", S. 225.
153 Sari Edelstein: *Adulthood and Other Fictions. American Literature and the Unmaking of Age*, Oxford, New York: Oxford UP 2019, S. 38.
154 Richard D. Lynde weist in diesem Zusammenhang außerdem darauf hin, dass der abschließende Satz „Praise be to God for the failure!" (HF 260) in der Erstveröffentlichung in *Harper's New Monthly Magazine* nicht mit einem Ausrufe-, sondern mit einem Fragezeichen endet und

vorstellbar also, dass Melville hier tatsächlich zu einem Lob des Scheiterns ansetzen will. Darüber hinaus aber ist auch die Erzählsituation von *The Happy Failure* zumeist nicht ausreichend berücksichtigt worden, die durchaus Auswirkungen auf die Frage hat, welche Funktion die späte Läuterung des Onkels innerhalb der Geschichte einnimmt. Denn *The Happy Failure* ist nicht schlicht eine Parabel über das Scheitern eines älteren Mannes, sondern – und dies gerät aufgrund des hohen Anteils an Figurenrede leicht in Vergessenheit – ein retrospektiver Bericht über das Scheitern eines älteren Mannes aus der Sicht eines jüngeren Mannes, der den Großteil seines Lebens noch vor sich hat. Der jugendliche Ich-Erzähler färbt damit nicht nur die Darstellung des Geschehens durch seine eigene Perspektive ein, er versucht auch, das Schicksal des Onkels rückblickend für sich zu ordnen und zu beurteilen, um daraus für das eigene Leben zu lernen, gleichsam stellvertretend für den Onkel besser zu scheitern: „If the event made my uncle a good old man as he called it, it made me a wise young one. Example did for me the work of experience." (HF 260)

Zum ewigen Streben des Onkels skizziert der Text jedoch nur eine einzige Alternative, die ihrerseits wenig attraktiv erscheint. Für den Ich-Erzähler wird sie kurz nach dem Versagen der Maschine zum ersten Mal augenfällig; denn während der Weg zur Insel im Hudson River Yorpy und ihm ein beschwerliches Rudern gegen den Strom abverlangt hatte, bewältigen sie den Rückweg überraschend einfach: „How swiftly the current now swept us down! How hardly before had we striven to stem it!" (HF 260) Zugleich ist es gerade die große Anstrengung des Ruderns, die der Onkel noch auf dem Hinweg metaphorisch zur Grundvoraussetzung jeglichen Erfolgs stilisiert hatte: „Glory is not to be gained, youngster, without pulling hard for it – against the stream, too, as we do now. The natural tendency of man, in the mass, is to go down with the universal current into oblivion." (HF 256) Erst die Mühelosigkeit des Rückwegs macht dem Erzähler klar, dass es sich möglicherweise leichter lebt, wenn man nichts erstrebt. Die Alternative zum unablässigen Streben des Onkels läge demnach in einem Sich-Lossagen von jeglichen Ambitionen, gekoppelt an die Einsicht in den glücksversprechenden Charakter der Mittelmäßigkeit: Vielleicht ist es gerade das Schwimmen mit dem Strom, das letztlich zu Zufriedenheit führt – allerdings, wie der Neffe angesichts des Schicksals seines Onkels sogleich mitleidig hinterherschiebt, auch zu einem „drift into oblivion" (HF 260), zum Ertrinken in der Masse, in der man statt zu triumphieren nun unweigerlich untergeht. Melville deutet die später bei Flaubert so prominente Fluß- und Wassermetaphorik des Versagens in *The Happy Failure* damit bereits an, skizziert das Treiben mit der Strö-

---

dort also mitnichten eine unzweifelhafte Überzeugung zum Ausdruck bringt. Vgl. Lynde: „Melville's Success", S. 129.

mung (die es hier, anders als bei Flaubert, ja immerhin gibt) aber noch als zwar mitunter verdrießliche, aber doch gangbare Alternative zum Streben nach Ruhm und Erfolg. Ohne die für die moderne Vorstellung des Versagens typische Übertragung des Nichtfunktionierens auf das Subjekt bereits ganz zu vollziehen, berührt die Erzählung somit die Konturen der sich entwickelnden Denkfigur, die in *Bartleby, the Scrivener* dann, radikalisiert und zugespitzt, ihre moderne Gestalt anzunehmen beginnt. Beiden Texten gemeinsam ist dabei vor allem ein Interesse an der Frage, wie der gesellschaftlichen Bürde des Gelingens zu entkommen wäre, ob sich im den modernen Menschen prägenden Spannungsverhältnis zwischen Ehrgeiz und dem Wunsch nach Entsagung noch Handlungsspielräume denken lassen.

Auch in *Bartleby* wird diese Spannung durch eine Beobachtungskonfiguration zwischen Erzähler und Protagonist ausgedrückt. Hier allerdings ist es der Ich-Erzähler selbst, der sich seines Strebens nicht vollständig erwehren kann, während er fasziniert wahrnimmt, wie sein Angestellter sich allen Anforderungen mit stoischer Miene entzieht. Dass sich der Anwalt in seiner Kanzlei in vielerlei Hinsicht mit den Möglichkeitsbedingungen und Auswirkungen des American Dream befasst und von dessen Ideologie beständig umgeben ist, wird gleich zu Beginn der Geschichte klar. Die Leser·innen erfahren, dass er am New Yorker Court of Chancery bis zu dessen Abschaffung 1847 das Amt eines Master of Chancery bekleidet hat, also für Billigkeitsentscheidungen unter anderem im Kontext von Eigentums- und Schuldnerdelikten zuständig war. Und auch in seiner eigenen Kanzlei beschäftigt er sich mit „rich men's bonds and mortgages and title-deeds" (BS 14) – das heißt einerseits mit Verträgen, die das Aufnehmen von Schulden ermöglichen, andererseits mit Rechtsansprüchen, die gegen Schuldner geltend gemacht werden. Herman Melville schreibt in *Bartleby, the Scrivener* damit die Metapher einer Buchführung des Lebens fort, deren Entstehung Scott Sandage in seiner Studie *Born Losers* nachgezeichnet hat, und scheint einige der zentralsten Formulierungen der Erzählung aus dem *failure*-Diskurs der Zeit zu übernehmen.

Da ist etwa das Dead Letter Office in Washington, D.C., bei dem Bartleby, so hört der Anwalt nach dem Tod seines Angestellten, vor seiner Ankunft in New York gearbeitet haben soll: ein Amt für unzustellbare Briefe, die hier nicht nur als Chiffre für einen Weg ohne Ziel dienen, sondern auch ganz lebenspraktisch damit in Verbindung stehen – denn Briefe werden unzustellbar nicht zuletzt dadurch, dass die Adresse eines insolventen oder bankrotten Unternehmens nicht mehr existiert. Und da ist zum anderen das Bild der *blank page*, die, wie Sandage darstellt, zum Inbegriff von *failure* wird, als leere Seite, die vom Leben beschrieben werden will, im besten Fall mit Verbuchungen auf der Habenseite, und die, sollte sie am Ende eines Lebens noch immer nicht beschrieben worden sein, den unzweifelhaftesten Nachweis eines Versagens darstellt: keine Einträge, nichts erreicht. Bartleby verkörpert diese leere Seite wie kein zweiter und entzieht sich zugleich ihrer Metaphorik: Über sein eigenes

Leben gibt es scheinbar nichts zu verzeichnen, und die Verzeichnungen, die der Anwalt ihm bietet, bevorzugt er nicht vorzunehmen. Auch deshalb läuft der zeitgenössische *failure*-Diskurs hier, anders als in *The Happy Failure*, nur mit, ohne thematisch je explizit zu werden: Bartleby suspendiert ihn in seinem entsagenden Versagen vollkommen. Wo das Recht auf ein gutes Leben zur Pflicht wird, ein *pursuit of happiness* alternativlos erscheint, stellt Bartleby aus, was es heißt, in einer Gesellschaft, die absolute Wahlfreiheit zu gewährleisten vorgibt, keine Wahl zu treffen und damit auf die Option zurückgeworfen zu sein, die gerade nicht zur Wahl steht: kein Buch des Lebens zu schreiben, keine Ambitionen zu hegen, nicht nach Höherem zu streben, und dafür mit dem Tod zu bezahlen.

Bartleby personifiziert damit letztlich eine Sehnsucht, die bereits in *The Happy Failure* anklingt und später auch in Kafkas *Ruinenbewohner* und Svevos *Una vita* das Denken der Protagonisten bestimmt, dort aber nicht (mehr) zu realisieren ist: „die Sehnsucht, kein Subjekt zu sein".[155] Die Basis aller in diesen Texten thematisierten Subjektivierungstechniken ist das hegemoniale „Anforderungsprofil"[156] eines sich entwickelnden, fortschreitenden Selbst, das immer wieder von Neuem nach dem Erreichen des nächsthöheren Ziels strebt, das als *homo oeconomicus* Kompetenzen, Anerkennung und bestenfalls auch Geld akkumuliert, und dies pausenlos: Denn wer in einer dem Geist des Kapitalismus verpflichteten Gesellschaft nicht aufsteigt, so hat schon Max Weber festgestellt, steigt automatisch ab.[157] In *Bartleby, the Scrivener* ist das Stillstellen dieses daher unabwendbaren Strebens als Fluchtpunkt der Erzählung gleich doppelt verankert: Es wird nicht nur von Bartleby verkörpert, der sich dem Anforderungsprofil tatsächlich entzieht, sondern lässt sich als ferne Sehnsucht auch an der Figur des Anwalts ablesen, der gleich zu Beginn ein Plädoyer für die Tugenden von Gemütlichkeit und Vorsicht hält (eines seiner wenigen, denn wie er weiter erklärt, versucht er, als Anwalt ohne Ehrgeiz vor Gericht möglichst wenig zu plädieren),[158] dabei aber in aller Bescheidenheit dreimal seine Bekanntschaft mit John Jacob Astor betont, dem damals reichsten

---

155 Mainberger: *Schriftskepsis*, S. 193.
156 Bröckling: *Das unternehmerische Selbst*, S. 38. Bröckling, auf dessen Studie zu einer Genealogie der Subjektivierung ich mich hier weitestgehend stütze, bezieht sich seinerseits stark auf Foucaults Machtbegriff.
157 Vgl. Weber: *Die protestantische Ethik und der „Geist" des Kapitalismus*, S. 53.
158 Der Court of Chancery, ein bis in die Mitte des 19. Jahrhunderts bestehendes Überbleibsel der britischen Kolonialherrschaft, dient dazu, die Härten des rigide angewandten *common law* durch *equity* (Billigkeit, Ermessen) auszugleichen. Die Position als Master of Chancery ist demnach, wie von Bartlebys Vorgesetztem nicht ohne Genugtuung beschrieben, eine vergleichsweise komfortable: Als Staatsbediensteter erhält er seine Aufträge direkt vom Gericht, muss also weder um seine Klientel werben noch tatsächlich Fälle verhandeln. Vgl. Warren Broderick: „,Bartleby', Allan Melville, and the Court of Chancery", in: *Leviathan. A Journal of Melville Studies* 13.2 (2011), S. 55–60, hier S. 56f.

Mann der USA, mit dem er geschäftliche Beziehungen unterhalten habe. Schon in den ersten Absätzen der Erzählung werden hier die diskursiven Pole aufgespannt, zwischen denen sich der Anwalt bewegt und denen er nicht entkommt: Reichtum, Erfolg und Unternehmertum im Zentrum der Wall Street einerseits, der Wunsch nach Ruhe und Ambitionslosigkeit, wenn er hier auch Züge einer *captatio benevolentiae* trägt, andererseits. Die Geschäfte der Kanzlei laufen gut, der Anwalt ist ein respektabler und durchaus erfolgreicher Mann, und doch betrachtet er Bartleby mit einer eigentümlichen Faszination, die wohl auch einen Grund für seine irritierende Geduld mit dem nicht-schreibenden Schreiber darstellt: Der Anwalt, der schon ganz zu Beginn des Textes beinahe ungehalten über die Abschaffung des New York Court of Chancery klagt, weil er mit einem „life-lease of the profits" (BS 14) gerechnet und sich gedanklich schon zur Ruhe gesetzt hatte, kann sich einer gewissen Bewunderung für Bartlebys radikalen Lebensweg nicht erwehren.

4.3 Verfehlungsstrukturen: Kafkas *Das Schloß*

Wo Bartleby sich jeglichen Versuchen, sein Dienstversagen in ihm *selbst* zu verankern, komplett entzieht, wo alle Urteile und Zuschreibungsversuche an ihm abprallen, und wo Alfonso Nitti gerade daran zugrunde geht, dass ihm ein solches Sich-Entziehen nicht gelingt, stellt Kafkas knapp dreißig Jahre nach *Una vita* verfasster *Schloß*-Roman dar, was es bedeutet, dem Streben nach Erfolg, nach individuellem Aufstieg und Fortschritt ganz grundsätzlich nicht mehr entsagen, ja: dieses Entsagen nicht einmal mehr denken zu können. Wenn ich in Kapitel 2 dieser Studie dargelegt habe, wie sehr die Vorstellung eines Versagens mit einem körperlich-mechanistischen Nichtfunktionieren verbunden ist, und in Kapitel 3 argumentiert habe, dass Versagen als biographische Beschreibungskategorie auf dem gesellschaftlichen Imperativ persönlichen Fortschreitens basiert, so wird das nachfolgende Kapitel 4.3 zeigen, wie die kausal-mechanistische und die final-biographische Dimension des Versagens im *Schloß* in Abhängigkeit voneinander gedacht werden. Der Vorstellung eines Karrierestrebens, das im Roman bei K.'s Suche nach einem Weg ins Schloss semantisch immer mitläuft, steht eine im Dorf allgegenwärtige, bleierne, grundlose Müdigkeit gegenüber, die das Erreichen von Zielen auf rein körperlicher Ebene verhindert. In ihrem Zusammenspiel führen diese beiden Ebenen des Versagens, so die These, zu einer teleologischen Verfehlungsstruktur der Müdigkeit, die letztlich nicht nur das Erreichen des Ziels verunmöglicht, sondern sich auch in die Struktur des Wollens selbst einschreibt – und schließlich ein Entsagen, ein Sich-Entziehen aus dem der Institution Schloss eigenen System des Wollens unmöglich macht.

Weil Arbeit und Angestelltendasein im *Schloß* so präsent sind, hat vor allem die neuere Kafka-Forschung dem Roman einen sozialkritischen Impetus bescheinigt. Immer wieder wird in diesem Zusammenhang auf Kafkas eigene Erfahrungen in der Prager AUVA und die von ihm verfassten *Amtlichen Schriften* verwiesen;[159] oft hat man den Text auch im Zusammenhang mit der zeitgenössischen Bürokratiekritik gelesen.[160] Tatsächlich ist Arbeit, zumindest in einem ideellen Sinne, im *Schloß* allgegenwärtig: Sie stellt das beinahe einzige Thema dar, über das man sich im Dorf zu unterhalten scheint, sie bestimmt das Selbstverständnis und -bewusstsein der Dorfbewohner·innen und figuriert als Synonym für Anerkennung und sozialen Status. Wer sich an welcher Position innerhalb der Schloss- bzw. Dorfhierarchie einordnen darf, wird maßgeblich durch die Art der beruflichen Tätigkeit bestimmt.

So häufig im *Schloß* allerdings von Stellen und Stellungen gesprochen wird, so sehr die Dorfbewohner·innen und Schlossbeamten mit ihren Berufen in eins zu fallen scheinen, so stark die „Dienstleidenschaft"[161] ausgeprägt sein mag – tatsächlich gearbeitet wird im *Schloß* recht selten. Die Schlossbeamten sind zwar, so erzählt man sich im Dorf, um ihre ungeheure Arbeitslast nicht zu beneiden, bezeugen jedoch lässt sich dies kaum, denn K. und die Leser·innen erfahren vor allem, was die Beamten *nicht* tun (Protokolle lesen, Nachrichten annehmen, Parteien empfangen), und selbst wenn sie gerade Gespräche führen oder einen Brief verfassen, scheinen diese Tätigkeiten doch in keinem Verhältnis zu stehen zu der vorgeblichen Schwere ihres Dienstes. Auch die Dorfbewohner·innen, obwohl häufig mit ihren Berufsbezeichnungen attribuiert (so sehr, dass man ihre Vornamen oft nicht kennt oder nicht erinnert),[162] arbeiten genau besehen nicht viel: Sowohl die Wirtin als auch der

---

159 Vgl. nur stellvertretend Burkhardt Wolf: „Kafka in Habsburg. Mythen und Effekte der Bürokratie", in: *Administory. Zeitschrift für Verwaltungsgeschichte* 1 (2016), S. 193–221 sowie Benno Wagner: „Die Majuskel-Schrift unseres Erden-Daseins. Kafkas Kulturversicherung", in: *Hofmannsthal-Jahrbuch* 12 (2004), S. 327–363.
160 Vgl. z. B. Alexander Dornemann: *Im Labyrinth der Bürokratie. Tolstojs „Auferstehung" und Kafkas „Schloss"*, Heidelberg: Winter 1984. Eine im weiteren Sinne arbeitssoziologische Perspektive auf den *Schloß*-Roman findet sich zuerst bei Andrew Weeks: *The Paradox of the Employee. Variants of a Social Theme in Modern Literature*, Bern, Frankfurt am Main: Peter Lang 1980, S. 81–114.
161 Franz Kafka: *Das Schloß. Kritische Ausgabe*, hg. v. Malcolm Pasley, Frankfurt am Main: Fischer 2002, S. 395. Im Folgenden abgekürzt mit der Sigle Sch.
162 Dies gilt bezeichnenderweise für die männlichen Dorfbewohner viel deutlicher als für die Frauenfiguren, die beiden Wirtinnen ausgenommen: Frieda ist zwar berufstätig, wird aber nie mit ihrer Berufsbezeichnung (etwa als Schankmädchen) attribuiert wie die Männer des Romans, sondern vor allem als Geliebte Klamms vorgestellt, ein scheinbar direkter und ehrfürchtig kommentierter Effekt ihrer Tätigkeit im Gasthof. Auch über Olga und Amalia wird nur im Hinblick auf ihre amourösen oder wenigstens sexuellen Verwicklungen mit dem Schloss gesprochen, die in beiden Fällen eine berufliche Tätigkeit zu ersetzen scheinen.

Dorfvorsteher sind just während K.'s Aufenthalt krank; Frieda arbeitet zwar zu Beginn des Textes als Schankmädchen, verlässt ihre Stelle dann aber ohne zu zögern für den unwahrscheinlichen Gast K., der seinerseits ungeduldig darauf wartet, endlich als Landvermesser anerkannt zu werden. Das anschließende Intermezzo des Paares als Schuldiener ist von kurzer Dauer, und die dort getätigte Arbeit besteht im Wesentlichen darin, die Spuren der ersten und einzigen im Klassenzimmer verbrachten Nacht wieder zu beseitigen. Barnabas und die Gehilfen haben, so scheint es zumindest auf den ersten Blick, immerhin klar umrissene Arbeitsbereiche, aber die Gehilfen quittieren bald ihren Dienst und Barnabas kann, wie sich schließlich herausstellt, nicht einmal sicher sein, ob es sich bei dem, was er tut (was in der Tat nicht viel ist), überhaupt um Arbeit handle.

Wenn Karl Roßmann, der Protagonist aus *Der Verschollene*, sich angesichts seines bevorstehenden beruflichen Abstiegs selbst versichert, es komme „nicht so sehr auf die Art der Arbeit an, als vielmehr darauf sich überhaupt irgendwo dauernd festzuhalten",[163] so gilt dies in ganz ähnlicher Form auch für *Das Schloß*: Arbeit erhält dort vor allem anderen einen das Leben orientierenden, leitenden, auch einen zumindest potentiell tröstlichen Wert und birgt überdies immer auch die leise, ferne Hoffnung auf persönlichen und sozialen Fortschritt durch beruflichen Aufstieg. Barnabas etwa, eigentlich „ausgelernter Schuster" (Sch 271), verspricht sich von seiner Tätigkeit als Schlossbote größeres gesellschaftliches Ansehen für sich und seine Familie. Frieda hat es von der Stallmagd zum Schankmädchen und im Zuge dessen zur Geliebten des Schlossbeamten Klamm gebracht. Und Pepi, die für sie selbst ganz unerwartet Friedas Nachfolge im Ausschank antreten darf und so zum ersten Mal überhaupt die Möglichkeit einer Karriere vor Augen hat, berichtet, sie habe „niemals daran gedacht, die Stelle für sich zu gewinnen", wohl aber insgeheim davon geträumt, denn „Träume von großer Zukunft hatte sie wie jedes Mädchen" (Sch 453). Barnabas, Frieda, Pepi – für sie alle wird Arbeit in einem materiellen Sinne überschrieben vom ideellen Konstrukt einer Karriere und damit vom Versprechen auf ein gutes, auf ein besseres und vor allem auf ein stetig sich verbesserndes Leben.

Der seiner eigenen Aussage nach für seine Stelle als Landvermesser „weit von Frau und Kind" (Sch 13) gereiste K. scheint nach beruflichem Fortschritt in besonderem Maße und ganz besonders hartnäckig zu streben. Gerhard Neumann hat ihn deshalb als einen „seine Lebenskarriere als Hauptaufgabe Betrachtende[n]"[164] bezeichnet, als einen, der das „Spiel des Lebenskarriere-Bildens"[165] spielt. In einer

---

163 Franz Kafka: *Der Verschollene. Kritische Ausgabe*, hg. v. Jost Schillemeit, Frankfurt am Main: Fischer 2002, S. 408.
164 Neumann: „Kafkas Architekturen", S. 200.
165 Ebd., S. 203.

Passage, die Kafka später aus seinem Manuskript gestrichen hat, erklärt K. Pepi gar, er habe sein gesamtes Dasein seiner Karriere unterstellt: „[E]r wolle", gesteht er ihr, „eine bestimmte Stelle erreichen und diesem Zweck dient alles was er tu[t]".[166] K. – und mit ihm der ganze *Schloß*-Roman – seien dementsprechend, so Neumann weiter, „durchdrungen von einem beruflichen Karrierebegriff",[167] ein knapper Befund, der meiner Kenntnis nach in der Forschung kaum aufgegriffen oder weitergedacht worden ist.[168] Dabei ist das *Schloß* nicht nur geprägt von einem Vokabular des Aufsteigens, des Vorankommens, des Erreichens von Zielen, in welchem die den Roman bestimmende topographisch-architektonische Semantik mit einer Semantik von Leistung und Laufbahn überlappt. Kafka, bekanntlich ein sehr genauer Beobachter von Redensarten und Idiomen, inszeniert diese Karrieresemantik darüber hinaus als Sammelsurium erstarrter *idée reçues*, leerer Lippenbekenntnisse und hohler Phrasen, die ihm nicht zuletzt aus seiner eigenen Erfahrung als Versicherungsbeamter bekannt gewesen sein dürften. „Ich werde mein Bestes tun", gelobt etwa Barnabas, dem K. sein (Dienst-)Versagen sogar explizit und mehrmals vorwirft,[169] „aber das tue ich immer" (Sch 192). Barnabas' Schwester Olga bekräftigt, die Familie könne „stolz darauf sein, wie viel er in so jungen Jahren schon erreicht hat" (Sch 272), und beharrt auf ihrer Behauptung auch dann noch, als ihr Bruder, der sich der Sinnlosigkeit seines Strebens längst bewusst ist, seine Tätigkeit aufgeben will: Man habe doch „schon vorher gewußt [...], daß Dir nichts geschenkt wird, daß Du Dir vielmehr jede einzelne Kleinigkeit selbst erkämpfen mußt, ein Grund mehr, um stolz, nicht niedergeschlagen zu sein", zumal niemand „unter [den] Nachbarn schon so weit gekommen" sei (Sch 284). Pepi beteuert, ihre Arbeit im Ausschank sei zwar gewiss keine leichte, „aber was zu erreichen ist, ist auch nicht klein" (Sch 455).

---

[166] Franz Kafka: *Das Schloß. Apparatband*, hg. v. Malcolm Pasley, Frankfurt am Main: Fischer 2002, S. 474. Im Folgenden abgekürzt mit der Sigle SchApp.
[167] Neumann: „Kafkas Architekturen", S. 201.
[168] Ansätze finden sich mit Blick auf *Der Verschollene* in Betiel Wasihun: *Gewollt – Nicht-Gewollt. Wettkampf bei Kafka. Mit Blick auf Robert Walser und Samuel Beckett*, Heidelberg: Winter 2010, S. 117–135, dort allerdings fast ausschließlich unter dem Gesichtspunkt der agonalen Dimension des Karrierestrebens. Neumann selbst präzisiert die Bedeutung des Karrierebegriffs in Kafkas Werk, dort jedoch ohne Berücksichtigung des *Schloß*-Romans, in *Verfehlte Anfänge und offenes Ende. Kafkas poetische Anthropologie*, München: Carl Friedrich von Siemens Stiftung 2009.
[169] Vgl. die Botschaft an das Schloss, die K. Barnabas diktiert, Sch 196: „Der Landvermesser K. bittet den Herrn Vorstand ihm zu erlauben persönlich bei ihm vorzusprechen, er nimmt von vornherein jede Bedingung an, welche an eine solche Erlaubnis geknüpft werden konnte. Zu seiner Bitte ist er deshalb gezwungen, weil bisher alle Mittelspersonen vollständig versagt haben." Außerdem Sch 262: „K. würde auch weiterhin Hilfe im Allergeringsten, in den allerersten Vorbedingungen nötig haben, so schien ja z. B. auch Barnabas wieder zu versagen."

Und Erlanger verspricht K. in der Bürgel-Episode (ohne dass allerdings klar wäre, worum genau es sich handelt), „daß, wenn Sie sich in dieser Kleinigkeit bewähren, Ihnen dies in Ihrem Fortkommen gelegentlich nützlich sein kann" (Sch 428).

Der Traum eines solchen Fortkommens erweist sich im *Schloß* allerdings, wenig überraschend nicht nur angesichts des klischeehaft inszenierten Karrieresprechs, als ein trügerischer: Wer immer sich im *Schloß* (wie übrigens auch im *Verschollenen*) um gesellschaftlichen und beruflichen Aufstieg bemüht, erlebt letztendlich eher einen Abstieg denn ein Vorwärtskommen, wie Pepi, deren anfängliche Freude über die neue Stelle sich schnell in großes „Unglück" (Sch 452) verwandelt, oder Frieda, die ihre hart erkämpfte Position im Ausschank schon nach kurzer Zeit leichtfertig verspielt. Auch Barnabas, der mit beachtlichem Durchhaltevermögen auf der Stelle tritt, kann sich nie sicher sein, ob das von ihm Erreichte einer Form von Fortschritt oder Verbesserung gleichkomme, wie seine Schwester Olga freimütig gesteht; „wir untersuchen dann alles einzeln und schätzen ab, was er erreicht hat", erläutert sie K., „und finden schließlich, daß es sehr wenig ist und das wenige fragwürdig" (Sch 283). Zufrieden – im buchstäblichsten Sinne: nicht im Kampf befindlich –[170] sind einzig die Dorfbewohner·innen, die längst resigniert oder sich in größtmöglicher Distanz zur Schlossmaschinerie positioniert haben, die keinerlei Ziele (mehr) zu erreichen versuchen.

Georg Stanitzek hat gezeigt, dass die „Existenz bzw. Denkmöglichkeit oder -notwendigkeit von Karrieren"[171] das sozialhistorische Korrelat des modernen Fortschrittsdenkens und seiner geschichtsphilosophischen Prämisse der Perfektibilität darstellt – dass Karrieredenken und Bildungsroman also auf demselben modernen Fortschrittskonzept fußen. Die Dominanz eines beruflichen Karrierebegriffs macht das *Schloß* in dieser Hinsicht nicht zuletzt als Aktualisierung und Pervertierung der ideologischen Voraussetzungen lesbar, die dem Bildungsroman zugrunde liegen. Dessen „biographische Illusion", wie Pierre Bourdieu die Vorstellung von einer linear fortschreitenden Lebensgeschichte genannt hat, fußt auf der Annahme, dass das Leben ein „Ganzes darstellt" oder zumindest als ein solches dargestellt werden kann, als eine „kohärente und gerichtete Gesamtheit, die als einheitlicher Ausdruck einer subjektiven und objektiven ‚Intention'"[172] verstanden werden muss, und daher einer (chrono)logischen Ordnung folgt, die Anfang und Ende des Lebenslaufs zugleich als Ursprung und Vollendung versteht. Diese Setzung allerdings wird umso prekärer, je

---

170 Vgl. im Gegensatz dazu K., Sch 241: „Das alles war nicht allzu schmerzlich, es gehörte in die Reihe der fortwährenden kleinen Leiden des Lebens, es war nichts im Vergleich zu dem was K. erstrebte und er war nicht hergekommen um ein Leben in Ehren und Frieden zu führen."
171 Stanitzek: „Bildung und Roman als Momente bürgerlicher Kultur", S. 437.
172 Pierre Bourdieu: „Die biographische Illusion", in: Ders.: *Praktische Vernunft. Zur Theorie des Handelns*, Frankfurt am Main: Suhrkamp 1998, S. 75–82, hier S. 75.

stärker das religiös unterfütterte und ständisch geprägte Bildungsideal vor dem Hintergrund einer Leistungsgesellschaft betrachtet wird, in der Lebenswege nicht schon von Geburt an mehr oder weniger feststehen – sondern als Karrierewege der Verantwortung der oder des Einzelnen obliegen. Im 18. Jahrhundert aus dem Französischen (*carrière* = ‚Fahrtweg', ‚Rennbahn') entlehnt, beschreibt auch ‚Karriere' ein kontingentes Laufbahnmodell: „ungesicherte, immer auch anders mögliche Lebenswege, deren Organisation den je einzelnen zugemutet wird".[173] Das Konzept der Karriere operiert mit einer ähnlichen zeitlichen Logik wie der Perfektibilitätsgedanke, von dem der Bildungsroman getragen wird; auch in der Karriere sind „frühere Stadien für spätere wichtig",[174] angefangen mit der Schule: „Die Gegenwart setzt die Karriere ständig unter Druck, da nur in der Gegenwart die Vergangenheit geschaffen werden kann, die man später brauchen wird."[175] Für die Denkfigur des Versagens ist die Vorstellung einer beruflichen Karriere vor allem insofern von großer Bedeutung, als in ihr ‚Bildung' als Perfektions- und ‚Entwicklung' als Funktionsbegriff in eins fallen: Individuelle Vervollkommnung wird in Abhängigkeit von institutionalisierten Entwicklungsschritten gedacht. Amt und Leben sind hier, wie es an einer berühmten Stelle im *Schloß*-Roman einmal heißt,[176] tatsächlich enger verflochten denn je; das biologische Leben gibt die Taktung verschiedener Entwicklungsstufen vor, die sich dann in den Institutionen vollziehen, und der Wunsch nach Glück, Erfolg, einem guten Leben und persönlichem Fortschritt wird zu einem großen Teil von der Institution gewährt und verwehrt. Das Curriculum Vitae, jene biographische Kleinform, die nunmehr stärker denn je als „Schema der Personenwahrnehmung"[177] fungiert, setzt das Le-

---

[173] Ebd., S. 438. Bei ‚Karriere' handelt es sich, ebenso wie bei der Lauf-Bahn, ursprünglich um einen ständischen Begriff, der ein qua Herkunft bereits vorgezeichnetes Betätigungsfeld meint, den zeitlichen Aspekt, der heute dominiert, also zunächst noch nicht mitführt. Vgl. Georg Stanitzek: *Blödigkeit. Beschreibungen des Individuums im 18. Jahrhundert*, Tübingen: Max Niemeyer 1989, S. 80 und *passim*. Für eine ausführlichere Darstellung der soziohistorischen Voraussetzungen und Entwicklungen, die zur Entstehung des modernen Laufbahnmodells führen, vgl. Giancarlo Corsi: „Die dunkle Seite der Karriere", in: Dirk Baecker (Hg.): *Probleme der Form*, Frankfurt am Main: Suhrkamp 1993, S. 252–265.
[174] Luhmann: *Das Erziehungssystem der Gesellschaft*, S. 71.
[175] Corsi: „Die dunkle Seite der Karriere", S. 256.
[176] Vgl. Sch 94.
[177] Niklas Luhmann: „Erziehung als Formung des Lebenslaufes", in: Ders.: *Schriften zur Pädagogik*, Frankfurt am Main: Suhrkamp 2004, S. 260–277, hier S. 273. Der tabellarische Lebenslauf, wie er heute Bestandteil von Bewerbungsunterlagen ist, wird erst in der zweiten Hälfte des 20. Jahrhunderts tatsächlich gängig. Um 1900 schreibt man stattdessen eine Art „Bericht", wie Jakob von

bensalter[178] – das Vergehen der Zeit als auch körperliche Maßeinheit – zum Erreichen institutionalisierter Ziele (Einschulung, Abitur, Berufseintritt etc.) in Relation und leistet der modernen Denkfigur des Versagens insofern Vorschub, als es anstelle eines einmaligen Nichterfüllens von Erwartungen deren andauernde und irreversible Unterschreitung offenkundig werden lässt.

Was dem Erzähler im Bildungsroman als eine seiner Hauptaufgaben obliegt, die finale Orientierung kontingenter Ereignisse nämlich (vgl. Kap. 3.1), wird im beruflichen Lebenslauf weitestgehend von der Institution vor-geschrieben: Welche (Karriere-)Stufe wann oder warum auf eine frühere zu folgen habe, ist in der Regel institutionell festgelegt.[179] ‚Karriere' ist deshalb in viel stärkerem Maße als ‚Bildung' erwartbar und prognostizierbar:

> Die Karriere macht ein Ego für ein Alter Ego beobachtbar, und das vor allem in der Zeitdimension. In Bezug auf eine Karriere ist es möglich, Erwartungen gegenüber anderen auszubilden, und diese Erwartungen tragen dazu bei, die soziale Identität der Personen auszubilden [...].[180]

Als ein (neuer) Mechanismus institutionalisierter Selbst- und Fremdbeobachtung macht die Karriere einzelne Lebensläufe, insbesondere innerhalb eines bestimmten Berufsfeldes oder innerhalb eines Unternehmens, vergleichbar. „Anderssein-

---

Gunten in Robert Walsers gleichnamigem Roman es formuliert, als er endlich den lange prokrastinierten Lebenslauf verfasst – also eine kleine Prosaform. Vgl. Walser: *Jakob von Gunten*, S. 50.

178 Die Verquickung von Lebensalter und Entwicklung zeigt sich beispielhaft auch an der Konjunktur, die das Bildgenre der sogenannten Lebenstreppe insbesondere im 19. Jahrhundert in ganz Europa erfährt. Während das Leben des Menschen zuvor oft als Kreis oder Rad versinnbildlicht wird, setzt sich ab dem 16. Jahrhundert allmählich die Symbolik einer Treppe durch: Jede Stufe steht für ein Lebensjahrzehnt; mit dem fünfzigsten Lebensjahr hat der Mensch die höchste und damit die einer Vollendung am nächsten kommende Stufe erreicht, danach beginnt der altersbedingte Abstieg. Vgl. Josef Ehmer: „Lebenstreppe", in: Friedrich Jaeger (Hg.): *Enzyklopädie der Neuzeit*, Bd. 7, Stuttgart: Metzler 2008, Sp. 50–55.

179 Die Vorstellung eines weitestgehend standardisierten und damit prognostizierbaren beruflichen Lebenslaufs (d. h. oft lebenslange Treue zu einem Betrieb oder einer Institution, im Rahmen derer bestimmte Gehalts- und Kompetenzstufen durchlaufen werden) ist ein Symptom der modernen Ausdifferenzierung gesellschaftlicher Systeme (Verwaltungsapparate, Behörden, Ämter etc.) und als solches in der Spätmoderne stark rückläufig. Vgl. Sandro-Angelo Fusco, Reinhart Koselleck u. a.: „Verwaltung, Amt, Beamte", in: Otto Brunner, Werner Conze und Reinhart Koselleck (Hg.): *Geschichtliche Grundbegriffe. Historisches Lexikon zur politisch-sozialen Sprache in Deutschland*, Bd. 7, Stuttgart: Klett-Cotta 1992, S. 1–96, insb. S. 69–94. Nicht zuletzt wird durch eine derartige Ausdifferenzierung eine disziplinierende Norm als Maßstab der Vergleichbarkeit installiert, wie ich sie in Kapitel 2.3 am Beispiel der Einrichtung von Klassenstufen in Schulen analysiert habe.

180 Corsi: „Die dunkle Seite der Karriere", S. 256 f.

können", schreibt Niklas Luhmann deshalb, „heißt dann eben: so sein können wie ein anderer."[181]

Im *Schloß* und überhaupt in Kafkas (Bildung-)Romanversuchen wird dieses Prinzip der Vor- und Zu-Schreibung durch die Institution auf die Spitze getrieben, wie Rüdiger Campe gezeigt hat. Am Beispiel einer kurzen Szene aus *Der Proceß*, die auf das biographische Muster des Bildungsromans Bezug nimmt, ohne es letztlich einzulösen, illustriert er, dass die Institution die ‚individuelle' Biographie nicht nur vorzeichnet, sondern ganz ersetzt. Als Zeugnis seiner Unschuld möchte Josef K. eine Art Lebenslauf verfassen, um

> bei jedem irgendwie wichtigern Ereignis [zu] erklären, aus welchen Gründen er so gehandelt hatte, ob diese Handlungsweise nach seinem gegenwärtigen Urteil zu verwerfen oder zu billigen war und welche Gründe er für dieses oder jenes anführen konnte.[182]

Das Schriftstück, das Josef K. als Teil seiner Verteidigungsstrategie einsetzen will, wird nie tatsächlich niedergeschrieben, und folgt man Campes Argumentation, so ist dies auch nicht notwendig: „Die inhaltlich ausgeführte Autobiographie, die Erzählung des Individuums, kann im Text des *Processes* fehlen, weil sie ohnehin vom Diskurs der Institution artikuliert ist."[183] Josef K. muss seinen Lebenslauf also schon deshalb nicht verfassen, weil Kafka in seinem Institutionenroman Identitäts*bildung* durch eine Identitäts*zuschreibung* ersetzt hat, die die Institution selbst vornimmt. Joseph Vogl konstatiert im Zuge dessen eine „Korrespondenz von Institution und Erzählweise",[184] die – noch einmal Campe – den „herkömmlichen Roman des autobiographischen Subjekts in die ausdehnungslose Erzählung der Institution"[185] überführt. Anders als etwa im *Ruinenbewohner* oder in Svevos *Una vita* benötigt die Darstellung des Versagens deshalb auch keinen konkret nachvollziehbaren beschämenden Blick, keine auktorial-beschämende Erzählinstanz mehr: Als auktoriale Instanz kann nun an ihrer Stelle die Institution über das individuelle Stadium des Fortschreitens – oder das Ausbleiben der erwarteten (Karriere-)Schritte – zu jeder Zeit ‚objektiv' und ungefragt Auskunft erteilen.

Insbesondere im *Schloß* allerdings erfolgt diese Zuschreibung scheinbar vollkommen willkürlich. Zu den augenfälligsten Machtmechanismen der Institution gehört hier das erklärungslose und mithin absurd anmutende Aussetzen von beruflichem Aufstieg oder Fortschritt, das Durchkreuzen der Erwartbarkeit von Karrieren, auf der die Beobachtbarkeit „des Ego für ein Alter Ego" zuallererst beruht.

---

181 Luhmann: „Individuum, Individualität, Individualismus", S. 221.
182 Kafka: *Der Proceß*, S. 149.
183 Campe: „Kafkas Institutionenroman", S. 198.
184 Vogl: „Lebende Anstalt", S. 22.
185 Campe: „Kafkas Institutionenroman", S. 200.

Von keinem und keiner der Karrierestrebenden im *Schloß* lässt sich, wie oben bereits angedeutet, behaupten, dass sie nicht alles unternähmen, dem erhofften Aufstieg näherzukommen; allein: Aus all ihren Bemühungen er-folgt nichts. Das Eintreten des nach ‚normaler' Maßgabe zu erwartenden Erfolgs wird vom Schloss unendlich suspendiert. Damit wird nicht nur die Prämisse der Eigenverantwortlichkeit als Basis des modernen Karrieredenkens prekär, sondern auch die für Leistungsgesellschaften grundlegend angenommene Koppelung von Arbeit und Erfolg an und für sich außer Kraft gesetzt. Die gesellschaftliche Anforderung, das Erwartete zu leisten, wird im *Schloß*-Roman *à rebours* gelesen: Nicht die (potentiellen) Angestellten oder Arbeitssuchenden erfüllen das Erwarte nicht, sondern die Institution selbst. Das Versprechen eines Aufstiegs, einer Vorwärtsbewegung, einer persönlichen Vervollkommnung wird im *Schloß* nie eingelöst; zumindest K. aber – und darin unterscheidet er sich elementar von Barnabas, Pepi und Frieda, die im Laufe des Textes irgendwann aufgeben oder bereits aufgegeben haben – bemüht sich um das Erreichen seiner Ziele scheinbar unbeirrt weiter.

Es ist dabei sicherlich kein Zufall, dass K.'s Streben nach einem persönlichen und beruflichen „Vorwärtskommen [...] von tief unten her" (Sch 253) ausgerechnet an die Suche nach einem *Weg* ins Schloss geknüpft wird: Der Weg ist nicht nur eine gängige Metapher für biographische Entwicklung (im ‚Lebensweg', aber auch in der klischeebehafteten Wendung ‚seinen Weg machen'), sondern bildet als ‚Fahrtweg' auch die semantikgeschichtliche Basis der Karriere (vgl. S. 213) und darüber hinaus in der (potentiellen) Form einer *ligne droite* ein gängiges Fortschrittsmotiv. In einer der berühmtesten Passagen des Romans heißt es hingegen über die vermeintlich zum Ziel führende Straße:

> So ging er wieder vorwärts, aber es war ein langer Weg. Die Straße nämlich, diese Hauptstraße des Dorfes führte nicht zum Schloßberg, sie führte nur nahe heran, dann aber wie absichtlich bog sie ab und wenn sie sich auch vom Schloß nicht entfernte, so kam sie ihm doch auch nicht näher. Immer erwartete K. daß nun endlich die Straße zum Schloß einlenken müsse, und nur weil er es erwartete ging er weiter; offenbar infolge seiner Müdigkeit zögerte er die Straße zu verlassen, auch staunte er über die Länge des Dorfes, das kein Ende nahm, immer wieder die kleinen Häuschen und vereiste Fensterscheiben und Schnee und Menschenleere – endlich riß er sich los von dieser festhaltenden Straße, ein schmales Gäßchen nahm ihn auf, noch tieferer Schnee, das Herausziehen der einsinkenden Füße war eine schwere Arbeit, Schweiß brach ihm aus, plötzlich stand er still und konnte nicht mehr weiter. (Sch 21)

Der *defaut de ligne droite*, der schon in Flauberts *Éducation sentimentale*, einem Buch übrigens, das Kafka sehr bewundert hat,[186] Frédéric Moreaus Leben erfolglos

---

[186] Max Brod berichtet, Kafka habe die *Éducation sentimentale* während einer gemeinsamen Reise 1910 in Paris gekauft. Von Kafka selbst wird das Buch insbesondere in den Briefen an Felice

versiegen lässt, gelangt im *Schloß* zu seiner vollsten Ausprägung – und dies bereits seit dem Moment der Ankunft, die keine ist.[187] Der erste Satz des Romans, „Es war spät abends als K. ankam" (Sch 7), wird schon in den beiden darauffolgenden Sätzen wieder durchgestrichen. Denn wie schnell deutlich wird, ist weder klar, wo K. angeblich bereits angekommen ist (er steht auf einer Holzbrücke, dem Inbegriff eines Schwellenraums), noch wo K. ankommen will oder wird („[v]om Schlossberg war nichts zu sehen", Sch 7). Die Ankunft, die per Definition einen (vorläufigen) Abschluss einer Bewegung darstellt, lässt eine Vielzahl weiterer Schritte notwendig werden, die K. erst in den Brückenhof, dann auf verschneiten, verschlungenen Straßen auf das Schloss zu und am Schloss vorbei, aber nie ins Schloss hinein führen. Das beständig sich entziehende Ziel, das schon im ersten Absatz nicht nur als „scheinbare Leere" (Sch 7) beschrieben, sondern auch als an und für sich schon abseitiges markiert wird,[188] bleibt unerreichbar, und dies nicht zuletzt deshalb, weil sich für K. nicht herausfinden lässt, welcher der vielen Räume denn eigentlich zu betreten, welche der vielen Grenzen denn eigentlich zu überschreiten sei, um endlich ins Schloss zu gelangen, in dem man im Dorf doch gewissermaßen immer schon ist.[189] Ähnlich wie in der *Éducation sentimentale* folgt hinter jedem Tor ein weiteres Tor, und wie Frédéric auf der Suche nach Regimbarts Adresse reihen sich für K. Gesprächspartner·in an Gesprächspartner·in, Hinweis an Hinweis, ohne dass er dem Schloss tatsächlich näherkäme.

Joseph Vogl hat den Schlossberg deshalb als „Massiv der Hinhaltung"[190] bezeichnet, das „den gesamten (symbolischen) Raum des Romans als eine Art Schwel-

---

Bauer erwähnt, der er seine Ausgabe nach Berlin schicken will. Im November 1912 schreibt er an Felice: „Die Education sentimentale aber ist ein Buch, das mir durch viele Jahre nahegestanden ist, wie kaum zwei oder drei Menschen; wann und wo ich es aufgeschlagen habe, hat es mich aufgeschreckt und völlig hingenommen und ich habe mich immer als ein geistiges Kind dieses Schriftstellers gefühlt, wenn auch als ein armes und unbeholfenes." Franz Kafka: *Briefe 1900–1912*, hg. v. Hans-Gerd Koch, Frankfurt am Main: Fischer 1999, S. 237.
187 Zur durchkreuzten Ankunft vgl. ausführlich Joseph Vogl: *Über das Zaudern*, Berlin, Zürich: diaphanes 2008, S. 78–89.
188 Die Holzbrücke zweigt von der „Landstraße" (Sch 7) ab, die zumindest im Vergleich zu einer Holzbrücke als Hauptverkehrsader gelten darf. Vgl. Martin Kölbel: *Die Erzählrede in Franz Kafkas „Das Schloss"*, Frankfurt am Main: Stroemfeld 2006, S. 85.
189 Schon in der ersten Nacht im Brückenhof erklärt der Sohn des Unterkastellans, Sch 8: „Dieses Dorf ist Besitz des Schlosses, wer hier wohnt oder übernachtet, wohnt oder übernachtet gewissermaßen im Schloß."
190 Joseph Vogl: „Am Schlossberg", in: Malte Kleinwort und Joseph Vogl (Hg.): *„Schloss"-Topographien. Lektüren zu Kafkas Romanfragment*, Bielefeld: transcript 2013, S. 23–32, hier S. 24.

lenzone [organisiert]: Wie also Schloss und Schlossberg erstens fern und zweitens doch überall sind, so bewegt sich K. im *Schloss* in einem grenzenlosen Reich der Grenze."[191] K.'s scheinbares Fortschreiten, argumentiert Vogl weiter, ergebe deshalb „keinen gewundenen Weg und keinen Irrweg, sondern überhaupt keinen Weg",[192] vielmehr beschreibe es „eine Linie, die in jedem ihrer Punkte anhält und die Richtung wechselt, sich verzweigt und somit unstetig wird".[193] Wo in der *Éducation* trotz des *défaut de ligne droite* zumindest vektorial ein Anhaltspunkt gegeben scheint, stellt der *Schloß*-Roman selbst diesen noch in Abrede: Fraglich wird hier, schon rein auf der Ebene der *histoire*, nicht nur, auf welche Weise Fortschritt zu erreichen sei und wohin er führen könne, sondern seine bloße Notwendigkeit selbst – wenn das Ziel, wie man K. im Brückenhof mitteilt, gewissermaßen bereits erreicht ist, besteht kein Grund mehr, ihm entgegenzustreben.

Diese minimale, aber höchst folgenreiche Verschiebung schlägt sich schließlich auch narratologisch nieder: Während Flauberts Erzähler seinen Protagonisten über weite Strecken begleitet und bewertet, um am Ende (immerhin) eine *vie manquée* zu diagnostizieren, ist die Erzählsituation im *Schloß* deutlich ambivalenter. Zwar spricht die Erzählstimme, wenn auch weniger prominent als bei Flaubert, anfangs auch dort in erlebter Rede, allerdings in einer Variante, die „[z]wischen Erzähltem und Erzählung [...] keine Instanz der Vermittlung"[194] mehr einsetzt, wie Joseph Vogl gezeigt hat. Wo der Erzähler bei Flaubert trotz aller *impassibilité* wenn nicht als Figur, so doch als homogenes perspektivisches Zentrum identifizierbar bleibt, die Darstellung der diegetischen Welt überblickt, spricht aus Kafkas Erzähldiskurs „eine Pluralität von Äußerungen, die sich nicht auf eine einheitliche Stimme und nicht auf einen einheitlichen Ursprung zurückführen läßt".[195] Augenfällig wird diese Heteronomie der Perspektive in der berühmten Transposition von einer Ich-Erzählung zu einer Erzählung in der dritten Person, die Kafka während der Niederschrift des *Schloß*-Manuskripts vorgenommen und scheinbar bruchlos vollzogen hat.[196] Anders als bei einem ‚echten' Perspektivwechsel zu erwarten gewesen wäre, verändert Kafka nichts außer den Personalpronomina selbst, und die „modale

---

191 Ebd., S. 25.
192 Ebd., S. 27.
193 Ebd.
194 Vogl: „Vierte Person", S. 751.
195 Ebd., S. 752.
196 Kafka verwandelt die namenlose Ich-Instanz nach fünfzig Manuskriptseiten – ausgerechnet im Zuge der Sexszene mit Frieda – in K. bzw. in eine Er-Instanz und korrigiert rückwirkend alles bis dato Geschriebene, vgl. dazu ausführlich Kölbel: *Die Erzählrede in Franz Kafkas „Das Schloss"*, S. 51–70 sowie Dorrit Cohn: „K. Enters the Castle. On the Change of Person in Kafka's Manuscript", in: *Euphorion* 62 (1968), S. 28–45.

Gleichgültigkeit dieses Wechsels" lässt den Schluss zu, dass „[d]em ‚ich' der ersten Niederschrift [...] bereits ein ‚er' zugrunde" lag.[197] Vogl beschreibt die „mannigfaltige, neutrale und unpersönliche Stimme, die in jenem Übergang zwischen ‚ich' und ‚er' das Wort ergreift",[198] deshalb als „mimetische Annäherung an die Rede des Anderen, der dritten, vierten Person, an die Rede des Man", als eine Stimme, die eine irreduzible Fremdheit, eine unüberbrückbare „Entfernung zwischen Erzähler und Erzähltem"[199] nach sich zieht und ins Zentrum des Textes rückt.

Die teleologische Verunsicherung – wie wohin streben und warum überhaupt? –, die ein grundlegendes inhaltliches Moment des *Schloß*-Romans bildet, findet so ihre Vorbedingung und Spiegelung in der Disparatheit der Erzählstimme in der vierten Person, die nichts erklärt, nicht führt und nicht lenkt, weder K. noch die Lesenden. Irgendwann verlässt sie ihren Protagonisten sogar ganz; die Beschreibung von K.'s Suche nach einem Weg ins Schloss gibt im Laufe des Textes einem Reigen intradiegetischer „Schloßgeschichten"[200] statt, durch die das Erzählen maßgeblich den Dorfbewohner·innen überantwortet wird und in denen K. nur noch eine beinahe marginale Rolle spielt. Dieses Komplementieren einer „Vielheit der Stimmen", wie sie Kafkas Erzählen in der vierten Person ohnehin zugrunde liegt, durch die vielen Stimmen der Dorfbewohner·innen offenbart nicht nur den keineswegs „individuellen, sondern kollektiven Charakter des Aussageakts, des Erzählakts"[201] im *Schloß*. Im allmählichen Ausfransen des Fragments, im vollständigen Verschwinden des ohnehin immer schon leeren Romanzentrums vollzieht sich darüber hinaus auch die buchstäblich vernichtendste Strategie der Beschämung, die innerhalb von Kafkas Romanfragment denkbar ist: K. bleibt in der Struktur des Schlosses gefangen, ohne einen Ausweg finden zu können – und vor allem, ohne dass ihm seitens der Institution oder der Erzählinstanz der Status zugesprochen oder zugeschrieben würde, den er so dringend herbeisehnt. K. befindet sich in der Schlosshierarchie nicht einmal auf der untersten Stufe – er existiert in ihr schlicht nicht, wird mit Missachtung gestraft, sodass sein Kampf um das Erreichen des Ziels schließlich schleichend ersetzt wird durch einen Kampf gegen sein eigenes Verschwinden.[202]

---

197 Beide Zitate Vogl: „Vierte Person", S. 750.
198 Ebd., S. 754.
199 Beide Zitate ebd., S. 755.
200 Kafka selbst nennt den Roman eine „Schloßgeschichte", Franz Kafka: *Briefe 1902–1924*, hg. v. Max Brod, Frankfurt am Main: Fischer 1994, S. 413. Auch im Roman selbst fällt der Ausdruck: „Schloßgeschichten werden erzählt?" (Sch 323), fragt Amalia, als Olga K. von Amalias Vergangenheit erzählt.
201 Beide Zitate Vogl: „Vierte Person", S. 753.
202 Malte Kleinwort analysiert dieses drohende Verschwinden am Beispiel von K.'s Gespräch mit Pepi, die sich als Instanz einer intradiegetischen erlebten Rede „erzähltheoretisch an die

Am Ende des Roman(fragment)s hat K. das Schloss deshalb zwar nicht erreicht, aber auch noch immer nicht abschließend *nicht* erreicht – und bleibt so gefangen in einem ewigen Aufschub des Nicht-Mehr-Kommenden. Diese Suspensionslogik des Schlosses – und des *Schloßes* – versinnbildlicht die kontinuierliche Verschiebung des Ziels, die sich aus der für den Perfektibilitätsgedanken (des Bildungsromans ebenso wie der Karriere) spezifischen Zeitstruktur ergibt und im Laufe dieser Studie schon häufiger eine Rolle gespielt hat. Persönliche Entwicklung, berufliches Fortschreiten, gesellschaftlicher Aufstieg (durch Bildung oder Karriere) steuern auf einen Fluchtpunkt zu, nicht aber auf ein Ziel, denn *Fortschritt selbst ist* das Ziel: „Wer diesem Ziel folgt, wird nie ankommen, aber bleibt immer in Bewegung".[203] Oder anders: Wer diesem Ziel folgt, bleibt, wie K., „immer gleich weit" (SchApp 474) von ihm entfernt. In dieser Logik manifestiert sich zugleich die spezifische Zeitlichkeit des *Schloß*-Romans (und, weiter gefasst: der modernen Denkfigur des Versagens), die keine Zukunft mehr kennt. Die Dorfbewohner·innen haben Träume, auf deren Erfüllung sie nicht zu hoffen wagen und deren Signifikat immer Schloss heißt; Zukunfts*pläne* hingegen haben sie nicht. Jedes Vorhaben, von dem der Text spricht, ist immer schon gescheitert: Olgas Strategie, die Gunst der anderen Dorfbewohner·innen zurückzuerobern, hat ebenso wenig Früchte getragen wie die Bemühungen ihres Vaters, mit den Schlossbeamten ins Gespräch zu kommen, und Barnabas hat lange genug versucht, in der Schlosshierarchie aufzusteigen, um insgeheim zu wissen, dass sich für ihn nichts mehr ändern wird. K.'s scheinbar unbeirrtes, schamloses Streben nach einem Weg ins Schloss ist für die Bewohner·innen mithin vor allem deshalb so ungeheuerlich, weil es freilegt, bloßstellt, wie fest diese Struktur des immer schon Vergangenen das Dorf im Griff hat – und dies *obwohl* man auch im Dorf durchaus auf beruflichen Aufstieg hofft. K.'s Vorwärtspreschen konterkariert den fast mechanisch sich wiederholenden Alltag im Dorf, der zwischen Protokollen, Telefonaten und Bieren vergessen macht, dass alles schon passiert ist und nichts mehr passieren wird, dass mit Entwicklung nicht zu rechnen ist, von Fortschritt ganz zu schweigen.

Verfehlungsstruktur der Müdigkeit
In der oben zitierten Passage („Schweiß brach ihm aus, plötzlich stand er still und konnte nicht mehr weiter") wird neben dem Nichterreichen eines (biographischen) Ziels noch eine zweite Dimension des Versagens mitgeführt, die im Rahmen der vorliegenden Untersuchung ebenfalls eine entscheidende Rolle gespielt hat: die Di-

---

Stelle von K. [drängt]." Malte Kleinwort: *Der späte Kafka. Spätstil als Stilsuspension*, Paderborn: Fink 2013, S. 195.
203 Bröckling: *Das unternehmerische Selbst*, S. 245.

mension des körperlichen Versagens, die mit dem Moment einer teleologischen Verunsicherung im *Schloß* aufs Engste verknüpft ist und mit ihm in einer den Roman durchziehenden Verfehlungsstruktur der Müdigkeit zusammenläuft. Dieses körperliche Versagen – in Form einer existentiellen, immerwährenden und dabei völlig grundlosen Müdigkeit – ist insbesondere in der Bürgel-Episode von zentraler Bedeutung:

> Zum erstenmal spricht ein Schloßsekretär freundlich mit K. [...]. Aber K. ist zu müde, zu schläfrig, um dieses Anerbieten überhaupt auch nur prüfen zu können. Im entscheidenden Augenblick versagt sein Körper. Es folgen Szenen, in denen sich K. immer weiter von seinem Ziel verirrt.[204]

So fasst Max Brod, dessen Kafka-Lektüre im Allgemeinen mit Vorsicht zu genießen ist, im Nachwort zur von ihm edierten Erstausgabe diese entscheidende Szene zusammen, die, so ist sie zumindest oft interpretiert worden,[205] alles zum Besseren hätte wenden können, aber doch nur das Offensichtliche besiegelt. Für Brod präfiguriert diese Szene das Ende des Romans, über dessen geplante Ausgestaltung Kafka einmal mit ihm gesprochen habe:

> Ein Abschlusskapitel hat Kafka nicht geschrieben. Doch hat er es mir einmal auf die Frage, wie der Roman enden würde, erzählt. Der angebliche Landvermesser erhält wenigstens teilweise Genugtuung. Er läßt in seinem Kampfe nicht nach, stirbt aber vor Entkräftung.[206]

Die notorische Schwierigkeit im Umgang mit dem *Schloß*-Roman besteht nun gerade in der misslichen Tatsache, dass der Roman versiegt, bevor der Körper des Landvermessers versagen kann. Das letzte mehr oder weniger fertiggestellte Kapitel beinhaltet den langen, atemlosen Bericht des ewigen Zimmermädchens Pepi; für die darauffolgenden Seiten hat Kafka, so lassen es zumindest die Handschriften vermuten, mehrere Handlungsalternativen begonnen und wieder verworfen. Ob Kafka an der von Brod überlieferten Konzeption des Schlusses zu diesem Zeitpunkt noch festgehalten hat, ob sie überhaupt jemals wirklich aktuell

---

204 Max Brod: „Nachwort zur ersten Ausgabe", in: Franz Kafka: *Gesammelte Werke, Bd. 4: Das Schloss*, hg. v. Max Brod, Frankfurt am Main: Fischer 1951, S. 481–492, hier S. 481.
205 Die Begegnung mit Bürgel wird häufig als günstiger Moment im Sinne eines *kairos* verstanden, so zum Beispiel von Carolin Duttlinger: „Schlaflosigkeit. Kafkas *Schloss* zwischen Müdigkeit und Wachen", in: Malte Kleinwort und Joseph Vogl (Hg.): *„Schloss"-Topographien. Lektüren zu Kafkas Romanfragment*, Bielefeld: transcript 2013, S. 219–243, hier S. 230. Demgegenüber hat Richard Sheppard als einer der ersten Interpret·innen der Bürgel-Episode eine nicht nur potentiell, sondern tatsächlich erlösende Qualität zugeschrieben und sogar dafür plädiert, jede einzelne Schlafszene im Roman als Element einer graduellen Läuterung des Landvermessers zu lesen. Vgl. Richard Sheppard: *On Kafka's Castle. A Study*, London: Croom Helm 1973, S. 80f.
206 Brod: „Nachwort", S. 481.

war, lässt sich nicht mit Bestimmtheit sagen; Tagebuchaufzeichnungen und Briefe von August und September 1922, der Zeit, in der Kafka wohl zum letzten Mal an seinem Romanfragment gearbeitet hat, deuten eher darauf hin, dass er sich mit der Unabgeschlossenheit seines Textes arrangiert und ihn als immer weiter fortzuschreibenden Geschichtenfundus betrachtet hat.[207]

Nichtsdestoweniger hat Brod dieses von Kafka wohl zumindest angedachte Schlusskapitel in einer Dramenfassung des *Schloß*-Stoffes verewigt, die 1953 uraufgeführt wurde und heute vor allem deshalb nicht völlig in Vergessenheit geraten ist, weil Maurice Blanchot sie gnadenlos verrissen hat.[208] Wer *Das Schloß* wie Brod auf die Geschichte eines Mannes auf der Suche nach beruflichem und privatem Glück in der Fremde reduziere, schreibt Blanchot, der habe „nichts verstanden, nicht einmal die oberflächliche Handlung der Erzählung".[209] Diese Einschätzung erscheint zunächst überraschend, gehört doch zu den Merkmalen, die Brods Umgang mit Kafkas Werk auszeichnen, metaphysische Nüchternheit gemeinhin nicht. Blanchot begründet seinen Vorwurf von Brods blasphemisch nachgetragenem Ende her: Für ihn ist der Erschöpfungstod des Landvermessers auf eine Weise trivial, die den Kern von Kafkas Text unkenntlich macht; denn die Müdigkeit sei im *Schloß*, „einem Ort, wo [K.] nur irren kann, weit weg von allen Voraussetzungen für eine wahrhafte Ruhe", für den Landvermesser eine „andere Form des schlechten Unendlichen, dem der Irrende hingegeben ist. Von dieser ganz unfruchtbaren Müdigkeit gibt es keine Erholung, nicht einmal die Ruhe, die Tod heißt".[210]

Diese Lesart impliziert auch, dass die Erschöpfung des Landvermessers nicht stetig zunehmen und dann ihr Ende im Tod finden kann. Sie ist eben kein „Glei-

---

207 Mit der Niederschrift seines *Schloß*-Romans hat Kafka wohl im Januar 1922 während eines Kuraufenthalts in Spindlermühle im Riesengebirge begonnen, vgl. Malcolm Pasley: „Entstehung", in: Franz Kafka: *Das Schloß. Apparatband*, hg. v. Malcolm Pasley. Frankfurt am Main: Fischer 2002, S. 59–90, hier S. 61. Im März 1922 lässt er Brod die ersten Kapitel zukommen, Ende August 1922 erklärt er die Arbeit an seinem Romanversuch Brod gegenüber für beendet; das *Schloß* solle nur geschrieben, nicht aber gelesen werden, vgl. Kafka: *Briefe 1902–1924*, S. 396. Ob Kafka gegen Ende seiner Arbeit am *Schloß* überhaupt noch mit einem „Abschlusskapitel" befasst war, wie Brods Nachwort zumindest nahelegt, darf also bezweifelt werden. Vgl. Malte Kleinwort: *„Das Schloss zwischen Buch und Handschrift"*, in: Malte Kleinwort und Joseph Vogl (Hg.): *„Schloss"-Topographien. Lektüren zu Kafkas Romanfragment*, Bielefeld: transcript 2013, S. 85–110, hier S. 100: „Das ausufernde und ermüdende Geschichtenerzählen kann gerade dadurch ab dem dritten *Schloss*-Heft einen solchen Raum einnehmen, weil Fragen nach dem großen Ganzen, nach einer Geschlossenheit oder einer Abrundung, wie sie normalerweise mit einem Buch verbunden werden, an Bedeutung verlieren."
208 Eine Textfassung von Brods Bearbeitung ist bis heute nicht ediert worden.
209 Maurice Blanchot: „Kafka und Brod", in: Ders.: *Von Kafka zu Kafka*, übers. v. Elsbeth Dangel, Frankfurt am Main: Fischer 1993, S. 117–127, hier S. 124.
210 Ebd., S. 126.

ten zum Scheitern hin",[211] keine Entropiefigur, sondern als somatisches Korrelat (aber nicht: Resultat) einer versagenden Unternehmung und eines versagten Ziels eine unverrückbare Präsenz im Raum des Romans, die sich von physikalischen und thermodynamischen Ursache-Wirkung-Relationen weitgehend unbehelligt manifestiert. Kafka verhandelt (körperliches) Versagen im *Schloß* damit nicht als punktuelle, einmalige oder finite Angelegenheit, wie es in den mechanistischen Diskursen der Fall ist, die ich in Kapitel 2.1 skizziert habe. Vielmehr verstetigt er den körperlichen Ausfall zu einem irreduziblen und fortwährenden *Zustand*, der gleichsam eine anthropologische Konstante der Romanwelt beschreibt und mithin als ein das bloß Körperliche übersteigendes Phänomen aufscheint: nicht als funktionales, sondern als konstitutionelles, existentielles Versagen lesbar wird.

Die Bedeutung von körperlichem Versagen (in Form von Müdigkeit oder Erschöpfung,[212] Krankheit oder Schwäche) für Schloss und Dorf im Allgemeinen und den Verlauf von K.'s Suche im Speziellen lässt sich kaum überschätzen. Insbesondere die Müdigkeit betrifft im *Schloß*, unabhängig von Arbeitsleistung oder Schlafdauer, jeden und jede zu jeder Zeit; das ist oft übersehen worden, wenn von der „Gnade"[213] gesprochen wurde, die K. in der Bürgel-Episode durch seinen tiefen Schlaf und das Stillstellen seines Strebens zuteilwerde, als sei sie etwas ganz und gar Singuläres. Nicht nur die Schlossbeamten empfangen K. im Bett liegend, sondern auch die Brückenhofwirtin; Amalia zieht sich während K.'s Besuch bei der Familie zum Ausruhen zurück, nachdem sie die ebenfalls schwachen und immermüden Eltern gefüttert hat. Die Gehilfen schlafen beim Essen ein, während K. Friedas „müde[] Bewegungen" (Sch 214) beobachtet; auch von Sordini heißt es, er arbeite „bis zur Erschöpfung" (Sch 111), und schon das erste Telefonat nach der Ankunft des angeblichen Landvermessers, das Klarheit über die Anwesenheit des Fremden bringen soll, wird dadurch verzögert, dass der Kastellan schläft. Das Leben der Schlossbeamten scheint von einem Zustand dauernder Erschöpfung so durchdrungen – „hier ist jeder müde", sagt Bürgel lachend (Sch 407) –, dass K. sich ständig mit ihren Schlafgewohnheiten konfrontiert sieht. Das Innere von Klamms Kutsche, zu dem K. sich heimlich Zutritt verschafft, erweist sich als „weich und warm" (Sch 163), als ein mit Polstern und Plüsch ausgestattetes embryonales Schlafparadies. Bei der Brückenhofwirtin entdeckt K. eine Photographie, auf der er einen jungen Mann zu erkennen

---

211 Ebd.
212 Ich betrachte Erschöpfung im Gegensatz zu Ermüdung als einen graduell intensiveren Zustand, dessen Ursachen nicht nur von Schlafmangel herrühren, sondern auch von verschiedenen anderen Faktoren, die nicht notwendigerweise bekannt oder nachvollziehbar sein müssen. Im *Schloß*-Roman entpuppt sich jede Müdigkeit, wie ich auf den folgenden Seiten zeigen will, als *mehr als nur* Ermüdung, nähert sich also der Erschöpfung an.
213 Blanchot: „Kafka und Brod", S. 127.

glaubt, der auf einem Bett liegt, gähnt und sich streckt, bis Gardena ihn darüber aufklärt, dass es sich um einen amtlichen Boten handle, der mit vor Verausgabung weit aufgerissenem Mund Hochsprung trainiert. Schlaf, impliziert diese Szene, figuriert im *Schloß* als Phänotyp von Anstrengung. Frau Brunswick schließlich, die madonnenhafte Gestalt,[214] von deren schwächlicher Verfassung K. schon während seiner ersten Wanderung durch das Dorf eigentümlich fasziniert ist, ermüdet völlig grundlos, wie ihr Sohn Hans später berichtet. Tatsächlich scheint ihre Müdigkeit eine ähnliche Quelle zu haben wie die aller Frauen im Dorf: Frau Brunswick stellt sich K. als „Mädchen aus dem Schloß" (Sch 25) vor, blickt schweigend zu Boden, als K. sie fragt, ob sie schon einmal im Schloss gewesen sei, und gibt als Ursache ihrer Erschöpfung „die Luft hier" (Sch 230) an.

Darüber hinaus werden Barnabas und seine Familie,[215] Gerstäcker und sein Pferd, Pepi, Sortini, der Dorfvorsteher, Herr Seemann von der Freiwilligen Feuerwehr, Erlanger, Bürgel und überhaupt alle Schlossbeamten irgendwann als er- oder übermüdet, kränklich oder schwach bezeichnet, also das gesamte maßgebliche Personal des Romans. Die Müdigkeit im *Schloß* ist überall und sie ist bleiern, und Schlaf ist nur ein Weg, sie nicht zu spüren. Die „Gnade" des Schlafs, wie Blanchot es formuliert, ist deshalb eine überaus zweifelhafte: Die Müdigkeit vermag sie nicht zu tilgen, stattdessen zementiert sie mit jedem Aufwachen die trostlose Gewissheit, dass alles immer noch ist wie vorher, dysfunktional, erschöpft, müde, in unendlicher und unhintergehbarer Wiederholung. Wenn es im Laufe des Textes überhaupt einmal eine Form der Müdigkeit gibt, die einer Gnade oder einem Trost gleichkäme, dann ist es die postkoitale, die K. und Frieda „still und einander dank-

---

[214] Ihre madonnenhafte Aura – der Kopf umhüllt von zartem Licht, das Kind an der Brust – hat Frau Brunswick mit Madame Arnoux gemein, deren erste Beschreibung in der *Éducation*, vor allem aufgrund des blauen Hintergrunds, oft mit Raphaels Madonnendarstellungen in Verbindung gebracht worden ist. Frau Brunswicks kunstgeschichtliche Ahninnen indes sind weiter nördlich zu verorten: Die Szene in ihrem dominierenden, fahlen Grau, in ihrem Mittelpunkt der ausgemergelte, zähe Körper, der von der Last des Lebens erzählt, strahlt Rembrandt'sche Düsterkeit aus.

[215] Barnabas und Olga scheinen auf den ersten Blick eine Ausnahme zu bilden: Bei Barnabas hakt sich K. ein, als er selbst den Weg vom Wirtshaus durch das Dorf nicht bewältigen kann. Als er ihn das erste Mal mit einer Botschaft zum Schloss schickt, macht sich Barnabas mit einer solchen Geschwindigkeit auf den Weg, dass K. ihn sofort aus den Augen verliert. Dennoch berichtet Amalia später K., „daß Barnabas, auch wenn er eine Botschaft vom Schloß für dich bringt, nicht wieder bis in die Schule gehn kann, um sie Dir zu melden. Er kann nicht so viel herumlaufen, der arme Junge, er verzehrt sich im Dienst" (Sch 267). Olga ist die einzige wichtige Figur des Romans, die niemals als müde beschrieben wird; allerdings berichtet sie vom körperlichen und gesellschaftlichen Niedergang ihrer Familie, der natürlich auch sie selbst betrifft.

bar werden" (Sch 75) lässt, so still, dass die Mägde im Brückenhof sie mitleidig mit einem (Leichen-)Tuch bedecken – bis beide doch wieder von neuem erwachen.

Und so ist Müdigkeit im *Schloß* nicht gleich Müdigkeit, und vor allem ist Müdigkeit nicht gleich Ermüdung. Die Ermüdung, die Angelo Mosso mit seinem Ergographen messen möchte, lässt sich physikalisch als das Verhältnis vorhandener körperlicher Energie zu ihrem Verbrauch beschreiben: als ein stetiger Prozess, an dessen Ende die vollkommene Entkräftung und in letzter Konsequenz der Tod stehen. Auf dieser physiologischen Binsenweisheit mag wohl auch Brods Festhalten an des Landvermessers Erschöpfungstod gründen; bloß wird in der allgegenwärtigen Müdigkeit des *Schloß*-Romans eine solche Koppelung von Ursache und Wirkung (und mit ihr die potentiell Erlösung versprechende Möglichkeit eines Erschöpfungstodes) suspendiert. Die rätselhafte Erschöpfung, unter der jede·r leidet, der in irgendeiner Weise mit dem Schloss in Beziehung steht oder in Beziehung stehen will,[216] kennt nicht nur kein Gegenmittel (egal, wie viel K. schläft, erholt ist er trotzdem nie),[217] sondern auch keinen nachvollziehbaren Grund. Alleine dies räumt der Müdigkeit im *Schloß*, in dem jede „noch so zufällig erscheinende Bewegung, jeder noch so klein erscheinende Fehler unter dem Generalverdacht [steht], kausal und notwendig zu sein",[218] eine Sonderstellung ein, die sie eben nicht als somatische Regelmäßig-

---

[216] Nachgerade vital erscheint in seiner Untätigkeit einzig Hans, der Mann der Wirtin, der dem Schloss das größtmögliche Desinteresse entgegenbringt: „Sie glauben vielleicht, daß ich viel älter als Hans bin", erklärt die Wirtin K., „aber in Wirklichkeit ist er nur zwei oder drei Jahre jünger und wird niemals altern, denn bei seiner Arbeit – Pfeiferauchen, den Gästen zuhören, dann die Pfeife ausklopfen und manchmal ein Bier holen – bei dieser Arbeit altert man nicht." (Sch 132) Eine Sonderstellung nehmen außerdem die Kinder des Dorfes ein, die mit Ausnahme des kleinen Hans (nicht zufällig heißt er wie der Mann der Wirtin) nicht namentlich genannt werden; die „unschuldige[n] Kinder" (Sch 20), in deren Gegenwart vom Schloss nicht gesprochen werden darf, sind nicht nur nicht müde, sondern tragen in ihrer Lebhaftigkeit ganz im Gegenteil maßgeblich zur Geräuschkulisse des Romans bei: Wenn immer sie erwähnt werden, toben, lärmen oder schreien sie.

[217] Nachdem K. die Nacht mit Frieda durch eine fast vierundzwanzig Stunden dauernde Bettruhe kompensiert hat, heißt es allerdings einmal, er sei „sehr erfrischt" (Sch 72) erwacht. Doch schon wenige Zeilen später wird deutlich, dass man sich unter dieser Frische keineswegs einen Zustand ‚normaler' körperlicher Leistungsfähigkeit vorzustellen hat: „Als er sich nun kräftig genug fühlte, das Bett zu verlassen, eilten alle [= Frieda und die Gehilfen] herbei ihn zu bedienen. So kräftig sich gegen ihre Dienste wehren zu können, war er noch nicht, [...] er mußte es geschehen lassen." (Sch 74).

[218] Waldemar Fromm: „Das Schloss", in: Manfred Engel und Bernd Auerochs (Hg.): *Kafka-Handbuch. Leben – Werk – Wirkung*, Stuttgart: Metzler 2010, S. 301–317, hier S. 311. Vgl. auch die Worte des Vorstehers zu K., Sch 99: „Bedenkenlos geschieht hier nichts", und die Wirtin Gardena präzisiert an anderer Stelle: „nur die Gründe waren dunkel" (Sch 130).

keit, sondern als Versagen ausweist: als nicht abschließend erklärbarer Ausfall der Kräfte, der keiner gängigen Kausalrelation folgt und so das vom Schloss ausgehende und von den Dorfbewohner·innen nicht hinterfragte Deutungsgefüge rissig werden lässt.

Dieser dem Dorf eingeschriebenen unerklärlichen Lähmung, der Suspendierung jeglichen Potentials, kann sich auch K. nach seiner Ankunft nicht erwehren. Auch seine fortwährende Erschöpfung kennt keine tatsächliche somatische Ursache, und anders als von der Sekundärliteratur häufig argumentiert lässt sich auch seine Müdigkeit nicht durch eine anhaltende Schlaflosigkeit begründen.[219] Immer wieder erwähnt der Text K.'s Schlafmangel, doch genau besehen kann dieser, trotz der nächtlichen Störungen, von denen häufiger berichtet wird, so gravierend nicht sein: In der Nacht seiner Ankunft schläft K. von kurz nach Mitternacht bis zum nächsten Morgen;[220] die Nacht darauf verbringt er zwar schlaflos mit Frieda, bleibt dafür aber „den ganzen Tag und die ganze [darauffolgende] Nacht" (Sch 72) im Bett. Am Morgen des fünften Tages „erwachten alle erst, als schon die ersten Schulkinder da waren", was K. und Frieda sofort Gisas Tadel einbringt: „Eine Schuldienersfamilie, die sich bis in den Vormittag in den Betten räkelt. Pfui!" (Sch 202) Als K. nachts um vier Uhr in Bürgels Zimmer sitzt und kaum die Augen offenhalten kann, dürfte er also seit weit weniger als vierundzwanzig Stunden wach sein. So sehr K. außerdem darauf insistiert, dass er einen langen Marsch hinter sich habe, scheinen ihn doch viel stärker noch als die Reise selbst die (im Verhältnis sicherlich kurzen) Fußwege durch das verschneite Dorf ermüdet zu haben, die Barnabas und

---

219 Vgl. z. B. Duttlinger: „Schlaflosigkeit", S. 228: „Immer wieder wird er vom Schlaf abgehalten oder aus dem Schlaf gerissen, und kommt er endlich einmal zum Schlafen, so muss er mit improvisierten Lagern Vorlieb nehmen [...]." Duttlinger weist außerdem darauf hin, dass K. vom elften Kapitel an „trotz zunehmender Müdigkeit bis zur Begegnung mit Bürgel im 23. Kapitel wach" (S. 229) geblieben sei; dieser scheinbar sehr lange Zeitraum umfasst jedoch nicht annähernd so viel erzählte Zeit wie sich vermuten ließe, vgl. meine weiteren Ausführungen.
220 Als K., von Gerstäcker kutschiert, nach seinen Unternehmungen des ersten Tages wieder in den Brückenhof zurückkommt, heißt es: „Als sie [...] fast beim Wirtshaus waren, war es zu seinem Erstaunen schon völlig finster. War er so lange fortgewesen? Doch nur ein, zwei Stunden etwa, nach seiner Berechnung." (Sch 30) Achim Geisenhanslücke schließt daraus gar, K. habe seinen ersten vollen Tag im Dorf „komplett verschlafen" (Achim Geisenhanslücke: *Dummheit und Witz. Poetologie des Nichtwissens*, Paderborn: Wilhelm Fink 2011, S. 108); eine Interpretation, die ich angesichts der darauffolgenden Zeilen nicht teile: „Und am Morgen war er fortgegangen. Und kein Essensbedürfnis hatte er gehabt. Und bis vor kurzem war gleichmäßige Taghelle gewesen, erst jetzt die Finsternis. ‚Kurze Tage, kurze Tage', sagte er zu sich, glitt vom Schlitten und ging dem Wirtshaus zu." (Sch 31) Zeit und Jahreszeit sind im *Schloß* bekanntlich keine verlässlichen Größen, die schnelle Finsternis scheint also eher in dem tiefen Winter begründet zu liegen, der das Dorf das ganze Jahr über umhüllt. Dennoch lässt diese Passage zumindest vermuten, dass K.'s Morgen eher am späteren Vormittag zu situieren ist.

Olga mit Leichtigkeit meistern, während K. sie kaum bewältigen kann.[221] „Es zog ihn unwiderstehlich hin, neue Bekanntschaften zu suchen, aber jede neue Bekanntschaft verstärkte die Müdigkeit" (Sch 21), heißt es an dieser Stelle weiter – es ist der bloße Aufenthalt im Dorf (der bekanntlich aus nicht viel mehr besteht als aus Gesprächen mit diversen Bewohner·innen), der K.'s Müdigkeit verfestigt und verstetigt. Dem Landvermesser widerfährt demnach hier, anders als etwa Brods Lesart suggeriert, letztlich nichts Außergewöhnliches; ihm passiert, was allen anderen im Dorf irgendwann bereits passiert ist.

Das Nicht-Erreichen des Schlosses ist an die hemmende Müdigkeit eng gekoppelt, anders formuliert: Ohne das physische Erreichen des Ziels kann auch kein ideelles oder gar metaphysische Ziel erreicht werden. Manifest wird dies immer dann, wenn sich K.'s Erschöpfung ganz konkret im Versagen seines Körpers äußert. Schon bevor ihn in Bürgels Zimmer all seine Kräfte verlassen, entgeht K. mehrmals nur knapp einem drohenden Zusammenbruch. Während seines ersten Spaziergangs durch das Dorf muss er sich in das Haus von Lasemann retten, wo er gegen einen Waschtrog „taumel[t]" (Sch 22) und deshalb für betrunken gehalten wird; den Rückweg kann er nur dank des Fuhrmanns Gerstäcker antreten, der ihn in der Kutsche zum Brückenhof fährt. Auch der nächste Marsch vom Wirtshaus zu Barnabas verläuft nicht wesentlich besser: Der Bote muss ihn ziehen, ja regelrecht mit sich schleifen, damit K. das Ziel überhaupt erreicht. Nicht zufällig ist der *Schloß*-Roman gerade dort, wo K. besonders energisch auf sein Ziel zusteuern will, durchzogen von einer Semantik des Nicht-Könnens, die sowohl die bloß körperliche Dimension des Versagens als auch K.'s geistige und soziale Kapazitäten in einem weiter gefassten Sinne betrifft. Einer der am häufigsten gebrauchten Ausdrücke im *Schloß* ist ‚imstande sein': Auf dem Weg zu Barnabas' Haus „fühlte K. daß er trotz größerer Anstrengung gleichen Schritts mit Barnabas zu halten nicht imstande war" (Sch 48), und dort angekommen ist er nicht in der Lage, alleine zum Brückenhof zurückzukehren: „Wäre er imstande gewesen, allein den Weg ins Wirtshaus zu bewältigen, er wäre gleich fortgegangen" (Sch 53). K's körperliches Nicht-Imstande-Sein ist dabei stets verknüpft mit einem noch viel grundlegenderen Nicht-Im-Stande-Sein; er ist schlicht nicht in der Position, die von ihm ersehnten Ziele zu erreichen: „Sie sind ja gar nicht imstande Klamm wirklich zu sehn", lässt die Wirtin K. wissen, „das ist nicht Überhebung meinerseits, denn ich selbst bin es auch nicht imstande" (Sch 80).

---

221 Über K.'s Reise ins Dorf heißt es: „Der Weg hierhin schien ihn ursprünglich gar nicht angegriffen zu haben – wie war er durch die Tage gewandert, ruhig Schritt für Schritt! –, jetzt aber zeigten sich doch die Folgen der übergroßen Anstrengung, zur Unzeit freilich." (Sch 20) Dieses Gefühl der Ermüdung allerdings stellt sich just in dem Moment ein, in dem er sich auf den Weg ins Schloss zu machen versucht, „erstaunt über die Länge des Dorfes, das kein Ende nahm" (Sch 21).

Körperliche Leistungsfähigkeit und die Frage nach Erfolg oder Niederlage auf der Suche nach dem Weg ins Schloss sind ineinander verwoben, sie bedingen sich gegenseitig. Es gibt zwei Passagen im *Schloß*, in denen diese Engführung besonders augenfällig wird. Ein einziges Mal, im Moment größter Erschöpfung, erwähnt der Text eine Erinnerung an K.'s Vergangenheit, und sie handelt von einem Triumph, vielleicht dem einzigen und wichtigsten seines Lebens – und mit Sicherheit dem einzigen Triumph, von dem der Text berichtet, welchen Stellenwert auch immer man ihm beimessen mag –, den er erlangt, weil es ihm gelingt, auf die Friedhofsmauer seines Heimatortes zu klettern. „Nicht Neugier trieb sie dazu", heißt es über K. und die anderen Jungen im heimatlichen Dorf, „der Friedhof hatte vor ihnen kein Geheimnis mehr, durch seine kleine Gittertür waren sie schon oft hineingekommen, nur die glatte hohe Mauer wollten sie bezwingen." (Sch 49) Der Wettbewerb zwischen K. und seinen Freunden ist rein körperlicher Natur. Das Erklettern der Mauer wird zum Selbstzweck, und als es K. eines Tages gelingt, scheint es ihm, als könne ihm „das Gefühl dieses Sieges [...] für ein langes Leben einen Halt geben" (Sch 50).[222] In Kafkas Poetik des Normalmenschen ist dies der größte anzunehmende heroische Akt. Ähnlich wie in Flauberts *Éducation sentimentale*, in der Frédérics Suche nach der glückverheißenden großen Liebe von der präpubertären und nachgerade niedlich anmutenden Episode bei der *Turque* gerahmt und konterkariert wird, steckt im *Schloß* eine Kindheitserinnerung die Grenzen des Möglichen ab: Wo kurz nach seiner Ankunft ein von K. oben im Schloss verorteter Turm als Telos in den Himmel ragt (Sch 18), zeigt die Erinnerung an das mühsame Erklimmen der Friedhofsmauer, so zärtlich sie ihm auch sein mag, das maximal zu Erreichende an. Wenn K. seinen frühen Triumph also mit der Zukunft seines langen Lebens in Verbindung bringt, wird dies vor allem als bittere Vorahnung lesbar: Höher geht es nicht hinaus.

Bei der zweiten Passage handelt es sich um die oben bereits erwähnte Bürgel-Episode, die den einzigen Moment im Roman darstellt, in dem sich die Anstrengungen des angeblichen Landvermessers endlich auszuzahlen scheinen, in denen K. wenigstens ein Bruchstück der Anerkennung zuteilwerden könnte, um die er sich seit einer Ankunft bemüht hat. In diesem Moment bestünde für den vermeintlichen Landvermesser, so ließe sich zumindest vermuten, die Möglich-

---

[222] Auf die Parallelen zwischen dieser Erinnerung und dem Streben nach dem Schloss, nicht zuletzt durch K.'s territoriales Markieren des Gipfels mit einer Fahne, das Anklänge an die Tätigkeit des Landvermessens aufweist, ist immer wieder hingewiesen worden, so z. B. Markus Kohl: „Struggle and Victory in Kafka's ‚Das Schloß'", in: *The Modern Language Review* 101.4 (2006), S. 1035–1043. Zur geopolitischen Dimension des Landvermessens nach dem Ersten Weltkrieg vgl. John Zilcosky: „Von Zuckerbaronen und Landvermessern. Koloniale Visionen in *Schaffsteins Grüne Bändchen* und Kafkas *Das Schloß*", in: Arne Höcker und Oliver Simons (Hg.): *Kafkas Institutionen*, Bielefeld: transcript 2015, S. 119–144.

keit, die Suche nach einem Weg ins Schloss letztlich zu einem zufriedenstellenden Ende zu führen. Bedingt wird diese Möglichkeit eines greifbaren Erfolgs jedoch, wie Bürgel dem mit dem Schlaf kämpfenden K. ausführlich darlegt,[223] nur durch die Müdigkeit der Parteien, die nicht wissen, was sie tun, und deshalb wird sie noch im selben Moment wieder aufgehoben: durchkreuzt von Kräften, die nicht hinreichen, durchkreuzt vom Versagen des Körpers. Ein ähnliches Schicksal hat übrigens kurz zuvor schon Barnabas' Vater ereilt, in einem Alptraum, der die Bürgel-Episode präfiguriert und das für ihn schlimmste denkbare Szenario beschreibt: In der Hoffnung, den Widerstand seiner Tochter Amalia während des Feuerwehrfests entschuldigen zu können, wartet der Vater jeden Tag an der Straße zum Schloss auf die vorbeifahrenden Kutschen, doch er sieht sie selten, und wenn, dann halten sie nicht an. Eines Morgens ist er so erschöpft, dass er nicht mehr aufstehen kann, und in einem fiebrig-wahnhaften Traum, dem einzigen im Roman neben K.'s müdem Schnapstraum bei Bürgel, sieht er die Schlossbeamten ausgerechnet an diesem Tag an der Straße nach ihm suchen.

Die Bürgel-Episode nun buchstabiert den Konnex zwischen Erfolg und körperlicher Leistungsfähigkeit, die sich in Form einer Verfehlungsstruktur der Müdigkeit manifestiert, in größter Deutlichkeit aus. Bürgels Monolog kreist bei genauerer Betrachtung einzig um das Somatischwerden von enttäuschten Erwartungen als Müdigkeit, den Rückkoppelungseffekt zwischen einem Versagen des Körpers und einem Versagen des Subjekts, hier ganz konkret auch einem Versagen von Sprache und Stimme: K. müsste nur das Erwartete sagen, aber er kann es nicht. Die Gelegenheit, die sich ihm bietet, hätte er scheinbar leicht wahrnehmen können, indem er ausspricht, was er sich schon so lange auszusprechen gewünscht hat, ohne freilich jemals einen adäquaten Adressaten gefunden zu haben. In diesem kurzen Moment, in dem Wunsch und Erwartung identisch werden und sich eine Möglichkeit zur Erfüllung beider böte, scheint ein Potential des körperlichen Versagens auf, dessen Aktualisierung jede noch so bleierne Erschöpfung gerichtet und sinnhaft erscheinen lassen könnte: Denn schon die Tatsache, dass K. überhaupt bei Bürgel sitzt, obwohl er zu Erlanger (der das Erreichen von Zielen schon im Namen trägt) gerufen wurde, ist Resultat der Müdigkeit K.'s, der schlaftrunken die falsche Tür gewählt hat. Allein, in diesem Augenblick *kann* er nicht können, was er seit Tagen zu können gehofft hat, wie Bürgel ausschweifend erläutert: Die Möglichkeit, sein Ziel zu erreichen oder ihm zumindest näherzukommen, eröffnet sich für K. nur, weil sie sich ihm sofort wieder verschließt. „Was für ein sonderbar und ganz bestimmt geformtes, kleines und ge-

---

[223] Heinz Politzer hat im Übrigen auf die suggestiv-einschläfernde Qualität von Bürgels Monolog hingewiesen, der so sehr um Schlaf, Betten und Müdigkeit kreist, dass K. kaum etwas anders übrigbleibt als einzuschlafen, vgl. Heinz Politzer: *Franz Kafka. Parabel and Paradox*, Ithaca, New York: Cornell UP 1962, S. 258.

schicktes Körnchen müßte eine solche Partei sein, um durch das unübertreffliche Sieb durchzugleiten. Sie glauben es *kann* gar nicht vorkommen? Sie haben Recht, es *kann* gar nicht vorkommen. Aber eines Nachts – wer *kann* für alles bürgen? – kommt es doch vor" (Sch 421, Kursivierungen NW), erklärt Bürgel dem angeblichen Landvermesser. In der Tat, es kommt vor – nur ohne jegliche Wirkung. Und die Bedingung der Möglichkeit dieser seltenen Gelegenheit ist genau dies: K.'s nahendes körperliches Versagen. Müdigkeit und Versagen haben in dieser Szene also eine doppelte Funktion: Sie öffnen einen Möglichkeitsraum, genau in dem Moment, in dem jede Möglichkeit suspendiert wird; einen Möglichkeitsraum, der einzig zeigt, dass es keine Möglichkeit gibt.

Das Streben nach einem Weg ins Schloss, oft als Allegorie der Suche nach göttlicher Gnade verstanden oder als Parabel über Fremdheit und Gemeinschaft gelesen, bleibt letzten Endes an die Leiblichkeit des Landvermessers gekoppelt, die zu transzendieren nicht möglich ist und in der die kontingente Grundstruktur aller Entscheidungen im Schloss symptomatisch ansichtig wird. „Sie müssen sich für Ihre Schläfrigkeit nicht entschuldigen, warum denn?", versichert Bürgel nach seinem Monolog dem bestenfalls halbwachen und überdies betrunkenen K., obwohl der keinerlei Anstalten macht, sich tatsächlich zu entschuldigen oder überhaupt nur irgendetwas zu sagen, „[d]ie Leibeskräfte reichen nur bis zu einer gewissen Grenze, wer kann dafür, daß gerade diese Grenze auch sonst bedeutungsvoll ist" (Sch 425).

Nicht-gewollter Wille
Harald Neumeyer hat die Parallelen des *Schloß*-Romans zu Alfred Webers Aufsatz *Der Beamte* betont, der Kafka wohl geläufig war.[224] Im Kontext der vorliegenden Studie ist Webers Aufsatz vor allem deshalb aufschlussreich, weil er Bürokratie und Beamtenwesen an eine Semantik der mechanischen Kräfteökonomie koppelt. Er konstatiert eine „Kräfteabsorption durch einen toten Mechanismus", dem es sich zugunsten einer „Kräftelösung für das freie Leben" zu entziehen gelte,[225] und bringt das Angestellten- bzw. Beamtendasein so gegen Freiheit und Freiwilligkeit, „die frü-

---

[224] Kafka hat die *Neue Rundschau* regelmäßig gelesen, außerdem war Weber Mitglied in Kafkas Promotionskommission an der Prager Karls-Universität. Vgl. Harald Neumeyer: „,Das ist alles, was ich Ihnen zu sagen habe'. Von der Selbstverleugnung der Beamten und der Undurchsichtigkeit der Behörde. Franz Kafkas *Das Schloß* und die Bürokratie-Debatte zu Beginn des 20. Jahrhunderts", in: *Jahrbuch der Deutschen Schillergesellschaft* 60 (2016), S. 479–500. Astrid Lange-Kirchheim hat die Parallelen zu Alfred Webers *Der Beamte* zuerst für *In der Strafkolonie* herausgearbeitet: „Franz Kafka ‚In der Strafkolonie' und Alfred Weber ‚Der Beamte'", in: *Germanisch-Romanische Monatsschrift* 27 (1977), S. 202–221.
[225] Beide Zitate: Alfred Weber: „Der Beamte", in: *Neue Rundschau* 21 (1910), S. 1321–1339, hier S. 1322.

her in den mittleren und oberen Klassen der Gesellschaft Regel war[en]",[226] in Stellung. In einer Linie mit diesem Befund hat die neuere Literaturwissenschaft Kafkas Romane oft als eine frühe Darstellung (spät-)moderner Machtmechanismen gelesen, die Gilles Deleuze mit dem bereits mehrfach erwähnten Begriff der Kontrollmacht beschrieben hat.[227] Als charakteristisch für diese moderne Machtform gilt ihre Diskursivierung in einer Sprache der Kraft und der Kräfteverhältnisse, weil sie – wie das Schloss – kein Wesen hat, sondern ihrem Wesen nach operativ ist.[228] Vor diesem Hintergrund stellt das Versagen aller körperlichen Kräfte im *Schloß* den ultimativen Ausdruck individueller Machtlosigkeit dar: Es setzt nicht nur die Funktion des Körpers (als Lebensvoraussetzung, im Mindesten aber als Voraussetzung für Erfolg) aus, sondern lässt darüber hinaus auch noch offen, warum dies geschieht.

(Somatisches) Versagen entzieht den Körper jeglichem Zugriff des Subjekts und macht ihn so nicht zuletzt unzugänglich für jede Willenshandlung, für jede Form der Intentionalität: Als Diskurselement im Text verweist die oben dargelegte Verfehlungsstruktur der Müdigkeit auf ein Außerkraftsetzen des Willens – auch und gerade des Willens des angeblichen Landvermessers, der auf den ersten Blick doch unbeirrt und sehr bewusst seinem Ziel entgegenzustreben scheint. Der Verlust von Freiwilligkeit und freiem Willen, ja überhaupt von jeder Form der Intentionalität durch eine somatisch-mechanische Kraftlosigkeit scheint mir, wie ich abschließend argumentieren möchte, ebenfalls ein zentrales Element des *Schloß*-Romans darzustellen – und dort intrinsisch mit K.'s Karrierestreben verknüpft zu sein. ‚Versagen' oszilliert dabei ähnlich wie bei Freud oder Svevo zwischen den beiden Polen von (Nicht-)Wollen und Nicht-Können; allerdings, so lautet die letztmögliche Zuspitzung und Radikalisierung der Denkfigur, die Kafka hier vornimmt, nicht im Sinne eines Widerwillens, eines Entsagens oder eines Verweigerns, sondern im Sinne eines Nicht-Verweigern-Könnens.

Weit größere Beachtung als die Semantik des Könnens, die ich oben skizziert habe, hat im Zusammenhang mit dem *Schloß* in der Forschung eine Semantik des Wollens gefunden, die oft vor dem Hintergrund von Kafkas Schopenhauer-Lektüre interpretiert worden ist.[229] Obwohl K.'s Bestreben den Dorfbewohner·innen ein

---

226 Ebd., S. 1325.
227 Vgl. auch S. 151 ff. dieser Studie. Deleuze setzt den historischen ‚Beginn' der Kontrollgesellschaften eigentlich erst nach dem Ende des Zweiten Weltkriegs an, verortet Kafka aber explizit bereits an der Schwelle zwischen der älteren Disziplinargesellschaft und der Kontrollgesellschaft, „an der Nahtstelle zwischen beiden Gesellschaftstypen". Deleuze: „Postskriptum", S. 257.
228 Vgl. Friedrich Balke im Rückgriff auf Deleuze: „Fluchtlinien des Staates. Kafkas Begriff des Politischen", in: Friedrich Balke und Joseph Vogl (Hg.): *Gilles Deleuze – Fluchtlinien der Philosophie*, München: Fink 1996, S. 150–178, hier S. 177.
229 Zuerst bei Sheppard: *On Kafka's Castle*, S. 89–91. T. J. Reed hat darauf aufmerksam gemacht, dass das Bild des Mannes, der einen Eingang ins Schloss sucht, bereits bei Schopenhauer angelegt

Rätsel ist („was will er, was ist er für ein sonderbarer Mensch?", Sch 455), scheint er doch genau zu wissen, was er erreichen möchte; immer wieder wird über seine Hartnäckigkeit und sein trotziges Verhalten gesprochen, er widersetzt sich seinem Verhör, missachtet die Dorfetikette und nimmt keinen gut gemeinten Rat an, sein Ziel scheinbar fest im Blick, sein Wille, es zu erreichen, ungebrochen. Selbst als nach einigen Tagen kein Zweifel mehr daran besteht, dass die Suche nach einem Weg ins Schloss sich komplizierter gestalten wird als erwartet, und der angebliche Landvermesser das endgültige Versagen seines Körpers jederzeit befürchten muss, betont er gegenüber Olga: „Ich bin aus eigenem Willen hierhergekommen und aus eigenem Willen habe ich mich hier festgehakt." (Sch 313) An seiner Suche nach einem Weg ins Schloss, die Max Brod einmal als Faustisches Streben bezeichnet hat,[230] hält der Landvermesser scheinbar völlig unbeirrt fest. Doch dieses im *Schloß* so präsente Wollen ist mit der Dimension des körperlichen Nicht-Könnens aufs Engste verknüpft, wird von ihm immer wieder durchkreuzt und letztlich wirkungslos gemacht: und zwar nicht, weil es K.'s Wollen grundsätzlich aufhöbe, sondern weil es dessen Gerichtetheit, Zielorientierung, Intentionalität durch eine der Müdigkeit und der Erschöpfung eigene Verfehlungsstruktur zersetzt. „Durch die Mühe, welche ihm das bloße Gehn verursachte", heißt es im *Schloß*-Roman einmal über den Zusammenhang zwischen körperlicher Leistungsfähigkeit und sich entziehendem Telos, „geschah es, daß er seine Gedanken nicht beherrschen konnte. Statt auf das Ziel gerichtet zu bleiben, verwirrten sie sich" (Sch 49). Und auch in der oben zitierten Passage, die von K.'s Marsch auf der Straße zum Schloss handelt, ist dieser Zusammenhang ausbuchstabiert:

> So ging er wieder vorwärts, aber es war ein langer Weg. Die Straße nämlich, diese Hauptstraße des Dorfes führte nicht zum Schloßberg, sie führte nur nahe heran, dann aber wie absichtlich bog sie ab und wenn sie sich auch vom Schloß nicht entfernte, so kam sie ihm doch auch nicht näher. Immer erwartete K. daß nun endlich die Straße zum Schloß

---

ist, vgl. T. J. Reed: „Kafka und Schopenhauer. Philosophisches Denken und dichterisches Bild", in: *Euphorion* 59 (1965), S. 160–172. Die entsprechende Passage bei Schopenhauer lautet: „Wir sehn schon hier, daß *von außen* dem Wesen der Dinge nimmermehr beizukommen ist: wie immer man auch forschen mag, so gewinnt man nichts als Bilder und Namen. Man gleicht einem, der um ein Schloß herumgeht, vergeblich einen Eingang suchend und einstweilen die Fassaden skizzierend." Schopenhauer: *Die Welt als Wille und Vorstellung I*, S. 156; Kursivierung im Original. Zu Kafkas Schopenhauer-Lektüre und weiteren möglichen Einflüssen auf das *Schloß* vgl. außerdem Malcolm Pasley: „Zur Entstehungsgeschichte von Kafkas Schloß-Bild", in: Ders.: *Die Schrift ist unveränderlich. Essays zu Kafka*, Frankfurt am Main: Fischer 1995, S. 7–21.

230 „Mit diesem (allerdings sehr entfernten und ironisch gleichsam auf ein Minimum reduzierten) Anklang an Goethes ‚Wer immer strebend sich bemüht, den dürfen [sic] wir erlösen' – sollte also das Werk enden, das man wohl als Franz Kafkas Faust-Dichtung bezeichnen kann." Brod: „Nachwort", S. 482.

einlenken müsse, und nur weil er es erwartete ging er weiter; offenbar infolge seiner Müdigkeit zögerte er die Straße zu verlassen [...]. (Sch 21)

Nicht nur kann K. das Schloss auf dieser Straße also nicht erreichen – er kann die Straße, bedingt durch seine Müdigkeit, zudem auch nicht verlassen.

Das Ausgreifen von K.'s körperlichem Nicht-Können auf sein Wollen kulminiert schließlich abermals in der Bürgel-Episode. Zu Beginn seines Monologs erklärt Bürgel:

> [Die Partei] ist ja ihrer Meinung nach wahrscheinlich nur aus irgendeinem *gleichgültigen zufälligen Grunde*, übermüdet, enttäuscht, rücksichtslos und gleichgültig aus Übermüdung und Enttäuschung in ein anderes Zimmer eingedrungen, als sie *wollte*, sie sitzt unwissend da und beschäftigt sich in Gedanken, wenn sie sich überhaupt beschäftigt, mit ihrem Irrtum oder mit ihrer Müdigkeit. (Sch 423, Kursivierungen NW)

Während K., wie von Bürgel prophezeit, nun tatsächlich teilnahmslos am Bettrand lehnt und von nackten Sekretären und griechischen Göttern träumt, erläutert Bürgel ihm die Gelegenheiten, die soeben an ihm vorbeiziehen:

> Man muß, ohne sich im Geringsten schonen zu können, ihr [der Partei] ausführlich zeigen, was geschehen ist und aus welchen Gründen dies geschehen ist, wie außerordentlichen selten und wie einzig groß die Gelegenheit ist, man muß zeigen, wie die Partei zwar in diese Gelegenheit in aller Hilflosigkeit, wie sie deren kein anderes Wesen als eben nur eine Partei fähig sein kann, hineingetappt ist, wie sie aber jetzt, wenn sie will, Herr Landvermesser, alles beherrschen kann und dafür nichts anderes zu tun hat als ihre Bitte irgendwie vorzubringen, für welche die Erfüllung schon bereit ist [...]. (Sch 424)

Es handelt sich bei diesen Gründen, wie Bürgel bereits andeutet und wie es im *Schloß* ohnehin die Regel ist, selbstverständlich nicht um gleichgültige oder zufällige Gründe: K. findet den Weg zu Bürgel nicht *obwohl* er es nicht wollte, sondern *weil* er es nicht wollte. Die Gründe, von denen Bürgel hier so ausführlich spricht, liegen genau in der im *Schloß* so prominenten Verfehlungsstruktur der Müdigkeit: K. betritt Bürgels Zimmer überhaupt nur, weil er, erschöpft und schon zu diesem Zeitpunkt an der Grenze zur Gleichgültigkeit, das eigentlich gesuchte Zimmer nicht finden kann; und Bürgel selbst ist nur deshalb geneigt, sich mit dem nächtlichen Besucher zu beschäftigen, weil er hofft, neben dem Gast auch sich selbst durch seinen Monolog in den Schlaf wiegen zu können. Diese „Hilflosigkeit" also ist der Grund für K's Anwesenheit bei Bürgel, die Möglichkeitsbedingung von Fortschritt auf dem Weg ins Schloss, zugleich aber auch der Grund, aus dem dieser nicht eintreten wird: Denn die Gelegenheiten, die Bürgel beschreibt, sind an die Voraussetzung eines intentionalen Akts gekoppelt („wenn sie will"), der ja gerade durch die bleierne Erschöpfung des Landvermessers ausgesetzt ist. Die Verkoppelung von Nicht-Können und Wollen erreicht hier eine neue Qualität: Das körperliche Versagen des Landvermessers durchkreuzt und behindert nicht nur sein Streben nach einem Weg ins Schloss, sondern suspendiert es sogar. Einige Momente später, Bürgels Vortrag ist noch in vollem Gange, sein Gast hingegen endgültig im Tiefschlaf, greift K. wie zur Illustration dieser Aporie auf der Suche nach einer Armlehne „unwillkürlich" (Sch 424) nach Bürgels Fuß, um dann in leicht veränderter Lage und noch immer völlig willenlos weiter den Traum eines siegreichen Kampfes zu träumen. Und tatsächlich bewahrheitet sich in dieser Szene für einen kurzen Moment zumindest ein Teil von K.'s Traum: den Kampf endlich beendet zu haben – allerdings nicht, weil er ihn gewonnen hätte, sondern weil er entsagt, absagt, aufgibt, weil er nicht mehr zu ergründen versucht, was ihm widerfährt, weil er den Kampf schlichtweg nicht mehr kämpft, weil er nicht mehr wollen will. K. „glaubte jetzt alles genau zu verstehen", heißt es, während Bürgel spricht, „nicht deshalb weil es ihn bekümmerte, sondern weil er nun überzeugt war, in den nächsten Augenblicken würde er völlig einschlafen" (Sch 419).

Mit dieser Rückbindung des Versagens an eine seiner ältesten semantikgeschichtlichen Bedeutungen (absagen, entsagen im Sinne einer Askese, einer Art *impassibilité*) gerät zugleich auch die Ursprungsfiktion in Bedrängnis, im Rahmen derer K.'s Ankunft im Dorf geschildert wird. Denn bereits dieses Ankommen ist nicht im mindesten intentional, sondern geschieht *selbst* nur aus jener der Müdigkeit zugrundeliegenden Verfehlungsstruktur heraus: Der versagende, suspendierte Wille, der bei Bürgel wie eine ganz und gar außergewöhnliche Gelegenheit erscheint, spielt auch hier schon eine entscheidende, die entscheidendste Rolle. Als K. nämlich im Dorf ankommt, sucht er nichts weiter als ein Nachtlager. Erst als der Sohn des Schlosskastellans (oder richtiger: des Unterschlosskastellans, wie sich später herausstellt) darauf besteht, dass der Fremde ohne gräfliche Erlaubnis keine Minute länger im Dorf bleiben dürfe, gibt sich der soeben aus dem Schlaf gerissene K. als Landvermesser aus, und zwar, wie Ludo Verbeeck nahegelegt hat, als – schlaftrunkene, assoziative, vor allem lautliche – Reaktion auf die „Landstreichermanieren" (Sch 9), derer ihn der Sohn des Kastellans kurz zuvor bezichtigt hatte.[231] Es ist dabei zweitrangig, ob K. als Landstreicher oder als Landvermesser ins Dorf kommt, von den Gästen des Wirtshauses zumindest wird er für einen Landstreicher *gehalten*, also in vielerlei Hinsicht für das Gegenteil eines Landvermessers. Als (vermeintlicher) Landstreicher ist K. per Definition jemand, der niemals ankommt; darüber hinaus sieht er sich mit dem latenten Vorwurf konfrontiert, sich eines „gewohnheitsmäßige[n], zwecklose[n] Umherziehen[s]" schuldig gemacht zu haben, „ohne die Mittel zum

---

[231] Zu dieser Lesart, die von einer Art Wortspiel zwischen den Komposita Landstreicher und Landvermesser ausgeht, vgl. Ludo Verbeeck: „Auswandern: Unnütze Prolegomena zu Kafkas Schloß", in: Ders.: *Schloß-Geschichten. Zu Kafkas drittem Romanplan – eine Diskussion*, Eggingen: Edition Isele 2007, S. 11–64.

Lebensunterhalt zu besitzen und ohne eine Gelegenheit zum rechtmäßigen Erwerb desselben aufzusuchen", sich also der Bürgerpflicht der Erwerbstätigkeit auf eine so skandalöse Art zu verweigern, dass es mit einer Haftstrafe geahndet werden kann.[232] Wenn K. sich dann ausgerechnet als Landvermesser ausgibt, formuliert er damit nicht nur seinen performativen Eintritt in eine jedem Landstreicher grundsätzlich fremde Welt des Angestelltendaseins, sondern als „Agent der Herrschaft über den Raum"[233] auch einen Anspruch auf Deutungshoheit innerhalb eines mit ihr einhergehenden Machtgefüges, das er als Landstreicher zuvor unterlaufen hat oder hätte. Der Wunsch nach einer Stelle als Landvermesser legitimiert auf diese Weise K.'s Aufenthalt im Gasthof und vor allem seine Bitte um ein Nachtlager, für das er den ihm *nachträglich zugeschriebenen* Wunsch nach einer beruflichen Beschäftigung in Kauf nimmt. K.'s körperliche Erschöpfung durchzieht also nicht nur den ganzen Roman und besiegelt so den Verlauf und das vorläufige Ende seiner Handlung; sie stellt vielmehr auch deren ersten und ursprünglich einzigen Grund dar, der in der Bürgel-Szene nur eine nachträgliche Spiegelung erfährt.

Diese Lektüre des Anfangs fügt dem intrikaten Verhältnis von Können und Wollen im *Schloß*-Roman eine weitere Volte hinzu. Denn dass der angebliche Landvermesser nicht erreichen kann, was er erreichen will, weil seine körperliche Verfassung es nicht zulässt, weil sein Nicht-Können sein Wollen beständig durchkreuzt, ist nur die halbe Wahrheit – K. will überhaupt nur erreichen, was er erreichen will, weil seine körperliche Verfassung, die Müdigkeit am Tage seiner Ankunft, ihm vor dem Hintergrund der örtlichen Gepflogenheiten keine andere Möglichkeit gelassen hat. Sein schlichter Wunsch nach einem Schlafplatz wird, als Beginn und Konstituens der Handlung selbst, überschrieben und verdeckt durch das gesellschaftlich weithin akzeptierte Vorhaben, eine Stelle anzutreten. Getilgt wird sein anfängliches Begehren dadurch freilich nicht, schließlich hält die unerklärliche Müdigkeit, trotz Nachtlager und ausreichend Schlaf, den ganzen Roman hinweg an. Der Text beginnt mit K.'s körperlicher Erschöpfung und endet mit ihr, ohne dass sich zu irgendeinem Zeitpunkt grundlegend etwas an ihr geändert hätte. Dass der versagende Körper, der in Kafkas Romanfragment so prominent verhandelt wird, kontinuierlich zwischen den beiden Polen von Ursache und Wirkung oszilliert, ja beides zugleich darstellt und sowohl als Symptom metaphysischer Enttäuschung und, glaubt man Bürgel, deren Grund figuriert, macht ihn im *Schloß* zu einem Diskurselement, das eine Problematik des Willens,

---

[232] *Meyers Konversations-Lexikon*, Bd. 10, S. 1027.
[233] Kerstin Stüssel: *In Vertretung. Literarische Mitschriften von Bürokratie zwischen früher Neuzeit und Gegenwart*, Tübingen: Niemeyer 2004, S. 162.

die Unwirksamkeit von Intentionalität anzeigt, das Streben nach Höherem im Versagen fundiert und als Letztbegründung für die Handlung porös werden lässt: K.'s Aufenthalt im Dorf gleicht einer Gefangenschaft im nicht-gewollten Willen. In den Zürauer Zetteln hat Kafka eine Notiz niedergeschrieben, die die Konfiguration aus (Nicht-)Wollen und Nicht-Können, aus Streben und Versagen, die das Schloss bestimmt, komprimiert wie keine zweite: „Zu diesem Zweck entstehen die Motivationen", schreibt er dort, „[d]ie ganze Welt ist ihrer voll, ja die ganze sichtbare Welt ist vielleicht nichts anderes, als eine Motivation des einen Augenblick lang ruhenwollenden Menschen."[234]

---

[234] Kafka: *Nachgelassene Schriften und Fragmente II*, S. 133.

5 Schlussbetrachtungen
Die Dimensionen des Versagens

> Wenn wir heute versagen,
> dann haben wir für immer versagt.[1]

Am 22. November 1911 schreibt Franz Kafka einen Eintrag in sein Tagebuch:

> Sicher ist, daß ein Haupthindernis meines Fortschritts mein körperlicher Zustand bildet. Mit einem solchen Körper läßt sich nichts erreichen. Ich werde mich an sein fortwährendes Versagen gewöhnen müssen. (T 263)

Kafka liefert in diesem Eintrag im Folgenden eine fast lehrbuchartige Beschreibung des Körpers als energetisches System – oder genauer: als energetisches System, das nicht funktioniert. Seine grundlegendsten Aufgaben, die „Erzeugung einer segensreichen Wärme" und die „Bewahrung eines inneren Feuers", erfülle es mehr schlecht als recht, gerade gut genug, um den Organismus irgendwie am Leben zu erhalten.[2] Der Wirkungsgrad dieser Maschine sei bemitleidenswert, die Pumpe zu schwach, jede Ressource zu gering, und an allen Ecken und Enden mangele es deshalb an Energie: Wenn der Oberkörper mit Blut versorgt werde, fühlten sich die Unterschenkel an wie abgestorben, und laufe dann doch einmal Blut in die blassen Beine, bleibe es dort bis auf Weiteres, so kraftlos sei dieses System. Kafka, zeitlebens im Kampf gegen den eigenen Körper gefangen, notiert resigniert: „Ich werde mich an sein fortwährendes Versagen gewöhnen müssen." Dieses körperliche Versagen ist es letztlich, das ihn, wie er in dem kurzen Tagebucheintrag gleich zweimal betont, davon abhält, seine eigentlichen, das bloß Körperlich-Mechanische transzendieren-

---

[1] Ingo Schulze: *Neue Leben*, Berlin: Berlin Verlag 2005, S. 478.
[2] So Kafka in diesem Eintrag weiter, vgl. T 263 f.: „Von den letzten wilddurchträumten, aber kaum weilchenweise durchschlafenen Nächten bin ich heute früh so ohne Zusammenhang gewesen, fühlte nichts anderes als meine Stirn, sah einen halbwegs erträglichen Zustand erst weit über dem gegenwärtigen und hätte mich einmal gerne vor lauter Todesbereitschaft mit den Akten in der Hand auf den Zementplatten des Korridors zusammengerollt. Mein Körper ist zu lang für seine Schwäche, er hat nicht das geringste Fett zur Erzeugung einer segensreichen Wärme, zur Bewahrung inneren Feuers, kein Fett, von dem sich einmal der Geist über seine Tagesnotdurft hinaus ohne Schädigung des Ganzen nähren könnte. Wie soll das schwache Herz, das mich in der letzten Zeit öfters gestochen hat, das Blut über die ganze Länge dieser Beine hin stoßen können. Bis zum Knie wäre genug Arbeit, dann aber wird es nur noch mit Greisenkraft in die kalten Unterschenkel gespült. Nun ist es aber schon wieder oben nötig, man wartet darauf, während es sich unten verzettelt. Durch die Länge des Körpers ist alles auseinandergezogen. Was kann er da leisten, da er doch vielleicht, selbst wenn er zusammengedrängt wäre, zu wenig Kraft hätte für das, was ich erreichen will."

den Ziele zu verfolgen: Sein Körper habe zu wenig Kraft für das, was er erreichen wolle, schreibt Kafka, und gleich im ersten Satz bezeichnet er ihn, noch unmissverständlicher, als „Haupthindernis meines Fortschritts". Was als funktionelle Störung des Systems beginnt, mündet in eine konstitutionelle Unzulänglichkeit.

Drei Jahre später klagt Kafka in einem zweiten Tagebucheintrag über ein „vollständiges Versagen bei der Arbeit":

> Viel Selbstzufriedenheit während des ganzen Tags. Und jetzt vollständiges Versagen bei der Arbeit. Und es ist nicht einmal Versagen, ich sehe die Aufgabe und den Weg zu ihr, ich müßte nur irgendwelche dünnen Hindernisse durchstoßen und kann es nicht. (T 682)

Versagen meint in dieser Notiz nicht mehr den mechanistisch gedachten Ausfall von Körperfunktionen, den Kafka in seinem früheren Eintrag als Haupthindernis seines Fortschritts bezeichnet hatte. Stattdessen wird Versagen nun als Gegenbegriff zur „Selbstzufriedenheit" gedacht und mit „Arbeit" enggeführt – allerdings offenbar gerade nicht mit Arbeit in einem physikalisch-maschinellen Sinne, also nicht mit Arbeit im Sinne einer mathematisch quantifizierbaren Leistung. Ein Versagen würde, wie Kafka im zweiten Satz seines Eintrags feststellt, der das Urteil eines „vollständigen Versagens" wieder revidiert, bedeuten, die „Aufgabe und den Weg zu ihr" *nicht einmal zu sehen* – wäre also Ausdruck einer elementaren teleologischen Überforderung.

Weitere fünf Jahre später, am 19. Februar 1920, notiert Kafka schließlich:

> Die Strömung, gegen die man schwimmt ist so rasend, daß man in einer gewissen Zerstreutheit manchmal verzweifelt ist über die öde Ruhe, inmitten welcher man plätschert, so unendlich weit nämlich ist man in einem Augenblick des Versagens zurückgetrieben worden. (T 862)

Auch dieser Eintrag bringt das Versagen mit einem Ziel in Verbindung, dieses Mal allerdings mit einem globaler gedachten Daseinsziel. Eingewoben in eine Flussmetapher, die an diejenige erinnert, die bereits in Melvilles *The Happy Failure* anklingt (Kap. 4.2) und in Flauberts *L'Éducation sentimentale* endgültig zur Versinnbildlichung des Versagens wird, erscheint das Resultat des Versagens hier als strömungsloses Plätschern in größtmöglicher Entfernung zu dem Punkt, der eigentlich erreicht werden soll. Im Vergleich zu Flaubert scheint für Kafka dabei allerdings ungleich mehr auf dem Spiel zu stehen. Denn die maßgebliche Bewegung innerhalb dieser Notiz verläuft nicht mit dem, sondern *gegen* den Strom – Schwimmen wird damit zur überlebenssichernden Fähigkeit, Versagen zu einer existenzbedrohenden Ausfallerscheinung und Nicht-Schwimmen-Wollen zu einer Option, die eigentlich nicht zur Wahl steht: Wer nicht schwimmt, versagt.

In Kafkas kurzen Texten spiegeln sich die drei wesentlichsten Momente der historisch jungen, aber heute allgegenwärtigen Denkfigur des Versagens, deren historische, ideologische und poetologische Implikationen ich im Rahmen dieser Untersuchung nachgezeichnet habe: ein Moment der Kausalität (des mechanistischen Ausfalls), ein Moment der Finalität (des Nichterreichens eines (Lebens-)Ziels) und ein Moment der Intentionalität (des Nicht-Verweigern-Könnens). Kafkas Tagebucheinträge, zwischen 1911 und 1920 verfasst, stellen dabei relativ frühe Beispiele für die Thematisierung des Versagens dar, einer Denkfigur, die, wie meine Ausführungen gezeigt haben, in disziplinierenden Diskursen seit der zweiten Hälfte des 19. Jahrhunderts ihren Ausgang nimmt, sich aber erst in der Spätmoderne, vor dem Hintergrund der neoliberalen Ideologie eines unternehmerischen Selbst, voll entfaltet. Wenn dieses Buch mit dem späten 19. und frühen 20. Jahrhundert dennoch einen Zeitraum in den Blick genommen hat, den Deleuze im Anschluss an Foucault nicht als frühe Phase der Kontrollgesellschaften, sondern im Gegenteil als Höhepunkt der Disziplinarmacht betrachtet hat, so ist dies maßgeblich einem Interesse an der Frage geschuldet, wie und warum aus dem Versagen als ursprünglich widerständigem Akt des Absagens zunächst eine Nichterfüllung der einem Individuum zugeschriebenen (meist physiologisch-mechanistisch gefassten) Funktion und schließlich eine existentielle Ausfallerscheinung des Subjekts *qua Subjekt* werden konnte, eine Form der Orientierungslosigkeit des Subjekts in der Welt, die es in seinen Grundfesten in Frage stellt.

Ausgehend von der These, dass sich das moderne Konzept des Versagens in der zweiten Hälfte des 19. Jahrhunderts aus dem mechanisch-technischen Feld heraus als existentielles Nichtfunktionieren etabliert hat, hat sich eine Logik der (Energie-)Suspension, ein Außerkraftsetzen einer zu erwartenden Ursache-Wirkung-Relation als grundlegendes gemeinsames Moment aller in den Blick genommenen Versagensdiskurse erwiesen. Beim Versagen handelt es sich demnach um eine ursprünglich in den Technowissenschaften virulente Vorstellung, deren Übertragung auf das Subjekt von einem technizistischen Menschenbild in den westlichen Industrienationen um 1900 zeugt. In Wissensfeldern wie der Thermodynamik oder – eng damit verbunden – der Waffen- und Sprengstofftechnik gründend, dehnt sich die Denkfigur des Versagens in dieser Zeit auch auf die Humanwissenschaften aus: Die Neurologie etwa fragt nach den medizinischen Mechanismen eines sexuellen Versagens, das Freuds Psychoanalyse schließlich erstmals nicht als Form der Neurasthenie versteht, sondern im ‚Kulturmenschen' selbst verankert. Dem Versagen als moderner Denkfigur ist damit von Beginn an immer auch ein somatisches Substrat eingetragen, das heute weitestgehend in Vergessenheit geraten ist. An den Versagensdiskursen im ausgehenden 19. Jahrhundert jedoch lässt sich, ebenso wie zum Beispiel an Kafkas Tagebucheinträgen, sehr deutlich ablesen, wie stark die Vorstellung, etwas Erwartetes nicht leisten zu können, von einer körperlichen Dimension des Nichtfunktionierens durchdrungen ist. Dies gilt besonders auch für zwei der literarischen Texte, die in diesem Buch eine Rolle gespielt haben: Das Versagen des Alfonso Nitti aus Svevos *Una vita* wird in einer unerklärlichen Schwäche symptomatisch, und auch Kafkas Landvermesser kämpft bei der Suche nach einem Weg ins Schloss kontinuierlich gegen das Versagen seines Körpers an.

In den Erziehungswissenschaften wird, ebenfalls um 1900 und vor dem Hintergrund der Einführung der allgemeinen Schulpflicht, die Beschäftigung mit Schülern thematisch, die die von ihnen auf der Basis arbeitsphysiologischer Erkenntnisse zu erwartenden Leistungen nicht erfüllen können. Der Schulversager etabliert sich so als früher Sozialtypus des Versagers und macht zugleich sichtbar, in welchem Maße die Vorstellung eines Versagens sich in Abhängigkeit von den Kategorien Norm und Abweichung konstituiert: Versagen meint die Unterschreitung einer Norm. Es impliziert damit, anders als das spätmoderne Scheitern, kein ihm vorausgegangenes kühnes, mutiges, transgressives Vorhaben, sondern – insofern Mittelmaß als Normalität verstanden wird – eine schlechterdings unterdurchschnittliche Leistung, der kein positives Moment mehr abzugewinnen ist.

Wenn sich das ursprünglich mechanistisch gefasste Versagen in der Zeit um 1900 allmählich auch als die biographische Beschreibungskategorie zu etablieren beginnt, als die sie im heutigen Wortgebrauch hauptsächlich erscheint, so geschieht dies im Sinne einer Übertragung des Konzepts Versagen als Ausfall einer Kausalrelation auf die final orientierte Vorstellung von Karriere und Lebenslauf: Das Nicht-Eintreten des Erwarteten bedeutet nun nicht mehr nur eine momentane Suspension von Energie, sondern hat Auswirkung auf die teleologisch gedachte Entwicklung des Subjekts und das Erreichen eines (maßgeblich auch beruflichen) Lebensziels. In der Literatur wird dieser Tatsache durch eine häufige kritische Bezugnahme auf das Genre des Bildungsromans Rechnung getragen, in dessen Filiationen (etwa in Flauberts *Éducation sentimentale*) nun nicht mehr das Gelingen eines subjektschöpferischen Akts nachvollzogen wird, sondern im Gegenteil ein fundamentales Verschwimmen und Verschwinden von Zielen. Als elementare Strategie einer solchen literarischen Verarbeitung und Darstellung des Versagens erweist sich dabei wiederum eine Logik der Suspension: ein Mechanismus der Handlungsverzögerung oder -verschleppung, der Auslösung und Erfolg(en) auch als poetologische Momente sichtbar macht.

In all den literarischen und literaturtheoretischen Diskursen um die (Un-)Möglichkeitsbedingungen eines gelingenden oder gelungenen Lebens, die sich im späten 19. und frühen 20. Jahrhundert in Auseinandersetzung mit dem Bildungsroman vollziehen, offenbart sich darüber hinaus eine weltanschauliche Vorbedingung der modernen Vorstellung des Versagens, die im Laufe dieser Studie immer wieder aufgeblitzt ist und sich am Beispiel von Lukács' *Theorie des Romans* wohl am deutlichsten gezeigt hat: Versagen als Denkfigur, die nicht nur technische Gerätschaften betrifft, sondern sich auch auf den Menschen übertragen lässt und ein mögliches Resultat seines Lebens beschreibt, lässt sich erst in dem historischen Moment denken, in dem religiöse Providenzmodelle ausgedient haben. Nur wenn nicht mehr davon auszugehen ist, dass das menschliche Leben ohnehin einem göttlichen Plan folgt, wird die Gefahr eines tatsächlich völlig dysfunktionalen Lebens real, und nur wenn – wie im Rahmen sozialdarwinistischer Theorien – unterstellt werden kann, dass die Entwicklung zum jeweils „Beste[n], das aus uns werden konnte" (Blanckenburg), nicht notwendigerweise mit einer erfolgreichen Entwicklung gleichzusetzen ist, lässt sich der Mensch als fundamentaler Totalausfall, Rohrkrepierer, Versager überhaupt denken.

Das bedeutet auch: In Abwesenheit einer höheren Instanz, die das Erwartete vorgibt und über dessen Erfüllung richtet, wird sowohl das Erwartete selbst prekär als auch die Frage danach, wie und vor allem von wem das Erreichte zu beurteilen sei. Bei Freud, der in seinen späteren metapsychologischen Schriften mit der Vorstellung eines Ichideals und eines Über-Ichs operiert, ebenso wie bei Lukács, der den modernen Menschen in seiner *Theorie des Romans* als Prüfer und Prüfling zugleich betrachtet, wird diese Aufgabe dem Subjekt selbst auferlegt. Lukács sieht in der nicht auflösbaren (ontologischen, kosmischen) Differenz zwischen dem Sein und dem Seinsollenden den ursprünglichen Grund für das Versagenmüssen des modernen Subjekts. Auch Kafkas früher Versuch *Der kleine Ruinenbewohner* kreist um die Internalisierung gesellschaftlicher Erwartungen und das damit konstitutiv einhergehende Gefühl, sie kontinuierlich nicht zu erfüllen. *Der kleine Ruinenbewohner* fokussiert dabei in besonderem Maße auf die Wirkung des fremden Blicks – der den Ich-Erzähler als Element der Beurteilung und Beschämung trifft.

So sehr die Gestaltung der individuellen Biographie in postreligiösen Gesellschaften seit dem späten 19. Jahrhundert und bis heute allerdings mit eigenverantwortlicher Arbeit enggeführt und unter Leistungsaspekten normiert wird, so diffus bleibt doch die gesellschaftliche Anforderung, ein gelungenes Leben zu führen. Anders als im Bereich des technischen Versagens, wo der Ausfall des Erwarteten meist mit bloßem Auge sichtbar ist, gibt es für den Befund eines biographischen Versagens keine objektiven Kriterien. Dies liegt in kaum zu überschätzendem Maße auch an der Tatsache, dass moderne Modelle biographischen Gelingens auf einem Fortschrittsgedanken beruhen, der sein eigenes Ziel im Fortschreiten selbst sieht. Oder, wie Reinhart Koselleck mit Blick auf Rousseaus *perfectibilité* formuliert: Das Ziel ist nicht Perfektion, sondern immer größere Perfektion; das Ziel ist nicht Erfolg, sondern immer mehr Erfolg, kein gutes Leben, sondern ein immer besseres Leben. Diese Logik des akkumulierenden Aufschubs macht nicht nur deutlich, wie sehr das Subjekt der Moderne und der Spätmoderne für ein Versagen prädisponiert – und im ganz unreligiösen Sinne: prädestiniert – ist, sondern auch, wie intrinsisch die Vorstellung von Versagen an eine kapitalistische Gesellschaftsform gekoppelt ist (vgl. Kap. 4.2 zu Melvilles *Bartleby*), die die Vermehrung von ökonomischem, kulturellem, symbolischem Kapital zum Selbstzweck erhebt. Es ist deshalb kein Zufall, dass das Versagen als Denkfigur in kapitalistischen, postreligiös geprägten, meist westlichen Ländern entsteht und dort bis heute stärker verankert ist als überall sonst.

Eng mit einer solchen prekär gewordenen Finalität des (biographischen) Fortschreitens verbunden ist schließlich die Kategorie der Intentionalität, im Hinblick auf die in der Denkfigur des Versagens eine (ideologie)kritische Dimension aufscheint. Denn das soziale Urteil eines Versagens vollzieht sich in der Regel vor dem Hintergrund der weitestgehend unhinterfragten Annahme, dass das versagende Subjekt ein gesellschaftlich als erstrebenswert erachtetes Ziel überhaupt erstreben *wollte*. Kapitel 4 dieses Buches hat gezeigt, wie Versagen, seiner älteren Semantik nach die Bezeichnung für ein willentliches Absagen, in den Diskursen um 1900 als unwillkürliches Nicht-Leisten-Können reinterpretiert wird, das der Verfügungsgewalt des Subjekts vollständig enthoben scheint. Die im (biographischen, beruflichen) Versagen häufig zumindest latente Dimension eines Nicht-Wollens oder Verweigerns wird damit, wie am Beispiel des Alfonso Nitti aus Svevos *Una vita* deutlich geworden ist, pathologisiert – hier zunächst durch einen auktorialen Erzähler, dann, ähnlich wie bei Flaubert, im *discorso indiretto libero*, in dem die Stimmen von Erzähler und Protagonist, die Grenzen zwischen Eigen- und Fremdzuschreibung verschwimmen. Das gesellschaftliche Werturteil des Versagens wird auf diese Weise im Prozess seiner Internalisierung durch das Subjekt lesbar gemacht und zugleich als gewaltsamer, beschämender Akt einer im *style indirect libre* weitestgehend verborgenen, gleichsam als Über-Ich agierenden (Erzähl-)Instanz inszeniert. Kafkas *Schloß*-Roman schließlich vollzieht die größtmögliche Zuspitzung der Verkoppelung der Dimensionen von (Nicht-)Wollen und (Nicht-)Können: als Nicht-Verweigern-Können. Das scheinbar so unbändige Streben des Landvermessers nach Höherem wird nicht nur durch ein unerklärbares und unverrückbares körperliches Versagen beständig durchkreuzt und unwirksam gemacht, es entsteht *selbst* überhaupt erst aus dieser Verfehlungsstruktur heraus. Einmal in der Institution angelangt, gibt es aus dem sie fundierenden System des versagenden Wollens kein Entkommen mehr.

Notre fantôme à tous. Versagen im 21. Jahrhundert
Noch der spätmodernen Vorstellung von Versagen sind die oben skizzierten zentralen Momente der Denkfigur eingeschrieben, wenn sie auch, wie etwa die körperliche Dimension des Versagens, im alltäglichen Sprachgebrauch nicht unbedingt mitgedacht werden. Verändert und radikalisiert allerdings hat sie sich nicht nur im Hinblick auf ihre Ausdehnung und Verbreitung, die insbesondere seit etwa den 1990er Jahren stark zugenommen hat (und damit das nichtproduktive Korrelat des eingangs beschriebenen ‚Schöner Scheiterns' darstellt), sondern auch im Hinblick auf ihre gesellschaftliche und gesellschaftspolitische Bedeutung.

Virginie Despentes' zwischen 2015 und 2017 erschienene Erfolgstrilogie *Vernon Subutex*, die schon im Klappentext des ersten Bandes als zeitgenössische *Comédie hu-*

maine vermarktet wird,³ liefert ein Beispiel für die Relevanz des Versagens als einer hochgradig politisierten Kategorie. Für den titelgebenden Vernon Subutex, einen ehemaligen Plattenhändler, lässt sich die Gewissheit des eigenen Versagens in dem Moment nicht mehr ignorieren, in dem er seine Wohnung verliert. Die Erkenntnis zieht eine beinahe paralysierende Scham nach sich: Weil er seine Erfolglosigkeit weder seinen Bekannten noch sich selbst eingestehen will, bittet er nie tatsächlich um Hilfe, sondern unter einem Vorwand jeweils bloß um einen Schlafplatz für einige Nächte. An ein Ende gerät sein Abstieg schließlich nur, weil Vernon als im Park lebender *sans domicile fixe* schlichtweg kaum noch weiter fallen kann. Vernon ist jedoch nicht die einzige Versagerfigur in Despentes' Trilogie: Auch Patrice, der einsame Schläger, Xavier, der auftragslose Drehbuchschreiber, oder Emilie, die kinderlose Dicke (deren Kummer allerdings, den Genderstereotypen entsprechend, weniger mangelnde Produktions- denn mangelnde Reproduktionsleistungen zur Ursache hat), hegen an ihrem eigenen Versagen keinerlei Zweifel. Vernon selbst stellt innerhalb von Despentes' Panorama der Gegenwart nicht nur den Prototypen eines Versagers dar, sondern damit zugleich den Inbegriff einer ganzen Lebens- und Gesellschaftsform: Vernon, so macht der Text deutlich, ist viele Menschen, und viele Menschen sind Vernon. Im Zentrum von Despentes' Roman steht nicht mehr, wie in den literarischen Texten, die in diesem Buch eine Rolle gespielt haben, das Versagen in seiner Prozesshaftigkeit, sondern der Versager und hier nun auch die Versagerin – als Sozialtypus der Spätmoderne, vielleicht sogar: als *der* Sozialtypus der Spätmoderne, der im öffentlichen Diskurs oft latent und unbenannt bleibt, in *Vernon Subutex* aber mit ganzer Kraft an die Oberfläche drängt.

Ähnlich wie in der *Éducation sentimentale* betrifft die Gefahr des Versagens in *Vernon Subutex* jeden und jede zu jeder Zeit, aber anders als bei Flaubert beschränkt sich das Personal hier nicht von vornherein auf Menschen aus dem (Klein-)Bürgertum. Auch ab- und jenseits der gesellschaftlichen Mitte versagt man in *Vernon Subutex*, unabhängig von sexueller oder politischer Orientierung, Kontostand, Klassenzugehörigkeit oder Lebensentwurf. So fest verankert scheint das Versagen in Despentes' Anamnese der Spätmoderne, dass selbst Clara, Xaviers kleine Tochter, davon betroffen ist. In *Vernon Subutex* wird Versagen nicht nur nicht mit einem tendenziell erhabenen, heroischen Scheitern kontrastiert, das in Despentes'

---

3 Der Klappentext fragt „Qui est Vernon Subutex?", um dann zu antworten: „L'ultime visage de notre comédie inhumaine. Notre fantôme à tous." Virginie Despentes: *Vernon Subutex*, Bd. 1, Paris: Grasset 2015, Klappentext. Der Vergleich mit Balzac ist in zahlreichen Rezensionen aufgegriffen worden; *France Culture* etwa fasst ihn in einer simplen Gleichung zusammen: „Virginie Despentes = Balzac + Internet = on aime". Xavier de la Porte: „Virginie Despentes = Balzac + Internet = on aime", in: *France Culture*, 25.05.2017. URL: https://www.radiofrance.fr/franceculture/podcasts/la-vie-numerique/virginie-despentes-balzac-internet-on-aime-7304220, zuletzt aufgerufen am 05.10.2022.

dystopischem Gegenwartsentwurf ohnehin ausgeschlossen scheint, sondern auch nicht und nicht einmal mit Normalität. Oder anders formuliert: Versagen *ist* hier die Normalität; keine Ausnahmeerscheinung mehr, kein singulär auftretender Ausfall des Erwarteten – sondern das in einer spätmodernen neoliberalen Leistungsgesellschaft letztlich zu Erwartende selbst, die *default*-Einstellung von Leben und Karrieren, auf die alle früher oder später zurückfallen.

Despentes spielt in *Vernon Subutex* mit wechselnden internen Fokalisierungen, die nach dem Vorbild des *Nouveau Roman* kaum kontextualisiert werden – wer wann, wo und warum spricht, erschließt sich nur sehr langsam.[4] Der Roman erteilt Akteur·innen unterschiedlichster sozialer Herkunft und politischer Couleur das Wort und zeigt vor allem, wie sehr sich deren Positionen letztlich ähneln: wie sehr sie alle, auf die ein oder andere Weise, Globalisierungsängsten, Wirtschaftskrisen und einer aus den Fugen geratenen sozialen Marktwirtschaft entspringen, innerhalb derer schier unerfüllbare Erwartungen an das Subjekt gerichtet werden, an denen es stetig zu brechen und zu zerbrechen droht. Dabei stellt auch *Vernon Subutex* eine Form der Zuschreibung des Versagens aus, die sich so oder so ähnlich durch die vorliegende Studie gezogen hat. Anders als bei Flaubert, Svevo und Kafka betrifft diese narrative Strategie der Zuschreibung hier allerdings nicht nur eine Hauptfigur, nicht nur Vernon Subutex selbst, sondern kaleidoskopartig alle Figuren, aus der Perspektive aller anderen Figuren. Die intern fokalisierten Protagonist·innen betrachten nicht nur sich selbst als Versager·innen, sondern jeweils auch mindestens eine andere Person, sodass das Urteil des Versagens schließlich doppelt auf (beinahe) dem gesamten Personal lastet: als Selbst- und als Fremdzuschreibung, als subjektive Unzufriedenheit und als objektive oder zumindest objektivierbare Unzulänglichkeit, als Eingeständnis und als Akt der Beschämung.

Den zweiten Band ihres *Vernon Subutex* widmet Despentes einer – deutlich als einer solchen markierten – Sozialutopie. Als zentral erweist sich dabei eine Form der Widerständigkeit, die der Denkfigur des Versagens ganz grundlegend eingeschrieben ist: das Moment eines Sich-Entziehens, eines Versagens im Sinne eines Entsagens, das seit der Mitte des 19. Jahrhunderts und bis heute, zumindest im Kon-

---

4 Oftmals dauert es deshalb viele Seiten, bis sich die Figur, aus deren Perspektive gesprochen wird, als eine andere offenbart als noch im Abschnitt zuvor, nicht selten dann sogar als eine weltanschaulich denkbar weit von der Figur entfernte, die man sprechen zu hören glaubte: Was anfangs auch die Gedankengänge der Punkerin Olga hätte wiedergeben können, mündet schließlich in die antisemitischen Hasstiraden des rechtsnationalen Xavier. *Vernon Subutex* lässt sich somit nicht nur als Abbild der französischen Gesellschaft in den ersten beiden Jahrzehnten des 21. Jahrhunderts lesen, sondern vor allem als Abbild des diskursiven Stimmengewirrs, der Parolen und der oft oberflächlichen, von den sozialen Netzwerken befeuerten ‚Meinungsvielfalt', von denen sie geprägt ist.

text der Anforderung einer steten persönlichen Leistungsbereitschaft zugunsten des ökonomischen Gemeinwohls in der kapitalistischen Moderne, häufig als pathologische Verfehlung gebrandmarkt wird. In einer Linie mit, aber deutlich zugespitzter noch als vor ihr Flaubert und Kafka zeichnet auch Despentes das Versagen als ein Massenphänomen, dem, wenn überhaupt, auch nur durch die Kraft der Masse, oder, sozialromantischer ausgedrückt: des Kollektivs, zu begegnen ist. Im Falle von Vernon Subutex nimmt diese subversive Geste des Sich-Entziehens zunächst die Form einer Verweigerung an: Vernon, der nach vollendetem Abstieg auf Parkbänken haust, wird von seinen ehemaligen Weggefährt·innen aufgesucht. Sie versprechen ihm Essen, Schlafplätze, Auswege aus der Misere – doch Vernon schlägt sämtliche Angebote aus: Er *will* kein Teil der Pariser Gesellschaft mehr sein. Vernons Umfeld reagiert zunächst mit Verwunderung und Unverständnis auf dessen Weigerung, erkennt gerade dieses Sich-Entziehen aber schon bald als einen beinahe metaphysischen Akt der Befreiung an. Schließlich zu einer Art Guru stilisiert, verlässt Vernon Paris und organisiert fortan mit seinen explizit und nicht ausschließlich ironisch als solche bezeichneten Jünger·innen (zu denen beinahe sämtliche Romanfiguren gehören) in der französischen Provinz sogenannte *convergences*, raveartige Zusammenkünfte in autonomen Camps, im Zuge derer er als DJ ekstatische, quasireligiöse Erweckungserlebnisse im Tanz evoziert. Die Gruppe um Vernon verschließt sich mit ihren *convergences* nicht zuletzt jedem utilitaristischen Nützlichkeitsgedanken, jedem Anspruch auf Funktionalität, vor dessen Hintergrund Versagen zuallererst möglich wird: Versagen kann nur, wer eigentlich hätte funktionieren müssen. In der Logik von Erfolg(en) und Versagen bleibt jede Handlung der Finalität eines ‚Um-zu' unterstellt; auf die Frage jedoch, wozu die *convergences* eigentlich dienten, antwortet Charles, der Vernon aus dem Parc des Buttes-Chaumont in die Provinz gefolgt ist: „A rien. C'est ça qui est beau".[5]

Mit dieser sozialutopischen Wende im zweiten Band der Trilogie öffnet Despentes den Blick für Möglichkeiten, dem in der Spätmoderne allgegenwärtigen Verdacht, für das eigene Leben ungeeignet zu sein, zu entfliehen. Dass es dem fast sektenhaft gezeichneten Kollektiv gelingt, sich von der Pariser Tristesse tatsächlich zu befreien, sich von der in der Stadt herrschenden gesellschaftlichen Erwartungshaltung loszusagen, liegt innerhalb der Diegese maßgeblich in der Macht der Gruppe begründet, durch die sich das Versagen des Einzelnen in einen bewussten und widerständigen politischen Akt der Vielen rücküberführen lässt, insofern sie eine Stigmatisierung des Subjekts *als einzelnes Subjekt* unmöglich macht. Ähnlich wie in Kafkas *Ruinenbewohner* oder in Melvilles *Bartleby, the Scriven-*

---

5 Virginie Despentes: *Vernon Subutex*, Bd. 2, Paris: Grasset 2015, S. 398.

er richtet sich die Sehnsucht der Mitglieder darauf, kein Subjekt mehr zu sein – hier konkret: als Subjekt in der Masse im doppelten Wortsinne aufgehoben zu werden.

Wenn der erste Band von *Vernon Subutex* das Panorama einer versagenden Gesellschaft zeichnet und der zweite Band einen utopischen Weg aus dem Status quo skizziert, stellt der dritte Band als syntheseartiges Ende einer dialektisch angelegten Trilogie dar, warum dieser Weg nicht funktioniert. Hinterlegt von zeitgeschichtlichen Ereignissen wie den Pariser Attentaten des 11. November 2015 beschreibt *Vernon Subutex 3* die im Gegensatz zur fiktiven Sozialutopie des zweiten Bandes nun tatsächlich ganz konkreten politischen Auswirkungen einer gesellschaftlichen und sozialen Ordnung, in der Erfolg essentiell, aber für das Gros der Bevölkerung unmöglich geworden ist. Die (individuelle) Unbeherrschbarkeit des Versagens wird in *Vernon Subutex* in einen größeren gesellschafts- und sozialpolitischen Zusammenhang gestellt: Versager·innen erscheinen hier ganz unmissverständlich als Ausschussprodukt einer kapitalistischen Leistungsgesellschaft, ihrer Erfolgsdoktrin und deren neoliberaler politischer Implementierung, mithin als Kehrseite einer Medaille, auf der zunächst nur das optimistische Credo eines ‚Schöner Scheiterns' zu erkennen ist. Die Machtlosigkeit des Subjekts gegenüber dem so fundamentalen gesellschaftlichen Urteil, ganz grundlegend nicht zu genügen, findet in *Vernon Subutex* – und in der westlichen Welt der Gegenwart – ihren politischen Niederschlag in Gewaltakten, Morden und Attentaten, deren Motivation sich zumindest innerhalb der Trilogie recht leicht auf einen Nenner bringen lässt: Wo die Utopie der *convergences* darauf abzielt, die eigene Wirkungslosigkeit unsichtbar, ungreifbar zu machen, unterliegt der Wut, die sich im dritten Band Bahn bricht, die Sehnsucht, ein einziges Mal selbst etwas zu bewirken, etwas auszulösen, etwas er-folgen zu lassen, einen Fortschritt herbeizuführen, eine Veränderung zu erzielen. Die Spirale der Gewalt, die der dritte Band inszeniert, macht schließlich auch vor der Gruppe um Vernon Subutex nicht halt: Kurz vor Schluss fallen alle Anwesenden während einer *convergence* einem Attentat zum Opfer – mit Ausnahme von Vernon selbst, der heimlich entkommen kann und trotz der weitreichenden politischen Auswirkungen, die das Attentat zeitigen wird, in den Jahrzehnten bis zu seinem Tod niemals öffentlich macht, dass er überlebt hat. Vernon hält sich zeit seines Lebens und bis zu dessen dystopischem Ende an eine Losung, die er bereits zu Beginn des ersten Bandes ausgegeben hatte und die letztlich den in der Spätmoderne einzigen weithin akzeptierten Umgang mit dem Versagen widerspiegelt: im Angesicht des Zusammenbruchs so tun, als ob nichts wäre.[6]

---

6 Vgl. Despentes: *Vernon Subutex*, Bd. 1, S. 9.

Siglenverzeichnis

BS	Herman Melville: „Bartleby, the Scrivener. A Story of Wall Street", in: *The Piazza Tales and Other Prose Pieces 1839–1860*, hg. v. Harrison Hayford, Alma Macdougall und G. Thomas Tanselle, Evanston, Chicago: Northwestern UP 1987, S. 13–45.
ES	Gustave Flaubert: *L'Éducation sentimentale. Histoire d'un jeune homme*, hg. v. Peter M. Wetherill, Paris: Éditions Garnier 1984.
HF	Herman Melville: „The Happy Failure. A Story of the River Hudson", in: *The Piazza Tales and Other Prose Pieces 1839–1860*, hg. v. Harrison Hayford, Alma Macdougall und G. Thomas Tanselle, Evanston, Chicago: Northwestern UP 1987, S. 245–261.
Sch	Franz Kafka: *Das Schloß. Kritische Ausgabe*, hg. v. Malcolm Pasley, Frankfurt am Main: Fischer 2002.
SchApp	Franz Kafka: *Das Schloß. Apparatband*, hg. v. Malcolm Pasley, Frankfurt am Main: Fischer 2002.
T	Franz Kafka: *Tagebücher. Kritische Ausgabe*, hg. v. Hans-Gerd Koch, Michael Müller und Malcolm Pasley, Frankfurt am Main: Fischer 2002.
TdR	Georg Lukács: *Die Theorie des Romans. Ein geschichtsphilosophischer Versuch über die Formen der großen Epik*, Darmstadt, Neuwied: Luchterhand 1984.
UV	Italo Svevo: *Una vita*, in: Ders.: *Opera Omnia II: Romanzi*, hg. v. Bruno Maier, Mailand: Dall'Oglio 1969, S. 131–426.

Literaturverzeichnis

1 Primärliteratur

Beckett, Samuel: *Worstward Ho*, in: Ders.: *Nohow On*, London: John Galder 1989, S. 100–128.
Bellamy, Edward: *Looking Backward 2000-1888*, hg. v. Matthew Beaumont, Oxford, New York: Oxford UP 2007.
Despentes, Virginie: *Vernon Subutex*, 3 Bde., Paris: Grasset 2015–2017.
Diderot, Denis: „Salon de 1765", in: Ders.: *Œuvres*, Bd. 4, hg. v. Guy Schoeller, Paris: Robert Laffont 1996, S. 291–466.
Flaubert, Gustave: *Bouvard & Pécuchet*, in: Ders.: *Œuvres*, Bd. 2, hg. v. Alfred Thibaudet und René Dumesnil, Paris: Gallimard 1952, S. 695–1051.
Flaubert, Gustave: *Correspondance*, 5 Bde., hg. v. Jean Bruneau, Paris: Gallimard 1973–1998.
Flaubert, Gustave: *L'Éducation sentimentale. Histoire d'un jeune homme*, hg. v. Peter M. Wetherill, Paris: Éditions Garnier 1984.
Flaubert, Gustave: *Die Erziehung der Gefühle. Geschichte eines jungen Mannes*, übers. v. Cornelia Hasting, Frankfurt am Main: Fischer 2014.
Fontane, Theodor: *Der Stechlin*, Berlin, Weimar: Aufbau 1965.
Freud, Sigmund: „Neurose und Psychose", in: Ders.: *Gesammelte Werke*, Bd. 13, hg. v. Anna Freud u.a., London: Imago 1940, S. 385–391.
Freud, Sigmund: *Neue Folge der Vorlesungen zur Einführung in die Psychoanalyse. Gesammelte Werke*, Bd. 15, hg. v. Anna Freud u. a., London: Imago 1944.
Freud, Sigmund: *Vorlesungen zur Einführung in die Psychoanalyse. Studienausgabe*, Bd. 1, hg. v. Alexander Mitscherlich, Angela Richards und James Strachey, Frankfurt am Main: Fischer 1989.
Freud, Sigmund: „Jenseits des Lustprinzips", in: Ders.: *Studienausgabe*, Bd. 3, hg. v. Alexander Mitscherlich, Angela Richards und James Strachey, Frankfurt am Main: Fischer 1982, S. 213–272.
Freud, Sigmund: „Triebe und Triebschicksale", in: Ders.: *Studienausgabe*, Bd. 3, hg. v. Alexander Mitscherlich, Angela Richards und James Strachey, Frankfurt am Main: Fischer 1982, S. 75–102.
Freud, Sigmund: „Der Witz und seine Beziehung zum Unbewussten", in: Ders.: *Studienausgabe*, Bd. 4, hg. v. Alexander Mitscherlich, Angela Richards und James Strachey, Frankfurt am Main: Fischer 1970, S. 9–200.
Freud, Sigmund: „Über die allgemeinste Erniedrigung des Liebeslebens", in: Ders.: *Studienausgabe*, Bd. 5, hg. v. Alexander Mitscherlich, Angela Richards und James Strachey, Frankfurt am Main: Fischer 1982, S. 197–210.
Freud, Sigmund: „[Vortrag:] Über den psychischen Mechanismus hysterischer Phänomene", in: Ders.: *Studienausgabe*, Bd. 6, hg. v. Alexander Mitscherlich, Angela Richards und James Strachey, Frankfurt am Main: Fischer 1982, S. 9–24.
Freud, Sigmund: „Über die Berechtigung, von der Neurasthenie einen bestimmten Symptomenkomplex als ‚Angstneurose' abzutrennen", in: Ders.: *Studienausgabe*, Bd. 6, hg. v. Alexander Mitscherlich, Angela Richards und James Strachey, Frankfurt am Main: Fischer 1982, S. 29–47.
Freud, Sigmund: „Über neurotische Erkrankungstypen", in: Ders.: *Studienausgabe*, Bd. 6, hg. v. Alexander Mitscherlich, Angela Richards und James Strachey, Frankfurt am Main: Fischer 1982, S. 215–226.
Freud, Sigmund: „Hemmung, Symptom und Angst", in: Ders.: *Studienausgabe*, Bd. 6, hg. v. Alexander Mitscherlich, Angela Richards und James Strachey, Frankfurt am Main: Fischer 1982, S. 227–305.

Freud, Sigmund: „Aus der Geschichte einer infantilen Neurose", in: Ders.: *Studienausgabe*, Bd. 8, hg. v. Alexander Mitscherlich, Angela Richards und James Strachey, Frankfurt am Main: Fischer 2000, S. 125–232.
Freud, Sigmund: „Die endliche und die unendliche Analyse", in: Ders.: *Schriften zur Behandlungstechnik. Studienausgabe. Ergänzungsband*, hg. v. Alexander Mitscherlich, Angela Richards und James Strachey, Frankfurt am Main: Fischer 2000, S. 351–392.
Freud, Sigmund: „Die ‚kulturelle' Sexualmoral und die moderne Nervosität", in: Ders.: *Studienausgabe*, Bd. 9, hg. v. Alexander Mitscherlich, Angela Richards und James Strachey, Frankfurt am Main: Fischer 2000, S. 9–32.
Freud, Sigmund: „Die Zukunft einer Illusion", in: Ders.: *Studienausgabe*, Bd. 9, hg. v. Alexander Mitscherlich, Angela Richards und James Strachey, Frankfurt am Main: Fischer 2000, S. 135–189.
Freud, Sigmund: „Einige Charaktertypen aus der psychoanalytischen Arbeit", in: Ders.: *Studienausgabe*, Bd. 10, hg. v. Alexander Mitscherlich, Angela Richards und James Strachey, Frankfurt am Main: Fischer 2001, S. 229–254.
Kafka, Franz: *Briefe 1902–1924*, hg. v. Max Brod, Frankfurt am Main: Fischer 1994.
Kafka, Franz: *Briefe 1900–1912*, hg. v. Hans-Gerd Koch, Frankfurt am Main: Fischer 1999.
Kafka, Franz: *Tagebücher. Kritische Ausgabe*, hg. v. Hans-Gerd Koch, Michael Müller und Malcolm Pasley, Frankfurt am Main: Fischer 2002.
Kafka, Franz: *Das Schloß. Kritische Ausgabe*, hg. v. Malcolm Pasley, Frankfurt am Main: Fischer 2002.
Kafka, Franz: *Das Schloß. Apparatband*, hg. v. Malcolm Pasley, Frankfurt am Main: Fischer 2002.
Kafka, Franz: *Der Proceß. Kritische Ausgabe*, hg. v. Malcolm Pasley, Frankfurt am Main: Fischer 2002.
Kafka, Franz: *Der Verschollene. Kritische Ausgabe*, hg. v. Jost Schillemeit, Frankfurt am Main: Fischer 2002.
Kafka, Franz: *Nachgelassene Schriften und Fragmente II. Kritische Ausgabe*, hg. v. Jost Schillemeit, Frankfurt am Main: Fischer 2002.
Leopardi, Giacomo: „L'Infinito", in: Ders.: *Tutte le Opere*, Bd. 1, hg. v. Walter Binni und Enrico Ghidetti, Florenz: Sansoni 1969, S. 17.
Lukács, Georg: *Die Theorie des Romans. Ein geschichtsphilosophischer Versuch über die Formen der großen Epik*, Darmstadt, Neuwied: Luchterhand 1984.
Mayer, Julius Robert: „Ueber Auslösung", in: Ders.: *Die Torricellische Lehre und Ueber Auslösung*, Stuttgart: Verlag der Cotta'schen Buchhandlung 1876, S. 9–16.
Melville, Herman: „Bartleby, the Scrivener. A Story of Wall Street", in: *The Piazza Tales and Other Prose Pieces 1839–1860*, hg. v. Harrison Hayford, Alma Macdougall und G. Thomas Tanselle, Evanston, Chicago: Northwestern UP 1987, S. 13–45.
Melville, Herman: „The Happy Failure. A Story of the River Hudson", in: *The Piazza Tales and Other Prose Pieces 1839–1860*, hg. v. Harrison Hayford, Alma Macdougall und G. Thomas Tanselle, Evanston, Chicago: Northwestern UP 1987, S. 245–261.
Musil, Robert: „Über die Dummheit. Vortrag auf Einladung des Österreichischen Werkbundes", in: *Gesammelte Werke*, Bd. 2, hg. v. Adolf Frisé, Reinbek bei Hamburg: Rowohlt 1978, S. 1270–1291.
Schulze, Ingo: *Neue Leben*, Berlin: Berlin Verlag 2005.
Strauß, Emil: *Freund Hein. Eine Lebensgeschichte*, Stuttgart: Reclam 1995.
Svevo, Italo: *Opera Omnia I: Epistolario*, hg. v. Bruno Maier, Mailand: Dall'Oglio 1966.
Svevo, Italo: „Diario per la fidanzata", in: Ders.: *Opera Omnia III: Racconti, Saggi, Pagine Sparse*, hg. v. Bruno Maier, Mailand: Dall'Oglio 1968, S. 765–795.
Svevo, Italo: „L'uomo e la teoria darwiniana", in: Ders.: *Opera Omnia III: Racconti, Saggi, Pagine Sparse*, hg. v. Bruno Maier, Mailand: Dall'Oglio 1968, S. 637–640.
Svevo, Italo: „Profilo Autobiografico", in: Ders.: *Opera Omnia III: Racconti, Saggi, Pagine Sparse*, hg. v. Bruno Maier, Mailand: Dall'Oglio 1968, S. 799–810.

Svevo, Italo: *Una vita*, in: Ders.: *Opera Omnia II: Romanzi*, hg. v. Bruno Maier, Mailand: Dall'Oglio 1969, S. 131–426.
Svevo, Italo: *Ein Leben*, übers. v. Barbara Kleiner, Zürich: Diogenes 2011.
Walser, Robert: *Jakob von Gunten. Ein Tagebuch. Sämtliche Werke in Einzelausgaben*, Bd. 11, hg. v. Jochen Greven, Frankfurt am Main: Suhrkamp 1986.
Wedekind, Franz: *Frühlings Erwachen. Eine Kindertragödie*, Frankfurt am Main: Suhrkamp 2002.

2 Quellen

Amar, Jules: *Le Rendement de la Machine humaine. Recherches sur le travail*, Paris: Baillière 1910.
Beard, George Miller: *Die Nervenschwäche (Neurasthenia). Ihre Symptome, Natur, Folgezustände und Behandlung*, übers. v. Moritz Neisser, Leipzig: Vogel 1881.
Binet, Alfred und Simon, Théophile: *Les enfants anormaux. Guide pour l'admission des Enfants anormaux dans les classes de Perfectionnement*, Paris: Librairie Armand Colin 1907.
Blanckenburg, Friedrich von: *Versuch über den Roman. Faksimiledruck der Originalausgabe von 1774*, Stuttgart: Metzler 1965.
Campbell Black, Henry: *A Treatise on the Law and Practice of Bankruptcy. Under the Act of Congress of 1898*, Bd. 1, Washington, D.C.: Beard Books 2000.
Cohn, Hermann: *Untersuchungen der Augen von 10060 Schulkindern, nebst Vorschlägen zur Verbesserung der den Augen nachtheiligen Schuleinrichtungen. Eine ätiologische Studie*, Leipzig: Friedrich Fleischer 1867.
Curschmann, Heinrich: „Die functionellen Störungen der männlichen Genitalien", in: Hugo von Ziemssen und Carl Schröder (Hg.): *Ziemssens Handbuch der speciellen Pathologie und Therapie*, Bd. 9, Leipzig: Vogel 1875, S. 357–451.
Dilthey, Wilhelm: *Das Erlebnis und die Dichtung: Lessing, Goethe, Novalis, Hölderlin* (= *Gesammelte Schriften* Bd. 26), hg. v. Gabriele Malsch, Göttingen: Vandenhoeck & Ruprecht 2005.
Dilthey, Wilhelm: *Leben Schleiermachers. Erster Band* (= *Gesammelte Schriften* Bd. 13), hg. v. Martin Redeker, Göttingen: Vandenhoeck & Ruprecht 1991.
Doursther, Horace: *Dictionnaire universel des poids et mesures anciens et modernes*, Brüssel: Hayez 1840.
Dreyfuss, Carl: *Beruf und Ideologie der Angestellten*, München, Leipzig: Duncker & Humblot 1933.
Ehlen, Leo: „Die Schule in der modernen Literatur", in: *Mitteilungen der literarhistorischen Gesellschaft Bonn* 5 (1910), S. 229–253.
Félix, R. P.: *Le Progrès par le Christianisme. Conférences de Notre-Dame de Paris*, Paris: Librairie Adrien Le Clere 1858.
FuckUp Nights Buenos Aires: „¡Esto Es Fuckup Nights!", 07.05.2017. URL: https://www.youtube.com/watch?v=mDIl6PV1kRQ&ab_channel=FuckupNightsBuenosAires, zuletzt aufgerufen am 05.10.2022.
Ferenczi, Sándor: „Analytische Deutung und Behandlung der psychosexuellen Impotenz beim Manne", in: Ders.: *Bausteine zur Psychoanalyse*, Bd. 2, Leipzig, Wien, Zürich: Internationaler Psychoanalytischer Verlag 1927, S. 203–221.
Gebhardt, Wilhelm: *Wie werde ich energisch? Eine vollständige Anleitung zur Heilung von Energielosigkeit, Zerstreutheit, Niedergeschlagenheit, Schwermut, Hoffnungslosigkeit, Angstzuständen, Gedächtnisschwäche, Schlaflosigkeit, Verdauungs- und Darmstörungen, allgemeiner Nervenschwäche u.s.w.*, Leipzig: Glöckner 1900.
Gyurkovechky, Victor von: *Pathologie und Therapie der männlichen Impotenz*, Leipzig: Vogel 1889.

Hegel, G. W. F.: *Vorlesungen über die Ästhetik*, 3 Bde. (= *Werke in zwanzig Bänden* Bd. 13–15), hg. v. Eva Moldenhauer und Karl Markus Michel, Frankfurt am Main: Suhrkamp 1970.
Hübner, Johannes: *Johannes Hübners reales Staats-, Zeitungs- und Conversationslexikon*, Leipzig: Gleditsch 1782.
Joanne, Adolphe Laurent: *Atlas historique et statistique des chemins de fer français*, Paris: L. Hachette 1859.
Kant, Immanuel: *Gesammelte Schriften. Band 3: Kritik der reinen Vernunft*, hg. v. der Preußischen/ Deutschen/Göttinger Akademie der Wissenschaften, Berlin: De Gruyter [vormals Reimer] 1900 ff.
Kant, Immanuel: „Preisschrift über die Fortschritte der Metaphysik", in: *Gesammelte Schriften. Band 20: Bemerkungen zu den Beobachtungen über das Gefühl des Schönen und Erhabenen – Rostocker Kantnachlaß – Preisschrift über die Fortschritte der Metaphysik*, hg. v. der Preußischen/Deutschen/ Göttinger Akademie der Wissenschaften, Berlin: De Gruyter [vormals Reimer] 1900 ff., S. 253–332.
Key, Alex: *Schulhygienische Untersuchungen*, in dt. Bearbeitung hg. v. Leo Burgerstein, Hamburg: Leopold Voss 1889.
Kneipp, Sebastian und Reile, Bonifaz (Hg.): *Das große Kneippbuch*, München: Joseph Kögel 1939 [1903].
Kowarschik, Josef: *Elektrotherapie. Ein Lehrbuch*, Berlin: Springer 1920.
Kraepelin, Emil: *Ueber geistige Arbeit*, Jena: Gustav Fischer 1894.
Kraepelin, Emil: *Zur Überbürdungsfrage*, Jena: Gustav Fischer 1897.
Lederer, Emil: *Die Privatangestellten in der modernen Wirtschaftsentwicklung*, Tübingen: Mohr 1912.
Lévy, Paul-Émile: *L'éducation rationelle de la volonté. Son emploi thérapeutique*, Paris: Felix Alcan 1898.
Lieutenant Theinert: „Bericht über Sprengungen im Stromgebiet der unteren Ems in den Jahren 1871 und 72", in: *Archiv für die Artillerie- und Ingenieur-Offiziere des deutschen Reichsheeres* 73 (1873), S. 196–204.
Meumann, Ernst: *Vorlesungen zur Einführung in die Experimentelle Pädagogik und ihre psychologischen Grundlagen*, Bd. 1, Leipzig: Wilhelm Engelmann 1907.
Mosso, Angelo: *La Fatica*, Mailand: Treves 1891.
Nietzsche, Friedrich: „Ueber die Zukunft unserer Bildungsanstalten. Sechs öffentliche Vorträge", in: Ders.: *Sämtliche Werke. Kritische Studienausgabe*, Bd. 1, hg. v. Giorgio Colli und Mazzino Montinari, München: dtv 2012, S. 641–752.
Nietzsche, Friedrich: „Der Antichrist", in: Ders.: *Sämtliche Werke. Kritische Studienausgabe*, Bd. 6, hg. v. Giorgio Colli und Mazzino Montinari, München: dtv 1988, S. 165–254.
Nietzsche, Friedrich: *Nachgelassene Fragmente 1880–1882. Kritische Studienausgabe*, Bd. 9, hg. v. Giorgio Colli und Mazzino Montinari, München: dtv 1988.
Nietzsche, Friedrich: *Nachgelassene Fragmente 1885–1887. Kritische Studienausgabe*, Bd. 12, hg. v. Giorgio Colli und Mazzino Montinari, München: dtv 1988.
Nietzsche, Friedrich: *Nachgelassene Fragmente 1887–1889. Kritische Studienausgabe*, Bd. 13, hg. v. Giorgio Colli und Mazzino Montinari, München: dtv 1988.
Novalis: „Fragmente und Studien", in: Dieter Kimpel und Conrad Wiedemann (Hg.): *Theorie und Technik des Romans im 17. und 18. Jahrhundert*, Bd. 2, Tübingen: Max Niemeyer 1970, S. 119–122.
Ostwald, Wilhelm: *Der energetische Imperativ*, Paderborn: Salzwasser 2013 [1911].
o. V.: *Meyers Konversations-Lexikon*, 17 Bde., Leipzig, Berlin: Bibliographisches Institut 1897.
o. V.: „Die Sicherung des Werbe-Erfolgs", in: *Mitteilungen des Vereins Deutscher Reklamefachleute* 1 (1915), S. 10–12.
Picqué, Lucien: *Notions pratiques d'hygiène populaire. Leçons professées à l'Association Polytechnique*, Paris: J. Dejey 1877.

Rosikat, August: „Der Oberlehrer im Spiegel der Dichtung", in: *Zeitschrift für den deutschen Unterricht* 18 (1904), S. 687–703.
Rousseau, Jean-Jacques: „Discours sur l'origine et les fondements de l'inégalité parmi les hommes", in: Ders.: *Œuvres Complètes*, Bd. 3, hg. v. Bernard Gagnebin und Marcel Raymond, Paris: Gallimard 1964, S. 131–223.
Rüstow, Caesar: *Die Kriegshandfeuerwaffen. Eine genaue Darstellung ihrer Einrichtung in den europäischen Armeen, ihrer Anfertigung, ihres Gebrauchs und ihrer allmäligen Entwickelung*, Bd. 2, Berlin: Bath 1864.
Schmoller, Gustav: *Was verstehen wir unter dem Mittelstand? Hat er im 19. Jahrhundert zu- oder abgenommen? Vortrag auf dem 8. Evangelisch-sozialen Kongreß in Leipzig am 11. Juni 1897*, Göttingen: o. V. 1897.
Schulrat Eidinger: „Eidinger über Sitzenbleiber und Förderklassen", in: *Der Klassenlehrer* 48 (1909), S. 756–757.
Steiner, Maxim: *Die Psychischen Störungen der Männlichen Potenz und ihre Behandlung*, Leipzig, Wien: Franz Deuticke 1913.
Stekel, Wilhelm: *Nervöse Angstzustände und ihre Behandlung*, Wien, Berlin: Urban & Schwarzenberg 1908.
Stern, William: „Das psychologische Laboratorium der Hamburger Universität. Gesamtbericht über seine Entwicklung und seine gegenwärtigen Arbeitsgebiete", in: *Zeitschrift für pädagogische Psychologie und experimentelle Pädagogik* 13 (1922), S. 161–197.
Strümpell, Ludwig: *Die pädagogische Pathologie oder Die Lehre von den Fehlern der Kinder*, Leipzig: E. Ungleich 1890.
Tümpel, R.: „Überbürdung", in: Wilhelm Rein (Hg.): *Encyklopädisches Handbuch der Pädagogik*, Bd. 9, Jena: Hermann Beyer & Söhne 1909[2], S. 311–324.
Virchow, Rudolf: *Über gewisse die Gesundheit benachtheiligende Einflüsse der Schulen*, Berlin: Georg Reimer 1869.
Weber, Alfred: „Der Beamte", in: *Neue Rundschau* 21 (1910), S. 1321–1339.
Ziehen, Th.: „Überanstrengung, körperliche und geistige", in: Wilhelm Rein (Hg.): *Encyklopädisches Handbuch der Pädagogik*, Bd. 9, Jena: Hermann Beyer & Söhne 1909[2], S. 309–311.
Zulliger, Hans: „Versager in der Schule", in: *Zeitschrift für psychoanalytische Pädagogik* 4.11 (1930), S. 431–441.
Zulliger, Hans: „Versager in der Erziehung", in: *Zeitschrift für psychoanalytische Pädagogik* 9.2 (1935), S. 81–98.

3 Sekundärliteratur

Abrugiati, Luigia: *Il volo del gabbiano. Fenomenologia dell'inettitudine nella letteratura italiana fra Ottocento e Novecento*, Lanciano: R. Carabba 1983.
Agamben, Giorgio: *Bartleby oder die Kontingenz gefolgt von Die absolute Immanenz*, übers. v. Maria Zinfert und Andreas Hiepko, Berlin: Merve 1998.
Ajouri, Philip: *Erzählen nach Darwin. Die Krise der Teleologie im literarischen Realismus: Friedrich Theodor Vischer und Gottfried Keller*, Berlin, New York: De Gruyter 2007.
Albertini, Pierre: *L'École en France, XIXe–XXe siècle. De la maternelle à l'université*, Paris: Hachette 1992.
Anders, Günther: *Die Antiquiertheit des Menschen. Über die Seele im Zeitalter der zweiten industriellen Revolution*, München: C.H. Beck 1961.

Auerbach, Erich: „Figura", in: *Archivum Romanicum* 22 (1938), S. 436-489.
Baldi, Guido: *Menzogna e verità nella narrativa di Svevo*, Neapel: Liguri Editori 2010.
Baldick, Robert: *The Duel. A History of Duelling*, London, New York: Spring Books 1965.
Balke, Friedrich: „Fluchtlinien des Staates. Kafkas Begriff des Politischen", in: Friedrich Balke und Joseph Vogl (Hg.): *Gilles Deleuze – Fluchtlinien der Philosophie*, München: Fink 1996, S. 150-178.
Baßler, Moritz: „Figurationen der Entsagung. Verfahrenslogik des Spätrealismus bei Wilhelm Raabe", in: *Jahrbuch der Raabe-Gesellschaft* 51 (2010), S. 63-80.
Beauman, Ned: „Fail Worse", in: *The New Inquiry*, 09.02.2012. URL: http://thenewinquiry.com/essays/fail-worse, zuletzt aufgerufen am 05.10.2022.
Benjamin, Walter: *Das Passagen-Werk*, 2 Bde., hg. v. Rolf Tiedemann, Frankfurt am Main: Suhrkamp 1982.
Berg, Christa (Hg.): *Handbuch der deutschen Bildungsgeschichte. Band IV: 1870-1918. Von der Reichsgründung bis zum Ende des Ersten Weltkriegs*, München: C.H. Beck 1991.
Bergson, Henri: *La pensée et le mouvant*, Paris: PUF 1985.
Bernfeld, Siegfried: „Freuds früheste Theorien und die Helmholtz-Schule", in: Siegfried Bernfeld und Suzanne Cassirer Bernfeld (Hg.): *Bausteine der Freud-Biographik*, Frankfurt am Main: Suhrkamp 1981, S. 54-77.
Bernhardt, Sarah: „Neurasthenie und Burnout – Zwei Erscheinungsformen moderner Erschöpfung", in: *Forum Interdisziplinäre Begriffsgeschichte* 3 (2013), S. 31-37.
Bernstein, J. M.: *The Philosophy of the Novel. Lukács, Marxism, and the Dialectics of Form*, Minneapolis: University of Minnesota Press 1984.
Blanchot, Maurice: „Kafka und Brod", in: Ders.: *Von Kafka zu Kafka*, übers. v. Elsbeth Dangel, Frankfurt am Main: Fischer 1993, S. 117-127.
Blumenberg, Hans: *Schiffbruch mit Zuschauer. Paradigma einer Daseinsmetapher*, Frankfurt am Main: Suhrkamp 1997.
Böhm, Winfried: *Geschichte der Pädagogik. Von Platon bis zur Gegenwart*, München: C.H. Beck 2010.
Bonß, Wolfgang: *Vom Risiko. Unsicherheit und Ungewißheit in der Moderne*, Hamburg: Hamburger Edition 1995.
Booth, Wayne C.: *The Rhetoric of Fiction*, Chicago: University of Chicago Press 1983.
Borscheid, Peter: *Das Tempo-Virus. Eine Kulturgeschichte der Beschleunigung*, Frankfurt am Main: Campus 2004.
Bourdieu, Pierre: „Die biographische Illusion", in: Ders.: *Praktische Vernunft. Zur Theorie des Handelns*, übers. v. Hella Beister, Frankfurt am Main: Suhrkamp 1998, S. 75-82.
Branz, Manuela: „Gelungenes Scheitern. Scheitern in der Postmoderne", in: *Kunstforum* 174 (2005), S. 262-267.
Bröckling, Ulrich: *Das unternehmerische Selbst. Soziologie einer Subjektivierungsform*, Frankfurt am Main: Suhrkamp 2007.
Brockmeier, Jens: „From the End to the Beginning. Retrospective Teleology in Autobiography", in: Jens Brockmeier und Donald Carbaugh (Hg.): *Narrative and Identity. Studies in Anthropology, Self and Culture*, Amsterdam, Philadelphia: John Benjamins 2001, S. 247-280.
Brod, Max: „Nachwort zur ersten Ausgabe", in: Franz Kafka: *Gesammelte Werke, Bd. 4: Das Schloss*, hg. v. Max Brod, Frankfurt am Main: Fischer 1951, S. 481-492.
Broderick, Warren: „,Bartleby', Allan Melville, and the Court of Chancery", in: *Leviathan. A Journal of Melville Studies* 13.2 (2011), S. 55-60.
Brombert, Victor: *The Novels of Flaubert. A Study of Themes and Techniques*, Princeton: Princeton UP 1966.
Brombert, Victor: *In Praise of Antiheroes. Figures and Themes in Modern European Literature 1830-1980*, Chicago: University of Chicago Press 2001.

Campe, Rüdiger: „Kafkas Institutionenroman. *Der Proceß, Das Schloß*", in: Rüdiger Campe und Michael Niehaus (Hg.): *Gesetz. Ironie. Festschrift für Manfred Schneider*, Heidelberg: Synchron 2004, S. 197–208.

Campe, Rüdiger: „Robert Walsers Institutionenroman *Jakob von Gunten*", in: Rudolf Behrens (Hg.): *Die Macht und das Imaginäre*, Würzburg: Königshausen & Neumann 2005, S. 235–250.

Campe, Rüdiger: *Die Institution im Roman. Robert Musil* (= Zurich Distinguished Lectures. The Art of Interpretation Bd. 3), Würzburg: Königshausen & Neumann 2020.

Canguilhem, Georges: *Le Normal et le Pathologique*, Paris: PUF 2015.

Christien-Prouët, Claire: „La *Versagung*. Dire et dédit, perdition, Vanitas ...", in: *Champ Lacanien* 1 (2004), S. 181–191.

Cohn, Dorrit: „K. Enters the Castle. On the Change of Person in Kafka's Manuscript", in: *Euphorion* 62 (1968), S. 28–45.

Cohn, Dorrit: „Discordant Narration", in: *Style* 34.2 (2000), S. 307–316.

Contarini, Silvia: „Energetica vitale e paradigmi della psicofisiologia nel primo Svevo", in: *Aghios. Rivista di studi sveviani* 7/8 (2014), S. 27–51.

Corsi, Giancarlo: „Die dunkle Seite der Karriere", in: Dirk Baecker (Hg.): *Probleme der Form*, Frankfurt am Main: Suhrkamp 1993, S. 252–265.

Cramer, Friedrich: *Chaos und Ordnung. Die komplexe Struktur des Lebendigen*, Frankfurt am Main: Insel 1993.

Crary, Jonathan: *Suspensions of Perception. Attention, Spectacle and Modern Culture*, Cambridge: MIT Press 2001.

Croner, Fritz: *Soziologie der Angestellten*, Köln, Berlin: Kiepenheuer & Witsch 1962.

Curti, Luca: *Svevo e Schopenhauer. Rilettura di Una vita*, Pisa: ETS 1991.

Debenedetti, Giacomo: „Svevo e Schmitz", in: Ders.: *Saggi critici. Seconda serie*, Venedig: Marsilio 1990, S. 31–65.

Decollanz, Giuseppe: *Storia della scuola e delle istituzioni educative. Dalla Legge Casati alla riforma Moratti*, Rom, Bari: Laterza 2005.

Degoumois, Léon: *Flaubert à l'école de Goethe*, Genf: Sonor 1925.

de la Porte, Xavier: „Virginie Despentes = Balzac + Internet = on aime", in: *France Culture*, 25.05.2017. URL: https://www.radiofrance.fr/franceculture/podcasts/la-vie-numerique/virginie-despentes-balzac-internet-on-aime-7304220, zuletzt aufgerufen am 05.10.2022.

Deleuze, Gilles: „Postskriptum über die Kontrollgesellschaften", in: Ders.: *Unterhandlungen. 1972–1990*, übers. v. Gustav Roßler, Frankfurt am Main: Suhrkamp 1993, S. 254–262.

Deleuze, Gilles: „Bartleby, ou la formule", in: Ders.: *Critique et Clinique*, Paris: Les Éditions de Minuit 1993, S. 89–114.

Dollinger, Bernd: *Die Pädagogik der Sozialen Frage. (Sozial-)Pädagogische Theorie vom Beginn des 19. Jahrhunderts bis zum Ende der Weimarer Republik*, Wiesbaden: Springer VS 2006.

Dornemann, Alexander: *Im Labyrinth der Bürokratie. Tolstojs „Auferstehung" und Kafkas „Schloss"*, Heidelberg: Winter 1984.

Doyle, Natalia: „Flaubert's *Éducation sentimentale*. 1848 as Parody", in: *Australian Journal of French Studies* 28.1 (1991), S. 39–49.

Duquette, Jean-Pierre: „Flaubert politique", in: Charles Carlut (Hg.): *Essais sur Flaubert. En l'honneur du professeur Don Demorest*, Paris: Nizet 1979, S. 63–78.

Duttlinger, Carolin: „Schlaflosigkeit. Kafkas *Schloss* zwischen Müdigkeit und Wachen", in: Malte Kleinwort und Joseph Vogl (Hg.): *„Schloss"-Topographien. Lektüren zu Kafkas Romanfragment*, Bielefeld: transcript 2013, S. 219–243.

Eckhardt, Werner und Morawietz, Otto: *Die Handwaffen des brandenburgisch-preußisch-deutschen Heeres 1640–1945*, Hamburg: Schultz 1957.
Edelstein, Sari: *Adulthood and Other Fictions. American Literature and the Unmaking of Age*, Oxford, New York: Oxford UP 2019.
Ehmer, Josef: „Lebenstreppe", in: Friedrich Jaeger (Hg.): *Enzyklopädie der Neuzeit*, Bd. 7, Stuttgart: Metzler 2008, Sp. 50–55.
Ehrenberg, Alain: *Das erschöpfte Selbst. Depression und Gesellschaft in der Gegenwart*, übers. v. Manuela Lenzen, Frankfurt am Main: Suhrkamp 2013.
Ellger-Rüttgardt, Sieglind: *Geschichte der Sonderpädagogik. Eine Einführung*, München, Basel: Ernst Reinhardt Verlag 2008.
Esslin, Martin: *Das Theater des Absurden. Von Beckett bis Pinter*, Reinbek bei Hamburg: Rowohlt 1987.
Fairlie, Alison: „Pellerin et le thème de l'art dans *L'Éducation sentimentale*", in: Dies.: *Imagination and Language. Collected Essays on Constant, Baudelaire, Nerval and Flaubert*, Cambridge: Cambridge UP 1981, S. 408–422.
Felber, Franziska: „Schöner Scheitern bei der Berliner ‚Fuck Up Night'", in: *Der Tagesspiegel*, 15.01.2015. URL: https://www.tagesspiegel.de/berlin/bezirke/schoner-scheitern-bei-der-berliner-fuck-up-night-6904930.html, zuletzt aufgerufen am 05.10.2022.
Fogle, Richard Harter: *Melville's Shorter Tales*, Norman: University of Oklahoma Press 1966.
Foucault, Michel: *In Verteidigung der Gesellschaft. Vorlesungen am Collège de France 1975/1976*, übers. v. Michaela Ott, Frankfurt am Main: Suhrkamp 1999.
Foucault, Michel: *Überwachen und Strafen. Die Geburt des Gefängnisses*, übers. v. Walter Seitter, Frankfurt am Main: Suhrkamp 2008.
Foucault, Michel: „Die Anormalen", in: Ders.: *Schriften in vier Bänden. Dits et Ecrits*, Bd. 2, hg. u. übers. v. Daniel Defert und François Ewald, Frankfurt am Main: Suhrkamp 2014, S. 1024–1031.
Fromm, Waldemar: „Das Schloss", in: Manfred Engel und Bernd Auerochs (Hg.): *Kafka-Handbuch. Leben – Werk – Wirkung*, Stuttgart: Metzler 2010, S. 301–317.
Fusco, Sandro-Angelo, Koselleck, Reinhart u. a.: „Verwaltung, Amt, Beamte", in: Otto Brunner, Werner Conze und Reinhart Koselleck (Hg.): *Geschichtliche Grundbegriffe. Historisches Lexikon zur politisch-sozialen Sprache in Deutschland*, Bd. 7, Stuttgart: Klett-Cotta 1992, S. 1–96.
Gage, Deborah: „The Venture Capital Secret: 3 Out of 4 Start-Ups Fail", in: *The Wall Street Journal*, 20.09.2012. URL: http://www.wsj.com/articles/SB10000872396390443720204578004980476429190, zuletzt aufgerufen am 05.10.2022.
Gamper, Michael: *Elektropoetologie. Fiktionen der Elektrizität 1740–1780*, Göttingen: Wallstein 2009.
Gauchet, Marcel: *L'Inconscient cérébral*, Paris: Seuil 1992.
Geisenhanslücke, Achim: „Schöndummheit. Über Ignoranz", in: Achim Geisenhanslücke und Hans Rott (Hg.): *Ignoranz, Nichtwissen, Vergessen und Missverstehen in Prozessen kultureller Transformationen*, Bielefeld: transcript 2008, S. 15–34.
Geisenhanslücke, Achim: *Dummheit und Witz. Poetologie des Nichtwissens*, Paderborn: Wilhelm Fink 2011.
Genco, Giuseppe: *Italo Svevo tra psicanalisi e letteratura*, Neapel: Guida 1998.
Gennep, Arnold van: *Les rites de passages. Étude systématique des rites*, Paris: Éditions A. et J. Picard 1981.
Gerhard, Melitta: *Der deutsche Entwicklungsroman bis zu Goethes „Wilhelm Meister"*, Halle/Saale: M. Niemeyer 1926.
Gerth, Christian: *Das Phänomen der* inettitudine *in der italienischen Erzählliteratur des frühen 20. Jahrhunderts*, Dissertation, Göttingen 2008.
Geyer, Paul: „Kritischer Bewußtseinsroman und erlebte Rede in der Ich-Form. Italo Svevos *La coscienza di Zeno*", in: Winfried Wehle (Hg.): *Über die Schwierigkeiten, (s)ich zu sagen. Horizonte literarischer Subjektkonstitution*, Frankfurt am Main: Vittorio Klostermann 2001, S. 107–145.

Ghidetti, Enrico (Hg.): *Il caso di Svevo. Guida storica e critica*, Rom, Bari: Editori Laterza 1993.
Gibson, Andrew: *Intermittency. The Concept of Historical Reason in Recent French Philosophy*, Edinburgh: Edinburgh UP 2012.
Giersberg, Dagmar: *„Je comprends les Werther". Goethes Briefroman im Werk Flauberts*, Würzburg: Königshausen & Neumann 2003.
Ginsburg, Michal Peled: *Flaubert Writing. A Study in Narrative Strategies*, Stanford: Stanford UP 1986.
Gioanola, Elio: *Il decadentismo*, Rom: Studium 1977.
Gioanola, Elio: *Un killer dolcissimo. Indagine psicanalitica sull'opera di Italo Svevo*, Mailand: Mursia 1995.
Green, Anne: „History and its Representation in Flaubert's Work", in: Timothy Unwin (Hg.): *The Cambridge Companion to Flaubert*, Cambridge: Cambridge UP 2004, S. 85–104.
Grosvenor, Ian: „'There is no place like home'. Education and the Making of National Identity", in: *History of Education* 28 (1999), S. 235–250.
Grunder, Hans-Ulrich: *Schulreform und Reformschule*, Bad Heilbrunn: Verlag Julius Klinkhardt 2015.
Guthmüller, Marie: „Il sonno come paradosso vitalistico e energetico in due racconti. Lo specifico del dottor Menghi e Vino generoso", in: *Aghios. Rivista di studi sveviani* 7/8 (2014), S. 66–83.
Guthmüller, Marie: *Jenseits von Freud? Der Traum in der italienischen Moderne. Luigi Capuana, Federigo Tozzi, Italo Svevo*, Wiesbaden: Harrassowitz 2021.
Hebing, Niklas: *Unversöhnbarkeit. Hegels Ästhetik und Lukács' Theorie des Romans*, Duisburg: Universitätsverlag Rhein-Ruhr 2009.
Heidegger, Martin: *Parmenides* (= *Gesamtausgabe* Bd. 54), Frankfurt am Main: Vittorio Klostermann 1992.
Herschberg-Pierrot, Anne: „Problématique du cliché. Sur Flaubert", in: *Poétique* 11 (1980), S. 334–345.
Huerkamp, Claudia: *Bildungsbürgerinnen. Frauen im Studium und in akademischen Berufen 1900–1945*, Göttingen: Vandenhoeck & Ruprecht 1996.
Hülk, Walburga: *Bewegung als Mythologie der Moderne. Vier Studien zu Baudelaire, Flaubert, Taine, Valéry*, Bielefeld: transcript 2012.
Jaspers, Karl: *Einführung in die Philosophie. Zwölf Radiovorträge*, München: Piper 1989.
Jauß, Hans Robert: „Nachahmungsbegriff und Wirklichkeitsprinzip in der Theorie des Romans von Diderot bis Stendhal", in: Ders. (Hg.): *Nachahmung und Illusion. Kolloquium Gießen 1963. Vorlagen und Verhandlungen*, München: Wilhelm Fink 1964, S. 157–236.
Jaworski, Philippe: *Melville. Le désert et l'empire*, Paris: Presses de l'École Normale Supérieure 1986.
John, René und Langhof, Antonia: „Einsichten ins Scheitern als Motor des Erfolgs", in: Dies. (Hg.): *Scheitern – Ein Desiderat der Moderne?*, Wiesbaden: Springer VS 2014, S. 323–338.
Jones, Gavin: *Failure and the American Writer. A Literary History*, New York: Cambridge UP 2014.
Junge, Matthias und Lechner, Götz: „Scheitern als Erfahrung und Konzept", in: Dies. (Hg.): *Scheitern. Aspekte eines sozialen Phänomens*, Wiesbaden: VS Verlag für Sozialwissenschaften 2004, S. 7–13.
Kämper-van den Boogaart, Michael: *Ästhetik des Scheiterns. Studien zu Erzähltexten von Botho Strauß, Jürgen Theobaldy, Uwe Timm u. a.*, Stuttgart: Metzler 1992.
Karst, Theodor: „Nachwort", in: Emil Strauß: *Freund Hein*, Stuttgart: Reclam 1995, S. 201–215.
Kavoulakos, Konstantinos: *Georg Lukács's Philosophy of Praxis. From Neo-Kantianism to Marxism*, London: Bloomsbury 2018.
Kleinwort, Malte: *Der späte Kafka. Spätstil als Stilsuspension*, Paderborn: Fink 2013.
Kleinwort, Malte: „*Das Schloss* zwischen Buch und Handschrift", in: Malte Kleinwort und Joseph Vogl (Hg.): *„Schloss"-Topographien. Lektüren zu Kafkas Romanfragment*, Bielefeld: transcript 2013, S. 85–110.
Kohl, Markus: „Struggle and Victory in Kafka's ‚Das Schloß'", in: *The Modern Language Review* 101.4 (2006), S. 1035–1043.
Kölbel, Martin: *Die Erzählrede in Franz Kafkas „Das Schloss"*, Frankfurt am Main: Stroemfeld 2006.

Komorowska, Agnieszka und Nickenig, Annika (Hg.): *Poetiken des Scheiterns. Formen und Funktionen unökonomischen Erzählens*, Paderborn: Wilhelm Fink 2018.
Koppenfels, Martin von: *Immune Erzähler. Flaubert und die Affektpolitik des modernen Romans*, München: Wilhelm Fink 2007.
Koselleck, Reinhart: „Fortschritt", in: Otto Brunner, Werner Conze und Reinhart Koselleck (Hg.): *Geschichtliche Grundbegriffe. Historisches Lexikon zur politisch-sozialen Sprache in Deutschland*, Bd. 2, Stuttgart: Klett-Cotta 1975, S. 351–423.
Koselleck, Reinhart: *Vergangene Zukunft. Zur Semantik geschichtlicher Zeiten*, Frankfurt am Main.: Suhrkamp 1989.
Koselleck, Reinhart: *Zeitschichten. Studien zur Historik*, Frankfurt am Main: Suhrkamp 2000.
Koselleck, Reinhart: „Zur anthropologischen und semantischen Struktur der Bildung", in: Ders.: *Begriffsgeschichten. Studien zur Semantik und Pragmatik der politischen und sozialen Sprache*, Frankfurt am Main: Suhrkamp 2006, S. 105–154.
Koselleck, Reinhart: „‚Fortschritt' und ‚Niedergang' – Nachtrag zur Geschichte zweier Begriffe", in: Ders.: *Begriffsgeschichten. Studien zur Semantik und Pragmatik der politischen und sozialen Sprache*, Frankfurt am Main: Suhrkamp 2006, S. 159–181.
Kracauer, Siegfried: *Soziologie als Wissenschaft. Werke in neun Bänden*, Bd. 1, hg. v. Inka Mülder-Bach, Frankfurt am Main: Suhrkamp 2006.
Kumrey, Kirsten: „Erst kommt das Scheitern, dann der Erfolg", in: *Handelsblatt*, 11.02.2015. URL: http://www.handelsblatt.com/unternehmen/it-medien/xing-gruender-und-fdp-chef-diskutieren-erst-kommt-das-scheitern-dann-der-erfolg/11361708.html, zuletzt aufgerufen am 05.10.2022.
Küpper, Joachim: „Flaubert, *L'Éducation sentimentale* – Balzac, *Le Père Goriot*. Zur Transformation des Bildungsromans bei den französischen Realisten", in: *Romanistisches Jahrbuch* 68.1 (2017), S. 197–231.
Lacan, Jacques: *Le Séminaire Livre VIII, Le transfert*, hg. v. Jacques-Alain Miller, Paris: Seuil 2001.
Lacan, Jacques: *Le Séminaire Livre XVII. L'envers de la psychanalyse*, hg. v. Jacques-Alain Miller, Paris: Seuil 2007.
Lange-Kirchheim, Astrid: „Franz Kafka ‚In der Strafkolonie' und Alfred Weber ‚Der Beamte'", in: *Germanisch-Romanische Monatsschrift* 27 (1977), S. 202–221.
Laplanche, Jean und Pontalis, Jean-Bertrand: *Vocabulaire de la psychanalyse*, Paris: PUF 1967.
Lassahn, Rudolf: *Pädagogische Anthropologie. Eine historische Einführung*, Heidelberg: Quelle & Meyer 1983.
Leiteritz, Christine: *Revolution als Schauspiel. Beiträge zur Geschichte einer Metapher innerhalb der europäisch-amerikanischen Literatur des 19. und 20. Jahrhunderts*, Berlin, New York: De Gruyter 1994.
Le Rider, Jacques: „Nietzsche et Flaubert", in: *Nietzscheforschung* 14 (2007), S. 237–250.
Lethen, Helmut: *Verhaltenslehren der Kälte. Lebensversuche zwischen den Kriegen*, Frankfurt am Main: Suhrkamp 1994.
Liebsch, Burkhard: „Was uns unwiderstehlich antreibt. Eine Standortbestimmung im Rückblick auf Unruhe und Begehren im Diskurs der Neuzeit", in: Jan Niklas Howe und Kai Wiegandt (Hg.): *Trieb. Poetiken und Politiken einer modernen Letztbegründung*, Berlin: Kadmos 2014, S. 19–42.
Lochinger, Hannes und Weiss, Christian: „Scheitern/Üben", in: *vokus. volkskundlich-kulturwissenschaftliche schriften* 17 (2007). URL: https://www.kulturwissenschaften.uni-hamburg.de/ekw/forschung/publikationen/vokus/vokus200701/media/83-95-vokus2007-1-5.pdf, zuletzt aufgerufen am 05.10.2022.
Lojkine, Stéphane: *L'œuil révolté. Les Salons de Diderot*, Arles: Actes Sud 2007.
Lotman, Jurij M.: *Die Struktur literarischer Texte*, übers. v. Rolf Keil, München: Fink 1993.

Löwith, Karl: „Das Verhängnis des Fortschritts", in: Helmut Kuhn und Franz Wiedmann (Hg.): *Die Philosophie und die Frage nach dem Fortschritt*, München: Anton Pustet 1964, S. 15–30.
Luhmann, Niklas: „Individuum, Individualität, Individualismus", in: Ders.: *Gesellschaftsstruktur und Semantik*, Frankfurt am Main: Suhrkamp 1993, S. 149–258.
Luhmann, Niklas: *Soziale Systeme. Grundriß einer allgemeinen Theorie*, Frankfurt am Main: Suhrkamp 1984.
Luhmann, Niklas: *Das Erziehungssystem der Gesellschaft*, hg. v. Dieter Lenzen, Frankfurt am Main: Suhrkamp 2002.
Luhmann, Niklas: „Erziehung als Formung des Lebenslaufes", in: Ders.: *Schriften zur Pädagogik*, Frankfurt am Main: Suhrkamp 2004, S. 260–277.
Lynde, Richard D.: „Melville's Success in ‚The Happy Failure. A Story of the River Hudson'", in: *CLA Journal* 13.2 (1969), S. 119–130.
Mainberger, Sabine: *Schriftskepsis. Von Philosophen, Mönchen, Buchhaltern, Kalligraphen*, München: Fink 1995.
Makropoulos, Michael: *Modernität und Kontingenz*, München: Wilhelm Fink 1997.
Martins, Susanna S.: „Failure as Art and Art History as Failure", in: *Third Text. Critical Perspectives on Contemporary Art and Culture*, August 2015. URL: http://www.thirdtext.org/Failure-As-Art, zuletzt aufgerufen am 05.10.2022.
Matala de Mazza, Ethel: „Angestelltenverhältnisse. Sekretäre und ihre Literatur", in: Bernhard Siegert und Joseph Vogl (Hg.): *Europa. Kultur der Sekretäre*, Zürich, Berlin: diaphanes 2003, S. 127–146.
Mehltretter, Florian: „Die Wahrheit über Zeno Cosini. Svevos erzählerischer Dialog mit Freud", in: *Italienische Studien* 21 (2000), S. 161–200.
Mertens, Sabine: *Seesturm und Schiffbruch. Eine motivgeschichtliche Studie*, Rostock: Hinstorff 1987.
Meter, Helmut: „‚Sogno' e ‚lotta per l'esistenza' in *Una vita*. Sul darwinismo sociale nel primo Svevo", in: *Aghios. Rivista di studi sveviani* 7/8 (2014), S. 113–125.
Micali, Simona: *Asceso e declino del „uomo di lusso". Il romanzo dell'intellettuale nell'Italia Nuova e i suoi modelli europei*, Florenz: Le Monnier 2008.
Minghelli, Guiliana: *In the Shadow of the Mammoth. Italo Svevo and the Emergence of Modernism*, Toronto: Toronto UP 2002.
Moretti, Franco: *The Way of the World. The* Bildungsroman *in European Culture*, London: Verso 1987.
Moser, Christian: „Ethnologie und Anthropologie. Einleitung", in: Sabine Mainberger und Esther Ramharter (Hg.): *Linienwissen und Liniendenken*, Berlin, Boston: De Gruyter 2017, S. 141–153.
Müller, Ernst: „Einleitung. Bemerkungen zu einer Begriffsgeschichte aus kulturwissenschaftlicher Perspektive", in: Ders. (Hg.): *Begriffsgeschichte im Umbruch*, Hamburg: Felix Meiner 2005, S. 9–20.
Müller, Ingo: *Grundzüge der Thermodynamik. Mit historischen Anmerkungen*, Berlin: Springer 2001, S. 136–158.
Müller-Scholle, Christine: *Das Duell in der russischen Literatur. Wandlungen und Verfall eines Ritus*, München: Otto Sagner 1977.
Müller-Tamm, Jutta: „Die Denkfigur als wissensgeschichtliche Kategorie", in: Nicola Gess und Sandra Janßen (Hg.): *Wissens-Ordnungen. Zu einer historischen Epistemologie der Literatur*, Berlin: De Gruyter 2014, S. 100–122.
Nehr, Harald: *Das sentimentalische Objekt. Die Kritik der Romantik in Flauberts* Éducation sentimentale, Heidelberg: Winter 2007.
Neumann, Gerhard: *Verfehlte Anfänge und offenes Ende. Kafkas poetische Anthropologie*, München: Carl Friedrich von Siemens Stiftung 2009.
Neumann, Gerhard: „Kafkas Architekturen – *Das Schloss*", in: Malte Kleinwort und Joseph Vogl (Hg.): *„Schloss"-Topographien. Lektüren zu Kafkas Romanfragment*, Bielefeld: transcript 2013, S. 197–218.

Neumeyer, Harald: „„Das ist alles, was ich Ihnen zu sagen habe'. Von der Selbstverleugnung der Beamten und der Undurchsichtigkeit der Behörde. Franz Kafkas *Das Schloß* und die Bürokratie-Debatte zu Beginn des 20. Jahrhunderts", in: *Jahrbuch der Deutschen Schillergesellschaft* 60 (2016), S. 479–500.

Newman, Lea Bertani Vozar: „The Happy Failure", in: Dies.: *A Reader's Guide to the Short Stories of Melville*, Boston, MA: G. K. Hall 1986, S. 221–229.

Nunberg, Hermann (Hg.): *Protokolle der Wiener Psychoanalytischen Vereinigung*, Frankfurt am Main: Psychosozial-Verlag 1976.

Oelkers, Jürgen: „Physiologie, Pädagogik und Schulreform im 19. Jahrhundert", in: Philipp Sarasin und Jakob Tanner (Hg.): *Physiologie und industrielle Gesellschaft. Studien zur Verwissenschaftlichung des Körpers im 19. und 20. Jahrhundert*, Frankfurt am Main: Suhrkamp 1998, S. 245–285.

Osietzki, Maria: „Körpermaschinen und Dampfmaschinen. Vom Wandel der Physiologie und des Körpers unter dem Einfluß von Industrialisierung und Thermodynamik", in: Philipp Sarasin und Jakob Tanner (Hg.): *Physiologie und industrielle Gesellschaft. Studien zur Verwissenschaftlichung des Körpers im 19. und 20. Jahrhundert*, Frankfurt am Main: Suhrkamp 1998, S. 313–346.

Oxenford, John: „Iconoclasm in German Philosophy", in: *Westminster Review and Foreign Quarterly Review* 60 (1853), S. 388–407.

Pasley, Malcolm: „Zur Entstehungsgeschichte von Kafkas Schloß-Bild", in: Ders.: *Die Schrift ist unveränderlich. Essays zu Kafka*, Frankfurt am Main: Fischer 1995, S. 7–21.

Pasley, Malcolm: „Entstehung", in: Franz Kafka: *Das Schloß. Apparatband*, hg. v. Malcolm Pasley, Frankfurt am Main: Fischer 2002, S. 59–90.

Pfohlmann, Oliver: „Von der Abreaktion zur Energieverwandlung. Musils Auseinandersetzung mit den *Studien über Hysterie* in den *Vereinigungen*", in: Peter-André Alt und Thomas Anz (Hg.): *Sigmund Freud und das Wissen der Literatur*, Berlin: De Gruyter 2008, S. 169–191.

Pierrey, Christine: *Flaubert et ses lectures*, Paris: ENSB 1984.

Pinelli, Patrice und Zafiropoulos, Markos: *Un siècle d'échecs scolaires, 1882–1982*, Paris: Éditions Ouvrières 1983.

Politzer, Heinz: *Franz Kafka. Parable and Paradox*, Ithaca, New York: Cornell UP 1962.

Pongratz, Ludwig: „Schule als Dispositiv der Macht. Pädagogische Reflexionen im Anschluss an Foucault", in: *Vierteljahresschrift für wissenschaftliche Pädagogik* 3 (1990), S. 289–308.

Proietti, Fausto: „Histoire des idées politiques et sources littéraires. *L'Éducation sentimentale* dans le contexte des jugements historiques sur Juin 1848", in: *Flaubert. Revue Critique et Génétique*, 18.05.2013. URL: https://journals.openedition.org/flaubert/1921, zuletzt aufgerufen am 05.10.2022.

Proust, Marcel: „À propos du ‚style' de Flaubert", in: Ders.: *Contre Sainte-Beuve*, hg. v. Pierre Clarac, Paris: Gallimard 1971, S. 586–600.

Proust, Marcel: „Über den ‚Stil' Flauberts", in: Ders.: *Tage des Lesens. Drei Essays*, übers. v. Helmut Scheffel, Frankfurt am Main: Suhrkamp 1963, S. 67–93.

Putz, Christa: *Verordnete Lust. Sexualmedizin, Psychoanalyse und die „Krise der Ehe", 1870–1930*, Bielefeld: transcript 2011.

Rabinbach, Anson: *The Human Motor. Energy, Fatigue and the Origins of Modernity*, New York: Basic Books 1990.

Radkau, Joachim: *Das Zeitalter der Nervosität. Deutschland zwischen Bismarck und Hitler*, München: Hanser 1998.

Reckwitz, Andreas: *Die Gesellschaft der Singularitäten. Zum Strukturwandel der Moderne*, Berlin: Suhrkamp 2017.

Reed, T. J.: „Kafka und Schopenhauer. Philosophisches Denken und dichterisches Bild", in: *Euphorion* 59 (1965), S. 160–172.
Rees, Kate: *Flaubert: Transportation, Progression, Progress*, Oxford, Bern u. a.: Peter Lang 2010.
Reh, Sabine: „Der ‚Kinderfehler' Unaufmerksamkeit", in: Sabine Reh, Kathrin Berdelmann und Jörg Dinkelaker (Hg.): *Aufmerksamkeit. Geschichte – Theorie – Empirie*, Heidelberg: Springer VS 2015, S. 71–93.
Ricken, Norbert: *Subjektivität und Kontingenz. Markierungen im pädagogischen Diskurs*, Würzburg: Königshausen & Neumann 1997.
Ricœur, Paul: *De l'interpretation. Essai sur Freud*, Paris: Seuil 1965.
Roose, Kevin: „The Failure Fetish in Silicon Valley", in: *New York Magazine*, 25.03.2014. URL: http://nymag.com/intelligencer/2014/03/silicon-valley-failure-fetish.html, zuletzt aufgerufen am 05.10.2022.
Roth, Anna-Lena: „Christian Lindner im Jahr 1997: ‚Probleme sind nur dornige Chancen'", in: *Spiegel Online*, 14.09.2017. URL: http://www.spiegel.de/politik/deutschland/christian-lindner-im-video-von-1997-probleme-sind-nur-dornige-chancen-a-1167552.html, zuletzt aufgerufen am 05.10.2022.
Russell, Charles C.: „Italo Svevo's Trieste", in: *Italica* 52.1 (1975), S. 3–36.
Sallager, Edgar: „Nachwort", in: Italo Svevo: *Ein Leben*, übers. v. Barbara Kleiner, Zürich: Diogenes 2011, S. 513–531.
Sandage, Scott A.: *Born Losers. A History of Failures in America*, Cambridge, London: Harvard UP 2006.
Sarasin, Philipp: *Reizbare Maschinen. Eine Geschichte des Körpers 1765–1914*, Frankfurt am Main: Suhrkamp 2001.
Schäfer, Achim und Vogl, Joseph: „Feuer und Flamme. Über ein Ereignis des 19. Jahrhunderts", in: Henning Schmidgen, Peter Geimer und Sven Dierig (Hg.): *Kultur im Experiment*, Berlin: Kadmos 2004, S. 191–215.
Schlumbohm, Dietrich: „Svevo und Stendhal. Zur Interpretation von *Una vita*", in: *Romanistisches Jahrbuch* 20 (1969), S. 91–112.
Schmidt, Jochen: *Die Geschichte des Geniegedankens in der deutschen Literatur, Philosophie und Politik 1750–1945*, Bd. 2, Heidelberg: Winter 2004.
Schomacher, Esther: *Schrift und Geld um 1900. Italo Svevos Medien*, Paderborn: Brill Fink 2021.
Schopenhauer, Arthur: *Die Welt als Wille und Vorstellung I (= Sämtliche Werke I)*, hg. v. Wolfgang Frhr. von Löhneysen, Frankfurt am Main: Suhrkamp 2017.
Schulz-Buschhaus, Ulrich: „Point of View und ‚Inettitudine' in Svevos *Senilità*", in: Rudolf Behrens und Richard Schwaderer (Hg.): *Italo Svevo. Ein Paradigma italienischer Moderne*, Würzburg: Königshausen & Neumann 1990, S. 131–144.
Sealts Jr., Merton M.: *Melville's Reading. A Check-list of Books Owned and Borrowed*, Madison: University of Wisconsin Press 1966.
Sechi, Mario: „Senilità precoce e vecchiezza d'Europa. Italo Svevo fra medici e filosofi: 1898–1905", in: Ders. (Hg.): *Italo Svevo. Il sogno e la vita vera*, Rom: Donzelli 2008, S. 203–228.
Seeßlen, Georg: „Schönes Scheitern, hässliches Verlieren", in: *arranca* 40 (2009). URL: https://arranca.org/ausgaben/ever-tried-ever-failed/schönes-scheitern-hässliches-verlieren, zuletzt aufgerufen am 05.10.2022.
Selbmann, Rolf: *Der deutsche Bildungsroman*, Stuttgart, Weimar: Metzler 1994.
Sennett, Richard: *The Corrosion of Character. The Personal Consequences of Work in the New Capitalism*, New York, London: W. W. Norton & Company 1998.
Setton, Dirk: *Unvermögen. Die Potentialität der praktischen Vernunft*, Zürich: diaphanes 2012.
Sheppard, Richard: *On Kafka's Castle. A Study*, London: Croom Helm 1973.

Simmel, Georg: „Zur Psychologie der Scham", in: *Gesamtausgabe*, Bd. 1, hg. v. Klaus Christian Köhnke, Frankfurt am Main: Suhrkamp 1999, S. 431–442.
Sorg, Klaus-Dieter: *Gebrochene Teleologie. Studien zum Bildungsroman von Goethe bis Thomas Mann*, Heidelberg: Winter 1983.
Specht, Benjamin: *Physik als Kunst. Die Poetisierung der Elektrizität um 1800*, Berlin, New York: De Gruyter 2010.
Stackmann, Karl: „Das Deutsche Wörterbuch als Akademieunternehmen", in: Rudolf Smend und Hans-Heinrich Vogt (Hg.): *Die Wissenschaften in der Akademie*, Göttingen: Vandenhoeck & Ruprecht 2002, S. 247–319.
Stanitzek, Georg: „Bildung und Roman als Momente bürgerlicher Kultur. Zur Frühgeschichte des deutschen ‚Bildungsromans'", in: *Deutsche Vierteljahresschrift für Literaturwissenschaft und Geistesgeschichte* 62 (1988), S. 416–450.
Stanitzek, Georg: *Blödigkeit. Beschreibungen des Individuums im 18. Jahrhundert*, Tübingen: Max Niemeyer 1989.
Steele, Meili: „*L'Éducation sentimentale* and the Bildungsroman. Reading Frédéric Moreau", in: *Romanic Review* 78 (1987), S. 84–101.
Stempel, Daniel und Stilians, Bruce M.: „*Bartleby the Scrivener*. A Parable of Pessimism", in: *Nineteenth-Century Fiction* 27.3 (1972), S. 268–282.
Stević, Aleksandar: *Falling Short. The Bildungsroman and the Crisis of Self-Fashioning*, Charlottesville: University of Virginia Press 2020.
Stöckmann, Ingo: *Der Wille zum Willen. Der Naturalismus und die Gründung der literarischen Moderne 1880–1900*, Berlin, New York: De Gruyter 2009.
Stüssel, Kerstin: *In Vertretung. Literarische Mitschriften von Bürokratie zwischen früher Neuzeit und Gegenwart*, Tübingen: Niemeyer 2004.
Stute-Cadiot, Johanna: „Frustration", in: *Figures de la Psychanalyse* 18 (2009), S. 171–179.
Sulloway, Frank J.: *Freud, Biologist of the Mind. Beyond the Psychoanalytic Legend*, Cambridge, London: Harvard UP 1992.
Thibaudet, Albert: *Gustave Flaubert*, Paris: Gallimard 1935.
Thwaites, Tony: *Reading Freud. Psychoanalysis as Cultural Theory*, London: Sage 2007.
Timm, Werner: *Schiffe und ihre Schicksale. Maritime Ereignisbilder*, Bielefeld: delius 1977.
Toro, Alfonso de: „En guise d'introduction: Flaubert, précurseur du roman moderne ou la relève du système romanesque balzacien: *Le Père Goriot* et *L'Éducation sentimentale*", in: Ders. (Hg.): *Gustave Flaubert. Procédés narratifs et fondement épistémologiques*, Tübingen: Narr 1987, S. 9–29.
Torra-Mattenklott, Caroline: *Poetik der Figur. Zwischen Geometrie und Rhetorik: Modelle der Textkomposition von Lessing bis Valery*, Paderborn: Wilhelm Fink 2016.
Palumbo, Matteo: „Una vita", in: Claudio Gigante und Massimiliano Tortora (Hg.): *Svevo*, Rom: Carocci 2021, S. 21–41.
Turmel, André: *Une sociologie historique de l'enfance. Pensée du développement, catégorisation et visualisation graphique*, Laval: Presses Universitaires de Laval 2013.
Turner, Victor: *Vom Ritual zum Theater. Der Ernst des menschlichen Spiels*, übers. v. Sylvia M. Schomburg-Scherff, Frankfurt am Main: Campus 1981.
Veneziani Svevo, Livia: *Vita di mio marito. Con altri inediti di Italo Svevo*, hg. v. Anita Pittoni, Triest: Edizioni dello Zibaldone 1958.
Verbeeck, Ludo: »Auswandern: Unnütze Prolegomena zu Kafkas *Schloß*«, in: Ders.: *Schloß-Geschichten. Zu Kafkas drittem Romanplan – eine Diskussion*, Eggingen: Edition Isele 2007, S. 11–64.
Vinken, Barbara: *Flaubert. Durchkreuzte Moderne*, Frankfurt am Main: Fischer 2009.
Vismann, Cornelia: *Akten. Medien und Recht*, Frankfurt am Main: Fischer 2000.

Vogl, Joseph: *Ort der Gewalt. Kafkas literarische Ethik*, München: Fink 1990.
Vogl, Joseph: „Vierte Person. Kafkas Erzählstimme", in: *Deutsche Vierteljahresschrift für Literaturwissenschaft und Geistesgeschichte* 68.4 (1994), S. 745–756.
Vogl, Joseph: *Über das Zaudern*, Berlin, Zürich: diaphanes 2008.
Vogl, Joseph: „Lebende Anstalt", in: Friedrich Balke, Joseph Vogl und Benno Wagner (Hg.): *Für Alle und Keinen. Lektüre, Schrift und Leben bei Kafka und Nietzsche*, Zürich, Berlin: diaphanes 2009, S. 21–33.
Vogl, Joseph: „Am Schlossberg", in: Malte Kleinwort und Joseph Vogl (Hg.): *„Schloss"-Topographien. Lektüren zu Kafkas Romanfragment*, Bielefeld: transcript 2013, S. 23–32.
Vogl, Joseph: „Menschliche Bestien. Zur Entstehung der Triebe", in: Jan Niklas Howe und Kai Wiegandt (Hg.): *Trieb. Poetiken und Politiken einer modernen Letztbegründung*, Berlin: Kadmos 2014, S. 92–106.
Voßkamp, Wilhelm: *„Ein anderes Selbst". Bild und Bildung im deutschen Roman des 18. und 19. Jahrhunderts*, Göttingen: Wallstein 2004.
Voßkamp, Wilhelm: *Der Roman des Lebens. Die Aktualität der Bildung und ihre Geschichte im Bildungsroman*, Berlin: Berlin UP 2009.
Wagner, Benno: „Die Majuskel-Schrift unseres Erden-Daseins. Kafkas Kulturversicherung", in: *Hofmannsthal-Jahrbuch* 12 (2004), S. 327–363.
Wallwork, Ernest: *Psychoanalysis and Ethics*, London, New Haven: Yale UP 1991.
Warning, Rainer: „‚Éducation' und ‚Bildung'. Zum Ausfall des Bildungsromans in Frankreich", in: Jürgen Fohrmann (Hg.): *Lebensläufe um 1800*, Tübingen: Max Niemeyer 1998, S. 121–140.
Wasihun, Betiel: *Gewollt – Nicht-Gewollt. Wettkampf bei Kafka. Mit Blick auf Robert Walser und Samuel Beckett*, Heidelberg: Winter 2010.
Weber, Max: *Die protestantische Ethik und der „Geist" des Kapitalismus*, hg. v. Klaus Lichtblau und Johannes Weiß, Wiesbaden: Springer VS 2016.
Weeks, Andrew: *The Paradox of the Employee. Variants of a Social Theme in Modern Literature*, Bern, Frankfurt am Main: Peter Lang 1980.
Weinelt, Nora: „Zu einer Dialektik der Begriffe Held und Antiheld. Eine Annäherung aus literaturwissenschaftlicher Perspektive", in: *helden. heroes. héros. E-Journal zu Kulturen des Heroischen* 3 (2015), S. 15–23.
Weir, David: *Decadence and the Making of Modernism*, Amherst: University of Massachusetts Press 1995.
Welge, Jobst: „Unfähigkeit. Die Figur des Angestellten als schwacher Held im Roman der Moderne (Italo Svevo und Cyro dos Anjos)", in: *Arcadia* 47.2 (2012), S. 401–420.
Werle, Klaus: „Mein Freund, der Misserfolg. Scheitern für Fortgeschrittene", in: *KarriereSPIEGEL*, 11.05.2015. URL: https://www.spiegel.de/karriere/schoener-scheitern-wie-man-rueckschlaege-in-siege-verwandelt-a-1032439.html, zuletzt aufgerufen am 05.10.2022.
Whittaker, Gwendolyn: *Überbürdung – Subversion – Ermächtigung. Die Schule und die literarische Moderne 1880–1918*, Göttingen: V&R 2013.
Wilson, Edmund: „The Politics of Flaubert", in: Ders.: *The Triple Thinkers. Twelve Essays on Literary Subjects*, New York: Octagon 1977, S. 72–87.
Wolf, Burkhardt: *Fortuna di Mare. Literatur und Seefahrt*, Berlin, Zürich: diaphanes 2013.
Wolf, Burkhardt: „Kafka in Habsburg. Mythen und Effekte der Bürokratie", in: *Administory. Zeitschrift für Verwaltungsgeschichte* 1 (2016), S. 193–221.
Wyllie, Irvin G.: *The Self-Made Men in America. The Myth of Rags to Riches*, New Brunswick: Rutgers UP 1954.
Yankelovich, Daniel und Barrett, William: *Ego and Instinct. The Psychoanalytic View of Human Nature*, New York: Random House 1970.

Zilcosky, John: „Von Zuckerbaronen und Landvermessern. Koloniale Visionen in *Schaffsteins Grüne Bändchen* und Kafkas *Das Schloß*", in: Arne Höcker und Oliver Simons (Hg.): *Kafkas Institutionen*, Bielefeld: transcript 2015, S. 119–144.

Žižek, Slavoj: *Enjoy Your Symptom! Jacques Lacan in Hollywood and Out*, New York, London: Routledge 1992.

4 Wörterbücher

Backer, George de: *Dictionnaire de Proverbes François, avec l'Explication de leur Significations, et une partie de leur Origine*, Brüssel: George de Backer 1710.

Basler, Otto (Hg.): *Der große Duden. Rechtschreibung der deutschen Sprache und der Fremdwörter*, Leipzig: Bibliographisches Institut 1934.

Corominas, Joan und Pascual, José A.: *Diccionario crítico etimológico castellano e hispánico*, Bd. 2, Madrid: Gredos 1980.

Dudenredaktion (Hg.): *Duden, Bd. 10: Das Bedeutungswörterbuch*, Mannheim: Bibliographisches Institut 2002.

Dupuys, Jean und Nicot, Jean: *Dicitonaire françois-latin*, Paris: Dupuys 1573.

Götze, Alfred (Hg.): *Trübners Deutsches Wörterbuch*, Bd. 7, Berlin: De Gruyter 1956.

Grimm, Jacob und Wilhelm: *Deutsches Wörterbuch*, 33 Bde., hg. v. der Deutschen Akademie der Wissenschaften Berlin, München: dtv 1984.

o. V.: *Lo Zingarelli. Vocabolario della lingua italiana*, Bologna: Zanichelli 2017. URL: https://u.ubidictionary.com/viewer/#/dictionary/zanichelli.lozingarelli16, zuletzt aufgerufen am 05.10.2022.

Webster, Noah: *Webster's Dictionary 1828. Online Edition*, URL: http://webstersdictionary1828.com/Dictionary/failure, zuletzt aufgerufen am 05.10.2022.

Zingarelli, Nicola: *Vocabulario della Lingua Italiana*, Greco Milanese: Bietti & Reggiani 1917.

Abbildungsverzeichnis

Abb. 1 Versager: Verlaufskurve im *DWDS*-Kernkorpus zwischen 1800 und 2000. Quelle: *Digitales Wörterbuch der Deutschen Sprache*, URL: https://www.dwds.de/r/plot?view=1&corpus=dta%2Bdwds&norm=date%2Bclass&smooth=spline&genres=1&grand=1&slice=10&prune=0&window=3&wbase=0&logavg=0&logscale=0&xrange=1800%3A2000&q1=Versager, abgerufen am 1.12.2019.
[Farbgebung digital nachbearbeitet.] —— **28**

Dank

Eine Dissertation über das Versagen zu schreiben, birgt die Gefahr, das eigene Thema zu performieren. Meinen beiden Betreuern Joseph Vogl und Florian Mehltretter möchte ich dafür danken, dass sie trotzdem an mein Vorhaben geglaubt haben. Ohne ihre Unterstützung, ihre Geduld und nicht zuletzt auch ihre Kritik wäre diese Arbeit nicht zu dem geworden, was sie ist. Finanziell (und ideell) ermöglicht wurde meine Promotion durch ein Stipendium der Friedrich Schlegel Graduiertenschule für literaturwissenschaftliche Studien an der FU Berlin; mithilfe der FSGS und des PhD-Nets „Das Wissen der Literatur" an der HU Berlin konnte ich außerdem zwei Gastsemester an der University of Chicago und der Princeton University verbringen. Beim Einrichten des Manuskripts ging mir Lotte Lange mit großer Detailgenauigkeit zur Hand. Dass ich ihre Hilfe in Anspruch nehmen konnte, verdanke ich einer Förderung der Universität Augsburg.

Am wertvollsten war für mich immer das gemeinsame Sprechen über Texte. Für ihre Zeit, ihr Zuhören, ihre genaue Lektüre und vor allem für ihre Freundschaft danke ich Till Breyer, Spencer Engler-Coldren, Jake Fraser, Jan Niklas Howe, Mara Matičević, Danijel Matijević, Willi Reineke, Tillmann Severin, Ana-Maria Schlupp, Caio Yurgel und natürlich dem Mini-Kolloquium (Clemens Dirmhirn, Katharina Engler-Coldren und Christoph Sauer), das mir so wichtig geworden ist. Ohne Anouk Luhns unermüdliches Lesen, Korrigieren und Verbessern, ohne ihren Zuspruch und ihr Vertrauen in mein Projekt hätte ich diese Arbeit nicht fertigstellen, ohne die Liebe und Unterstützung von Benjamin Zuber und meinen Eltern hätte ich sie nicht beginnen können.

Personenregister

Agamben, Giorgio 194–195
Aristoteles 13, 31, 33, 46
Astor, John Jacob 207
Auerbach, Erich 21

Balzac, Honoré de 87, 99, 105, 172, 176, 180, 243
– *La Comédie humaine* 99, 243
– *Le Père Goriot* 99, 105
– *Louis Lambert* 176
Baudelaire, Charles 12
Beard, George Miller 41, 159
Beckett, Samuel 3–4, 16
– *Worstward Ho* 3, 16
Bellengé, Michel-Bruno 87
Benjamin, Walter 122
Bernays, Jacob 44, 46
Binet, Alfred 69–70
Blanchot, Maurice 222, 224
Blanckenburg, Friedrich von 81–82, 103–106, 132, 241
– *Versuch über den Roman* 81, 103–104
Bleuler, Eugen 160
Blumenberg, Hans 10–11
Bois-Reymond, Emil du 43
Booth, Wayne C. 173
Bourdieu, Pierre 24, 212
Breuer, Josef 43
Bröckling, Ulrich 6–7, 207
Brod, Max 139, 216, 221–222, 225, 227, 232
Brücke, Ernst Wilhelm von 43

Camp, Maxime du 94
Campe, Rüdiger 138, 215
Cervantes, Miguel de
– *Don Quijote* 130
Charcot, Jean-Martin 160
Chardin, Jean Siméon 87
Clausius, Rudolf 33
Clay, Henry 198
Cohn, Dorrit 173
Cohn, Herrmann 73
Croner, Fritz 152
Curschmann, Heinrich 46–47

Dante Alighieri 124–125
Debenedetti, Giacomo 172, 180
Deleuze, Gilles 6, 77, 150, 152–153, 194, 231, 239
Despentes, Virginie 242–245
– *Vernon Subutex* 242–244, 246
– *Vernon Subutex 2* 244, 246
– *Vernon Subutex 3* 246
Diderot, Denis 87–89, 97, 99, 178
– *Salon de 1765* 87–89
Dilthey, Wilhelm 81, 103
Dostojewski, Fjodor Michailowitsch 17, 124, 128
Dreyfuss, Carl 152
Dreyse, Johann Nikolaus von 30
D'Annunzio, Gabriele 158

Emerson, Ralph Waldo 199

Faraday, Michael 41
Ferenczi, Sándor 47–48, 54
Flaubert, Gustave 17, 19, 23, 83–84, 122, 131, 133, 162, 171, 176, 178, 202, 205–206, 216, 228, 238, 240, 242–245
– *Éducation sentimentale* 19, 23, 83–84, 122–123, 133, 147, 162, 202, 216–218, 224, 228, 238, 240, 243
Fogazzaro, Antonio 158
Foucault, Michel 17, 66, 68, 77, 150–151, 207, 239
Fragonard, Jean-Honoré 87
Freud, Sigmund 22–23, 26, 61, 118, 123, 134–135, 146, 149, 157, 159, 231, 239, 241

Galvani, Luigi 41–42
Gauchet, Marcel 50
Gennep, Arnold van 95, 113
Goethe, Johann Wolfgang von 83, 94, 133, 138, 232
– *Wilhelm Meisters Lehrjahre* 83, 94–95, 103, 130, 138
Grimm, Jacob und Wilhelm 14, 137, 150
Gyurkovechky, Viktor von 46–48

Hegel, Georg Wilhelm Friedrich 100, 102–103, 111, 123–125, 131–133, 188
Heidegger, Martin 192

Helmholtz, Hermann von 32, 43–44
Hesse, Hermann 63
– *Unterm Rad* 63
Humboldt, Alexander von 41
Huysman, Joris-Karl 158

Janet, Pierre 43
Jaspers, Karl 12

Kafka, Franz 17, 19, 23, 84, 137, 148–149, 154, 164, 207–208, 236–242, 244–245
– *Amtliche Schriften* 209
– *Das Schloß* 19, 23, 137–138, 143, 147, 154, 164, 208–236, 242
– *Der kleine Ruinenbewohner* 19, 23, 84, 137–148
– *Der Proceß* 137–138, 147, 215
– *Der Verschollene* 137–139, 210–212
Kant, Immanuel 113, 118, 123
Kneipp, Sebastian 61
Koselleck, Reinhart 80, 114, 120, 241
Kowarschik, Josef 41
Kraepelin, Emil 74–77

La Mettrie, Julien Offray de 35, 75
Lacan, Jacques 45, 49
Larbaud, Valery 171
Lederer, Emil 152
Leopardi, Giacomo 12
– *L'Infinito* 12
Lessing, Gotthold Ephraim 44
Lethen, Helmut 146
Lotman, Jurij 100–101
Löwith, Karl 121
Ludwig, Carl 43
Luhmann, Niklas 31, 67, 140, 215
Lukács, Georg 23, 82, 84, 122–137, 149, 240–241
– *Theorie des Romans* 23, 84, 122–137, 240–241

Mann, Thomas 63
– *Die Buddenbrooks* 62, 71, 159
Mantegazza, Paolo 159
Marx, Karl 115, 124, 152
Maupassant, Guy de 156
– *Bel-Ami* 156, 185
Mayer, Robert 32, 35, 37–39, 161

Melville, Herman 17, 19, 23, 154, 187–208, 238, 245
– *Bartleby, the Scrivener* 19, 23, 154, 187–208, 245
– *Jimmy Rose* 200
– *Moby Dick* 200
– *Pierre; or, The Ambiguities* 201
– *The Fiddler* 200
– *The Happy Failure* 19, 23, 200–207, 238
Meumann, Ernst 75
Moretti, Franco 82–83, 104, 131–132
Mosso, Angelo 36, 151, 225
Müller-Tamm, Julia 21–22
Musil, Robert 25–26, 32, 44, 63

Neumann, Gerhard 138–139, 210–211
Nietzsche, Friedrich 35, 64, 78, 115, 159, 161, 163
Nordau, Max 160
Novalis 83

Ostwald, Wilhelm 34, 39

Picqué, Lucien 36
Pirandello, Luigi 158
Platon 128
Proudhon, Pierre-Joseph 115
Proust, Marcel 92, 121–122

Rabinbach, Anson 35–36
Radkau, Joachim 33, 45–46
Ribot, Théodule 160
Rousseau, Jean-Jacques 80–81, 83–84, 118, 129, 140, 148, 153, 241
– *Émile ou De l'éducation* 129
– *Discours sur l'origine et les fondements de l'inégalité parmi les hommes* 80
Rüstow, Caesar 29

Saint-Simon, Henri de 115
Sand, George 118
Sandage, Scott A. 13, 198, 206
Sarasin, Philipp 35, 67
Schiller, Friedrich 38
Schmoller, Gustav 152
Schopenhauer, Arthur 159, 173, 186, 188–190, 194, 231
– *Die Welt als Wille und Vorstellung* 188
Sennett, Richard 7–8

Sickinger, Anton 67–68
Simmel, Georg 145–146
Stanitzek, Georg 81, 212
Steiner, Maxim 47–48
Stekel, Wilhelm 47–48
Stendhal 83, 156, 169, 176
– *Le Rouge et le Noir* 156, 176, 185
Stern, William 65
Stöckmann, Ingo 34, 159, 168
Strauß, Emil 61–63, 149
– *Freund Hein. Eine Lebensgeschichte* 61–63
Svevo, Italo 17, 19, 23, 108, 147, 149, 154, 154–189, 207, 215, 231, 239, 242, 244
– *La coscienca di Zeno* 157, 159, 171–172
– *L'uomo e la teoria darwiniana* 179
– *Una Vita* 19, 23, 108, 147, 154, 187–189, 193, 207–208, 215, 239, 242

Tümpel, R. 72

Vernet, Claude-Joseph 87–89, 97
Virchow, Rudolf 73
Vogl, Joseph 19, 215, 217–219

Walser, Jakob 63, 214
– *Jakob von Gunten* 63, 214
Weber, Alfred 230
Weber, Max 123, 199, 207
Wedekind, Frank 62–63
Wolf, Burkhardt 10, 20
Wundt, Wilhelm 75

Zulliger, Hans 70

Sachregister

Abstinenz *Siehe* Verzicht
Absurdes Theater 4
American Dream 198, 204, 206
Angestelltenliteratur 6, 150–152, 154–155, 159, 174–175, 188, 191, 193, 209, 230
Angstneurose 49–50
Anpassung 14, 56, 76, 130–132, 134
Anstrengung 37–39, 75, 151, 174, 205, 224, 227–228
Antiheld 13–14
Antike 9, 46, 90, 124–126, 130
Arbeit 11–12, 75–76, 79, 107, 151, 153–154, 162–163, 165, 167–168, 174–175, 178, 191–192, 211, 223, 238, 241
– Arbeitssoziologie 72, 77–78, 151–152, 199, 209–210, 216
– Arbeitswissenschaft 74, 76–77, 151, 240
– Geistige vs. körperliche Arbeit 63, 66, 74–75, 238
Auslösung 27–28, 101, 107, 161, 240
Automat 122
– Automatenfigur 35
– Automatisierung 31

Ballistik 29–30
Berechenbarkeit 9–10, 15–16, 35, 38
Beschleunigung 111
Bewegung 36–37, 80, 100, 108, 111–112, 116, 119, 216–217, 220
Bewertungsinstanz 18–20, 56–60, 135, 175, 179, 197
Bildung 23, 25, 61, 63–64, 67, 72, 77, 79, 81–82, 103, 132, 139, 141, 213–214, 220
Bildungsroman 23, 77, 81–84, 93–96, 102–104, 114, 123, 129–134, 138–140, 156, 212–215, 220, 240
Biographie 8, 17, 20, 129, 132, 141, 215–216, 241
– Autobiographie 7, 215
– Biographische Beschreibungskategorie 13, 17–19, 22–23, 27, 61, 71, 79–148, 190, 240
– Biographische Illusion (Bourdieu) 24, 212
– Biographisches Fortschreiten 20, 24, 113, 121, 137, 242
– Biographisches Gelingen 103, 241

Bourgeoisie 18, 54, 70, 82–83, 94, 102, 107, 120, 132, 134, 180–181, 185, 243
Bürgertum *Siehe* Bourgeoisie
Bürokratiekritik 209, 230

Corruptibilité (Rousseau) 118, 140

Décadence 158–159
Decadentismo 158
Denkfigur 12–16, 17, 21, 32, 38, 40, 54, 65, 70, 79, 81, 93, 114, 128, 139–140, 157, 197, 201, 206, 213, 220, 231, 238–242, 244
Desillusionsroman 84, 123, 128, 130, 133, 135–136, 149
Determinismus 15, 49, 52, 134
Dialektik 78, 111, 116, 132, 140, 158
Dienst 15, 27, 29, 48, 150, 154, 167, 188, 190–191, 193, 197, 208–211, 224–225
Disziplinargesellschaft (Foucault) 150–153, 231
Disziplinierung 17, 18, 34, 49, 74, 77, 79, 131, 135, 139, 143, 214, 239
Dramatische Handlung 20, 23, 99–100, 107
Duell 184–186
Dummheit 25

Einzigartigkeit 62, 131–132
Eisenbahn 111–112
Elektrizität, animalische 41
Energie 22–23, 30, 33–35, 40–42, 52, 61, 75, 150, 160, 163–164, 174, 191, 225, 237
– Energetischer Imperativ (Oswald) 34
– Energieentwertung 33
– Energieerhaltung 26, 29, 32–33, 35, 44, 151
– Energieströme (Freud) 43, 49
– Energiesuspension 15, 22, 32, 48, 161, 239–240
– Körper als energetisches System 35, 43, 237
– Sexuelle Energie 45, 56
Entropie 33, 36, 44, 151, 160, 223
Entsagen 14, 18, 23, 27, 123, 126, 130, 149, 184, 186, 188, 190, 195, 201, 207–208, 231, 234, 244
Entsagung 52, 134, 158, 183, 186, 189–190, 206

Entwicklung 23, 27, 30, 53, 57, 66–67, 76–78, 80–81, 83–84, 104, 122, 132, 136, 138, 140, 153, 156, 160, 190, 197, 213–214, 216, 220, 240–241
- Entwicklungsfähigkeit 80, 140
Epopöe *Siehe* Epos
Epos 20, 124–127, 136
Ereignis 7–9, 11–13, 16, 20, 37, 39, 84–85, 91, 101, 103, 106–107, 117, 121, 126, 182–183, 196, 198, 214
Erfahrung 4, 8, 39, 114, 118
Erfolg 2–4, 5, 8, 11, 31, 39, 59, 62–63, 68, 93–94, 96–98, 107, 112, 121, 134, 153–154, 156, 164–165, 169, 183, 187, 197–199, 201, 203–206, 208, 213, 216, 228–229, 231, 240–241, 243, 245–246
- Erfolgen 161, 240, 245
Erfüllung 1–24, 26–28, 38, 40–60, 62, 83, 114, 116–119, 121, 123, 126–127, 130, 132, 136, 233, 239, 241
Erhabene 12, 23, 84, 92, 156, 178, 243
Erhabenheit 88–89, 99
Erklärbarkeit 16, 31–32, 38, 56, 70, 143, 196, 226, 242
Erlebte Rede 19, 172, 187, 219
- *discorso indiretto libero* 147, 168, 171, 180–187, 242
- *style indirect libre* 19, 89, 98, 105, 147, 242
Ermüdung *Siehe* Müdigkeit
Erschöpfung 42, 46, 50, 74, 76, 163, 222–229, 232–233, 235
Erwartung 15–19, 31, 39, 58, 60, 71, 78–79, 96, 114, 116, 119, 132, 134, 136–137, 139, 145–147, 149, 153–154, 163, 166, 179, 186, 195, 214, 229, 244
- Erwartungshaltung 156, 245
- Erwartungshorizont (Koselleck) 114, 119
- Internalisierung von Erwartungen 137, 143, 241
- Kollaps von Erwartungsillusionen 83
Erzählen 4, 9, 20, 94, 99–101, 104, 107, 171, 180, 196, 198
- Dramatisches Erzählen 100
- Erzähldiskurs 100, 171–180, 218
- Erzählen in der vierten Person (Vogl) 19, 219

- Erzählinstanz 19, 89, 98, 103, 105, 108, 140–142, 144–145, 147, 149, 154, 172–173, 175–176, 181–184, 195–196, 206, 215, 218–219, 242
- Impassibles Erzählen 86, 105, 218
- Unzuverlässiges Erzählen 173
Erziehung 23, 61, 67, 70, 81, 84, 131, 139–141, 143–144, 147, 160
- Erziehung zur Selbstbeobachtung 144
- Erziehungsakt 144–145
- Erziehungsroman 128–131, 133, 135–136
- Erziehungswissenschaft 68, 240
Eschatologie 3, 107, 114–116
Existenzialismus 12

Fabrik (Deleuze) 150–153
Failure 2, 13, 16, 40, 197, 200–201, 203–204, 206
Fehler 3, 5, 7–8, 15, 28–32, 48, 61, 75, 103, 121, 143, 146, 162, 192, 199, 225
Figurenrede 156, 158, 174, 205
Finalität 8, 104, 186, 190, 208, 214, 239–240, 242, 245
Flussmetaphorik 86, 92, 106, 121, 238
Fortschritt 14, 16, 20, 23–25, 33, 80, 83, 98, 107–108, 111–112, 123, 130, 136, 138, 153, 168, 179, 197, 208, 210, 212–213, 215–216, 218, 220, 233, 237–238, 241, 246
Fremder Blick 84, 144–145, 241
Fuck Up Nights 1
Funktion 18, 22, 27–28, 40, 42, 44, 48, 51, 55–56, 59, 66, 78, 122, 144, 146, 150, 162, 187, 192–193, 197, 205, 213, 230–231, 238–239, 245
- Funktionsfähigkeit 151, 191
- Leistung als Funktion des Menschen 77
- Maschinelles (Nicht-)Funktionieren 40, 192, 195, 204
- (Nicht-)Funktionieren 13, 16–18, 22, 26, 29–32, 36–37, 42, 48, 61, 67, 70–71, 74, 78–79, 150, 157–158, 163, 190–197, 201, 203, 206, 208, 237, 239, 245–246
- Technisches (Nicht-)Funktionieren 16–17, 203–204
Futur Anterieur 117

Gedankenbericht 158, 172, 174, 180, 182
Gelingen 11, 13, 79, 84, 106, 126, 131, 133–134, 139, 154, 156, 197, 206, 228, 240

Sachregister

- Nichtgelingen 5, 8, 12, 13–14, 134, 181, 186, 208
- Gemeinschaft 124, 129, 230
- Genie 62, 193
- Gesundheit 36, 39, 169, 177–178, 191
- Gewissen 59–60, 135
- Glück 10–11, 34, 39, 78–79, 96, 98, 107–108, 115, 118, 121, 126, 132, 134, 155, 165–166, 204, 213, 222, 228
- Unglück 10, 16, 32, 52, 107, 115, 139, 141, 143, 170, 212
- Grenzüberschreitung *Siehe* Transgression

- Heilsversprechen *Siehe* Eschatologie
- Hoffnung 1, 12, 25, 37, 86, 93, 95, 97, 106, 112, 117–118, 121, 125, 128, 131, 137, 167, 178, 191, 195, 202, 210
- Hoffnungslosigkeit 34
- Hybris 9
- Hysterie 43–44, 74, 160

- Ichideal (Freud) 58–59, 241
- *Idées reçues* (Flaubert) 86–87, 118, 211
- Identität 151, 198, 214
- Identitätsbildung 138, 215
- Identitätszuschreibung 138, 215
- Idylle 88–89, 91, 169
- *Impassibilité* 86, 105, 218, 234
- Impotenz 26, 40, 43–48, 53–55, 161, 190
- Individuum 52, 76, 78–82, 84, 103, 118, 123, 127–129, 131–132, 136, 199, 215, 239
- Individualisierung 6, 116, 131
- Individualität 128, 132
- *Inettitudine Siehe* Inetto
- Inetto 155–159, 162, 165, 177, 180, 186–188
- Initiation 86, 94–96
- Institution 67, 77, 114, 135, 138–140, 150–151, 208, 213–216, 219, 242
- Institutionenroman 138, 215
- Intentionalität 146–147, 149–153, 201, 212, 231–234, 236, 239, 242
- Intransitivität 15, 48, 150, 190, 193–195, 197

- Kapitalismus 16, 78, 82–83, 107, 171, 190, 199, 204, 207, 241, 245–246
- Karriere 91, 139, 153–154, 165–166, 169–170, 208, 210–216, 220, 231, 240, 244

- Laufbahn 211, 213
- Katastrophe 90, 100, 122
- Katharsis 44
- Kausalität 8, 15, 22, 25–28, 31, 34, 38, 49, 77, 79, 104, 144, 182, 208, 225–226, 239–240
- Konstanzprinzip (Freud) 44
- Kontingenz 9–10, 11, 15, 31–32, 57, 70, 78–79, 103, 106–107, 123–129, 154, 167, 190, 194–195, 213–214, 230
- Kontrollgesellschaft (Deleuze) 6, 152–153, 231, 239
- Kopieren 162–163, 168, 187, 191–193, 195, 197
- Kopist 155, 165, 188, 190–194
- Körper 22, 26, 34–35, 36, 37, 40–43, 46, 50, 55–56, 61, 75–77, 143–145, 158–159, 163–164, 169–170, 174–175, 177–179, 203, 208, 221, 223, 225, 227–233, 235, 237–238, 240, 242
- Menschlicher Körper als Maschine 35–37, 40, 66
- Kraft 15, 23, 29, 36–37, 63, 75, 119, 159–160, 162, 174, 229, 231, 238
- Kräfteökonomie 15, 39, 158, 160, 230
- Kulturmensch (Freud) 54–56, 58, 74, 239
- Kulturtheorie 40, 58, 113

- Lebenslauf 113, 119, 153, 197, 212–215, 240
- Leistung 11, 14–15, 17, 26, 30, 32, 35–37, 60–62, 65–77, 79–80, 150–154, 161–162, 164, 168, 174–175, 180, 191, 197, 199, 211, 223, 228–229, 232, 238, 240–241, 245
- Leistungsgesellschaft 18, 77, 107, 149–236, 244, 246
- Libido 45, 49–53, 56, 59
- Linearität 8, 117, 150, 212
- *Défaut de ligne droite* 107–112, 114, 117, 119, 122, 216, 218
- Gerade Linie 110–111, 113, 116
- Linearer Fortschritt 110–111, 113–122
- Liniendenken 113

- Macht 17, 56, 108, 142, 150, 152, 161, 178, 207, 215, 231, 235, 245–246
- Disziplinarmacht (Foucault) 77, 150, 239
- Entmächtigung (Freud) 56–57, 154
- Kontrollmacht (Deleuze) 231
- Machttechnik 152

Malerei 85, 88, 97, 120
- Landschaftsmalerei 88
- Marinemalerei 88
Mängel *Siehe* Fehler
Mechanismus 4–6, 18, 50, 61, 66, 77, 94, 110, 138, 145, 152, 154, 161, 179, 186, 190, 192, 197, 214–215, 230–231, 239–240
Medizin 32, 37, 41–42, 45–46, 61, 68, 73, 158, 163–164, 180, 239
Meer 10–12, 88–91, 127, 130, 178
Metapsychologie 40, 43, 56–60, 241
Misserfolg *Siehe* Erfolg
Müdigkeit 36–37, 61, 71–78, 86, 93, 151, 161, 164, 168–170, 178, 192, 208, 216, 220–221, 223–227, 229–235

Naturzustand 140–141
Neoliberalismus 2, 6, 8, 17, 43, 45, 103, 160, 239, 244, 246
Nervenheilkunde 40, 43–48
Neurasthenie 41–43, 45–46, 49–50, 158–160, 163, 165, 179, 239
Neurologie 43, 45–50, 56, 58, 60, 239
New Economy 2–3, 5
Nichterfüllung *Siehe* Erfüllung
Non-performance 197–198, 203
Norm 4, 6, 13–14, 23, 28, 55, 61, 65–66, 71, 77–78, 81–83, 101, 126, 129, 132, 134–136, 143, 145–146, 153, 214, 240
Normalität 14, 18, 65, 67, 69–71, 79, 143, 216, 240, 244

Pädagogik 26, 32, 34, 37, 60, 64–65, 67–72, 74–77, 129, 149, 151
Perfectibilité (Rousseau) 76, 80–82, 84, 104, 115, 118, 129, 140, 153, 197, 212–213, 216, 220, 241
Perfektion 80–81, 83, 118, 120, 140, 213, 241
Perfektionierung *Siehe* Perfektion
Physiologie 22, 32, 35–37, 39, 42, 45, 60–61, 66–67, 71–77, 145, 153, 161, 225, 239–240
Poetologie 4, 14, 23, 83, 100–105, 111, 120–121, 126, 238, 240
- Poetologische Verfahren 101
Potential 12, 33, 71, 114, 119, 134, 141, 145, 154, 226, 229
Prozesshaftigkeit 21, 80–81, 243

Prozessualität *Siehe* Prozesshaftigkeit
Psychoanalyse 22, 26, 45, 50, 54, 60, 70, 149, 157, 239
Psychopathologie 23, 43, 48, 160
- Pathologisierung 14, 18, 23, 55, 65, 67, 69, 71, 76, 149, 154, 160, 171–180, 242, 245
Pursuit of Happiness 199, 207

Realforderung (Freud) 52–53, 55, 58–59
Religion 27, 60, 83, 114, 116, 118, 128, 130, 135, 185, 193, 213, 240–241, 245
Revolution 42, 90–92, 99, 101, 112, 115, 117, 119, 122, 131–132, 198
- Juniaufstand (1884) 87, 91
Risiko 10–11, 18, 140, 199
Rite de passage 92–97, 99–102, 110, 113, 136
Roman des abstrakten Idealismus 128, 130, 133
Romantheorie 81, 99
- Blanckenburg 81–82, 103, 105, 132
- Flaubert 86, 100, 105–106, 118, 171
- Lukács 82, 122–137, 240
- Theorie des Bildungsromans 82, 104
- Theorie des Institutionenromans 138, 215

Scham 20, 108, 137–148, 166, 181, 203, 220, 243
- Beschämung 20, 23–24, 84, 146–147, 154, 181–182, 185–186, 190, 215, 219, 241–242, 244
Scheitern 1–24, 31, 57, 84, 103, 107, 130, 135, 139, 197, 199–200, 202, 204–205, 223, 240, 243
- als Chance 1, 5–12
- als Schiffbruch 6–12, 84
- Lehrreiches Scheitern 204
- Schöner Scheitern 1, 5, 8–9, 11, 242, 246
- vs. Versagen 1–24, 116
Schiffbruch 2, 6–12, 20, 23, 84, 88–89, 92, 97, 122
- Schiffbruchmetapher 11–12, 84, 89–90, 178
Schizophrenie 160
Schlaf 36, 169–170, 221, 223–224, 226, 229, 233–235, 243, 245
- Schlaflosigkeit 34, 226
Schuld 7, 20, 30, 115, 146
- Verschulden 8, 146
Schülerroman 63, 65
Schulpflicht 63–65, 240
Schwelle 95–96, 110, 113, 116, 218

Sachregister

- Schwellenraum 217
Sehnsucht 12, 95, 127, 135, 166–167, 169, 178, 207, 246
Selbstfindung 63, 94, 103
Semantik 12, 18, 23, 26, 28, 48–49, 51, 53, 55, 60, 62, 99–101, 107, 125, 127, 129, 133–134, 136–137, 163, 177, 203, 208, 211, 227, 230–231, 242
- Semantikgeschichte 9, 12–17, 22–23, 26, 37, 47–48, 71, 84, 150, 198, 216, 234
Sexualtheorie 50, 56, 58
Sozialdarwinismus 76–77, 165, 177, 179–180, 186, 241
Sozialkritik 209
Sozialutopie 244–246
Stillstand 80, 92, 97–98, 108
Streben 83, 106–107, 120, 127, 131–132, 153–154, 180–187, 190, 197, 200, 207–208, 210–211, 216, 218–220, 223, 228, 230–232, 234, 236, 242
Subjekt 8, 11, 15, 17–18, 22, 26, 31, 40, 42–43, 48–50, 52, 55–60, 78–79, 81–82, 103, 118, 120, 123, 126, 128, 130–138, 146, 148–149, 154, 187–208, 215, 229, 231, 240, 242, 244
- Subjektentwurf 6, 139
- Subjekttechnik 207
- Subjekttheorie 6, 8, 14, 40, 43, 49, 55, 57, 59, 77, 84, 102, 124, 127–128, 133, 136, 138, 149, 151–152, 154, 157, 201, 239, 241–242, 245–246
Suizid 62, 154–156, 165, 173, 183–184, 187–190
Suspension 23, 26, 29, 40, 72, 83, 93–102, 109, 113, 116, 119, 147, 153, 170, 194, 196–197, 207, 216, 220, 225–226, 230, 234, 240

Technologie 30–31
- Technowissenschaften 79, 239
Telos 23, 83, 114, 125, 128–129, 131, 137, 228, 232
- Teleologie 8, 20–21, 24, 33, 76, 116, 119, 124–125, 127–128, 149, 162, 171, 208, 219, 221, 240
- Teleologische Überforderung 107, 109, 161, 238
Thermodynamik 15, 22, 26–28, 40, 44, 151, 157, 159–160, 223, 239
Totalität 124–126, 130, 134, 137
Transgression 4, 9–13, 14, 100–102, 217, 240

Transzendentale Obdachlosigkeit (Lukács) 83, 127
Trieb 44
- als Letztbegründung 127
- Triebschicksale 44
- Triebsublimierung 51
- Triebtheorie 56–60
- Triebunterdrückung 50–52

Überbürdung 60–78, 152
Übergangsritus *Siehe Rite de passage*
Über-Ich 58–60, 241–242
Überschreitung *Siehe* Transgression
Unberechenbarkeit *Siehe* Berechenbarkeit
Unbewusstes 22, 50, 52–53
Unerklärbarkeit *Siehe* Erklärbarkeit
Unternehmerisches Selbst (Bröckling) 6, 11, 239
Unzulänglichkeit 120, 147, 158, 171, 191–192, 238, 244
Ursache-Wirkung-Relation 8, 15, 29–33, 35, 37–41, 45–47, 52, 55, 59–61, 70, 73–74, 77, 82, 91, 97, 101, 103–104, 112, 119, 139, 143, 151, 161, 163, 170, 177–178, 180, 196, 223–226, 230, 232, 235, 239, 241, 243, 246
Urteil 16, 18–19, 20, 22, 29, 48, 86–87, 105, 121, 136, 141–144, 146, 154, 174, 176–177, 179–180, 182, 184, 187, 197, 208, 215, 238, 242, 244, 246
- Beurteilung 19–20, 24, 66, 79, 171–172, 186, 190, 205, 241

Versagen 6, 12–14, 17, 20–22, 27, 33, 54, 70, 137, 149, 161–163, 171, 179, 181, 187, 190, 197, 200–203, 205–206, 211, 213–215, 220, 226, 234, 236–239
- als biographische Beschreibungskategorie 13, 17–19, 22–23, 27, 61, 71, 79–148, 190, 208, 240
- als geschichtsphilosophische Notwendigkeit 23, 84, 122–137
- als männliches Phänomen 17, 42, 45, 47, 49–50, 53, 55
- als Sozialtypus 16, 23, 61, 150, 157, 180, 240, 243
- als Symptom 9, 40, 48, 51, 61, 78, 235
- der Aufmerksamkeit 75, 168
- der Politik 28

- der Stimme 27, 229
- des Subjekts 15, 17, 22-23, 25-28, 82, 84, 102, 123, 130-131, 133, 135-137, 149, 154, 157, 201, 206, 229, 231, 239, 241-242
- Dienstversagen 15, 29, 48, 150, 188, 190-197, 208, 210-211
- im 21. Jahrhundert 3, 8, 242-246
- Körperliches Versagen 25-28, 40, 144, 169-170, 178, 196, 203, 208, 221, 223, 227, 229-232, 234-235, 237, 239-240, 242
- Medizinisches Versagen 37, 68, 158, 180, 239
- Schulversager 23, 26, 60, 78-79, 151, 240
- Sexuelles Versagen 22, 40, 47, 55-56, 239
- Technisch-mechanisches Versagen 16-18, 32, 48, 55, 201, 203-204, 239-241
- Transitives vs. intransitives Versagen 15, 48, 135, 150, 190, 194-195, 197
- Versagenmüssen 84, 123, 133, 137, 241
Versagung 14, 43, 49, 56-60, 135
- Äußere vs. innere 52, 59, 134
- als Kulturtechnik 51
- vs. Versagen 48, 53, 55, 59-60, 135
Versöhnung 123, 129-131, 133-134
Vervollkommnung *Siehe Perfectibilité*
Verweigern 14, 18, 23, 27, 53-55, 59, 62, 134, 136, 147-150, 154, 190, 194, 231, 235, 239, 242, 245
Verzicht 13, 27, 49-51, 56, 135, 183
Vollendung 93, 126, 132, 138, 159, 167, 181, 189, 212, 214
Vollkommenheit 33, 80, 123, 125-126
- Unvollkommenheit 33, 84, 126, 130, 134, 139, 143, 145-147

Waffentechnik *Siehe* Ballistik
Wassermetaphorik 23, 84, 87, 100, 205
Widerständigkeit 14, 18, 23, 56-57, 72, 149, 154, 171, 186-188, 190, 239, 244-245
Wille 18, 23, 34, 78, 134, 148-149, 231-232, 234, 242
- als Auslösungsphänomen 161
- Freier Wille 49-60, 231
- Widerwille 52-53, 55, 147-148, 154, 162, 165-166, 170-171, 180, 184, 187, 194, 231
- Willenskraft 159, 168
- Willensphilosophie 161, 188
- Willensschwäche 71, 159-171
- Willenstheorie (Schopenhauer) 190
Wollen 14, 23, 55, 147-148, 190, 195, 208, 211, 232, 242
- Nicht-gewollter Wille 149-236
- Nicht-Wollen vs. Nicht-Können 23-24, 48, 55, 161, 169, 171, 195, 231, 233, 235-236, 242
- Nicht-Wollen 18, 69, 130, 149, 154, 194, 233-234, 242

Ziellosigkeit 83, 101, 124
Zufall 31, 104, 107
Zufriedenheit 34, 154, 175, 191, 204-205, 212, 229, 238
- Unzufriedenheit 57, 166, 193, 244
Zuschreibungsstrategien 18-19, 24, 108, 154-187, 197, 244
- Selbst- und Fremdzuschreibung 18-19, 186, 188, 190, 195, 208, 242, 244

www.ingramcontent.com/pod-product-compliance
Lightning Source LLC
Chambersburg PA
CBHW050518170426
43201CB00013B/2005